康节先生文集③

续修四库全书版足本

河洛真数

[宋] 陈　抟　邵　雍　著
闵兆才　　　　　编校

华龄出版社

责任编辑：薛　治
责任印制：李未圻

图书在版编目（CIP）数据

康节先生文集. 3 /（宋）陈抟，（宋）邵雍著；闵兆才编校. --北京：华龄出版社，2020. 10

ISBN 978-7-5169-1762-6

Ⅰ. ①康…　Ⅱ. ①陈…　②邵…　③闵…　Ⅲ. ①宋诗—诗集
Ⅳ. ①I222. 744

中国版本图书馆 CIP 数据核字（2020）第 196581 号

书　　名：康节先生文集. 3
作　　者：（宋）陈　抟　邵　雍 著　闵兆才 编校

出 版 人：胡福君
出版发行：华龄出版社
地　　址：北京市东城区安定门外大街甲 57 号　　邮　　编：100011
电　　话：（010）58122246　　传　　真：（010）84049572
网　　址：http://www.hualingpress.com

印　　刷：石家庄北方海德印刷有限公司
版　　次：2020 年 10 月第 1 版　　2020 年 10 月第 1 次印刷
开　　本：710mm×1000mm　1/16　　印　　张：33.25
字　　数：472 千字
定　　价：78.00 元

出版说明

邵雍(1011—1077),字尧夫。北宋著名理学家、象数学家、哲学家、诗人。自号安乐先生,祖籍河北范阳(今河北省涿州市),后移居衡漳,再迁共城(今河南省辉县市),又徙洛阳。邵雍卒于宋神宗熙宁十年,宋哲宗元祐中谥“康节”,按照《谥法》用字的特定含义,温良好乐曰“康”,能固所守曰“节”,所以追谥为“康节”。宋孝宗淳熙初从祀孔庙,追封新安伯。一介终生无职无权的布衣之士,身后能享此殊荣的,三千年来,只有邵雍一人。

邵雍曾隐居在河南辉县的苏门山百源之上,后人称为“百源先生”。屡授官不赴。与周敦颐、张载、程颢、程颐同为中国文化史上知名的北宋五大儒,亦称“北宋五子”。明代嘉靖中祀称“先儒邵子”。邵雍以讲《易》著称,为理学象数学派的创始者。

邵雍是宋代易学大师、思想家,是一位卓尔不凡的奇才！他终生奉行的人生哲学就是:讲求高尚的道德情操,探求宇宙的无穷奥秘,研究天人的离合关系,写出传世的诗赋文章。他曾表示,一生要做到“心无妄思,足无妄去,人无妄交,物无妄受”。立身处世,都要做一个品行端正、与人为善的君子。

历史上的邵雍家境清贫、生活拮据,但他从小酷爱读书、勤奋好学,闻名乡里。当时辉县县令李之才是北宋初期著名的易学家,他为邵雍的治学精神所感动,将其平生所学河图、洛书、伏羲八卦、六十四卦图,毫无保留地传授给邵雍。得到真传的邵雍更加刻苦,史书上记载他“冬不炉,夏不扇,日不再食,夜不就席枕”,经过几十年的刻苦磨砺,终于成为中国的一代易学大师。

邵雍融合儒家、道家思想,把《周易》归结为“象”和“数”,以为象数系统是最高法则,形成其象数之学(又称“先天学”),并按照自己推衍的象数解释事物的构成和变化图象，构造出宇宙发生的图象体系。认为宇宙的本源是“太极”或“道”。“太极，道之极也”，“生天地之始，太极也”。“太极一也，不动，生二，二则神也。神生数，数生象，象生器”。提倡以心来体会万物之理，即“以一心观万心，一身观万身，一物观万物，一世观万世”。世界万物均由一个总的本体“太极”演化而来，然后“一分为二”生出阴阳，“二分为四”生出日、月、星、辰四象，“四分为八”生出八卦，“八分十六”生出暑寒昼夜、雨风露雷、性情形体、飞走木草。依次分化，遂生世界万物。其象数学对于宋明理学的产生与发展有重大影响。

《周易》是中国传统文化宝库中一部十分重要的文献，为“六经之首”。在我国，对易学的研究历久不衰，尤其是在宋代，由于河图、洛书、太极图、先天图的发现，易学研究出现了一个高峰。在易学史上，宋代的主要贡献突出表现在两个方面：一是综合河洛之学与《易经》象数之学的成果，对宇宙、历史盛衰治乱的规律建立了一个完整的体系；二是将以往这门经院哲学式的科学化繁为简，化难为易，使其迅速走向民间，它的实用价值因此日益显示，日渐扩大。而完成这两大变革的代表人物便是邵雍。

南宋大儒，著名思想家、教育家、理学家朱熹曾盛赞康节先生：“天挺人豪，英迈盖世。架风鞭霆，历览无际。手探月窟，足蹑天根。闲中今古，醉里乾坤。”北宋著名思想家，“洛学”的创始人，理学体系的形成者程颢称邵雍的学术为“内圣外王之学”。北宋著名思想家程颐称赞邵雍“其心虚明，自能知之”。邵雍门生张峮总结说，先生“研精极思，三十年观天地之消长，推日月之盈缩，考阴阳之度数，察刚柔之形体。故经之以元，纪之以会，参之以运，终之以世。又断自唐虞，迄于五代，本诸天道，质以人事，兴废治乱，靡所不载。其辞约，其义广，其书著，其旨隐。于是乎美矣！至矣！天下之能事毕矣！”

我们广泛搜集、整理，将邵雍的著作汇编成《康节先生文集》，以飨读者。

《河洛真数》导读

《河洛真数》也称“河洛数”，其说以《易》之卦爻，配合人生年、月、日、时，以定休咎。

陈抟既是一位道教大师，又是一位易学大师，他精通易理，洞察世情，通晓治国安民之道。宋太宗赐号“希夷先生”，并称赞他“怀经纶之长策，不说王侯；蕴时相之奇才，未朝天子”。明人笔记《焦氏笔乘》载有一则《陈抟易说》，兹录如下：

希夷先生曰：“羲皇始画八卦，重为六十四，不立文字，使天人嘿观其象而已。如其象则吉凶应，违其象则吉凶反，此羲皇氏不言之教也。《易》道不行，乃有周、孔；周、孔孤行，《易》道复晦。盖上古卦画明，《易》道行；后世卦画不明，《易》道不行。圣人于是不得已而有辞，学者一著其辞，便谓《易》止于是，而周、孔遂自孤行，更不知有卦画微旨。此之谓买椟还珠，由汉以来皆然，《易》道胡为不而不晦也？”

研读《河洛真数》要注意以下几个问题：

一、关于起河洛数法

首先把年、月、日、时排好，然后是天干配数，地支配数，天干配卦，地支配卦，天干配洛书之数，地支配河图之数。

二、关于起元堂式法

元堂一卦的动爻，是预测的关键，起元堂的方法，必须以人的生时为主。一日有十二时辰，上六时（子、丑、寅、卯、辰、巳）属阳，下六时（午、未、申、酉、戌、亥）属阴。阳时生人，取本卦中阳爻，从子时数起；阴时生人，取本卦中阴爻，从午时数起。

1.一阳爻元堂卦式

凡是一阳爻的卦式,先设子丑,子丑二时同在一位阳爻之上,再使寅时行在阴爻之上。

2.一阴爻元堂卦式

凡是一阴爻的卦式,先设午未,午未二时同在一位阴爻之上,再使申时行在阳爻之中。

3.二阳爻元堂卦式

凡是二阳爻的卦式,必须在两阳爻中往复重数,再行阴爻。

4.二阴爻元堂卦式

凡是二阴爻的卦式,必须在两阴爻中往复重数,再行阳爻。

5.三阳爻元堂卦式

凡是三阳爻的卦式,只在阳爻上往来,不行阴爻。

6.三阴爻元堂卦式

凡是三阴爻的卦式,只在阴爻上往来,不行阳爻。

7.四阳爻元堂卦式

凡是四阳爻的卦式,必须先把阳爻行完,然后再行阴爻。

8.四阴爻元堂卦式

凡是四阴爻的卦式,必须先把阴爻行完,然后再行阳爻。

9.五阳爻元堂卦式

凡是五阳爻的卦式,必须先行完阳爻,再行阴爻。

10.五阴爻元堂卦式

凡是五阴爻的卦式,必须先行完阴爻,再行阳爻。

11.六阳爻元堂卦式

男女就有不同,必须详细而谨慎。如果是男遇六阳爻,阳时子、丑、寅、卯、辰、巳六时生人,应在下卦中,自下而上重数下卦三爻,阴时午、未、申、酉、戌、亥六时生人,应在上卦中,自下而上重数上卦三爻。如果是女遇六阳爻,若是冬至后、夏至前出生,阳时子、丑、寅、卯、辰、巳生人,应当在上卦中自上而下重数上卦三爻;阴时午、未、申、酉、戌、亥六时生人,应当在下卦中自上而下重数下卦三爻。

12.六阴爻元堂卦式

六阴爻的卦式,亦是男女不同。若是女得六阴爻之卦,阳六时出生之人,应当在下卦中自下而上重数下卦三爻;阴六时出生之人,应当在上卦中自下而上重数上卦三爻。如果男遇六阴爻之卦,夏至后、冬至前出生,阴六时生人,应当在上卦中自上而下重数上卦三爻;阳六时生人,应当在下卦中自上而下重数下卦三爻。如果是男得六阴之卦,又生于冬至后、夏至前,照女例“自下而上”行即可。

三、关于先天卦与后天卦

根据年、月、日、时和天、地二数得卦为先天卦。先天卦已定,元堂也就确定了,天地总是处于旋转变动之中,因此,人的先天卦即成,卦中元堂之爻,要阳爻变为阴爻,阴爻变为阳爻。外卦移为内卦,内卦移为外卦,换成后天卦,以应天旋地转更革之象。

四、关于起大限

起大限的方法,男女一样。不论先天卦、后天卦,都从元堂上起发,阳爻九年一过运,阴爻六年一过运。

五、关于起流年

起流年,阳爻为九年一过运,阴爻为六年一过运。看元堂阳爻时,逢阳年不变爻,直接起岁,逢阴年必变爻。看元堂阴爻时,不论逢阳年、阴年,都从元堂变起。

六、关于起流月

起流月以流年为主,先将单月(正、三、五、七、九、十一)排定,再取单月应爻为双月。

月卦排法主要以流年元堂为依据,在本爻前一位双爻起单月,依单月卦对应起双月。

七、关于起流日

起流日主要以月卦为主，但日卦的形成，必须接月卦节气，不至于失误。一卦管六日，五卦共管三十日，正好是一月天数。

《河洛真数》中的先天卦、后天卦根据四柱排列而来，大限根据先天卦、后天卦而来，流年根据大限而来，流月根据流年而来，流日根据流月而来。

目 录

陈图南先生河洛真数起例卷之上

陈图南先生河洛真数起例卷之中

陈图南先生河洛真数起例卷之下

陈邵二先生河洛真数易卦释义上经卷之上

陈邵二先生河洛真数易卦释义上经卷之下

陈邵二先生河洛真数易卦释义下经卷之上

陈邵二先生河洛真数易卦释义下经卷之中

陈邵二先生河洛真数易卦释义下经卷之下

陈图南先生河洛真数诗断秘诀卷之上

陈图南先生河洛真数诗断秘诀卷之下

河洛数序

盖闻天地间有理斯有气，有气斯有数，气非理不立，数非理不行。在昔上古，数隐无朕[①]，肇自羲皇，盛德格天，龙马负图，神龟载书，因而画卦，易数始出，分别阴阳，辨方定位，奇属乎天，偶属乎地，布列于图，成变化，行鬼神，大而天地造化，小而事物细微，皆囿其中。是数也，乃三极之至理也。迨至黄帝命大挠作甲子，以天干地支分配五行，数斯行焉。迄周文王彖卦象，周公系爻词，孔子作《十翼》，由是易道大备，而数已炳炳然具于其中矣。汉唐以来，世衰道微，谶纬之术穿凿附会，淆乱圣经，簧鼓惑世，数斯无传。迄及宋兴，摈黜[②]浮伪，崇尚理学，陈图南始以斯数显于其时，推明爻象，悉本河洛，指陈休咎，应若影响，诚非谶纬诸术所能仿佛万一者也。嗣后邵康节受性命义理之学于山林，隐德之士，冬不炉，夏不扇，二十余年，竭思精研，洞彻玄奥，演为《皇极经世》之书，命名曰《观物篇》。上溯往古，下至方来，凡天地之运行，世代之兴废，人物之臧否，草木之荣瘁，日用之云为，巨细毕举，不爽毫末，易数益大明于天下矣。其自吟曰："自从识得环中趣，闲事胸中一点无"，诚乐天知命之隐君子也。蔡九峰有云："圣人因理以制数，贤人因数以明理，上者安焉，其次守焉，其下悖焉。"旨哉言乎！何也？天下之至大者无如天地，若以道观之，天地亦道中之一物也。然其春夏秋冬，温凉寒暑，各司其候，苟或阴阳不时，温寒失序，则休咎殊征，灾祥迥异，故曰"天不能违时，时至而必变"。天地且然，况乎人生天地间，灵于万物，参为三才。其所生之时，一受天地至清淳之气，则为富贵，为寿，为贤，而百祥骈集；一受天地至浊驳之气，则为贫贱，

校者注　①　无朕：亦作"无眹"，指没有迹象或先兆。宋·欧阳修《三皇设言民不违论》："化被而物不知，功成而迹无朕。"

②　摈黜：斥退废黜。

为夭，为愚，而百殃荐至。然天地游气纷扰不一，是以人生祸福参差万状，谓非数有一定可乎？惟圣人为能乐天知命，君子则居易俟命[①]焉。至于小人之不知命者，行险以侥幸而已矣，又何怪乎世多戚戚于贫贱，役役于富贵，遇宠利而骄矜，处患难而忧惧哉！仲尼曰："不知命，无以为君子"，警人当知命也。"

愚昔得是数于中都，见而悦之，研究既久，颇能领会大略。后得祝氏钤于汉中，更多发明。闲尝推验一二士夫，若合符节，乃知斯数义理精微，包括性命，圣如孔子，尤欲假年以学之，况吾人乎？未遇师指，莫启关键，访求数载，殊无其人，诚惧斯数湮没失传，暇日检阅旧集，删其烦芜，正其舛讹，屡易寒暑，始克成编，鸠工锓梓，以永其传。庶乎后有博雅君子，藉是考究性命之理，亦可为居易俟命之一助云耳。

是集起例演义三卷，陈邵二先生易经释义五卷，陈图南卦爻诗断二卷，凡十卷，总计二十万余言。

时万历辛卯[②]岁夏五月吉旦颍川后学默庵李学诗谨序

校者注　①　居易俟命：即居易以俟命。居易：居于平易之中，不为危倾之行。易：平易，平安。俟：等待。意谓（品德高尚的人）安于自己的地位等候天命的到来。旧时劝人之语。语出《礼记·中庸》："君子居易以俟命，小人行险以徼幸。"郑玄注："易，犹平安也。"清·谭嗣同《治言》："君子之立本以趋时，居易以俟命，固已异于策士之纵横。"小人行险以徼幸：无德奸诈的人则冒险求得本不应该获取的东西。

②　万历辛卯：指万历十九年，公元1591年。

陈图南先生河洛真数起例卷之上

颍川后学默庵　李学诗　校正

河洛数卦元气之图

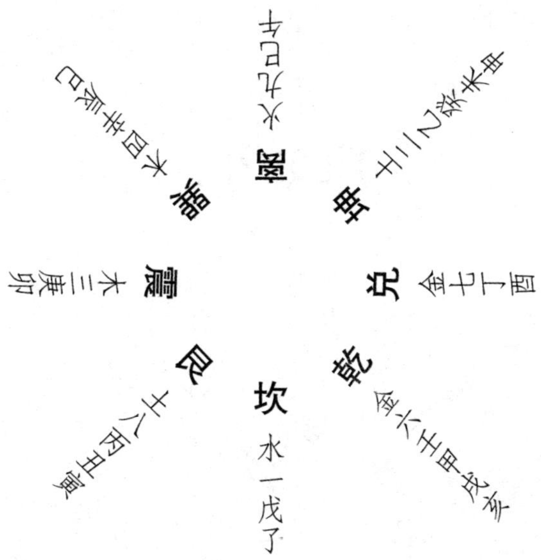

生年得之大吉

元气相反之图

生月化工之图

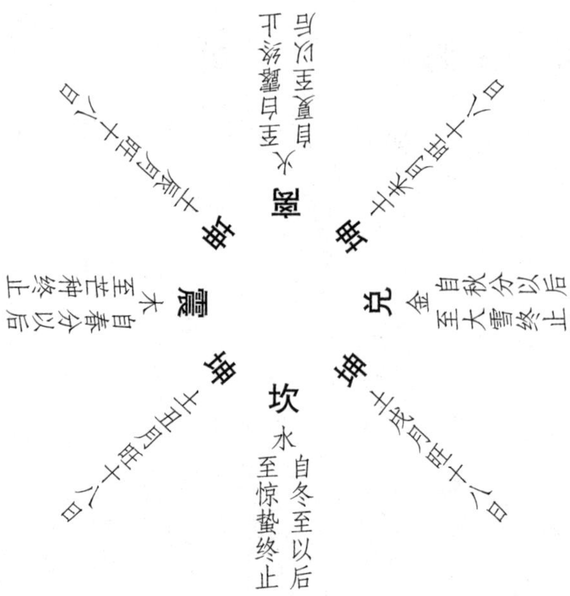

化工相反之图

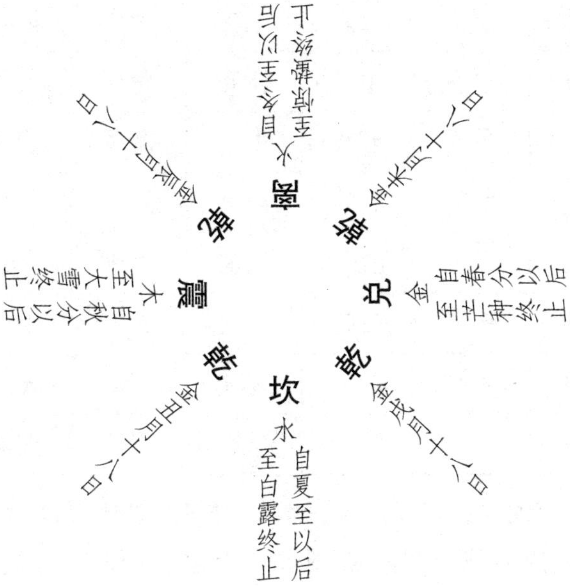

上经三十卦象阳天之道也

乾坤屯蒙需讼师，比小畜兮履泰否；
同人大有谦豫随，蛊临观兮噬嗑贲；
剥复无妄大畜颐，大过坎离三十备。

下经三十四卦象阴人之事也

咸恒遁兮及大壮，晋与明夷家人睽；
蹇解损益夬姤萃，升困井革鼎震继。
艮渐归妹丰旅巽，兑涣节兮中孚至；
小过既济兼未济，是为下经三十四。

八卦游年图

乾	游坎	福艮	天震	五巽	命离	体坤	生兑
坎	天艮	福震	生巽	体离	命坤	五兑	游乾
艮	游震	命巽	五离	生坤	体兑	福乾	天坎
震	体巽	生离	五坤	命兑	天乾	福坎	游艮
巽	福离	天坤	游兑	五乾	生坎	命艮	体震
离	游坤	天兑	命乾	体坎	五艮	生震	福巽
坤	福兑	体乾	命坎	生艮	五震	天巽	游离
兑	生乾	五坎	体艮	命震	游巽	天离	福坤

上卦变之吉凶，故示其图，未解其义，又见其列于书首，此必其大枢要也。余以意会，亦似从卦变而来，凡举一卦之变而八卦皆同，与理可信。又考之《百中经》，有生气、五鬼、游魂、绝体、绝命、归魂、天医、福德，与易卦数皆同，又为可验。兹注之于后，以备观焉。

变上为生

变卦之上画为生。生，有升进之意，即生气也，盖上画为天，天道好生，谓之曰“生”，受阳明之福也，逢之无不主吉。

变下为五

变卦之下画为五。五，有退抑之意，即五鬼也，盖下画为地，地道好杀，谓之曰“鬼”，受阴私之祸，逢之宜有驳杂之毁。

变中为命

变卦之中画为命。命，有相克之意，即绝命也，盖中画为人，人之变也，岂有吉乎！

变上下为游

变卦之上画与下画为游。人虽居中,而天地皆动,如浮如虚,何所定籍,故谓之“游”。游,亦解散之意,逢之者令人心志不定,事绪多端,得失相参,吉凶靡定,病者不宜。

皆变为体

三爻毕变为体。以卦考之,即正对也,故谓之“绝体”,宜与绝命相同,而诸凶此为最焉。

变上二为天

变卦之上二画为天。天能生时,而人随于上,必得天之佑,故谓之“天医”,逢之者安而无危,危而有救,尤必有不期之遇也。

变下二为福

变卦之下二画为福。地能生财,而人随于地,必获地之利,故谓之“福德”,逢之者反凶为吉,转祸为福,宜当有称意之喜也。

不变为归

卦皆不变为归魂,谓之“归魂”,复其本体也,亦以吉论。

八卦之变,虽以类应,又观其卦名、爻辞何如,与生克何如,及查有化工、元气否,皆吉则大吉,皆凶则大凶,晦显不同,则吉凶亦半。学者能权宜轻重,言之无验矣。

邵尧夫序

昔者河图、洛书出,圣人因之而画卦,变则未有也。黄帝之世,大挠氏始作甲子,以天干地支配五行,而《易》已寓乎其中。及至文王作卦词,周公作爻词,孔子作《十翼》,《易》之道于是乎大备,其数已炳炳乎具矣。其数本于河图,其言休咎本于圣经,乃万世之固有,非由外铄。

及汉、唐以降，世衰道微，以巧辞曲说，淆乱正经，以钻灼龟，泛言休咎，斯数所以无传。我宋艺祖抚有区夏，摈弃浮伪，崇尚德化，图南先生方以斯数显。其推明爻象，皎如日星；其指陈休咎，应若影响。其言至广至大，其道至易至简。得其道者，虽愚可哲，虽庸可智，福可以就，祸可以避。苟徒事口频，轻弃圣人之道如土芥贱物，虽得之，必失之。孔子曰："作《易》者，其有忧患乎？"斯圣人之深识也。

宋尧夫邵雍序

无为子[①] 序

夫河洛之数，乃天地四时之气节，或作吉祥，或为妖戾，自有条章，不容一毫妄有加损，是大易书之始祖也。后世圣人测度阴阳鬼神、人物性命，变通四时，无不合令中节，惟此大易河洛之数也。

先贤有言说"天莫辨乎《易》"，深造其趣，则天地之心与之同心，神明之德与之合德，日月之明与之合明，吉凶之理与之合理。达乎此者，亦可以知天地，动鬼神，推四时，妙情性，知得失，保存亡，济邦家，避悔吝，察物理，测人情。识祸福之机，知死生之说，有如是数之妙。凡人之所为行止，饮食坐卧，寿夭贫富，穷达兴衰，无所不包。大而天地，小而尘滓，无所不备。诚不可轻泄天机，妄传庸俗之辈。

无为子易斋仲确序

校者注　①　无为子：即杨杰，生卒年不详，字次公，自号无为子，北宋嘉祐四年(1059)进士。历任太常、礼部员外郎、润州州官、两浙提点刑狱。北宋无为文人杨杰"以雄文妙赋、醇德懿行得名于时"，在朝为官多参与议论典礼的因革，故所为文章多关于典制，结构谨严、析理精微；再加上其人喜谈佛理、老庄之学，而释又居十之八九，故达于权变、旁通妙解。杨杰与"元祐文人集团"的成员关系比较密切，虽然不算严格意义上的元祐集团文人，但也徘徊在他们的周围，其诗文内容与艺术特色，或多或少受到"元祐文人集团"的影响。杨杰辗转仕途，正是王安石变法之时，朝廷的党派斗争激烈，政局反复无常，这使他十分无奈与厌倦。为了远离政治漩涡，他醉心自然，爱好山水，自高清静无为，因此以"无为子"为号。

张南轩[①]论

南轩张敬夫曰:呜呼!此真麻衣有道者之书也。其说独本于羲皇之书,推乾坤之自然,考卦脉之流动,论反对变复之际深矣。其自得者与?希夷、隐者实传其学,二公高视尘外,皆有长往不来之愿,抑列御寇、庄周之徒与?虽然概以吾圣门之法则未也。形而下者谓之器,或者有未察与?

希夷述其说曰:“学者当于羲皇心地上驰骋,毋于周、孔脚迹下盘旋。”予则以为学《易》者须于周、孔脚迹下寻求,然后羲皇心地上可得而识。推此,数可概见矣。然其书非固牵于文义,凿于私意者,不可同年语也。

李延平论

李延平曰:治乱穷通,断非人力,自有定数。然爱身修己,明道俟时,则千古传心之要法也。

校者注 ① 张南轩:即张栻(1133-1180),字敬夫,后避讳改字钦夫,又字乐斋,号南轩,学者称南轩先生,谥曰宣,后世又称张宣公。南宋汉州绵竹(今四川省绵竹市)人,右相张浚之子。南宋初期学者、教育家。生于南宋高宗绍兴三年(公元1133年),南宋孝宗乾道元年(1165年),主管岳麓书院教事,从学者达数千人,初步奠定了湖湘学派规模,成为一代学宗。南宋孝宗淳熙七年(1180年)迁右文殿修撰,提举武夷山冲祐观。其学自成一派,与朱熹、吕祖谦齐名,时称“东南三贤”。孝宗淳熙七年(公元1180年)去世,享年四十八岁。南宋理宗淳祐初年(1241年)从祀孔庙,后与李宽、韩愈、李士真、周敦颐、朱熹、黄干同祀石鼓书院七贤祠,世称石鼓七贤。

五行之气

（又云土旺于辰戌丑未月十八日）

天以五行分隶四时，各有王相休囚之异。人生值之亦然。当生者王，所生者相，生生者休，克生者囚，所克者死。今列于后。

春	木王	火相	土死	金囚	水休
夏	火王	土相	金死	水囚	木休
季夏	土王	金相	水死	木囚	火休
秋	金王	水相	木死	火囚	土休
冬	水王	木相	火死	土囚	金休

五常之德

水为仁，金为义，火为礼，水为智，土为信。
视主寿，听主辛，言主苦，貌主乐，思主甘。

三才之道

立天之道曰阴与阳，立地之道曰柔与刚，立人之道曰仁与义。初、二为地，三、四为人，五、上为天。《易》有变动，不拘于一，或刚或柔，或阴或阳，或仁或义。

河图论

夫河中龙马负图者，非龙也，乃大龟也。其背上所负之文，有一长画，二短画，一点白近尾，九点紫近头，四绿点在肩之左，二黑点在肩之右，六白点在近足之右，八白点在近足之左，三碧点在胁之左，七赤点在胁之右，五黄点在背之中，凡九数而七色焉。

于是羲皇以九位定方，以一长画、二短画而生爻，以三而设位，易之道由之判矣。此是羲皇画八卦后，后有大挠明之，以一白点属坎近尾北，九紫点属离近头南，四绿点左肩属巽，二黑点右肩属坤，胁左三碧点属震，胁右七赤点属兑，六白点近右足属乾，八白点近左足属艮，八卦由是生焉。

乾坤有壬甲，坤有乙癸，震有庚，巽有辛，坎有戊，离有己，艮有丙，兑有丁。至文王时，以龟之表像天，故曰"戴九履一，左三右七，二四为肩，六八为足，十五为腹，无所不合天之像也"。自后星历以七色齐为七政，九宫变为九曜，又为阳九之数是也。而易之数，一、二、三、四、五、六、七、八、九为九宫位。八方象河龙之图，圣人以乘龙御天，盖本乎此，此所以独冠诸图之首。

自周文王之时，易道大阐，仲尼所以五十而学《易》，系《易》作《春秋》，诸侯占验，以事之有应，著于篇章，既参合天时地利，人谋鬼谋，及夫知人命之善恶，明天地之厚薄，夭永之端，莫不昭然，以年月日时天干同河图而取数析卦，考之吉凶悔吝之由，莫不合者，例之于后。

壬甲从乾起（六偶右下），乙癸向坤求（二偶右下）；

庚来震上坐（三奇左下），辛出巽方游（四偶右下）；

丙向艮门立（八偶右下），己取离为头（九奇左下）；

戊从坎位数（一奇左下），丁在兑家留（七奇左下）。

洛书篇

夫洛龟出书之初，有一白点、六黑点在背近尾，七白、四黑在背在头，三白、八黑在背之左，九白、四黑在背之右，五白、十黑在背之中。羲皇与大挠氏定之：以一六在下，合于北而生水，亥子属焉；二七在上，合于南而生火，巳午属焉；三八在左，合于东而生木，寅卯属焉；四九在右，合于西而生金，申酉属焉；五十在中，而生土，辰戌丑未属焉。四维也，地之重浊属焉，阴阳家流传谓之"地支自兹始"。

及轩辕氏与风后定之以创六十甲子，推移转运，然后四时经历，寒暑消长，主杀发育，无不系焉。其图继之于河图之次，孔子云"河不出图，洛不出书”，天地万物无所指名，万物俱废，乾坤息而天地罔知，况万物乎？故曰“吾已矣夫”。

至周文王时，谓阴阳之数纵横十五，乾巽对而四六，兑震对而三七，坎离对而九一，坤艮对而二八，自中而适八方，纵横皆十五也，此谓天地方圆之始。圣人以人生年、月、日、时干支皆同洛书取数，而后知天地之间凡厥所生，无不禀天地之气数而成，故人之圣愚、贤不肖、贫贱、富贵、寿夭，皆有定分，而不能移者矣。自河图、洛书出而始焉，知万物之中惟人为贵，反不知天地所赋之分，反越其分，过其量，欺其数，简慢其至理，不有河洛之所，自是不知天地阴阳之本源，何君子之有？此所以孔圣云“五十以学《易》，可以无大过矣”。例之于后。

亥子属水（天一生水，地六成之），天一奇左下，地六偶右下。

寅卯属木（天三生木，地八成之），天三奇左下，地八偶右下。

巳午属火（地二生火，天七成之），天七奇左下，地二偶右下。

申酉属金（地四生金，天九成之），天九奇左下，地四偶右下。

辰戌丑未属土（天五生土，地十成之），天五奇左下，地十偶右下。

求数法

凡人生年、月、日、时所得干支，依此法，下阳天之数为奇左边，下阴地之数为偶右边，下以别阴阳奇偶也。《传》云：“天数五，地数五，五位相得而各有合。天数二十五，地数三十，凡天地之数，五十有五。此所以成变化而行鬼神也。”

天数五位，一、三、五、七、九是也。何谓二十有五？盖一加三而成四，四加五而成九，九加七则是十六，然十六又加九，则是二十五之数矣。

地数五位，二、四、六、八、十是也。何谓三十？盖二加四而成六，六加六而成十二，十二加八而成二十，又加十，则是三十之数矣。故云“五位相得而各有合”。五奇合为二十五，五偶合为三十，正《大传》所谓“天一地二，天三地四，天五地六，天七地八，天九地十”是也。

年、月、日、时以天干下河图之数，以地支下洛书之数，支数为奇属阳，为清、为贵、为主，皆就左边下；双数为偶属阴，为浊、为贱、为客，皆就右边下。看人命四柱内得天地数若干,除还天、地正数外,以余数取卦,合成某卦,以大易传断之,则人生之贵贱贫富寿夭,举可知矣。

成卦法

且如天数得三十有一,除二十五还天正数之外,余六数属乾,是天数得乾卦也。如地数得四十有二,除三十还地正数之外,余十二数,见十不用,只用二属坤,是地数得坤卦也。又论阴阳男女,分配天地二卦于上下,合成某卦。

定数合卦例

一坎、二坤、三震、四巽、中五寄宫、六乾、七兑、八艮、九离。

八卦所属

乾为天属金,坤为地属土,坎为水为月,离为火为日,艮为山属土,兑为泽属金。震为雷,巽为风,俱属木。

八卦相荡法(附假令)

阳命男,阴命女,天数卦在外居上,地数卦在内居下。阴命男,阳命女,天数卦在内居下,地数卦在外居上。以内、外卦上下相荡,看得何卦。

假令绍兴四年,甲寅,十月初四日申时生男,命未得十月节气,只作九月论。甲寅年、甲戌月、己卯日、壬申时,天数得二十有九,除二十五还天正数外,余四数,得巽卦。地数四十有八,除三十还地正数外,余十八数,除十不用,只用八,得艮卦。阳命男,天数卦巽合在外,地数卦艮合在内,二篇之策演得风山渐卦是也。余仿此。

遇五寄宫法

凡下数如得五数，是寄宫数，得十数，则不用也。盖五属中宫，十亦属中宫，原无位。中者，四维之主，八极之尊，乾坤艮巽、震兑坎离无所不统，四维八卦皆禀中而生，故数遇五寄宫于诸卦。寄宫之别有三：

上元甲子生人，男寄艮卦，女寄坤卦，不论阴阳。（弘治十七年甲子是上元。）

中元甲子生人，阴男阳女，寄坤卦；阳男阴女，寄艮卦。（洪武十七年甲子、嘉靖四十三年甲子，俱系中元。）

下元甲子生人，男寄离卦，女寄兑卦，不论阴阳。（正统九年甲子是下元。）

甲、丙、戊、庚、壬五命属阳，男得之为阳男，女得之为阳女。

乙、丁、己、辛、癸五命属阴，男得之为阴男，女得之为阴女。

遇十不用法

凡见十则为弃数，不用，盖十去九，即用一也。二十即用二，三十即用三，此用十之法也，盖易数自一至九，初无五与十也。十、百、千、万、亿、兆，皆是一数也。

爻位元堂式

凡人未生之时，虽有形象在母胎中，未有天命，惟一物耳。乃太极之时，人在天地之中，必禀天地冲和之气以生。未生以前，何有所知，何自而言富贵贫贱、贤愚夭永之端，不亦混混沌沌之初乎？既生之后，感天地冲和之气，乃是受斯气而为命也。凡富贵贤愚夭永，莫不系焉，岂小事哉？凡人一受天地至顺之气，则一生富贵安逸，不待求而自至矣。所以孟子云："莫之致而至者，命也。"若一受天地至逆之气，则一生贫贱困苦，愚下自然见矣。

由是观之，好命诚不易得，所谓“百姓日用而不知，君子之道鲜矣”。君子贵乎知命，吾夫子适然叹曰：“不知命，无以为君子。”诚哉是言也！所生之时，乃一定之分，不复能改移矣，盖阴阳节气流行，或吉或凶，何尝有差！惟所生之时，适然至此，方有自而可言也，故曰“圣人因理以制数，贤人因数以明理”。爻位一定，则其一生富贵贫贱、贤愚寿夭，皆以此推而详之，无不吻合，非知道者，岂足以语天地之赋予哉？自古迄今，未尝有能违天命者也。惟学有浅深，识有远近，不能无惑焉。

取爻位之法，当以人生时辰，于所得卦中看在何位，庶足以探知平生休咎。一日凡十二时，上六时属阳，下六时属阴，阳时则取阳爻为位，阴时则取阴爻为位。其所立爻位，是谓“元堂”。大凡得子、丑、寅、卯、辰、巳六时生者，当于本卦内阳爻求之；得午、未、申、酉、戌、亥六时生者，当于本卦内阴爻求之。但卦有阴阳，纯杂不同，难乎一概取用，故有重数，有阴阳寄位之法。

先贤命格假如(出管辂)

嗣龙　阴男天卦在内
辛未　阴(三十二得坤)
己亥　阳(四十五得坤)
己丑　先天坤卦　䷁
己巳　后天谦卦　䷎

王吉　阳男天卦在外
戊辰　阴(三十六得乾)
己未　阳(三十寄宫得离)
辛卯　先天大有　䷍
癸巳　后天乾　䷀

韩帅震
丁亥　阴(四十得坎)
壬寅　阳(三十寄坤)
丙寅　先天比　䷇
丁酉　后天临　䷒

柳奉使
癸未　阴(四十六得乾)
丙辰　阳(一十得震)
辛亥　先天无妄　䷘
戊子　后天泰　䷊

林帅佥　丙子年为贼所戮
辛卯　阴(三十二得坤)

翁应龙
丙子　阴(三十得震)

辛丑　阳(十九得离)
戊辰　先天明夷　䷣
壬戌　后天剥　䷖

癸巳　阳(二十九得巽)
丁巳　先天益　䷩
丙午　后天大过　䷛

赵尚书必愿
乙巳　阴(五十二得坤)
丙戌　阳(二十二得坤)
乙未　先天坤　䷁
丙戌　后天师　䷆

管相公
丁未　阴(三十得震)
癸卯　阳(三十寄坤)
乙巳　先天豫　䷏
丁亥　后天坤　䷁

又命
癸酉　阴(三十六得乾)
庚申　阳(三十一得乾)
丙子　先天乾　䷀
丙申　后天夬　䷪

张濡
丁亥　阴(二十六得乾)
己酉　阳(四十九得巽)
己未　先天姤　䷫
癸酉　后天需　䷄

右十局皆管辂所立，虽于安位之法已概见之，但经逐一分示，恐初学之士尚难悟焉，兹详于后。

定元堂式

凡一阳爻之卦，惟子丑二时同在此阳爻，至寅时乃寄阴爻。有重数，有寄位。

复

师

凡一阴卦，午未二时同在阴爻，申时寄阳爻。

姤

同人

凡二阳卦，皆重数，必须两次往复，至后方寄阴爻。

观

坎

凡二阴卦，皆重数，必须两次往复，至后方寄阳爻。

大壮

巽

凡三阳三阴卦，只于本爻复重数，却无寄位。

泰

归妹

否

渐

凡四阴四阳卦，虽有寄位，无重数。

离

兑

小过

艮

凡五阴五阳卦,有寄位,无重数。

夬

大有

剥

比

如亥时生人得小畜，午未同在六四，申九五，酉上九，戌初九，亥九二是也。

小畜

戌时生得讼，午初六，未六三，申复初六，酉复六三，戌九四是也。

讼

亥时生得咸，亥在上六是也。

咸

戌时得明夷，元堂初九是也。

明夷

颐

亥时得颐，元堂初九是也。

升

亥时得升，元堂九三是也。

谦

亥时得谦，元堂九三是也。

屯

巳时得屯，元堂六二是也。

既济

巳时得既济，元堂九五是也。

大过

巳时得大过，元堂在初六。

遁

巳时得遁，元堂在六二。

假令前局甲寅年、甲戌月、己卯日、壬申时，演得风山渐，是申时生人，申时是第三个阴时，合在本卦第三阴爻为元堂也。渐卦第三阴爻正是六四，是此人先天卦气合在此爻安身也。余仿此。

乾坤卦元堂式

夫乾坤乃大易之门户，此二卦乃天地之祖胎，父母与六子安时元堂不同，稍或不谨，与六十二卦诸子错综安身，相继相杂，徒然辨析，决人是否，十无一用。如日月昏沉，文理缪乱，而不可考，当求师旨之明，勿诳后学，详注于后。

假令男得乾卦纯阳，不问阴阳，但十二时皆自下而行上，子午皆在初爻。如女得乾卦，生冬至以后，至夏至以前，自上九为始，往下行至初爻。若生夏至以后，至冬至以前，当自初九为始，往上行至上九。

男得乾

女得坤

女得乾卦

冬至后至夏至前

夏至后至冬至前

假令女得坤卦，不问阴阳，但十二时皆自下而上，子午皆在初爻，如上例。如男得坤卦，生冬至以后、夏至以前，自上六行至初六，夏至以后、冬至以前，当自下而上行。

男得坤

冬至

夏至

又一本云，乾坤二卦安元堂，爻位当依羲皇三画卦立身，与文王后天六画卦不同。凡男得乾卦，当自下而上，子卯二时皆在初爻，重数下卦，午酉二时皆在三爻，重数上卦。

乾

如女得乾卦，当自上而下，子卯二时皆在上爻，重数上卦，午酉二时皆在三爻，重数下卦。

坤

女得坤卦者，自下而上，子卯二时皆在初爻，重数下卦，午酉二时皆在四爻，重数上卦。

男得坤卦，自上而下，子卯二时皆在上爻，重数上卦，午酉二时皆在三爻，重数下卦，宜更详之。

如乾坤六爻十一月冬至生，元堂居初九，为顺时，乃与天地同造化，但须得阳数少，不过十八策，无不富贵显荣。如坤卦夏至生，居初六爻，阴数不过十六策，女人得之，无不荣贵。但恐子少女多，益夫，为众之表率，内外钦服。

元堂应用合时

凡人生时居位谓之“元堂”，资其旺气元气入域者，决必兰省登科，事事省力，仕路亨奋，官爵崇高，权势弥重，当是贵显之人。若爻位不佳，辞危不顺，亦主富贵，但有满溢高危之咎。如爻位佳，辞平理顺，清显庙堂之人，贵达之士必矣。非独正体得之为佳，互体得之尤贵。盖互体得之则有不期之遇，有适然机会，或暴发而骤成。得其时，应其用，有不可量之升进。不得时，不应用，亦必发达，但不能远大而已。得时者，壬癸冬月生，甲乙春月生，是应其用，合其时，所宜者也。合时之义，如辛人得巽，在春夏之交，则元气为长养之风。庚人得震，在春夏为济时利物之雷，奚有不悦？在秋冬得之，则知不应其用也。余象则随此例而取之可知也。

若认爻画不详，故难知此。若更辞佳位当，有援袭宗，未有不贵显也。有人得乾卦，居九二爻，或壬申人得之，奚有不悦？若春夏得之，其辞云“见龙在田”，辞佳理吉，应其用也。若夏至后得之，后天变九二为离，升出乾天之上为大有，九二之臣以文明之德升而辅君德，为大有之世，则必有伊、周之功业矣，其贵显可知。况夏至后生人，离为正伯，即化工也。化工入域，斯人必运帝王之筹策，代天行化，秉钧衡，极贵显矣。

凡例

有人得坤卦，居初六爻，乙癸、未申人得之，未有不佳。若生冬春间，则乙春冬癸为元气得时，辞曰“履霜，坚冰至”。及斯之时，冰泮雪洒，有渐亨之美，是知辞虽不佳，理自有益，不失为贵显之命。至后天，变坤初六为震，升腾出地，则知“履霜坚冰”之渐，升而飞奋为豫之主，则必有舜、禹、伊、周之业，显贵未可量也。况震则春之化工，互坎为冬之正伯，居位则众所宗，是君荐之于天者也，岂可以“冰霜”之辞为拘哉？由此所以知天地之所为，化工之所柄，不专泥乎爻辞也。

有人坤卦初六爻安元堂，正在正月节气内生，其辞云“履霜，坚冰至”，驯致其道，至坚冰也，于辞不佳，值三阳交泰之时，而在“履霜坚冰”之地，阴凝寒冻，非佳也。及先天卦变后天卦，雷地豫九四爻霆声发荣，冰解霜消，冲融和气，正合正月之令，设施号令，振荣万物，其功大矣。为大有得由豫之臣，即群阴之表，众爻归之，高下宗之，非贵显之士而何？此先后天之妙理变化，岂人力为之哉？况先天坤卦曰地道也，臣道也，妻道也，其卑可知。况坤为吝啬，又遭冰霜之苦，及变后天豫卦，奋然享发，自卑而尊，自贫而富，自愚而贤。由此观之，举一卦而六十四卦均矣。

有人得剥卦六二，爻辞云“剥床以辨，蔑贞凶”，己丑生人，四月得之，不佳之甚！及后天，变剥六二之爻为坎，水上山下，成蹇卦，与四月之节得剥之卦，宜无喜矣。殊不知升剥六二出外为蹇之主，大蹇朋来，互离坎为日月之明，得九五互离为君，且离又是己人元气，是升其元气于君王眼目，异顾之贤，坎离亦为消长之柄，又丑人有艮气在内，持成始成终之柄，艮手也,为执操也,斯人未有不近清光异目之贵,执消长之权柄也,岂由辞云,但当观其变化动止如何,则知其人之贵贱也。由此观之,则知卦画中变化升降,有至奥至妙之理,体认爻画不熟,则其知者亦罕矣。大要在深明熟认爻画之真,则天地之广大,化工之巧妙,不难知矣。斯圣人有不传之妙奥,正在此也。学者深明前象,则可与言终始也。夫化工正逢与互得,皆为福德,不可不知。又有始得终失,得终无始者,其福亦减半。又有化工为元命之气,则必优矣。又有独得化工元气正伯者,但随轻重言之,变而化之,理本自然,不容苟得。又有破元气为化工,又有破化工为元气,此自然之理,不利矣。其中升降之妙,全在四体八体四时之中,在学者深求之,与天地同流,则吉凶自无不验矣。非天下之至机,其孰能与于此?

有人得蹇卦,蹇者难也,殊不知蹇终则解,损极则益。岂不推详此卦内外有日月之明,春秋不利,夏冬极佳!坎是冬之化工,离是夏之化工,月明乎冬,日明乎夏,戊己子午人无不利。卦名不佳,理自有益,不明卦义,徒用名推,何以尽易理之妙!

有人得泰卦,泰者通也,其名甚佳。殊不知泰极则否,否极则泰。否泰之类,损益系焉。惟甲乙壬癸戌亥未申人得之则吉,余未必佳。且泰互得归妹,上震下兑,为春秋之化工,否于四时,全无所取。学者可不熟玩深思哉!

乾坤变化

此一卦乃变化诸卦之根苗,邵子曰:初九变为姤,是曰潜龙;九二变为同人,曰见龙;九五变为大有,曰飞龙;上九变为夬,曰亢龙。此一爻乃宗庙之位,贵极高甚。阳极阴生,六爻皆变成坤,群龙则无首矣。

坤三画变,为万物发生之本,初变为震,乃雷出地中,震惊天地。变中为坎,为水;变上为艮,为山。三交俱变,乃阴之极,阳之生,利永贞。坤顺天时,发生万物,光大含容,厚载无疆,故不为事始,须倡乃应,待命乃发,含章可贞,有事顺从,不敢为首,故曰“用六永贞,以大终也”。

乾用九　☰刚往化阴,逆以知来。

坤用六　☷柔来变阳,顺以藏往。

此即《卜筮》内云“重主过去，交主未来”之意。凡值阳爻者，显明易见；值阴爻者，幽晦难知。易见者，事几先露，可预得知；难知者，几必隐伏，不可测度。大小象皆当如此看，亦可决人之疑虑，必须潜心体玩方得。

小象行年卦气

夫小象游年之卦，乃天地日月运行之象，休咎之端，如形随影，无不应验。先天之卦与后天之卦，乃大统之数，谓之“大象”，阳爻九年，阴爻六年是也。其一年一卦者，乃先后天之游气也，故云“小象如日月推移，乃运行自然之理”。既观大象吉凶，定其大体，又必复视其流年之卦象如何，以玩其吉凶，然后可探人气数之休咎。如人必有所适也，知卦气必有所游，然后见天地运行之象，周流六虚之理，福善祸淫之机，鬼神吉凶之秘，日月亏盈之道，四时逆顺之布，星辰变化之会。其一年变一卦之法，亦自本卦之爻而始。假如同人九三爻是元堂，其阳爻九年者，此大象也。其小象当看此年是阳是阴，如此年是阳年，则不变。一岁在同人九三元爻，二岁取应爻，变同人上九为革上六，三岁复取应爻，变革九三为随六三。然后自下而上，四岁变随九四为屯六四，五岁变屯九五为复六五，六岁变复上六为颐上九，七岁变颐初九为剥初六，八岁变剥六二为蒙九二，九岁变蒙六三为蛊九三。此阳年九爻变例也。

如一岁是阴年，阴见阳则必变，此年当变为无妄六三，二岁取应爻，变无妄上九为随上六，三岁复取应爻，变随六三为革九三。然后自下而上，四岁变既济六四，五岁变明夷六五，六岁变贲上九，七岁变艮初六，八岁变蛊九二，九岁变蒙六三。此同人九三阴年小象九年变例也。

至十岁换九四爻，当看其年或阴或阳，如是阴年见阳必变，则将同人九四变为家人六四。十一岁变家人应爻初九为渐初六，十二岁复将渐应爻六四变为遁九四，十三变旅六五，十四变小过上六，十五变丰初九，十六变大壮九二，十七变归妹六三，十八变临六四。此是阳爻阴年变小象之法也。

如其年是阳，不变，仍用九四元爻断，次年取应爻，变同人初九为遁初六，三年又取应爻，变遁九四为渐六四。四岁挨次变去，自下而上，变渐九五为艮六五，五岁变谦上六，六岁变明夷初九，七岁变泰九二，八岁变临六三，九岁变归妹九四。此同人九四阳爻九年变小象之法也。

凡阳爻游变，极难切，须仔细看初变之年，或阳或阴，方不差误。其阴爻六年游变，但到处自本爻挨次变去，自下而上，不必取应，亦无阴阳之分。假如同人六二爻为元堂，则一变为乾九二，再变为履六三，三变为中孚六四，四变为损六五，五变为临上六，六变为师初六，一年变一爻为一卦。余仿此。

大象虽佳，（即所得阳爻九年，阴爻六年是也。）不若流年佳。（即小象行年爻也。）流年若佳，未有不应之者。若流年多凶，大象身爻虽佳，亦奚以为。

起月卦例

凡起月卦，就年卦中前一位起，单月变爻，双月变应爻。假如观卦上九爻流年，进一位从初爻变起。

正月：变观初六为益初九	观䷓	益䷩
二月：变益六四为无妄九四	益䷩	无妄䷘
三月：变益六二为中孚九二	益䷩	中孚䷼
四月：变中孚九五为损六五	中孚䷼	损䷨
五月：变中孚六三为小畜九三	中孚䷼	小畜䷈
六月：变小畜上九为需上六	小畜䷈	需䷄
七月：变小畜六四为乾九四	小畜䷈	乾䷀
八月：变乾初九为姤初六	乾䷀	姤䷫
九月：变乾九五为大有六五	乾䷀	大有䷍
十月：变大有九二为离六二	大有䷍	离䷝
十一月：变大有上九为大壮上六	大有䷍	大壮䷡
十二月：变大壮九三为归妹六三	大壮䷡	归妹䷵

已上先将单月挨次变去排定，然后双月取变卦之应爻变之。凡寒暑往来而成时，日月亏盈而成岁，其灾祥得失，皆不能逃。卦有险易，辞有吉凶，变动无穷之理，尽在设卦观象之中。神而明之，存乎其人。

又假如小象是泰卦九二，卦应爻居五，双月取应爻。

正月：变泰九三为临六三	泰䷊	临䷒
二月：变临上六为损上九	临䷒	损䷨
三月：变临六四为归妹九四	临䷒	归妹䷵
四月：变归妹初九为解初六	归妹䷵	解䷧
五月：变归妹六五为兑九五	归妹䷵	兑䷹
六月：变兑九二为随六二	兑䷹	随䷐
七月：变兑上六为履上九	兑䷹	履䷉
八月：变履六三为乾九三	履䷉	乾䷀
九月：变履初九为讼初六	履䷉	讼䷅
十月：变讼九四为涣六四	讼䷅	涣䷺
十一月：变讼九二为否六二	讼䷅	否䷋
十二月：变否九五为晋六五	否䷋	晋䷢

凡起月卦，单月居左，变爻用点，双月取变卦应爻居右，须变不用点也。《秘诀》云：此例亦是，但要从人所生之月准正月起，如起日卦一般，数至十二月毕。若正月则是下年正月也。此说方合节气。

起日卦例

凡起日卦，于月中寻日，以流月卦前一爻为初一日，每爻管五日，阳日寻阳爻位（初、三、五为阳位），阴日寻阴爻位（二、四、上为阴位）。假如正月得乾卦初爻，初一日当在三爻变为履六三，初二日变履九四为中孚六四，初三日变中孚九五为损六五，初四日变损上九为临上六，初五日变临初九为师初六，挨次而变，不容紊也。若月卦得乾二爻，则初一日在三爻起，不待言矣。余仿此。今以乾卦为例于后。假如乾九二居位，进一爻起节气。假如正月节气在十二月小尽，二十八日立春，就从二十八日起数是也。

二十八日变乾九三䷀，为履六三䷉，

二十九日变履九四䷉，为中孚六四䷼，

初一日变中孚九五䷼，为损六五䷨，

初二日变损上九䷨,为临上六䷒,

初三日变临初九䷒,为师初六䷆

初四日另画一乾卦变九四䷀,为小畜六四䷈,

初九日另画一乾卦变九五䷀,为大有六五䷍,

十四日另画一乾卦变上九䷀,为夬上六䷪,

十九日另画一乾卦变初九䷀,为姤初六䷫,

二十四日另画一乾卦变九二䷀,为同人六二䷌。

六爻俱变毕则满三十日,是为一月之日卦,余仿此推之。

起时卦例

凡起时卦,于日中寻时,就值日卦上,从前一爻起子、丑、寅、卯、辰、巳六时,主进数变去。值日卦,后一爻起午、未、申、酉、戌亥六时,主退数变去。假如得乾卦初爻值日,则从二爻变起。

子时变乾九二䷀, 为同人六二䷌

丑时变同人九三䷌, 为无妄六三䷘

寅时变无妄九四䷘, 为益六四䷩

卯时变益九五䷩, 为颐六五䷚

辰时变颐上九䷚, 为复上六䷗

巳时变复初九䷗, 为坤初六䷁(此进数,阳时如此变)

午时变乾上九䷀, 为夬上六䷪

未时变夬九五䷪, 为大壮六五䷡

申时变大壮九四䷡, 为泰六四䷊

酉时变泰九三䷊, 为临六三䷒

戌时变临九二䷒, 为复六二䷗

亥时变复初九䷗, 为坤初六先䷁(此退数,阳时如此变)

又云:日卦变时卦,与年卦变月卦同。但子寅辰午申戌居左,变爻用点,丑卯巳未酉亥居右取应,变爻不同点。凡居位进一爻起,子时其应爻则丑时也。假令乾卦初九居位,进一爻起数。自下而上挨次变去,取变卦应爻变之。

子时变乾九二䷀，为同人六二䷌
丑时变同人九五䷌，为离六五䷝
寅时变同人九三䷌，为无妄六三䷘
卯时变无妄上九䷘，为随上六䷐
辰时变无妄九四䷘，为益六四䷩
巳时变益初九䷩，为观初六䷓
午时变益九五䷩，为颐六五䷚
未时变颐六二䷚，为损九二䷨
申时变颐上九䷚，为复上六䷗
酉时变复六三䷗，为明夷九三䷣
戌时变复初九䷗，为坤初六䷁
亥时变坤六五䷁，为比九五䷇
二法皆通，前法为优，学者详之。

先天换后天变卦之例

看数先天元堂，阳爻变阴，阴爻变阳，六爻俱变尽，则从原安元堂爻，移外卦入内，移内卦出外，看得何卦，是为后天之卦，乃天地旋转更革之象。有先凶而后吉者，有先吉而后凶者，亦有先后天皆凶皆吉者。假如前命得渐卦，上巽下艮，元堂在四爻，其人至四十五岁，行尽渐卦六爻，气数到四十六岁，却变入后天卦，以上卦巽初爻变为乾，移入内为下卦，升下卦艮，移出外为上卦，是先天卦得风山渐，后天卦得山天大畜是也。余皆仿此推之。

先天卦渐䷴　　后天卦大畜䷙

换卦详说

圣人画卦，有象无言，皆法自然之理，使人默识其至趣，是以圣人谓《易》为“精微洁静”之书也。人之生命，先天之卦得矣，后天之卦成焉。其或先天之卦至吉，后天之卦至凶，或先天之卦至凶，后天之卦至吉，圣人能以理窥，众人则以言悟。

且如有人先天之卦得屯，后天之卦得既济，屯难遇济，则屯之难可逃矣。如或得比，比者亲辅也，屯难非亲而无所辅，则愈难。如或得随，是谓随屯受难，未易逃也。其或得节，则或甘或苦，岂有全佳？得复则屯复而有凶。忽然得益而愈增，何时休息？

又如有人先天得泰卦，小往大来，亨通可致，后天或得升，泰升而益进。或得谦，泰能谦，可免克盈之咎，仍欲致谦，谦又光而泰不极。偶然得坤，坤先迷而后得，反失阳亨。自泰而坤，全无佳意。忽然得壮，泰壮异常，阳进阴退，阳道愈亨。后天得夬，夬者决也，小人去则阳道愈亨，有“扬于王庭”之美。后天得需，酒食晏乐之美。得观，正泰而观，无为不遂。后天得大畜卦，则是大亨而有大畜，积富贵可知，况何天之衢，亨是谓大通，云何不富贵哉！此乃先天卦吉，后天愈吉之象。

举兹二卦，以察先天、后天之由，余六十二卦先后相参，吉凶可以理悟，晓后之学者，当以义趣详之。其若行年之小象，当取八卦之消息，以言人逐年之休咎，自然与天地相似而不违，日月运行而不忒。八卦消息者，如人当年大象得屯，主有凶挠不宁之咎；小象得复，则知屯复而祸散，复体有坤，顺而震动，宜顺此而动，动而得吉。又坤为大途，虽屯可进，坤又为众，众进而顺，事无不佳，用无不利。震又为反生，则虽屯而不死，危而不忧。坤又为布、为囊、为裳，主有添衣进帛之兆，获财积囊之喜，必主凶中获喜之美。必在春冬，果何以知其在春冬？盖屯卦是春震而冬坎也，复是冬而进阳也。其有小象与大象相克者，多致身亡，若卦吉辞平理顺，惟小灾而已，或主狱讼孝服之凶。举斯为例，余可类推，引而伸之，钩深致远，无难事矣。

四体八体论

夫人命虽立元堂爻位，然爻必有变，可随时消息，苟滞于一则拘矣。凡卦有互体，有伏体，以正体内外卦，除初、上二爻，用中四爻，交互成卦，谓之互体。如前渐卦以正体言之，巽艮合而成渐。以四体言之，则巽有伏震，艮有伏兑，合之为归妹。以互体言之，九五、六四、九三互离，六四、九

三、六二互坎，合之为未济。互体之卦见而不隐，取用与正体无异。本卦如正体互体无取，而其中各含一卦隐而不见者，谓之伏体。如前渐卦之伏体为归妹，又互出未济，是故有内伏，有外伏，又有内互伏，有外互伏。然伏体之卦，其气含蓄，惟取与月卦相通者为用，不与月卦相通者不为用，非可以一概取也。

以八体言之，以全体对与归妹二体皆变移，渐九三上外体成否，归妹六三上外体成泰，是有八体存焉，不深明卦爻变动之义，未易晓一卦具四体、八体之妙。然每一卦变互移二体为八卦，又将八卦逐一变之，遂成六十四卦，其吉凶自见。又云：变渐与归妹十二爻则六十四卦备矣。（详见《启蒙》）

正体渐䷴　　正互体未济䷿
伏体归妹䷵　　伏互体既济䷾
正移否䷋　　伏移体泰䷊

举此为例，余可类推。

五行得卦性情之正　安分之人

木　震主仁，躁易喜怒。巽主仁，柔顺多思。
金　乾主义，刚健中正。兑主义，和悦善言。
火　离主礼，聪明豁达，俨恪谦恭。
水　坎主智，疏通活动，机权明辨。
土　坤主信，平易温厚。艮主信，高重安静。

五行得卦性情失正　妄求之辈

木　震不仁，懦弱苟且。巽不仁，贪求无厌。
金　乾不义，残忍暴横。兑不义，悭吝谄谀。
火　离无礼，浮躁僭侈，卑陋谄媚。
水　坎无智，流荡奸险，猾稽谲诈。
土　坤不信，昏浊愚昧。艮不信，执僻狠戾。

论生年元气(图见前)

元气主富、贵、寿,又为官禄星,又为诰命星,专在生年支干上论。男人得之,富贵荣寿,女人得之亦然。人生元气、化工两全于卦中者,必富、贵、寿兼全。《经》曰:“人生得元气,富贵居高位;人生得化工,荣显作公卿。”但要入域。如甲人命,得乾卦是元气,冬至生人,得坎卦是化工,皆谓入域。又如水命生人,天干地支俱无元气,而得乾兑之卦,是金能生水,亦可谓得元气也。凡男女安身,最宜在化工、元气之上,天地元气广大莫测,化工巧妙难明,此大圣不传之妙,学者当深求之。正逢互得皆同,最为福德,与天地同流,吉凶寿夭,无不验矣。非天下之至精,孰能与于此哉?

凡人当生年天干为天元气,主贵;地支为地元气,主富;纳音为人元气,主寿。假如壬甲、戌亥生人得乾卦是也。

乾:壬甲戌亥。坎:戊子。震:庚卯。艮:丙丑寅。

坤:乙癸未申。离:巳午。兑:丁酉。巽:辛辰巳。

元气主富、贵、寿,在乎厚重,得之厚者富贵且寿,得之薄者虽富贵不寿。又有愚蠢而福寿者,元气厚而浊、隐而伏也。有虽多寿而少福者,元气薄而清显者也。有正逢而外见,须禀丰厚盈溢。有互逢而内见,要深藏充实。有互正见而受制,不无浊富。有互见而得局者,乃高寿。有本卦中不见正互,内外不逢,遂谓无元气,而又与元气相反,必主贫夭。

或问:有卦有元气而贫夭,无元气而富寿者,何也?得之薄而受制,又失时令,虽有元气,如无有,虽无元气,或见之于元数,或伏之于各宫,或隐于爻内,或藏于纳甲纳音,须细察之,不可即以相反而断其必无。且人禀天地之气,但厚薄清浊不同耳,岂有无元气而生者哉?斯数不可执一而言。假如有人得乾卦,以壬甲为元气,元堂在壬甲,或金爻为得局,主富厚。在初爻则金来生水,为泄气,二爻富贵双全(财乡),三爻多寿(生气),四爻受制(火克金),福寿减半,五爻五福俱全(比和),上爻则土重埋金,愚蠢而福寿者也。若有变动,必主贫夭,虽或富贵,抑且骄奢傲狠,不能长久。

卦无元气

凡人皆以元气、化工为福，以其正也。正体若无，须看互体；互体又无，推及伏体。妙在通变，不可执一。如甲子生人得小过，虽卦中无乾兑金元气，然互体有兑，亦是纳音。元气既看到体，又看彼此相生。如火人得木卦，金人得土卦之类，亦能相生为福。但得水火卦者，极忌相反。如先后天得坎，流年小象连叠见离者，其人必多坎坷。如遇本身卦爻理体不吉，便可以死断之，其理然也。又如卦无元气、化工而小象流年忽然得之，亦能助成吉祥。又如木人得巽，火人得离，土人得坤艮之类，皆为得体，虽遇凶爻，亦无甚害，但恐连叠皆凶，则不佳矣。

元气相反（图见前）

凡人与元气相反者，如木人得兑，火人得坎，土人得震，金人得离，水人得土之类。命中有此，主平生所为不如意，事多屯蹇，主短寿，克父母子孙，无六亲，被妻抑，上下相掠，夺造化之权，占正伯之位，乐中致病，喜处成凶。元气反悖者，更加反对正对时忌数逆悖理，位不当以逆为顺，众疾之如，又遇此轻者，痼瘫暗昧不道之徒，重则凶损夭亡，反对在初爻者，灾有或轻，若在中间，凶莫能救。

乾反乙癸未申，主夭寿，反天道也。

坤反壬甲戌亥，主贫贱，反地道也。

艮反丁酉，主瘫疽，气不通，手受病也。

兑反丙丑寅，主缺唇、翻唇、疏齿，口受病也。

震反辛辰巳，主跛，足受病也。

巽反庚卯，主痼疾，股受病也。

坎反巳午主聋，耳受病也。

离反戊子，主瞽眇，目受病也。

又云：

乾卦干主辛，支主辰巳，纳音木，与巽相反。

坤卦干主丙,支主丑寅,纳音水,与艮相反。

坎卦干主己,支主午,纳音火,与离相反。

离卦干主戊,支主子,纳音水,与坎相反。

兑卦干主庚,支主卯,纳音木,与震相反。

艮卦干主乙癸,支主申未,纳音土,与坤相反。

震卦干主丁,支主酉,纳音金,与兑相反。

巽卦干主壬甲,支主戌亥,纳音金,与乾相反。

更须熟察奥旨,穷究秘机,理无穷尽,数画有凭,卒难细举,切宜详玩。

反、对二体当于卦画中求之,为图于后。

反体		对体	
剥䷖	复䷗	震䷲	巽䷸
震䷲	艮䷳	剥䷖	夬䷪

举此八卦为例,余可类推。

生月化工论(图见前)

化工主名誉,为科甲星,在生年月令取用。如生月遇之,未仕者为科甲星,已仕者为天恩星,主功名显达,常人遇之亦吉。

坎卦:自冬至十一月中以后,至惊蛰终止。

震卦:自春分二月中以后,至芒种终止。

离卦:自夏至五月中以后,至白露终止。

兑卦:自秋分八月中以后,至大雪终止。

坤艮卦:主四季辰戌丑未月,除正节气十二日外,各旺十八日。妇人得此,名儿女星,又为贞母节妇。女命无此,主清贫而已。

化工论

化工者,天地生生化化之妙也。人得之为有生之理,士者得之则发科甲科名,常人得之则发生涯名欲。《传》云:“人生得化工,显位亦显名。”

先辈之论，拘于时气，如冬至后、春分前，坎水用事，为化工之例，其说是矣。以予观之，春木夏火，秋金冬水，气有浅深。如十月立冬，水已司令，虽未及冬至，以为化工，岂不可乎？如正月生人，坎为得局，化工也，而卦内无坎，却有震，岂必拘于坎而不以震木为化工乎？若不以震为化工，则曰无化工矣，而此人必无功名名誉，庸下之徒耳。在士流多有名誉，但气薄而不发科目耳。于理论之，坎水生于秋金，旺于冬至，至春气隐退而不见矣。震木已生于十月，冬至水旺，木得生气，至正月则萌动而临冠，可不为化工之时乎？坎水至此，气已消弱，虽正逢互见泄气，而不能为用，况隐伏而不见者乎？化工人人有之，须探其奥，不可执一论之。假如人生七月，金为化工，秋令未交，气犹未至，尚在离之化工，金未得令，火气已退，斯时也，宜取坤艮之土为火之子，寄旺于未，乃金之母也。坤艮气旺则功名显达，何必拘于离火兑金哉？又有，虽得秋金用事，大火未向西流，土犹寄旺金亦司令，火气已薄，金土得宜，故正不逢而互体得之。若正互俱无，则取纳甲纳音，终是浅薄，福寿减半。余仿此。

化工相反（图见前）

大凡根基不得化工而相反者，灾咎逢凶，祸遭横逆，恩爱之中反成烦恼，盖夺化工之权，占正伯之位，遇此而无不验也。《经》云："天命已定，鬼神不能改移。"小象与大象加之正对反对，无不死亡，轻者官灾，受狱讼卒暴之患，喜中生凶，乐中有祸。又有大象与小象，化工虽相反，却又有相生者则吉，但忌克制，尤凶。

坎卦反离，主夏至以后，秋分前。

离卦反坎，主冬至以后，春分前。

兑卦反震，主春分以后，夏至前。

震卦反兑，主秋分以后，冬至前。

凡人根基不得化工者，灾重也。所得之卦，卦名凶，是贱命也。卦名不利者，非夭则贫，乞丐之人也。凶多吉少者，僧道九流之命也。吉多凶少者，浊富之人也。有化工之气者，艰难获福，但吉多凶少者为强，凶多吉少者为弱,全凶至贫贱夭寿,全吉至富贵高寿,毫厘不爽也。以大易之理察之,则可以通神明之德,知鬼神之情状,知死生之定数。

化工元气有无论

元气、化工,二者最重兼有之,若本数又吉,必功名富贵、福寿人也。二者遍得,亦好。如卦体中二者俱反,必贫穷困苦、夭死者也。先天若有,后天若无,此先富贵而后贫贱者也。先天若无,后天始有,此先贫贱而后富贵者也。互体若有,亦受兄弟子孙之福者也。反体若有,亦遭变故而得安宁者也。对体若有,虽死而有余福者也。皆不若本体有之为妙耳。曰其体化工、元气有相反,亦如前例推之。如运中有之,虽流年数不吉,不为害。且如流年有之,虽月数不吉,不为害。若运既反,流年又反,数又反,其人不可保矣。

什化工元气要旨

先天主体当依正经参数消详,顺之则吉,逆之则凶。后天之卦变化移易,理义不同,分为吉凶异辙,此以后天两位分位消息。且如先天有化工之气,必主富贵荣华,忽换后天,失化工之气,必福去祸来。如先天无化工而后天忽遇化工,必于贫贱中忽然富贵,得之若惊。如此消息,由此观之,始知大易之数与天地准矣。

且如甲乙寅卯水命生人,如无元气,若卦中或得乾兑卦,乾卦金体,是金能生水,便是元气流行,同正五行相生。余仿此。

元气化工卦义爻位时令吉凶

元气谓壬甲戌亥及金音人得乾兑之卦是也。得时九月得剥卦之类,卦义佳,时吉也。

凡得爻位,二、五爻是也。卦义佳而二数不足,无元气,化工不得时,此即先艰苦后亨奋之命。僧道得此，主大权，士夫当从右选，女子决定起家。若二数足，有元气，但化工不得时，卦义不佳而爻位却好，此人当自艰难中建立，先贫贱后富贵之命。若二数不足，无元气，而化工不得时，卦义不佳，只得好爻位者，亦艰苦卓立之命。

六位贵贱

《易》曰："列贵贱者存乎位。"爻位有贵贱，人得之亦有贵贱之别。初为庶民，二为侯牧，三为公卿节制，四为近侍大臣，五为君位，六为天枢，又为宗庙宫庭大内，又为山林八极之外。凡人得卦，只以元堂爻位定其所禀赋之分，亦可以定人性情，惟五位为佳，二次之，三、四又次之。凡得爻位，卦义又佳，天地二数足，有化工元气，得令合时入局，即上贵之命也。

贵命十体

一卦名吉。（如泰、大有、同人、晋、豫之类是也。）

二爻吉。（如元堂住在二、五爻是也。）

三辞吉。（卦爻中有元吉亨利是也。）

四得时。（如春震木、夏离火、秋兑金、冬坎水之类。又如正月得泰卦、九月得剥卦之类皆是。）

五有援。（谓元堂在阳爻，应爻得阴；或元堂在阴爻，而应爻得阳是也。）

六顺时。（谓天地二数多寡与时偕行。如正月生人得天数多、地数少，九月生人得地数多、天数少是也。）

七得体。（如戊己土命得坤艮，巳午火命得离，或土命得离火，火命得震木，有生气皆为得体。）

八当位。（阳月生人，元堂在阳爻，阴月生人，元堂在阴爻，是谓阴阳得位为当。）

九合理。（如金命生人，不得乾兑金卦，本卦见坤艮土，亦能助成吉祥，于理相宜也。）

十众宗。（如元堂在一阳爻，为五阴所宗；或元堂在一阴爻，为众阳所宗。如比九五、师九二、同人六五、豫九四、谦九三、小畜六四是也。）

得三、四者选曹命，得五、六者如通命，得七、八者卿监侍从，得九、十者将相侯王。凡得此十吉体，更兼有元气、化工者，位极人臣，官高一品，五福全备矣。

贱命十体（皆与十贵相反是也）

一、卦名凶，二、爻位凶，三、辞凶，四、不得时，五、无援，

六、数逆时，七、不得体，八、位不当，九、违时，十、众嫉。

得三、四者，僧道九流之命，得五、六者吏僧孤独，得七、八者夭横凶顽，得九、十者乞丐斩戮。

右十体非夭即横，量轻重可定吉凶，或伤时犯忌，有凶无吉，则乞丐斩戮之辈，或吉多凶少，则僧道之命。有化工、元气，自艰难而生福，若无此，则凶又在消详之间耳。

干支纳卦

木命生年干支所纳之卦，即纳音，元气主疾病之类。

甲子、甲午、乙丑、乙未、庚戌、庚辰、辛巳、辛亥、壬寅、壬申、癸卯、癸酉十二干支，纳乾兑金卦。

甲寅、甲申、乙卯、乙酉、丙子、丙午、丁丑、丁未、壬辰、壬戌、癸巳、癸亥十二干支，纳坎水卦。

甲辰、甲戌、乙巳、乙亥、丙寅、丙申、丁卯、丁酉、戊子、戊午、己丑、己未十二干支，纳离火卦。

丙辰、丙戌、丁巳、丁亥、戊寅、戊申、己卯、己酉、庚子、庚午、辛丑、辛未十二干支，纳坤艮土卦。

戊辰、戊戌、己巳、己亥、庚寅、庚申、辛卯、辛酉、壬子、壬午、癸丑、癸未十二干支，纳震巽木卦。

日上镃基

基者,人之根本,谓之镃基,如人之有屋舍也。日上最要安稳,如纳音金,卦得乾,为镃基得体,得离为受制,得坤艮为祖业,得坎自己卓立,艰辛而泄气,得震巽者发财福而多受用。又看持世之爻纳甲所属,要得元气不可居化工之内,应爻要有情则安稳,而无摇杌矣。若无情受制,根基必薄,贫无立锥,虽有父祖家传,必荡败罄尽镃基。若兄爻骨肉分散,官爻主贵,财爻主富,父爻有所传贻,子孙爻有所承授,余可类推。有人先天镃基受制,而居闲空之地,贫不自聊,若有所得,必自暗取,或来而不聚;或交后天镃基得地,又处妻财之乡,必然大发。有先天镃基得局,又居田宅之宫,必承祖父余荫,安亨荣华。若后天居兄弟之爻,又受克制,或泄气空亡,必然祸至。若木人而火为镃基,震为应爻,倏然火焚其室,荡然一空。若水作镃基,而困极争战,忽然水淹漂泊。其余触类长之可也。

八卦旺废图

(以运数为主,生旺相之月得时是也)

	旺	相	胎	没	中	死	囚	休	废
立春	艮(吉)	震(休)	巽(祥)	离(吝)	中(平)	坤(凶)	兑(咎)	乾(灾)	坎(悔)
春分	震	巽	离	坤	中	兑	乾	坎	艮
立夏	巽	离	坤	兑	中	乾	坎	艮	震
夏至	离	坤	兑	乾	中	坎	艮	震	巽
立秋	坤	兑	乾	坎	中	艮	震	巽	离
秋分	兑	乾	坎	艮	中	震	巽	离	坤
立冬	乾	坎	艮	震	中	巽	离	坤	兑
冬至	坎	艮	震	巽	中	离	坤	兑	乾

生年干合卦吉凶之图（分配九宫）

	坎一	坤二	震三	巽四	中五	乾六	兑七	艮八	离九
甲	朝元 正印	库 会贵	天元	天禄 文贵	天禄 天官	官煞	才元 正贵	才元 正贵	泄气 福德
	生气 隐禄	魁元	会贵	天元	魁元 泄困	困失	正禄	正禄	破耗
丙	官禄	福德	朝元 正印	正禄 朝元	天禄 福德	魁元 正贵	正贵 演禄	天禄 盗气	天元 魁元
	困失	泄气	生气	生气	泄气	才元	才元 会贵	破泄	得局 会贵
戊	天禄 才元	天元 正贵	官禄	魁元 隐贵	禄元	福德 破耗	隐禄 盗泄	朝元 天元	朝元
	魁元	会贵	失困	库 困失	比和	泄气	破耗	得局 正贵	生气
庚	福德 隐禄	朝元 会贵	天禄 才元	才元	正印	天元 得局	天元	朝元 正贵	官禄 化气
	破泄 盗气	才元 生气	隐贵 归元	会贵	生气	归元	魁元	魁元 天库	困失
壬	天元 魁元	天禄 官魁	正贵 魁元	正贵 正禄	正官	朝元 会禄	朝元 会禄	魁元	才元 会贵
	正气 得局	困失	破泄 库	破耗	天禄	生气	生气	正禄	化气
乙	朝元 正印	天元 正贵	正禄 魁元	天元	才元	官禄 化气	官煞	才元	隐禄 破魁
	生气 正贵 隐禄	魁元 才元	正贵 元气		正贵	困失	困失		泄气

（续表）

	坎一	坤二	震三	巽四	中五	乾六	兑七	艮八	离九
丁	正官	破耗	朝元	朝元 隐禄	盗气	正贵 魁才	天禄 才元	泄气	魁元 正禄
	困失	泄气		正印 生气		隐禄 库	天贵 会贵		才元 库
己	天禄 才元	天元 正贵	正官	魁元 天禄	天元 正贵	生气 福德	生气 隐禄	天元 正贵	朝元 得局
	魁元	会贵	困失	会贵 库	得局	盗泄	盗泄	魁元	正印
辛	正印 隐禄	朝元 正贵	才元	才元	正印 隐禄	天元 会贵	天元 魁元	朝元 正贵	正官
	破泄	会贵	天禄	会贵	隐贵	得局	会贵	魁元	□□
癸	天禄 才元	正官	福德 魁元	正禄 正官	正官 魁元	朝元	朝元	正官	才元
	魁元	天禄	正贵 破泄	破泄	得局	隐禄	会贵	失局	会贵

凡人命干支得元气，数卦理爻俱吉者，主富贵高寿。苟干支有元气而卦数理爻不佳，仅得延年，不免贫贱。地支有之，数卦理爻并佳，富贵中寿。数卦理爻半吉，亦主浊富。其寿之高下，看后天运气流年吉凶断之。大抵无元气而数理爻佳，不妨富贵寿，数既无而更反克，卦爻又凶，夭折不免。如无元气而卦得生气者，一体主寿。若木人得震巽为得局，坎为生气，土人得坤艮离，金人得乾兑艮坤，水人得乾兑坎，皆是。又有八字内，如甲壬生人，月令日辰时有甲子、寅、辰、午、申、戌，皆谓纳甲元气，亦主寿。又如甲子日时，元堂在乾初九，癸丑日时生人，元堂在坤六四，皆并吉。

化工主名誉，又为子嗣星，人命值之，主功名、科第、名誉、子嗣。或有科第、功名而子息少者，天地二数过不及所致也。二数与月令合，爻得化工，主官职子嗣俱旺。亦有化工只多子息而无功名者，卦数爻辞限之也。亦有无化工而及第中高科，至极显贵者，二数合时，卦爻理最优故耳。当仔细消详，不可执一而论。

凡男命阳月生者，冬至以后、雨水前，天数不及二十五，只余奇便妙。自雨水后、夏至前，以渐盛者佳。如不及二十五，更余偶数，元堂安在阴爻，纵得好爻词亦凶。大都男命以天数为主，若月令不当多而多，余偶数，卦中阴爻多，元堂居阴爻，所得卦名爻词佳，有元气化工，亦主富贵。如卦多阳爻，更居阳位，虽有化工元气，卦名爻词佳，亦不令终。女命天数太过者，多主孤寡。

女命阴月令生者，地数不及三十，大凶，阳月生之人不忌。男人生阴月令而地数太少，卦爻多立阳爻，亦主孤贫。

天数二十五，地数三十，名中和自宁，富贵上命。虽无化工元气，卦名爻辞不佳，一生逢凶化吉，永无横祸。

天数不及二十五，地数不及三十，名天地俱羸，夭折下命，纵有化工元气，卦名爻辞佳，荣取功名，必主子孤寿促，职位亦不能尊显。

天地二数俱太过，名二气混杂，纵有富贵，亦必浊恶之徒。

天数二十四以下而地数三十，地数二十八以下而天数二十五，天数二十六以上而地数三十，地数三十二以上而天数二十五，此阴阳偏胜偏负，更元堂安非其位，必主孤寡下贱。

天数四、五十以上而地数不足，名以强凌弱，以尊凌卑，在阳月生人大贵，七、八、九、十、冬月生，横恶凶死。

地数五、六十以上而天数不足，名以下犯上，以卑逾尊，在阴月生人富贵，而水以后夏至前生人，最恶下贱。

大都天地二数，与时损益。冬至一阳始生，至夏至前六阳极盛；夏至一阴始生，至冬至前六阴极盛。如生阳微阴盛之令，而天数不及，地数太过，生阴微阳盛之令，而地数不及，天数太过，为阴阳平等之令，而二数得中，是谓合节，故曰气数合节，笃生贤哲之才。盖人与天地之气相合，岂不贤哲哉？愚不肖人，非太多则太少，非俱多，则俱少。

大凡看命，先推二数合节不合节，次看卦中吉凶，次看爻位当不当，次看爻辞吉凶，次看有无元气化工，可立断矣。

凡看爻辞依不得周易正解，如命值数卦爻位俱好，又有化工元气，宜以富贵上命断之。纵爻辞不佳，或至凶，此人富显中，不免有患难坎坷，甚者子息少，不令终。文王作《易》，近取诸身，远取诸物，如言龙则必贵。二月至八月生者吉，余欠利。言马则前程远大。言牛则功名迟钝，而体大身壮，必见富饶。言羊则身分虽不及牛，而进取必锐科目或早发，只不极贵耳。言豕或富或贵，其人必贪污。言鹤必主清高。言龟必主遐筭。言鸿必主飞腾，言鸟同。如卦数凶，此走空浮薄之夫。言月生，望前者佳。言木生，春夏者荣。言血，必刑克伤残。言忧泣，必有克害。言甘，必受用。言苦，必困穷。言金，非贵必富。言肉，必多饮食。男人言朋亡，一生交游非人，女人必为孀妇。触类而长之，思过半矣。

凡元堂居初爻者，多从寒微起家，居上爻者，贵极为三公，否则闲散卑职。如元堂得君位，卦名佳，二数足，化工元气得时，此贤良上贵之命。苟卦名不佳，二数足，有化工元气，亦主富贵。卦名不佳，二数不足，又无元气化工，此先贫后富，先贱后贵，或贫贱中自卓立之人。僧道得此，主有权职，士大夫得此，当居要位，女命决起大家业。

古来富贵之人，淡泊饮食，粗素衣服者，求延年也。若逃出卦数之外，非阴德之最优，必仙风道骨，宿世夤缘，不可以等闲评论。

亦有八体看者，如甲子命生冬至后，生先天得纯兑，无化工元气，以第三阴爻移出外为坎，第四阳爻移入内为乾，合成水天需卦，则元气化工全有，亦主尊贵富寿。此无中求有之义，若正体有之，不必再移。

庚人得震，在春夏为济时利物之雷，当声名振天下。九月后、立春前生人得之，虽得天干元气，不过延年，盖失时也，纵贵亦不显达。

辛人得巽，在春夏为长养万物之风，当慈仁济世，富贵眉寿。九月后、立春前，虽或延寿，亦见贫寒。甲壬人四月得乾，乙癸人十月得坤，丁酉人秋生得兑，己午人夏生得离，戊子人冬生得坎，丙生人春夏得艮，仿此推之。

阳月令生人，得一阳之卦，元堂居之，谓之众宗。如比九五、师九

二、复初九、剥上九之类是也。如一阴之卦，若得夬上六、姤初六，是谓众嫉，大凶。

阴月令生人，得一阴之卦，元堂居之，亦谓众宗，主吉。如五月得姤初六、小畜六四、大有六五之类是也。主大吉。若阳月令生人居之，亦谓众嫉，不宜。然男子以阳为主，利居阳爻，若生阴月令，以偶数而居阳位，又为君子得舆之象，仍以吉论。盖阳为德为君子，虽阴盛之月，未尝无阳，极乱之世，未尝无君子，不可一概而论。大抵正月生人得泰居阳爻，得否居阳爻，及得三阳之卦居阳爻，并主大吉。若阳微阴盛之际，不居阳爻犹可。阳盛之后，余偶更居阴爻阴位，大凶。余月仿此。

凡流年先后天大象遇正对、反对卦，更值爻辞凶，卦无元气化工，必死；若不死，亦有横灾及非常之祸。正对者，此阳彼阴是也；反对者，本卦倒转是也。

先天得蹇卦居初爻，后天变未济九四爻，辞颇可，到底蹇不能济，终身偃蹇。先天否卦居五爻，后天变明夷六二，数卦好，元气化工俱有，纵贵而否，终不解骨肉伤残。先天得讼卦居初爻，后天变夬九四，讼而遇夬，讼决散而身安宁。先天得困初六，后天变兑九四，兑者悦也，虽困而亨，何凶之有？余可类推。

乙癸未申命，春分后生，得坤之初六："履霜坚冰至"，春行冬令，损物伤荣，本不吉。后天变豫九四，雷出地奋，爻辞曰："由豫，大有得。勿疑，朋盍簪"，极贵富寿之人。若本生与元气相反，且无元气，生惊蛰以前，非夭横必乞丐、俳优。六命得之，必为娼妓，盖朋盍簪也。

不但先后天卦，大象要得元气化工，虽流年小象，全凭元气化工看。《经》曰："人生得元气，富寿宜高位。人生得化工，荣显作名公。"又曰："流年遇元气，必然得财利。流年遇化工，中举中进士，生贵子。"若拘拘于爻辞吉凶，则失之矣。盖元气化工乃命之根基，年之用神，爻辞或凶，则不免有灾眚，而于富贵天年不碍也。如寿高而常损妻子，家富而常被寇盗，巍科高第而常被斥谴，及贬谪廷杖之类。

气数合节，笃生贤哲之才。爻吉辞佳，不产孤贫之士。又曰：必登庙堂之贵。如阳明先生，十月生，天数八，地数四十二。孔宜圣，十一月生，天数二十三，地数三十二。一则阳微阴盛之时而数正合节，一则阳生之际，天少二地多二，恰合五十有五也。数合节，更爻辞佳，如张凤磐相公，先泰初六，后观六四之类。数不合节，止于爻辞佳者，亦有受用。卦爻佳，大人君子得之吉，如仆役下人得之反凶。

凡看大贵人命，流年卦爻多有不佳，只论其大象有根基，大运虽失化工元气，不过小疵，虽被论劾，不至去官。如中人之造，行至无元气化工之域，纵爻辞大吉，亦主小喜，无大利益也。

流年爻辞吉凶，有未交生处当岁数，即见祸福者，有交生后，及次年小象犹见祸福者，由所生之时，有正初末刻不同，故应有迟速也，须推本人以前流年吉凶验之。

凡看河洛天地二数多寡，务要以本生月令，参合当时得令者为上，次宜玩卦爻变化何如。止举乾震二卦为例，余可推数。

凡看数，须要潜心细玩，务得作者本意，然后寻其先后天二数叶吉，次看卦爻变化妙处，且如中卷首注，“干支合卦吉凶”一条，俱以本命干支用数为主。如壬甲戌亥人，即用乾卦，却检其人，先后二天所得卦象及元堂爻位，如得乾，是谓天禄朝元，名曰卦吉。得午为先天数归元，四柱有戌亥，为后天归元。遇爻位纳庚，为天合。遇甲子寅辰、壬午申戌为人合，申为地合，皆主吉。会见巳酉丑、申辰戌为时合，其出身科分必在壬甲子午申辰戌年。若士子岁考遇之，亦主高选大利。

元气化工二者兼得为上，若破化工为元气，破元气为化工，美中有疵，未为全福。如元气化工合而为一，是为浑同一体，尤妙。

（如王嵩淮，戊申年、甲子月，先天卦得坎二爻安身，是元气化工同归坎水，且水归冬旺是也。）①

校者注　①　本卷以下内容讲述的是阳宅知识，实与本书不相干，疑为衍文。以下铺底纹的部分为校者所加，特此说明。

黄石公《竹节赋》

黄公祖师说宅元，一论分房二卦全。

三论来路真根本，四论五行生克篇。

五论爻象装成卦，初起一爻见的端。

先见一阳临阴二，一阴临二却是阳。

先房返卦初爻定，初阳返阴阴返阳。

次选门路定爻法，看成何卦细推详。

西四装东多不吉，东四装西也不祥。

震阳一宅须配巽，坎宅须配离家乡。

乾宅须配坤家主，艮宅须配兑家庄。

以上四句全在巧番八卦，反覆旋转以定延年之吉，此四延年即人道之夫也，为修宅之要。

乾兑配成震巽卦，长男长女定遭殃。

乾兑金也，震巽木也。金能克木，况乾见震为五鬼廉贞星，见巽为祸害禄存星，二星俱凶。兑见震为绝命破军星，巽为六煞文曲星，二星俱凶。震为长男，巽为长女，又被克制，又遇凶星至金会局之年月，必殃及长男长女也。

震巽配成坤艮卦，少男老母在家丧。

震巽木也，坤艮土也，木能克土。震见坤为祸害禄存星，见艮为六煞文曲星，俱凶。巽见坤为五鬼廉贞星，见艮为绝命破军星，俱凶。坤为老母，艮为少男，又遇克制，又遭凶星，而于会局之年月，必殃及老母、少男也。

坤艮装成坎三阳，中男绝灭不还乡。

坤艮土也，坎水也，木能克水。坤见坎为绝命破军星，艮见坎为五鬼廉贞星，俱凶。坎为中男，又遇克制，又逢凶星，而于会局之年月，中男必绝灭也。

中男合成离家火，夫妇先吉后还伤。

坎为中男属水，离为中女属火，居卦中之夫妇也。坎离相见虽是延年，终为火遭水克，故曰：夫妇也，先吉而后伤。

中女合成天泽履，老夫少女见丧亡。

离为中女属火，天为乾属金，泽即兑属金，火能克金。离见乾为绝命破军星，见兑为五鬼廉贞星，俱凶。乾为老夫，兑为少女，又遭克制，而于会局之年月，老夫、少女必受其殃也。

见其年限并月限，乾兑酉申克本方。

或一宅修造，门开凶方，房立恶煞，卦体相伤，门房交克，其发凶知在何年月日也。若震巽之方遇凶星，受克于乾兑金，其发凶必在申酉年月，故曰：乾兑云云。

震巽旺相寅卯木，克子坤家少子亡。

震巽旺相在寅卯之方，坤艮受克于震巽之木，其发凶必在寅申之年月日也。坤为土，少子即艮土，故曰：克子云云。

坤艮四季伤中子，坎若克火子亥当。

坤艮属土，土旺四季，夫四季在辰戌丑未中，子即坎也，坤艮来克坎也。坤艮来克坎水者，其发凶必在辰戌丑未之年月日，故曰：坤艮云云。夫离火被坎水所克者，其发凶必在子亥之年月日，故曰：坎若克火云云。

离家巳午纯金怕，年限轮流见损伤。

离火也，乾兑纯金也，凶星也。夫离火来克纯金，其发凶必在巳午之年月日。如年限轮流是金，即为木之交克，必见损伤丁财也。

阳多必定伤妇女，阴多必定损儿郎。

阴阳配合家富贵，不须广览乱乖张。

凡相宅之法则，阳宅多必损阴人（女人）也，阴房多必损阳人（男人）也。装卦亦同，不过要均平而永远富贵，自然有吉无凶。

更说游年八卦诀，临爻论象要真装。

第一若得生气卦，青龙入宅旺田庄；

生财万倍兴人口，家家无事保安康。

第二合成天乙卦，黄蛇入宅是吉祥；

儿孙迁官并加禄，生财旺相子孙良。
第三合成延年卦，刺猬入宅喜吉祥；
不出三年家富贵，牛马成群进宝庄。
第四合成伏位卦，伏位之星正好安；
花蛇入宅添吉庆，人口无祸免灾殃。
第五配成五鬼卦，马牛倒死损财真；
两岁三年贼盗至，火光官事口舌频。
第六合成六煞方，先损阴人后损阳；
田蚕不收官事发，人口疾病不离床。
第七合成祸害中，一年半载损阴身；
疾病连绵多伤害，又出风瘫聋哑人。
第八变成绝命卦，年年苦死少儿孙；
暗风疾病常时发，田宅卖尽后绝根。
后学之人须仔细，金木水火土中寻；
解得五行生克话，家家爻象要均平。
世人不解生克理，误了千千万万人；
此是黄公竹节法，珍藏莫与鄙夫论。

总结上文，言七星变化，不外乎五行生克也。明得生克制化之理，则能配合阴阳，而爻象均平。苟于理有未明，不免阴阳错乱，多犯凶星，以误人矣。

以上《竹节赋》终。

大凡吉星高大，能压次下凶星，若或凶星高大，反欺低小吉神。

此四句最切要。生气、天乙、延年为三吉星。凡吉星所坐方位俱宜高大，则能制伏次下凶星。六煞、五鬼、祸害、绝命皆为凶星。四凶所生方位，若或高大，反欺低小吉星。相宅之法，此四句括尽矣。

摇鞭断宅歌

鬼入雷门伤长子（廉贞到震），

鬼是五鬼，属廉贞，火星之至凶者。震为雷，鬼入雷门，是主房在震而乾上开门。自乾向坎顺数至震为五鬼。震为长男，故伤长子也。

火见天门损老公（廉贞到乾）。

火，即离宫开大门，天门，即乾宫也，老翁，即乾宫之位也。

离侵酉兑翁伤女，

离，即离宫开门也，酉兑，兑宫也，少女也。

巽入坤位母离翁。

巽，巽宫开门也，坤位，坤宫也，母离翁，巽木克坤土母必死也。

兑妨震巽长儿女，

兑，兑宫开门也，震巽，震长男巽长女也。兑金克震巽木也。

艮离淫妇败家风。

艮，艮宫开门也，离，离宫中女也，淫妇败家风，离宫高大对中女不利，易出淫荡之妇也。

艮水小口多疾病，

艮，艮宫开门也，水，坎宫高大，犯五鬼廉贞火，而小口必多疾病。

坤坎中男命早终。

坤，坤宫开门也，坎，坎宫高大，犯破军，伤中男。

以上均是以宫克宫，宫克星，星克宫五行相克之论也。

（陈图南先生河洛真数起例上卷终，□□□□□□□□□□字）

陈图南先生河洛真数起例卷之中

颍川后学默庵　李学诗　校正

八卦合数时地吉凶之图

	乾九	兑四	离二七	震三	巽八	坎六	艮五	坤十
先天	午	辰巳	卯	丑寅	未申	酉	戌亥	子
后天	戌亥	酉	午	卯	辰巳	子	丑寅	未申
天合	庚	辛	丙丁	甲	乙	壬癸	戊	己
人合	甲子寅辰 壬午申戌	丁 卯丑亥 酉未巳	己 卯丑亥 酉未己	庚 子寅辰 午申戌	辛 丑亥酉 未巳卯	戊 寅辰午 甲戌子	丙 辰午申 戌子寅	乙未巳卯 癸丑亥酉
地合	申	酉	巳午	寅	卯	亥子	辰戌	丑未
时合	巳酉丑 申辰戌	同乾	寅午戌 辰巳未	亥卯未 丑寅辰	同震	申子辰 酉戌亥	辰戌丑未 巳午申子	同艮

以本生年月日时，合元数本卦之卦，参看运年月日时，同此推之。

阴阳二数随月令消息论

两仪未判，神明深藏，一气浑然，于是龙马负图，羲皇画卦，而易数出焉。然易者，易也，相移相易之道，与四时流行，循环无端，故数之至妙，贵在与时偕行，顺之则吉，反之则凶，至理自然，不可易也。月令随时详具于后。

春三月，阴多阳少，谓之春寒损物。有火者，庶几可立；有金者，刑妻克子；有水者，飘荡流移；有木者，仁寿，富贵减半；有土者，诸事迟留，早皆不固。

阳多阴少，则为春阳育物之象，主早年发福。有土者，子孙昌盛；有水发畅，官居清要；有金则损物，主多被伤；有火相宜，可居富贵；有木者，主为人清廉，禄位极品。更得合正配卦数，则多福少祸。

泰，属正月雨水节，三阳出于寅，三阳至而大道成，小往大来，阴阳交畅，草木甲拆，上下交通，万景亨朗。当此之时，阳数不可不足，有余尤妙。盖阳性宜健，健则不困阴中。然阳数亦未可太过，以敌阴可以自健。若夫畏阴自弱，是谓非所困而困焉，名必辱，虽则清显，类多庸俗，碌碌可知，旋成旋败。畏阴者，阴数多阳数少，而所得之数，如有二、四、六、八、十偶数是也。更又合成卦立爻于阴位，而反自敌阳，此为最凶。为时之所舍，主人贫贱，是安僧道可守，富贵莫享，夭横即有。若阳数无不及，复无太过，不困阴中，而复立爻居位当阳得势，是为舍阴，理从阳道，此贵显荣高，骤升急进之士。辞吉理长，必登廊庙之贵。若阳不宜太过，如太过则骄亢而与阴敌。如是之数，主骄奢淫败之乖，刚果敢断之勇。勇则必斗，斗则必伤，所以老氏戒刚强之祸。如值数太过，当有春寒之兆，具作俱迟，且春风解冻之候，今尚阴多而阳少，非春寒之兆而何？得此数者，安有健泰之悦？前曰“非所困而困焉”，此之谓也。若更成卦，阴爻多失位无援，无优长之理，则知贫贱困苦，一生不达，男孤女寡，或僧或道，或是娼尼，非子丑月之比也。盖泰道未成，阴宜稍多，阳宜稍少，况泰道已成，何可不足，但不可太过刚亢骄纵耳，方合吉泰之道，卦吉尤佳。

正月雨水后，此时春日暄和，万物发荣，阳数三四十以上，阴数三十以下不妨，阴数或过一二策，亦不多，此阴阳交错，物类发萌之相。若阳数五十以上，本自太过，阴数乃二十以下不足，是谓春行夏令，则雨水不时，草木早落，人有夭眚暴毒之患。此时阳数二策以下，阴数四十、五十、六十，乃谓之春行冬令，狂风骤雨，则民疾疫，主人孤苦贫寒，灾生不测。

大壮，属二月春分节，四阳生于卯，四阳盛壮，帝出乎震，震卯位也。仲春之月，气象暄和，万物荣华，芳菲巧丽，雷震电辉，蛰藏者启，屈伏者伸，阳气壮盛，阴道消殒，万物森森，仁风畅达，乃天地发生之时。当是时，阴气不宜多，阳气数不宜少。阴气多而暴寒折暖，损秀伤荣，人多灾异，有暴败之乖，危险之厄，逆其时令，有始无终，乃成折腰之理。更爻凶位失尤乖，必主贱薄，或为顽愚，体质有伤，形骸不具，平日浮沉相继，六眷无情，损伤妻子。阳气被阴气所伏，逆时之令故也（谓阴数太过，又余奇数，阳数不足者也。此愚顽横夭之人）。阳壮之时，数喜得中（如数不在九数、十数之下，亦不过二十之外是也），畏不及（如九数、十数是也），太过但不可亢甚（余二十之外，或二十五、三十以上是也）。阳既壮矣，虽过何伤？不若莫乖其势，正合阳刚君子之道。盖发荣之时，既无太过，亦无不及，中和者为贵。若阳数多甚，是谓春行夏令，亢旱为灾，暄热早来，虫螟为害。得此之数，荣而不久，始吉终凶，先虽富贵荣升，后必名辱而有非妄之祸。不及者，阴寒尚多，春行冬令，时物必乖而有伤，始发华而不实。人生得此，主平生吉未成而凶已就，事未合而毁已随。若阳多阴少，顺时之令，爻位更佳，辞理居体又吉，主人富贵荣华，才高业广，六眷有情，万事和睦，盛名当要，光前振后，得天地至祥之气，当代挺特之人也。

二月春分后，雷已发声，卦更有震，主有声誉。此时阳数愈多尤妙，阴数二十以上，不及尤佳。如遇阳数二十五无余，地数有余，乃谓春行秋令，主孤寒无子，兄弟寡合，百不如意。此时若得阳数二策以下不足，而阴数四、五、六十，乃谓春行冬令，主短夭，克父母，无妻子，克六亲，被妻抑，上下相损之象。此时阳数若三策以上，而阴数二十以下，阳得其中而阴稍不足，是谓春行夏令，主人性刚好讼，无朋寡合，凡百熬煎，不受冒触。

夬，属三月谷雨节，五阳生于辰，其卦为夬，《经》云“夬者，刚决柔也，阴道厄而阳道长，君子众而小人寡”。寒气日消，暖气日长，阳长决阴，万物茂盛。当此之时，阳数虽多不为太过，阴数若盛可谓伤时，伤时之害，安必有危，存必有亡，乐必有殃，福必有祸，岂有长久？更逢爻位不吉，阴多敌阳，伤气损时，主人贫贱，凶横夭折为灾，皆失天地中和之气。遇此数岂佳？阳气虽多正为当时，阳宜多而却少，反有不及之乖。盖当阳决阴之际，阳数微不及者，尚有可终，全不及而为时委弃。当此时爻位卦体不可援阴，援阴则舍君子从小人，寒暄相杂，成败两兼，战敌交争，非时所利，生于薄贱，必是困穷，类多夭折，凡事折腰。若阳多阴少，与时偕行，未有不悦。更卦爻吉，体理安，则必聪明贤贵之人，显焕之士，盖气数与天地四时同为运用也。

三月谷雨后，阳数太多，而阴数不足，无妨，但不宜过极。阴数不足，乃知几之人，如阳数太过，乃不知进退之人，凌下犯上，所为刚傲，自执己见，不循理法，恶逆之人，反多取祸。阳不极，乃知几之人，满而不溢，可以常守富贵。如三月生人，春行秋令，多主贫寒，性弱无成，随得随失。春行夏令，主暴疾，顽猾无义；春行冬令，主一生无成，鳏寡孤独，绝灭之命。

三、四月阳数当健之时，阳数不足，阴数有余，谓之上逆天令，多主贫寒夭折，幼克父母，更偏生过房，性且多拗。如女命得阳数不足，略可言福。如女人阴令之月，阴数不足，阳数太过，主克害夫嗣，而且夭折。如夏至阴生，至处暑前后，三阴正长，君子道否之时，阳二十至二十四尤佳，不宜守多。若余得二、四、六、八，是顺时之宜也，见几而知。然阴多不许至六十数，若至此数，除地数三十外，更余三十，是羊质虎皮之人，小人乘君子之器，盗思夺之矣。如前者阳月令而犯二、四、六、八、十者，已例之矣。阴月阴令，阴气隆盛，而阳数至二十五数，是不知几之人。更余有奇数，与阴为敌，恐为小辈所凌，不能善终。此数主亢傲刚强，好入是非之门，每被众疾，心怀毒害，克妻刑子，六亲无情，朋友寡合，则亲戚不能相保，此之谓也。

夏三月，阳太多为燥，主性刚，为事夭短，有阴调合，庶几阴阳合令，高明早居爵位，人多特立。阴数多者谓之不时，人多成败，过十有祸，二十尤乖，三、四十害大。火盛者主风狂，金盛者厄毁，水盛者济时利物，土盛合节者早达居贵，木盛者豪杰。五行全不盛，吉则贵而凶则富。

乾，属四月小满节，六阳终于巳，其卦为乾，乃纯阳之月，消尽众阴，惟阳特立。自冬至一阳始生，至此六阳俱备，为纯乾之卦。时乘六龙以御天道，则天下万物自然变化，当此之时，诸阳自健，阳数多而不为太过，天道健，得健之数，是应天之时，何不利之有？若所得之数既已合宜，又得位当权，居位不逆，有援不屈，其辞虽凶理即吉，不脱为富贵成名之人。若更辞吉理长，则特达高明之士，周旋顺天之君子，为辅世经邦之明哲，斯岂常俗之士哉？当是时，阳数有不及者，困于自弱。阴数太过，或成卦居位胜阳者，则是强梁之徒，黥配之辈。更理凶体恶，必反逆之人，斩戮之贼也。阳数至此，虽可胜，却于立夏后、小满前可也。如芒种之后，则太亢，如太甚，有悔吝之乖，虽辞理佳，则富贵荣达当不久矣。盖阳极而阴将生，亢何可长？至此之时，阳虽未可弱，亦不宜太过，必须阳数不至太拒于阴，而有援阴之意者为合时。知进而不知退，知得而不知丧，亢之为言也，今正阳极之时，而一阴将生，则减其阳数以援其阴，援阴如天数二十五，还天正数之外，余得二、四、六、八偶数是也。是谓合时，知变化之理，则进退存亡不失其正，此之谓也。其识时知几者乎？若得减阳援阴，而不纵刚亢之理，必生贤哲之士，济物之人，富贵当不可量。若阳数不及，而又援阴，则困于自弱，为随世浮沉之士。若刚亢不回其志，勇躁锐略，凶顽暴横之人。以是推之，用无常道，惟变是适，是诚不可为典要也。若立体居位亢，而有凶，不合时序，是谓气数逆时，自然不吉也，主贫穷之灾。

四月为阳极之令，而阳数得四十至四十八，虽应其时，若无阴应之，则孤阳不偶，主横恶凶顽，多是健讼，太过者尤甚。

姤，属五月夏至节，一阴始生于午，当交至之时，可占万物收成之验，太阳躔度减分刻，阴柔在下渐长，卦名曰姤。阳道日消，阴道日长，荣势已成，而茂势止，万物实收，无复有再荣之理，百巧隆，万色削，天道左旋，地道右转，阳气已逆，阴气自顺，阴阳至此分夺。大凡君子可平其心，可息其气，不纵其克，以顺天序可也。当此之时，阴数不可太过，阳气不可太甚。阴气太盛若成，卦爻辞名理不吉，则男孤女寡，九族离散，终身困苦，必是轻薄之徒，群小之人。若阴微而不太过，使阳自来应援于阴，谓二十五之外，余偶数者，此必富贵显要之人。若爻位辞理更吉，此尤佳也，必主荣显崇重之君子也。若阴数太盛，草木凋零，主人殃疾，随成旋败。大概阴数有无余不足之患，得中为佳矣。

遁，属六月大暑节，二阴生于未，其卦为遁。二阴既长，温风盛热，腐草为萤，阳道遁匿，所以为遁卦之名。遁世无闷，阳甘废弃，君子难乎？其得志晦而自遁，咎亦何及？若纵其奔逐争前，则咎必自生，悔亦随至。盖逆天地之常，安有喜悦之美？此时荣者已休，进者思退，物性废替，枝叶黄瘁，阳气可减，阴盛吉随，阳增祸至，百化俱成，有为如意。更或卦爻理俱吉，为公卿大人；纵或爻位虽危，亦不失为富足丰裕之人。爻佳位失，尚可逃之；爻凶位失，非灾横夭，困若贫穷，黥徒恶辈。恐阳未消，但以消阳为佳，阴虽增而不太过，其贵犹清。阴虽喜盛，亦嫌太过，阴太盛，生虽富而浊，非知几之士。盖二阴方长之时，未可大盛，则非合天之令，□时盛热，阴气方生，大雨时行，阴欲骤化，皆非阴阳自然之理也。

秋三月阳数太多，则炎火炽物，多先富后贫。爻凶主疾厄，有火尤乖，无水则困穷，土盛无忧，一生和悦。木人主败枯，容颜憔悴，多成多败，伤妻害子。金人主形体伤破，此时阴盛则亏节，悲酷岩顽。木人大忌，金人凶残破体，水人先难后易。火得此数，谓之先烟后焰，先号咷而后笑，多为贫士而贵。土人得之，土含阴重，育而不苗，苗而不秀。

否，属七月处暑，三阴生于申，其卦为否。三阴既长，否道方成，天道闭塞，上下不交，其志不通，阴阳不顺，其道乃穷，君子不可荣以禄。此时凉气既生，白露时降，万物收敛，天地肃杀，阴道左旋，阳道右转。阴数宜多，不可太过，太过则势胜阳。阳数宜少，若此时阳数反多，于理未利。夫阳为君子，阴为小人，阳贵阴贱，阴虽得时，而未可遂胜于阳，胜则急于盗滥，非纵贪之理而何？仲尼云："富贵，人之所欲，不以其道，则不处；贫贱，人之所恶，不以其道，则不去。"当否之时，阴未免得势，阳未免失时，不宜求胜于阴。若得徐缓之阴，使阳自得为去就，则富贵自然，崇高不险。更爻位吉，则是著名竹帛之贤，镂功金石之士，奚患不远大哉？若阳数胜阴数，爻位不当，则浅横之徒，动不循理，富贵未必有，贫贱未必无，凶祸未必免，终身危险，克害六亲。若居阴爻尊位，不为阳所胜，则与天地四时同流，亦是尊贵显达之君子也。

立秋之后，阴数过十无妨，二十稍中，三十、四十为过中。中则乘时可定，盛则无君子可依，主愚顽遭刑而下贱矣。

观，属八月秋分节，四阴生于酉，四阴既长，是名观卦。观者望也，求望之义也。酉属兑，乃肃杀之时，昼夜平分，雷收声，蛰藏户，阳日衰，阴日长，百物收敛，草木黄落，水将枯涸。当此时，阴数可隆，天地肃杀，阳气不宜多，阳数多则炽，秋行夏令，蜇虫不藏，五谷不实。若得此数之人，智志减削，贪爱无节，进欲不休，观望太甚。阳数如不足，乃顺时，宜有畏怕羞耻之情，且无冒望之过。阴数太盛，则肃杀疾施，伤于太虚，月令虽是阴盛之时，当顺时而合节。女子得阴数盛则吉，男子得之，微阳而有阴为援，无气亦吉。如或阴盛，反援于阳，斯为苟容妄倚，自非正理，窃取私窥。是其数也，若爻位不吉，鼠盗之徒，恶隶之辈，阳微不害阴盛无妨。若阴得中，阳又不过，爻吉位，当是富贵之命，奋发之士。经云气数合节，多生贤哲之才。爻吉位佳，不产孤穷之士。阳若太过不宜，阴数不及必自伤自害。阳数若盛，是谓秋行夏令，忽然暴阳，顷时消尽，皆不吉之象。主人乍富乍贵，时发时败。爻位不佳，固夭折之人。辞理俱凶，伤于童稚，岂为富贵永寿之人？阳若太过，男子逢之必不吉，则阳来援阴为喜，阴来援阳尤佳。当阴盛之时，阴不盛阳，值此之数，爻与位复如此，主人多妄诞诡谲，贪求无厌，数多不洁，有乖害之凶也。贵必失，富必过，安必危，命必夭，是阴阳失节，斯为至凶。虽爻吉辞佳，理非合宜，恐有不永之兆，只侥幸而已矣。

秋分之后，阴数二十为中，三十少过，过此亦凶，有阳相称则吉。

剥，属九月霜降节，五阴生于戌，五阴长而阳剥落，鸿雁来而玄鸟去，雀入水化为蛤，物自有情而化无情，老枫乘雷为羽人，无情而化有情，天地闭藏，霜降水涸，蛰虫埋户，物实归根，无有先出。当此之时，是谓阴老之令，阴数至此当盛，不应无余，阳数至弱，不应太过。阴剥阳，阳必消殒，微阳与阴为援，其贵最清。阴盛反援于阳，斯是苟容妄倚，自非正理，窃取私窥。是其数也，爻位不吉，鼠盗之辈，利徒恶隶，阳微无害，阴盛无妨。若得中，阳不宜过气数，若此爻吉位当，是富贵之人，奋发之士。经云：（同前）阳若太过，阴数不及，必自伤自害。阳若盛，秋行夏令，忽然暴寒顿削，皆不久之象。乍富乍贫，时发时毁，爻位不坚固，夭短之人，辞理俱凶，伤于童稚，岂为富贵永寿之人？因时观数，理不相合，纵爻辞佳，亦必有凶，不可过胜于阳，乃固亡而保其存者也。所谓吉未至而先见，凶未形而预知，吉凶之兆先见预知，苟合此节，爻位辞吉理长，可谓有智之士，间世之贤，必居卿相之位，冠出群伦之表。盖阴当既盛之时将变阳矣，倘阴纵极盛之势以敌于阳，则是不知识变之人。数若得此，位与爻更不吉，不戒之过忽至，因循之凶顿来。斯盖自然之理，岂能免乎？冬三月立冬之后，虽阴盛不妨。然女喜而男畏，男不夭必淫，女不得援，非尼则妓，男不得援，非僧则道，或作浮游之士，盖为阴阳偏矣。

坤，属十月，六阴生于亥，六阴盛长，乃纯阴之时，消尽众阳，惟阴独恃。自夏至一阴生，至此六阴俱纯成坤，则阴生非一日矣。卦曰：纯坤阴之凝也。积善之家必有余庆，积不善之家必有余殃。臣弑君，子弑父，非一朝一夕之故。盖阳生之道，君子也。阴杀之道，小人也。善恶所积之分也。肃杀之气积而至此极矣。阴水坚，蛰虫不食，虹藏不见，雉入水为蜃，天地不通，阴阳闭塞，无有泄漏，人不可妄动，房室谨固，理应如是。此时阴数虽多，应时之令最佳。若阳数太过，是逆时也。过数不多，其祸尚浅，有余尤凶。爻位不吉，体理不长，遭刑下贱之辈。过数已多，而爻位不当，辞凶埋短者，凶暴横夭，必不善终。盖逆时之令，不可逃也。若阴数过盛而逢爻吉辞顺位当，阳数不敌，是人当不期而成，偶然而达。若阴数盛而爻位居阴得权，必是显贵之命，名誉逸驰之士。若阳数阳爻辞凶理短，乃浅薄之辈，逆时之令，必不善终。阴数盛，惟宜于立冬后小雪前可也。若大雪后冬至将临得阴数至盛，甚非所宜。何谓也？盖阴凝至此势极理穷，阴极而阳欲生，将有争战血伤之咎。如坤卦上六龙战于野，其血玄黄，故《象》曰其道穷也。惟宜得中，切勿太过。又成卦居爻稍援于阳，则有将来之庆。若尚纵阴以拒于阳，虽曰正理，必有不戒之凶，因循之祸，乃不知几之人也。且阴极而阳不容不生，乃天之常理，是以阴数盛于阳，其危可知，不过盛于阳，乃固亡保存之道。所谓吉未形而先见，凶未至而预知，作易者其有知乎？故乾上九亦曰亢龙有悔，穷之灾也。此贫穷之兆，得无咎乎？

复，属十一月冬至候，一阳生于子。夫一阳生于冬至之日，云气可占，一岁之丰凶可卜。是日也，太阳之躔度即加初刻，阳气在下盘桓，卦名曰复。阳气始生，阴道渐消，万物将萌，藏蛰反侧。当是之时，阳数不可多，阴数不可余。天数无余以为不及，地数若剩以为太过。不及者，荣华不成，不能发达，纵发易消，不耐久长，有始无终。太过非时，亢战逆理，必有损伤之祸，横夭之凶。主为人平日遇事乖张，或有大祸，将成复毁，是高危满溢之象。惟二数得中者，是为天地至和之气，主人处逸豫之中，居高崇之位。阳数以二十五为正，一阳始生，阳数不可过多，不可过少，惟足而无余，或少不至甚，始为得中。多少之间，不可过九，过九为一，策过十八为二，策过少而强阴所胜，则初生之阳决无健悦之理，厚发之势。凡事多不足之患，其或足而无余，余少而不甚，始为佳也。如余数过多，则阳气发泄太早，是谓冬行春令，必有寒气毁折夭横之祸。大概此时阳数未宜便可敌阴候，其阳气已成健势已就，然后出而敌阴，则不劳而成功，不勉而亨奋。今一阳始生，除天数二十五，余一二三四五六七八为佳，过九为一策，得十一、十二、十三，虽多不为太过。若余十四、五至二十以上，则为太过，宁无凶乎？

临，属十二月大寒节，二阳生于丑，其卦为临。经云：临观之义，或与或求。则知观者望之象，临者与之义也。故天之气已布而万物生矣。此时万物萌芽，蛰藏者翻身，屈伏者少振，阳气渐健而又得中，阴气内克，故土内虚而外坚。是时也，万物已荣于内而泄于外，水气上腾，故湛浊在下，清澄在上，视之而弗见。当是时，阳数不可太少，亦不可太多，过少而为强阴所胜，固未为美，其若过多，则气未当盛，躁进伤和，类多夭折。虽阳渐有余，却未可太过。若卦中之阳爻多，又见太盛，则冬行夏令，一生多疾。如得此数，吉中有凶，虽贵不寿，先升后沉，人多怨咎，事多不和，性傲少谦，由数之失节也。二十五之外，或得十八以下，只得八九，为佳。若二十五以上，则数之太过，阳数未宜敌阴为美。十二月之节，阳如余一三五七九为奇，体则敌阴。余二四六八十为偶，体则不与阴敌。余而不敌，以其得顺时之宜。余而又敌，则冬行春令，主人一生多疾，或是夭折，外和而内狠，言恭而行隘，计出而不计其入，厚已而薄于人，凶莫甚焉。

阴阳二数多寡随时吉凶论

凡人所得阴阳之数，当随月令盛衰，方为合时，然阴阳升降不一，妙在变通，与时消息，而吉凶自见。学者诚心潜玩，自有神悟，苟玩理数不精，徒执象泥辞，何以通神明之德，类万物之情哉？今特逐款，详列于后。

天数多寡论

天数属阳，利男子，喜阳爻。夫男子受天阳气而生，所生之时，得天数作祥为福，必是富贵之人，盖男以阳为主，既作祥无不美者。凡男命，欲阳爻多、阴爻少，无不为善。《易》曰："阳贵阴贱，阳为君子，阴为小人。"阳尊阴卑，故男子得之为利，女子得之为不利。《经》云："小人乘君子之器，盗思夺之矣。"故女子乘之，未有不败也。盖阴阳之理，自然若舛逆，安可居富贵之域哉？然利于阳者，自十一月冬至后，至四月终，宜阳数，喜阳爻，利男子，不利女人也。

阳数不及，在十一月冬至之后，十二月未泰之时，此时阳气未见而尚微，理当不及。此时阳数太过者，阳乍至而先盛，是谓暴至勇求，恐不能久，薄亦可知。若阳气已至，阳伏阴中，是谓屈而不伸，何能奋发？

阳数得中，自正月立春后，三阳交泰，此时阳气方亨，理当得中，有余尤妙，不宜不足。若阳数反弱，则非所困而困焉，其辱可知。

阳数太过，自三月清明后，至小满节，此时阳气正壮，理合太过，虽多无妨。盖当时合节为美，得中次之，不及又非可嘉之数也，未有当盛而反不及为佳者。爻位辞理无援，则非有福人也，爻辞若吉，福亦减半。

天数至弱

天数一十有五，如只得四、五、六、七、八数，此不满一策，是谓至弱。歌曰："天数至弱，男子不宜。艰辛不利，忧苦多为。少年碌碌，六眷睽违。心志卑役，动即成非。或僧或道，或吏或卑。阴令可乖，阳令非时。阳极则夭，阳浅不亏。阴极合节，阴浅须危。阴凝有战，斯理可悲。男为贼盗，女必娼尼。"

夫阳数至弱，辰戌丑未月时生，必克父于童稚之时，或是父年弱、母年壮，精轻清而血重浊，或重拜，或是偏生，又不受祖产，起自艰辛。若卦名吉，居位当，于时利阴阳合，却主横发，间获妻财，贵于白屋，大概子息必孤，助力者鲜，盖阳数至弱也。

阳数有援

阳虽弱而居阳令，又立阳爻，主有将来之荣，始必不利。卦名爻辞俱吉，则主晚贵。

阳弱无援

阳既弱又居阴令，立阴爻，主一生贫贱，永无发达。更位名词凶者，贱而夭。爻凶者，恶死，在阴令则无妨，当随爻辨之。

天数不足

天数二十五为正，只如得九或十、十一、十二、十三、十四、十五、十六至二十四数，皆谓之不足论，九是阳之一策，十八已为一策之余，虽云不足，即非至弱之比，犹庶几可也。大概与阳弱同义，少差而已。凡阳数不足，男子得之，福必减也；凡阳数不足，男子多有夭者，阳弱则尤乖耳，当随轻重而言。大抵"不足"二字，未有十全如意，当先丧父，阳男尤验，阴女同。

诗曰："不足之数亦堪忧，事既成时不到头。满溢高危深可虑，是非相半卒相休。失多得少因兹数，谋求不称乃其由。要知不足阳天数，仁义成乖恩变仇。"

凡不足之数，十一月一阳生之时，或阳未生之初，阳数至弱，此理当然。十二月二阳生之时，三阳未泰之前，阳不足，理亦当然。是谓合时，不逆节气。《经》云："时行则行，时止则止。"与时偕行，动静应节，则悔吝何自而生？行止非时，动静失节，则灾祸自至。若三阳交泰之时，阳气上升，阴气下降，君子道长，小人道消，万物发荣之时。若阳不足，则非所困而困焉，名必辱；非所据而据焉，身必危。是行止非时，动静失节，凡百几会不投，何以获利？若成卦居爻无援，及犯时之忌，碌碌贫贱可知。如其位居不当，而复乘刚，必遭刑名横夭，又当求小象参详可验。

天数得中

二十五之外，更至二策二十以下者，非过非不及，过数不满二策，不谓之过，亦曰得中。此等数在春分前，谓之顺时，立春前为太过，春分后为不及。

诗曰："爻位名体吉，势援理优长。及时合数节，辞吉十分良。富贵簪缨列，赫奕自非常。官高位更显，抚众登庙堂。"

天数太过

天数合少而多，谓之太过；合多而少，谓之不及。四十以下至五十、六十者，三月至四月无妨。得之非时者，是之谓亢，当主凶残夭暴之事，值之者可不谨哉！

诗曰："太过有余伤，性暴应多狠，祸去有余殃。未满先防溢，方高危续张，患难时时至，骄倨纵难当。狠忿多奸狡，浮躁恃刚强，口轻招怨诽，言过恣强梁。"

太过有尤

阳数胜阴数，卦中阳爻多，又值月令立阳爻，是曰有尤，主人多灾厄，形体破伤。

孤阳不偶

天数二十六以上，至四十以下，余偶数，而地数只得三十是也，乃阳数有余，阴数无余。

诗曰："孤阳不偶本非宜，值者刑妻及害儿。女犯刑夫更伤子，若非遗腹定孤儿。更有阳爻太极亢，刚强好辨是和非。人情寡合多招怨，执拗强言定不移。女人狠戾生淫佚，男子斗狠必瞒欺。贵贱贤愚均一体，若逢阳极愈乖睽。阴爻阴令方和顺，爻吉辞安福寿奇。”（此有援也。）

凡孤阳不偶之数，有阳无阴，是太燥也。万物枯槁，如旱岁之状。然有君无臣，有夫无妇，所以乾之上九，贵而无位，高而无民，贤人在下位而无辅，是以动而有悔也。又云：阳无阴不生，阴无阳不成，生成之理，必藉阴阳，今独阳无阴，则不生也。得此数者，所以损子刑妻，性多刚躁，好辨是非。女命犯此，有男子操略，悔吝之招，无所不至，若有阴调和，方不亢也。

孤阳自偶

天数三十一至四十一、五十一，余奇数，地数只得三十是也。

诗曰：“孤阳自偶也劳神，自立应难得六亲。壮岁艰辛勤苦立，晚年得势始荣欣。男儿起自寒微内，女子从卑渐贵身。阳令阳爻名显赫，阴爻阴令吉凶频。”

凡此孤阳自偶之数，本无阴以应之，而阳极自生其阴，是谓刚亢反和之象，多是先难后易，先贫后富，先微后贵，有后无前，六亲先离后合。在辰戌丑未时，必克父于幼，孤自劳苦。爻位吉，得势援，辞体优长，必主横发，或得妻财。女子得之，必主重婚再嫁。

阳数偏少

天数二十有五，只得四、五、六至二十四，地数三十是也。乃阳数不足，阴数足也，此谓之有阴无阳。得阳数偏少，利女子，不利男子。如大过九五爻“枯阳生华，（何可久也？）老妇士夫，亦可丑也”。得此数者，有福无寿，有官无权，有妻无子，有子刑妻，业多劳碌。卦吉爻佳，则庶几，爻凶位失，大凶人也，悖逆争斗，或雷震之祸，危险之厄。

诗曰：“阴数重浊福气微，喜中生怒是成非。名虚利实全无益，福寿妻儿必不齐。男子逢之贫夭浊，女人得此尚依稀。阴令得之犹可喜，若生阳月必孤睽。”

以强伏弱

如天数三十、四十、五十之类，地数三十或至十二以下是也。若值阳月令不妨，逢阴月令颇有悖势致凶之象，盖阳盛阴本理也，若胜之以理，则民服其治，不亦怀刑乎？若胜之不以理，则必悖而有亢，上下不安矣，至此则虽贵而不善终。

诗曰：“阳道真君子，胜阴乃治民。逢之无不贵，爻吉庙堂人。阴令若逢此，以势下加民。爻辞如失位，财足也须贫。”

地数多寡

地数属阴，利女人，喜阴爻，女人禀地阴爻而生，其所生之时得阴数，则为富贵之根基，女以阴为主故也。凡女命欲阴数多，阳数少，无不为福。《象》曰：地道，妻道，臣道也。故女以阴为贵，不利男子。阴凝于阳必战，战必伤，称血。男子犯之，遭刑下贱，类多奔碌，自处艰难，未闻有佳也。然利于阴者，自五月一阴生，至十月阴胜极，利女人不利男子也。

地数不及，自五月夏至后至七月处暑前，此时阴气尚微，理当不及。

地数得中，自七月立秋后至八月秋分前，此时阴气正长，理合得中。

地数太过，自九月寒露后至十一月小雪，此时阴气极胜，理合太过。

地数至弱

地数三十，只得八、九、十、十一、十二数者，是谓至弱。

诗曰：“阴数至弱，女人不堪。幼克父母，六眷难安。不得其家，或处卑寒。夫宫屡克，子息万难。悭贪不已，以志无宽。年壮虚度，晚岁孤单。乐则生疾，忧虑多般。患难频历，至老无闲。阳极尚可，阴胜凶干。”

夫阴数至弱，若子午卯酉月时生必克父母于幼稚之时，或父年高而母年弱，偏生别出，存养他人，远乡传递，疏绝六亲。

阴弱有援

阴虽弱而居阴月令，立阴爻，女人得之先贱后贵。爻吉卦吉，则生富贵之中，合为命妇。

阴弱无援

若男子居阳令而阴弱，主先穷后达，居阳爻则利重名轻。若居阴令，值阴爻，贫困不富者也。大抵消息惟在四时，难乎一概也。

地数不足

地数三十，只得十八者，是谓之不足。如得三策之数，十八数以上，与至弱之数少差矣。大抵此数女子得之福必鲜，若子午卯酉月时生，必克母于童稚之年，或父壮母少，存养他人，转鬻远乡，六亲疏绝,。夏至、立秋前三阴未盛，则随时合节，福寿自如。秋分以后，必主夭寿，为失时浅薄之命也。凡不足，又安有全羡之喜？当先丧母，阴男阳女尤验。

地数得中

地数三十，得三十二至四十五以下，皆谓得中。但八、九月立冬前，卦名爻位吉，理长有援，主富贵荣华可知矣。

地数太过

地数三十，如得五、六十以上者，皆谓太过。此时天寒地冻，当有屈伏敛肃之象。得此数者，主刑伤战戮，少得喜终。在十一月前，十月立冬后，未冬至前，却为不害。盖阴令极盛，与时偕行，得卦名爻位吉，理长有援，居体不入陷地，主官崇位显。

地数太过有悔

阴数胜阳数，卦中阴爻多，值阴令，立阴爻，是曰有悔，贫贱短夭，不达而死。

孤阴背阳

地数三十至五十、六十，余偶数，而天数只二十五是也。乃阳无余，阴数有余。夫孤阴背阳，乃阴凝之象，卑弱太柔，万分软怯，嫩脆之甚，霜雪严凝，蛰屈无伸，所以坤之上六曰“龙战于野，其血玄黄”。积阴之数，无阳不成。

诗曰：“孤阴背于阳，富贵岂无殃？男子遭妻抑，妇人定夫伤。若非先克父，母亦合离乡。阴无阳作主，女子守空房。福至终难稳，荣来未必长。阳令男晚达，阴令女尼娼。爻辞位不吉，安得是忠良？男子得此数，凡百少安康。”

凡此孤阴背阳之数，主损妻伤子，刑害重重，多虚少实，滞而不通，闻见寡陋。女子得独阴之数，非偏则寡，母则淫乱。若得阳气调和，方为福矣。

孤阴向阳

天数二十五，地数得四十至六十以下，余奇数是也。乃阴数过，阳数足。

诗曰：“孤阴独向阳，令人好是非。妄言不堪信，行短岂宜依。狡猾无仁义，愚诈必瞒欺。有阳能改过，有阴奸盗随。女则为娼妓，男多配徒儿。阴阳相允合，晚岁福光辉。男子犹云可，女子最非宜。若人得此数，未必肯循规。”

凡此孤阴向阳之数，本无阳以应之，而阴极自生阳，即寒谷回春之意。若阳令生人，多主横发偶成，获无心之财，有小往大来之喜，亦主六亲孤隔，自立自成，惟女子得之，恐有求合之志。蒙卦云：“见金夫，不有躬，无攸利”是也。若居阴爻，生阴月令，女子不妨。若居阳爻，生阳月令，决主淫乱。

阴数偏少

地数十八至二十八，天数二十五是也。乃阳数足，阴数不足。阴数无用与不足，同是谓阴数偏于少也。

诗曰："阳数轻清气自全，不期阴偶独孤偏。男子得此难为母，若非刑克定生偏。女子犯之虽不克，恐他婚嫁不当年。阳令得之多富贵，阴令逢之百事煎。"

凡此有阳无阴之数，利男子不利女人，合大过九二爻"枯杨生稊"之象。阳月令得之，多主富贵；阴月令得之，多主贫穷。爻位卦名不佳者尤甚。

以弱敌强

地数三十至四十、五十、六十以上，天数只得二十四以下是也。乃地数太过，天数不足。阴月令逢之，尚庶几；阳月令逢之，必主灭顶之凶。所谓小人而犯君子者也。

诗曰："阴道为民下，何堪反胜阳。劳而无寸益，福禄亦难昌。阴令忧危浅，阳月有大殃。名位俱不吉，斩戮在边场。"

夫阳一君而二民，君子之道，天之理也。今反以阴胜阳，下岂容罔上，而臣岂容犯君？斩戮无疑，或为窃盗，或是强梁悖逆之徒。若在阳月令，甚为可忧。更爻理体不佳无援，卦凶，祸必重。若阴月令，卦名吉，爻位当，体理优长有援，则武勇之贵，有声威，或为健讼浊富之徒，而有声誉，当以时消息也。

阴数太过有悔

阴数盛，阳数少，卦中阴爻多，又值阴月令，位阴爻，是曰有悔，贫贱短夭，不达而死。

安和自宁

天数二十五，地数三十，乃天地二数无余、无不足是也。阴阳数俱平者，依卦中吉凶断之。诸数惟此数为最佳也，吉凶极定。

诗曰："二数无余无不足，祸不深兮福不偏。爻位名佳人富贵，定须遐迩具民瞻。"

凡此二数和平，爻位卦名吉，有援合时得体，主富贵荣华，出类拔萃之名贤也。如爻位卦名凶，无援失时，亦主安逸良善，亨和平之福者也。

天地俱羸

天数二十四以下，地数二十九以下，是乃阴阳二数俱不足者也。

诗曰："二气俱羸不固坚，须知名利不能全。有官难显福难守，尤恐天年不可延。"

得此数乃受气之偏，男宜为僧道，妇多尼妓，主人心志隘窄，所为无宽大，必多克剥，利己损人。爻位卦名吉，得时有援，尚是忘恩失义之人，不自敦厚奉养之辈。若爻凶无援，失时犯忌，卦名不佳，必是配隶之徒，夭横之流，困苦贫穷乞丐之人也。

阴阳相战

盖阳数多，阴数少，或阴阳二数俱多，清浊相干者是也。

诗曰："阴阳相战必然伤，二亲兄弟克离乡。妻子虽全财不积，人事虚浮福继殃。贵者遇之多毁折，富人值此讼频访。爻位不佳军吏辈，爻佳位当却为祥。"

命无阴阳

大凡命不论阴阳男女，但阳月令男命阳不足谓之无阳，阴月令女命阴不足谓之无阴，二者失时悖理，皆主凶。

诗曰："男女阴阳两失时，终身作事自睽违。六亲骨肉应重克，性拗无能惹是非。自身必主多残疾，饮食贪悭只自欺。月令爻位无归着，踪迹诡谲定执迷。"

大抵此二数四季皆非全美，阴阳相战则彼此有伤，阴疑于阳必战，阳盛于阴必乱，战乱相混，又焉得吉？盖阴为阳所伤则称血，血者杀伤之象，如小畜六四、需六四、坤上六是也。阳盛阴微必然有伤，乃自然之理，天道且然，而况于人乎？然亦有阴被阳所伤而不血者，有乘刚之咎也。

以上诸数皆自大易源委中来，由圣人肺腑中出，虽一毫诈伪不得，其数已定，但恐时不定耳。如流年祸福不定，当与上下二时推穷。盖冬夏之日有短长，节气有浅深，不在上即在下，断无一毫差忒。此数一依于《易》，予病其大易，故作二数扶翼之，但乘除之内差异耳。事事物物上皆有六十四卦，惟人得其正，庄子所谓“天地与我并生，万物与我为一”是也。只此三百八十四爻、六十四卦，该尽天地物理，人之贵贱寿夭，总有三百八十四种，备见三百八十四爻。贵贱不同，寿夭不等者，如贵人得一吉爻即亨奋得志，贱子得一吉爻只少快意而已。如有霖雨大霈，江河溪涧，流衍澎湃，皆朝宗于海。瓶罂之器不满，升斗皆盈，敢以瓶罂而比江河，决无是理。胸中非有成易，目前未易言数，画易不明，何足以知变通之道？所以易道互换之机，识之者少，况正伏参互，四体八体，否泰损益，互对有无，时行时止，动静阴阳，刚柔取舍，抑扬成败之理欤！倘能权宜，别休咎，识轻重，则百发百中！

论卦数吉凶

凡人生时所得阴阳之数，当合时得令。自冬至后至雨水前，正三阳交泰之时，除天数二十五之外，有奇数之余，即君子之合象也。如偶数，是从小人舍君子，则斗筲之器，不仁之徒，诡谲奸狡，遇阳年犯时之忌，逢阴盛必遭凶残夭横之祸，死无疑矣。

阳月令得阴数，余有二、四者轻，六、八者重。二为坤，母道也，纵有杀，乃父母惜物之心，忧子之志。四为巽，巽者顺也入也，有隐忍之心，未为甚害。六为乾，乾健也，刚明决断，必治诸子，遇阳年之令，犯者必主刑伤之祸，重者凶横。八者艮也，为老阴，阴则有肃杀，严亢之威，主争斗配隶之兆，不然亦自缢、颠仆之凶，恐有非横之灾，暴伤之祸。值爻凶者，十有九验矣。阳弱而余二、四、六、八者，谓之援阴；阳弱而余一、三、七、九者，谓之援阳。阳而援阳，宜有生气，但为强阴所胜，终亦不利。当此数者，危者使顷，其道甚大，百物不废，惧以终始，其要无咎，此之谓也。

阴月令得阳零数者，一为坎，陷也，主隐害于人，又为心病，多忧多虑，主血疾，以曲为直，平生多灾眚，有血疾。三为震，动也，阴盛之际，小人群起，欲相犯分，视死如归，岂可与之争斗？主有雷震之祸。如至秋分后，九月、十月，恶死横祸之灾，手足股肱不能保守。五为艮，艮为止也，犯此数者，凡事宜尊重小辈，侵凌避之可也。七为兑，兑说也，又为口舌，但以巧言令色，有不仁之心，下稍必成口舌，有毁折之患。兑正秋也，小人侵长，君子退避隐藏之时，岂可反弄唇舌？一云，此其间必有小人之祸。《易》曰："情伪相感而利害生。小人不耻不仁，不畏不义。"又曰："其亡其亡，系于苞桑。有灭顶折足之凶，言不胜其任也。"九者阳之亢也，其卦为离，离性燥。阴胜之令，小人常有剥阳之心，不可与小人交处，终有小人害君子之象。燥阳必被其害，得之者多凶少吉。阴若弱而援二、四、六、八之阴者，主先贱后贵。若应时而卦爻理吉，男主发福，女主为命妇。阴弱而援一、三、七、九之阳者，此弱而又弱也，有吉助者，可以先穷后达，先贫后富，否则贫困逢凶，祸发无救之人也。

数足不足论

凡数不足，是天地不备之气数也，主或夭或贫，或贱或薄，本是虚贫之象。天数不足，克父或重拜，父母或遗腹而生，甚者野合之子，或偏生，劳苦愚下。若更值辰戌丑未时生，克父必矣，阳月尤验，若爻位卦名凶则尤甚矣。若应其时，卦名吉，其爻当位，理合宜，则富贵特异。惟是发得盛，特恐其无寿，或有满溢高危之咎，子嗣亦寡薄，女人庶几，男子必然。盖"不足"二字，岂全备哉？男子以天数为本，当阳月令，阳气日长，此时阳数宜多，岂宜不足？又得卦凶失体理，奚欢悦哉！若当足不足，则愈咎矣。谓气数当与天地四时同为妙用，若不为用，虽贵不寿焉。地数不足亦然，阳月令阴数不足当然。若阴月令，天道右旋，阴日侵长，此时阴数宜多，岂宜不足？若卦名并爻位吉，体理优长，犹小有疵。若卦名不佳，爻位失节，辞凶，体理短，贫贱夭薄，愚下可知，男子庶几，女人尤甚。更卦与爻位两背违者，娼尼之类，男子为僧道下吏之辈。如犯时忌，黥配斩馘之徒。如阴月令，阴数不足，更值子午卯酉时生，克母必矣，或是遗腹之人，偏生重拜，与阳不足同理。盖阳月令当阴不足，阴月令当阳不足，凡天地二数，若至弱者为不足之甚，男女犯之皆不宜。

阴阳禄数

凡数得三十六为老阳之禄数，二十八为少阳之禄数，利男不利女。二十四为老阴之禄，三十二为少阴之禄，利女不利男。

释卦合数合时爻位当否论

在昔上古，书契未作，数隐无朕，肇自伏羲，天不爱道，河出图，洛出书，羲皇仰观俯察，始画八卦，而易数出矣。分阴分阳，辨方定位，而天一地二，天三地四，天五地六，天七地八，天九地十之数布列于图，成变化，行鬼神，大而造化，小而事物细微，皆囿于中，吉凶祸福，贫贱富贵，死生寿夭，率皆前定。《经》曰："顺时者昌，逆时者亡"，言人之数贵合时也。又曰："列贵贱者存乎位，齐大小者存乎卦"，言人贵得位也。位有尊卑，爻有阴阳，卦以反对，而爻皆变易，观爻思变，变斯尽矣。是以凡人所生，值阳月令，阳数合多，不得不多；值阴月令，阳数合少，不得不少。合多而少曰不及，合少而多曰太过。少而不至至弱，多而不过两策，虽非其正，亦谓得中。不及之数，主一生百凡不足；太过之数，主一生所为刚亢。惟得中之数，必应自然之荣，是以过与不及，皆不若得中为妙。如数得中，又应时合节，卦名佳，居位当，有援得势，辞吉理优，富贵极盛。数虽得中，逆时背理，则亦贫乏下贱之徒，夭横凶顽之辈，乃妄合苟容之人。爻若不当位，吏侩也。位失伤时，僧道九流也。困于爻位，鳏寡孤独人也。数得中演卦名佳，爻位当理吉，亦必八座之贵。无援而位不得其势，当居卿监。其数如或不及、太过，虽居位得体，爻又得势，理又优长，不过郎曹、省署、持节、执麾。若无援势，若位不当，则碌碌长员，难脱选调。若见一吉一凶相参，非苟合之人，则选调之夫，亦罕清显。大概爻位、名、体、援、势、理、时、辞吉，数非不及、太过而得中，此十全之福，必极人臣之位。外此十体，或得一、二者，乃一、二分之福分也，碌碌长流。大凡数不足者，命之所忌。阳数不足，是天气不备；阴数不足，是地气不备。得助逢吉，犹可转祸为福；无助逢凶，其祸必多矣。详具于后。

男子生阳月令，位在阳爻，得阳数顺时也，主吉；反此为逆，主凶。

女人生阴月令，位在阴爻，得阴数顺时也，主吉；反此为逆，主凶。

阳数盛，阴数少，卦中阳爻多，值阳月令，又居阳位，男得之为顺，多吉。若阳数盛，阴数少，卦中阴爻多，值阴月令，居阴位，此逆也，男得之多不利。

阴数盛，阳数少，卦中阴爻多，值阴月令，又居阴位，女得之为顺，多吉。若阴数盛，阳数少，卦中阳爻多，值阳月令，居阳位，此逆也，女得之多不利。

男子生阴月令，居阴爻，得阴数，本名为逆，而其阴当时得势，爻有援，辞吉，虽男子居之，亦有富贵者，此随天地四时之理也。

女子生阳月令，居阳爻，得阳数，本名为逆，而其阳当时得势，爻有援，辞吉，虽女子居之，此亦富足之命。大概举时以观吉凶，应事以知动静。

男子行阴令，居阴爻，主心气柔弱，而无终始，或失首尾。

女子行阳令，居阳爻，主情性刚强执拗，志过丈夫。

纳甲歌（附纳音释义）

乾金甲子外壬午，坎水戊寅外戊申。
艮土丙辰外丙戌，震木庚子庚午临。

巽木辛丑并辛未，离火己卯己酉寻。

坤土乙未加癸丑，兑金丁巳丁亥辰。

甲子、乙丑、甲午、乙未纳金，为子午属庚，丑未属辛。从甲子、甲午数至庚，从乙丑、乙未数至辛，皆得七数，七乃西方素天之气，所以纳音为金也。

丙寅、丁卯、丙申、丁酉纳火，为寅申属戊，卯酉属己。从丙寅、丙申数至戊，丁卯、丁酉数至己，皆得三也，三者南方丹天之气，所以纳音为火。

戊辰、己巳、戊戌、己亥纳木，为辰戌属丙，己亥属丁。从戊辰、戊戌数至丙，从己巳、己亥数至丁，皆得九，九者东方青天之气，所以纳音为木。

庚午、辛未、庚子、辛丑纳土，为言各得其所，属午为一，一中央黅天之气，所以纳土。

丙子、丁丑、丙午、丁未纳水，从子午数至庚，丑未数至辛，皆得五数，五为北方玄天之气，所以纳音属水也。

五命得卦

人命不出乎五，而天干地支纳音又有三者之别，大要五命所主，干清主名，支浊主利，纳音主包祸福，不可不察也。列具于后：

金命庚辛申酉

乾　旺气也，主富贵。

坎　浮沉之象，祸福相继。

艮　隐山养体，虽为益气，亦埋光敛彩。

震　金入财宫，动而得志。

巽　金风潇潇之象，秋冬有声，春夏忌之。

离　为革命之由，先达后穷。

坤　抱母从源，主多发福。

兑　得地（同乾）。

木命甲乙寅卯

乾　为阳健，木盛花繁，多虚少实。

离　损其芳荣。

坎　陷其根荄，非久大之象，欠土之宫，根荄浮露。

艮　木人得土，虽少必长，合时尤佳。春夏吉，秋冬多患难，加风尤甚。

兑　正秋，枝叶殒落。

震　木类相宜，身处荣乐，动举无乖。

巽　和风吹嘘，摇动根枝，春夏大吉，秋冬不佳。

坤　根壮，柯凋有待而发，不速成功，阴数多则不违。

水命壬癸亥子

乾　水深发源，抱母从源，无劳碌之苦。

坎　陷宫也，或险而行，或险而止，吉凶不定。

艮　山下有泽，为巨壑流塞之象。

震　水势东流，动而不清。

巽　为风起其波浪，秋冬可畏。

离　战克相残，或成或破。

坤　水势顺地，润下不逆。

兑　水之来源，意与乾同。

火命丙丁巳午

乾　起炎之象，好上而明灼，象爻俱吉，则非常俗之人。

震　火动焚燎，决不能久。

坎　明晦相因，或消或长，或小或大，或短或长，反覆之象。

艮　火焚煲土，有木引炎，益己损人。

巽　因风以燎原，亦为不定之象。

离　炎上大盛，多虚少实，而烟焰，烟则多喜多怒，焰则外好内乖。

坤　火土相宜，坤老阴也，火抱其阴，两情相得。

兑　为疑为妒，彼此交猜，以离位之精，而遇西方之体，故疑也。

土命戊己辰戌丑未

乾　喜怒相参，吉凶各半。

兑　同乾。

坎　陷，缺而不高厚，复隍之象。

艮　土成山岳高厚之势，生于辰戌丑未月，富而且寿。

震　土被木伤，劳碌多凶。

离　火土相资，阴阳气备，福不轻薄。

巽　扬尘播土。

坤　此为土实，厚得育物，得之者可居侯牧。

大抵五行有宜与不宜，合时与不合时，凡辞句未可为据。辞虽吉而理有凶，爻虽凶而理有吉，无穷妙义，尽在画中，故一卦能变六十四卦，一卦有四体八体之奥，最为紧要。若止泥爻辞为定福祸，犹如万里之远，最要四体八体，常在目前，非详于画者，未易见也。如乾坤二卦六爻俱纯，自无难见。至如六子之卦浑，乾坤为体，刚柔迭用为象，则变动不居，其精义之妙，周流六虚，如四体八体，不寓目前，不在心内，则难明矣。

焦延寿曰："一卦有六十四卦变，而为四千九十六卦，而配入十二月中，有五万八百八十卦，而为一年卦气，若配入三百八十四爻之中，是有五万七千六十个三百八十四爻，此只为一年卦爻，若十年至六十年，二千一百九十万一千四十卦，其义可谓无穷矣。故一卦有一义，一爻有一理，一时有一用，吉凶由是生，悔吝由是著，岂有一毫之妄？要知无穷妙义，晓然明白，则不违天地四时化工之妙，固当熟认深详，推卦爻之五行，本体不足推及互体，互体不足遂及卦变，卦变不足遂及卦画。爻义既明，则吉凶悔吝、安危存亡，举可知矣。"

管辂曰："《易》有天理，有义理，有物理，有至理。天理广大，无所不包；义理明著，贯通自然；物理深远，辨析当然；至理无穷，报应有准。以此四理，顺入性命，洞达圣经，易道大著，无不验矣。"

卦爻变例

乾者天也，健也，为金，为玉，为大赤，为圆，为马，为大人，为龙，北方亥子之地也。主人性气刚果，规模广阔，头额方圆，操略清明，多生英烈之贤，不产孤寒之士，玉润冰清，精神仿佛。

初九曰："潜龙，勿用。"主人执事多悔，吝啬进退，尘劳汩没，少得贤明，斯难清显。变后天为小畜六四，必主血疾，手足之危。若夏至后、冬至前，己午、丁酉、辛辰、□巳人得之为佳，余命主疾，有折腰之患。

九二："见龙在田，利见大人。"君子得之，胸襟溥博，仁义忠信，豁达高明，风骚俊敏。后天变离升出外，为大有六五："厥孚（交如），威如，吉。"夏至后、冬至前，己午、丁酉人必显，公卿大夫之命也。余得发福。

九三："君子终日乾乾，夕惕若。"人多恻隐，知几之士，刚烈之贤。主人贵有滔天之福，禄位穹隆。后天变夬上六，丁酉金及秋分后得之，光烈英风，庙堂之人也。余得平平，应遭刑伤，多有毁折。

九四："或跃在渊。"重刚相逼，上下无常，阴阳多惧，必有因循之咎，非妄之灾。时节若贵，亦多蹇难，或因马跌仆为伤也。后天变姤初六，为一阴之主，五阳众宗。若辛辰巳生人，在夏至之交，未有不贵也，此乃卿监郎官之佐。

九五："飞龙在天。"大人造也，君王之位，大人之辞，少年俊逸，性刚人纯，貌多格识，内外洞明，超群越众之才，权刚弥众，声音响亮，气概宠远，间世人也。变后天为同人六二，辛巳、己午人，若夏至后得之为佳也。余得平常足富。

上九："亢龙有悔。"贵而无位，《易》曰："过亢极，则有悔"，悔则乱也。其人性气刚勇，褊急少情，人多怨谤，有官无权，有夫无妇，有子无妻，主带头目疾。后天变履六三："履虎尾，咥人凶。"若夏至后至冬至前，己午、丁酉人不失为贵，但有高危满溢之患也，亦难全其福矣，余得未必为全福也。

震为雷，为木，为足，为的颡，为大途，为长子，为龙，东方寅卯之气也。震惊百里，主人声音响亮，大惊小怪，相貌清奇，骨格秀丽，性器无常，易嗔易喜，多不耐事，心好游行，或经营商贾，或游荡江湖。春夏乃贵，秋冬不利。

初九："震来虩虩，恐致福也。"人必威权，为众所惧，事主先难后易。春分后庚卯人得之，富贵双全，清显人也。变出后天复卦六四："中行独复，以从道也。"雷声入地，本不为佳，乙癸、未申人得之，却为福也，作聪明之士，巨福之人。

六二："震来厉，乘刚也。"人有妄冒之威，欲使惊惧，威而不节，不敛其威，故为小人而乘君子之器，所以盗斯夺之矣。若春分后庚卯人必贵，余得庸庸碌碌，足腹心疾，少全清节。变出后天随卦九五："孚于嘉吉，位正中也。"若丁酉金命于春秋得之，为及时之雨。在巽为长养之风，秋分见兑为科甲。丁酉人得之为禄主，应是济时救物之君子，匡时辅世之贤英，庸有不达者乎？

六三：震苏苏，位不当也。"处位不当，于理不顺，人情妄求苟合，虚伪不实。春分后却为科甲显赫之人，庚卯命福禄盈余。变出后天为噬嗑上六："何校灭耳，聪不明也。"夏至后生庶可避凶发福，余应讼狱，一生口舌。秋分后、夏至前多是斩戮囚禁死者，断无吉祥，若孤贫足疾可压也。

九四："震遂泥，未光也。"位居四阴之中，为上卦之主。若冬至、夏至前为富贵明贤之士，机谋深远，处事多难测度。变出后天为豫卦初六，辞本不佳。若秋冬得之，雷乃收声。乙癸、未申人得之，仅为发福，多优裕，余不佳。

六五："震往来厉，危行也。"在于无援之地，且又性刚，雷霆空霹雳，云雨竟虚无，心狂瞻大，处事少成，作计从谋，反招殃祸。若庚卯生人得令，及夏至前、冬至后，主伶俐，显焕发福，主有疾，妨子息。变后天为归妹九二："眇能视，未吉也。"秋分后最贵，夏得可喜，春为甘泽，冬极乖张，非贫则夭。

上六："震索索。"崇高无不达也。变后天为丰九三："丰其沛，折其右肱，不可大事。"春夏则吉，戊子、己午人为益，余人主耳目手足、狱讼之灾也。

右举兹二卦，降升变化为例，余卦引而伸之，宜与不宜，切当仔细消息，无穷之奥，不易之理，学者精思，一毫之失，千里之隔，人命不差，报应如响。

先贤命格假令例

假令绍兴庚午七月二十二日酉时生，男命，庚午、甲申、丙午、丁酉。二篇之策，阳数四十四，除天数二十五，剩十九，除十不用，零九数属离，阴数二十八，除二十外而用零八数属艮，合之得火山旅卦。其阴时在初六爻为元堂，辞云："旅琐琐，斯其所取灾。"《象》曰：旅琐琐，志穷灾也。七月二十日处暑，二十二日生，系处暑后一日生，以离为化工，而月令方属否卦，三阴已生，其人所得之卦有三阴三阳，其九三、九四、上九皆非得时，惟初六、六三、六五得时。有人在初爻，系第一阴爻，其辞不佳，阴居阳位不当，其数阳多阴少，亦不佳。然旅之初六，独有九四为援，其九四乃是离体，为时化工，九四乃是大臣位也，初六得大臣援己，其贵可知。况离是午人，地支元气援己，尤为好处。到四十六年，换后天而为重离，升旅之初六为离之九四，大臣之位，上下皆是化工元气，所以贵显而秉权。然离乃是地之元气，凡天干元气好生，地支元气好杀，此人纯离，皆是地支元气为威权，是以为制置秉生杀之权，追封端明殿学士，莫非造化矣。

假令绍兴乙亥八月初三日申时生，男命，乙亥、乙酉、戊寅、庚申。天数二十六除二十五，零一，地数二十六，零六，阴男天数在内，一为坎，六为乾，合得天水讼卦。申阴时，在初六为元堂，辞曰："不永所事（云云）。"（《象》曰：不永所事，讼不可长也。虽小有言，其辩明也。）论曰：初三是白露后三日生，尚以离为化工，月令属观卦，四阴管事，三阴已长，四阴将生，阳数尚行，此当有过。其人在天数为元堂，其卦二阴四阳，四个阳皆不得地，只有二阴爻得时，合以二阴为佳。讼卦初六爻是第一阴为元堂，下卦互离为化工，有乾为元气，况坎相交初六，有援于九四，是谓化工元气援已，自合贵矣。至四十九岁，换后天之卦为夬，夬者决也，以坎水在乾天之上，决而为兑泽，是谓升水上天为雨泽及物。升先天初六，元堂居九四大臣之位，处建说之地，是以日侍清光，职为参政，岂非造化自然之理乎？况夬五阳互乾为亥人，元气由是，详之其贵，不亦宜乎！

假令开僖二年丙寅十月二十九日亥时生，男命，丙寅、庚子、丙子、己亥。天数十八零八，地数四十二以二零，用二篇之策，演得山地剥卦。亥上九为元堂，辞云：“硕果不食，君子得舆，小人剥庐。”《象》曰：君子得舆，民所载也。小人剥庐，终不可用也。论曰：十月二十九日子时交大雪节，其人二十九夜亥时生，系是大雪后一日生也。正阴极之时，演而为剥。剥，落也，万物凋落也，其名不佳。殊不知天数得十八，地数得四十二，阳少阴多，但大雪后阴之至极，而阳数岂容多？地数至盛之时，阴数岂容少？二数俱是气数与时偕行，人之气数合四时之序，为大人君子。数合节气，其卦名虽剥，自小雪后至大雪阴气正隆时，属纯坤，坤即阴极无阳之月令，得剥正阴极阳将生之时。元堂居上九爻，又正阴极阳生之位，为群阴之表率，去一阳来复之时，尚有半月，此是见机而变者。况众所宗之贵，亦可知。其辞曰：“君子得舆，小人剥庐。”若以奇数得上九爻数，为时所弃，当所不服众，孰归之。此时小人可见，合有剥庐之咎，今反得偶数，是为君子得舆，民所载也，贵亦可知。况丙人以艮为元气，而寅生地支元气，天地气全，众莫敢不服。此是一卦得势又合时，况艮为手，坤为柄，此人异日必持权柄也，自合为执宰。惜无时之化工，亦可为侍从知州。况后天换而为坤，地道也，臣道也。未冬至半月正属坤卦，主权，其人后日自随班出省莅师相之显必矣。况后天移元堂在坤之六三，是以先天刚健纯粹之质，而居三公之位，三乃阳位，是先天后天不改其刚健纯粹之节，其辞云：“含章……，从王，有终。”小象有“时发、光大”之辞，安得不为当时名臣大儒哉？

假令绍定三年戊子十一月二十三日亥时生，男命，戊子、甲子、癸巳、癸亥。天数十一而用一，为坎，地数三十用三，为震，演得水雷屯。论曰：十一月十六日已交冬至，其人生于冬至后七日，应七日来复，气候冬至前七日为将复，冬至后七日为来复，其人正合此义。天数得十一，一是阳，天数虽不足，一阳方复，未为弱也，此天数弱而佳者也。地数三十无余不足，一阳方生，其形渐长，众阴当消，而不敢有余，二数正合此时之气候，必主贵人之命。然又卦为屯，元堂在九五，爻辞曰："屯其膏，小贞吉，大贞凶。"（《象》曰：屯其膏，施未光也。）不甚佳。殊不知刚柔始交而难生，动乎险中，大亨贞，冬至后，阴已消，阳已长，此正刚柔始交之时，而得此卦，应其时。且九五为救屯之主爻，冬至后坎为正伯化工，坎又为戊生人之天元气，子人得坎又为地支元气，是天地元气与化工浑同一体，又是天数内安元堂，必主为庙堂之贵矣。

释卦义

屯、蒙皆阴求阳之卦也。盖屯难之世，弱者不能自济，必依于强有力者为主，而后可济人；而蒙昧非遇刚明之贤，不能发蒙。故此二卦阴爻皆得以阳为吉。屯阴爻皆求阳，不召自往焉，虽班如不进不得其焉，无所凭也。初九阳爻处首居下，应民所求，合其所望，大得志也。

蒙阴爻亦先求阳也，夫阴暗而阳明，故为以暗求明之义。辞曰："童蒙求我，匪我求童蒙。"六三先唱则犯于为女，四远于阳困蒙吝，初比于阳则发蒙，六五正应于阳，为童蒙吉。

履，《易》曰："履不处也。"又曰："履者，礼也。"谦以制礼，阳处阴位，谦也，故此卦诸爻，皆以得处阴位为美也。

临，为刚长之卦，阳刚盛则阴柔危，柔有所得，乃得免咎，故此一卦阴爻虽美，莫过无咎也。

观之为义，以得见为美，故以近尊为佳，远之为咎。远为童观，近为观光。

大过者，栋挠之世，本末皆弱，体已挠矣，而守其常，则是危而不扶，凶之道也，故以阳居阴，拯弱之义也。大过诸阳皆以居阴为美，居阳有应则凶也。

遁，小人浸长，难在于内，亨在于外，与临卦相对者也。临卦刚长而柔危，遁柔长则刚遁也。遁以远时为吉，上则肥遁，初则有厉。

大壮，未有违谦越礼，能全其壮也，故阳爻皆以处阴位而为美。用壮处壮，则触藩矣。

明夷，上六为暗之主，至于初最远之，故曰“君子于行”。五最近而难不能免，故谓之“箕子之贞，明不可息也”。三处明极而上遇暗主，故曰“南狩，获其大首”也。

睽者，睽而通也，一云睽离也，于两卦之（极观之，义最见矣。）极睽而合，极异而同，故先见睽而后乃疑亡也。

丰，乃明以动之卦，尚于光显，宣阳发畅者也。小暗谓沛，大暗谓蔀，蔀暗尽则明，明尽则星见，以丰之为义，在乎恶暗也。举斯为例，则知卦爻之中，诚有至理，不可不通其变也。

又如屯、坎、蹇三卦，九五爻虽居尊位，遭时不利，必当因时动静，不可与兆民轻举妄动。盖九五为阳之主，六五为阴之主，极天下至尊之爻，然当屯难险阻之卦，苟非其时而动，则失其时宜，其凶必矣，故《易》曰：“卑高以陈，贵贱位矣。方以类聚，物以群分，吉凶生矣。”是以君民臣子，变动岂有常经？所谓“变动不拘，周流六虚，上下无常，（刚柔相易）”者也，安可拘乎？九居五阴月令变而不易，阳月令则易；六居五阳月令变而不易，阴月令则易。此皆流年小象之通变也。余仿此。

《易》者易也，有交易、变易之义。易道如四时流行，循环无端。《系辞》曰：“寒往则暑来，暑往则寒来，寒暑相推而岁成焉。日往则月来，月往则日来，日月相推而明生焉。”生极则杀，杀极则生，天地之相继相承，曷有穷尽？故数之至妙，贵在与时流行，顺之则吉，反之则凶。如阴道至极，阳道将生，气数得援，阳之策尤妙。但求旨诀，思过半矣！

五行生克制化

金旺得火，方成器皿。火旺得水，方成既济。水旺得土，方成池沼。土旺得木，方遂疏通。木旺得金，方成栋梁。

金赖土生，土多金埋。土赖火生，火多土焦。火赖木生，木多火炽。木赖水生，水多木漂。水赖金生，金多水浊。

金能生水，水多金沉。水能生木，木盛水缩。木能生火，火多木焚。火能生土，土多火埋。土能生金，金多土变。

金能克木，木坚金缺。木能克土，土重木折。土能克水，水多土流。水能克火，火炎水涸。火能克金，金多火熄。

金衰遇火，必见消镕。火弱逢水，必为熄灭。水弱逢土，必遭淤塞。土衰遇木，必遭倾陷。木弱逢金，必遭斫折。

强金得水，方挫其锋。强水得木，方泄其势。强木得火，方化其顽。强火得土，方止其焰。强土得金，方制其害。

（陈图南先生河洛真数起例中卷终，一万八千三百一十一字）

陈图南先生河洛真数起例卷之下

颍川后学默庵　李学诗　校正

辟户阖户

䷗复辟户，以一阳奋动于群阴之下，阳之嘘，户之辟也。纯阳之根而群阴之所宗也，故曰“辟户谓之乾”。

䷫姤阖户，以一阴静伏于群阳之下，阴之吸，户之阖也。纯阴之基而群阳之所宗也，故曰“阖户谓之坤”。

坎离相逮雷风相与

水䷯井	上坎 下巽	以杨柳枝取月中之气为水。
火噬䷔嗑	上离 下震	以青色物取日中之精为火。

论日月亏盈

沈存中曰：纳甲不知起何时，愚谓纳甲本自以月之晦、朔、弦、望、昏、旦、生、消而定，而《京氏易传》以十甲配上八卦，与之吻合，虽不知所起先后，亦可附论于此云。

《系辞》曰：“悬象著明，莫大乎日月。”虞翻谓：“日月悬天，成八卦象。三日暮，震象，月出庚；八日，兑象，月见于丁；十五，乾象，月盈甲壬；十六旦，巽象，月退辛；二十三日，艮象，月消丙；三十日，坤象，月灭乙。晦夕朔旦则坎象水流戊；日中则离象火就己，成戊己土位，象见于中。”

纳甲图

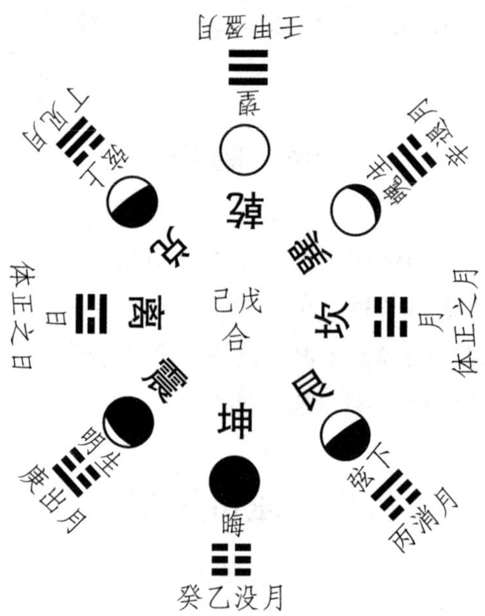

真西山曰：“震一、兑二，乾三、巽四，艮五、坤六，每五日为一节。朔旦震始用事，为日月阴阳交感之初。”详见魏伯阳《参同契》，道家象以为修养之法。

愚按上述日月之亏盈，阴阳之消长，乃得数之证鉴，与阴阳而同流，天地之生杀，日月之晦明，性命之寿夭，大同造化，细入微尘，尽关乎此，河洛妙旨，可以明之也。

节候卦爻

气之八节，总之其卦四；候有七十二，细分之，其卦六十。

节卦，坎，初六起冬至，九二小寒，六三大寒，六四立春，九五雨水，上六惊蛰。

震，初九起春分，六二清明，六三谷雨，九四立夏，六五小满，上六芒种。

离，初九起夏至，六二小暑，九二大暑，九四立秋，六五处暑，上九白露。

兑，初九起秋分，九二寒露，九三霜降，九四立冬，九五小雪，上六大雪。

每卦总管九十日，自下而上，每一爻各直十五日。

候卦，颐四爻起冬至，蚯蚓结，中孚三爻麋角解，复二爻水泉动，屯初爻小寒雁北乡，上爻鹊始巢。

谦五爻雉始雊，睽四爻大寒鸡乳，井三鸷鸟厉疾，临二爻水泽腹坚，小过初爻立春东风解冻，上爻蛰虫始振。

蒙五爻鱼陟负冰，益四爻雨水獭祭鱼，渐三爻候雁北，泰三爻草木萌动，需初爻惊蛰桃始华，上爻鸧鹒鸣。

随五爻鹰化为始，晋四爻春分玄鸟至，解三雷乃发声，大壮二始电，豫初清明桐始华，上田鼠化为鴽。

讼五虹始见，蛊四爻起谷雨萍始生，革三鸣鸠拂其羽，夬二戴胜降于桑，旅初爻起立夏蝼蝈鸣，上蚯蚓出。

师五王瓜生，比四爻起小满苦菜秀，小畜三靡草死，乾三麦秋至，大有初芒种螳螂生，上鵙始鸣。

家人五反舌无声，井四爻起夏至鹿角解，咸三蜩始鸣，姤二半夏生，鼎初爻起小暑温风至，上蟋蟀居壁。

丰五鹰始挚，涣四爻起大暑腐草为萤，履三土润溽暑，随三大雨时行，恒初爻起立秋凉风至，上白露降。

节五寒蝉鸣，同人四爻起处暑鹰乃祭鸟，损三天地始肃，否二禾乃登，巽初白露鸿雁来，上玄鸟归。

萃五群鸟养羞，大畜四爻起秋分雷始收声，贲三蛰虫坯户，观二水始涸，归妹初爻起寒露鸿雁来宾，上雀入大水为蛤。

无妄五菊有黄花，明夷四起霜降豺乃祭兽，困三草木黄落，剥二蛰虫咸俯，艮初爻起立冬水始冰，上地始冻。

既济五雉入大水为蜃，噬嗑四爻起小雪虹藏不见，大过三天气上升，地气下降，坤二闭塞而成冬，未济初爻起大雪鹖鴠不鸣，上虎始交。

蹇五荔挺出，其下接“颐”。

每卦总六日，自初而上爻各一日。生时值节卦者，谓之化工；生月值卦者，谓之得令。皆为天地间至吉至旺之气。但气候有盈虚，卦爻有超接，其法常以甲子、甲午、己卯、己酉定二分二至之初气，分至之爻既定，其余可推而知矣。

先后天八卦变化之义

圣人画卦，有象无言，皆法自然之理，使人默而识之，是谓“洁静精微”之书也。且如人生之命，先天之卦得矣，后天之卦成焉，然先后天卦不能以皆吉凶也。其或先吉而后凶，或先凶而后吉，如是者，圣人则以理窥，众人必以言悟，无穷妙义，岂言之所能尽哉？谨揭其要于后，善学者当触类而自得之。

乾为天，为君为父，有普博之德，偏覆之仁，为群生万物之主。

自内出外，变初九为巽，为风行天下，春风融和，鼓育万物。夏风兴云散雨，秋风万物收敛，冬风天寒地冻，民物皆畏。

变九二为离，为日，春日暖煦可爱，无处不蒙和照，夏日九域畏其炎热，秋日燥旱焦枯，冬日和暖可爱。

变九三为兑为泽，春为甘泽，夏泽仰之望之，物物利济，秋泽有西成之望，冬泽民有祁寒之叹。

自外入内，变九四为巽，为风行天上，有上令下从之美。

变九五为离，为日行天上，无所不照，尧舜之仁也，必有上升之吉。

变上九为兑泽，虽曰济物，恐不多有。

此乾卦变化，若夫春夏秋冬升降之理，自然触类而长，吉凶有准。

坤为地，为母为臣，有厚载之功，含弘之德，光大无疆，施长养之仁，有培植万物之量。

变上为艮，平地起山，自下而高，垒崇高之势，成始成终，无为不遂。春得□美□□尤佳，森森荣茂，多有吉庆富有之象，贵□之命，火、水、木俱宜，惟金、土不利。秋得此象，草木长养成实，外虽不足，内实有余，木人尤喜。冬得此象，随毁随誉，随落随荣，旋消旋长，终有喜怒不常之虞。金土秋冬俱利，有不期而遇欣荣，亦有不虞之忧。

变中为坎，坤为致役，变坎为劳，平地忽变，崎岖险峻，任重不堪，安中有危之象。春夏之时，坤土被阳气内攻，浮虚陷害，生于恩中，恐有崩毁之乖。土人尤畏，木人根露，防颠覆之虞，火命炎灭，金人沉没，水得无忧，乃通行之快，余得皆凶，劳役加心，未为全美。秋得水退，土气不浮，可谓少亨，疑非大利，犹防不恻之咎，惟不至伤。冬得水干，培植焦熬，终多费力，不若无之为美。冬至以后，是为化工，主劳役涸败之余，偶然横发，始知化工之妙用及乎人矣。

变下为震，为雷，地道有光，臣道宠盛，盖雷出地中，奋飞迅速，荣茂异常，人遇光亨显赫，名利两全，是雷奋出地，寒谷生春之意。万汇成亨，流行品物，萌蘖日新，秀丽益盛，无适不宜。春分以后，夏至以前，得此或为台辅之贤，遇之富贵荣华，声名不等闲矣。职位穹隆，功名易如拾芥。秋冬得此，遇而不遇，举动乖眚，未必为祥。

初六变出外为雷，出地中豫，由豫大有得。春夏及时，秋分后不利。变入内，雷入地中，为复。冬至及时，秋分后不利。秋分之前，夏至之后，无不秀丽。春得此象，何喜之有？

六二变出外为水地比，春夏为雨，百物比和，无不秀发。秋尽冬初，自是十全之益。

变入内为地水师，无功有罪，水入地中，非陷则崩颓，春夏尤畏。

六三出外为山地剥，小人用事，一君子而众小人剥之，惟利九月生，出则大得民所乘载。注云：“上九剥之极，只有一阳，无可尽之理。明其复生之义，见君子之道，不可无也。刚为君子，为民所载，若小人处之，极则穷矣，终不用也。”山中之地，不利春秋，余吉。

变入内为地山谦，谦光而益，山中地，地中山，四季俱宜，惟冬不利。小人处之，亦不利。

举乾、坤二卦升降变化为例，余卦引而伸之，宜与不宜，切当仔细消息，万有无穷之妙，不外《易》中之一理耳。学者定神绝虑，与天地同心，吉凶晦吝之由，莫不了然于心目之间，生时若不差忒，应犹影响。

震卦，震为雷。变上为离，乃云收雷散，日出雨后，晦极明生，主人品气高见广，善于鉴察事理。夏秋雷熄日炽，或生损伤，乐处不久，有始无终，岂有成全之理？冬雷隐日暖，偶遇欣欢，饱暖安逸，凡百称意。

变中为兑，雷雨交施，春夏秋凡事充益，冬得不宜，恐有灾眚，祸多福少，凡事多乖。

变下为坤，雷入地中，秋分后、立春前为吉，略无惊怖，福禄安荣，怡然静乐。立春后、秋分前雷入地中，汩没，雨泽不施，凶岁，主人无识，寂寞萧条，平生乖蹇，所为愚鲁。

艮卦，艮为山。变上为坤，舍崇高之势，脱崎岖之域，而履平坦之地。土命逢之，主温厚重实，心地平善，成始成终，功成身退，至吉。辰戌丑未月尤佳。春夏山色绿秀，产育荣耀，盖山中地，地中山，正类谦光而益。

变中为巽，风生岩谷，山虚石出，居高多险，任重多虞。春夏草木荣茂，秋冬损物，不若春风扇暖，山中草木荣茂。山风蛊毒损物。

变下为离，日出于山，为朝为旦，主人升上近尊贵，洞晓明彻，四时皆益。高下瞻敬，和平亨福，兼主人性明敏。

坎卦，坎为水。变上为巽，水气成风，不能高远，亦主飘狂，类多润湿。春夏为雨露，资助长养。秋为湛露，凋零万物，施毒害人，人多怨诽。冬为霜雪，寒气流行，主人艰辛劳苦。

变中为坤，水入地中，防浸渗之乖，有壅塞不通之兆，有始无终，事难决利。春夏干旱，主人愚下。水人得此，恐多夭短。秋冬合理，人道光亨，功名显赫。

变下为兑，水入泽中，主困塞不流，终难远大。冬月生人如之。春夏为霖，为泽，自盈满充溢，有利有害，岂无成败是非？若得时当位，则利多害少，有益无损，先难后易，先忧后吉。

巽为风。变上为坎，风之入水，为波为浪，飘泊之患，水人尤畏，抑且混浊，少全清节，有摧岸覆舟之虞，难为快便。春风入水，水动成文，人主奇巧，物多繁丽，荣华可知。夏风入水，水渐日干，凝久必涸，为人坚贪，或多悔吝。秋风入水，巨浪滔天，岸摧舟覆，虑险防危，谨不戒之虞，避不测之祸，偶然之凶也。冬风入水，水竭迟流，自难快进，朔风冰结，物象凝寒，苦凶艰辛，贫乏可知，多屈少伸，隐伏阻滞。

变中为艮，风势入山，动摇山岳，命令上行，人多敬畏。春风入山，草木荣茂，人多盛益，万物资附，君子可以把麾持节。夏风入山，巽木成林，峰峦蓊郁，非常贵极荣显。秋风入山，风藏山谷，草木渐凋，肃敛之象，物皆陨落，有始无终，先达后穷，人难久耐。冬风凛烈，何可入山？叶落枝枯，潇条憔悴，先困后通，难中获易。

变下为乾，风收云静，廖廓一清，春暖夏炎，秋爽冬温，四时俱庆，万物咸亨，风恬浪静，人物繁华，尘埃不起，日月照明，星辰荧耀，尊卑承荫，始终太平，吉无不利。

离为炎，为日。吐焰发耀，光照天下，光明之象，长养之君，万有资明，物皆附丽，有煦育之仁，即人君之象也。

变上为震，为雷为云，翳蔽光明，掩火不炎，有昏昧之忧，火人当慎。春得此为雷为电，水火既济，万物咸亨，无施不利。夏得此雷雨普施，是天地施长养之仁，有至益之美。凡厥有生，莫不咸仰。气数逢此者，必食天禄，有惊人风宪之名，运帝王之筹策，代天地之权衡，斯无不贵。秋得此万汇繁滋，为大有之功，无为不遂，富贵两全，人多礼智。冬得此匪佳，云遮日光，有严寒之兆。

变中为乾，日落于天，则将暮矣，大宜保天年，凡事可忧，必成汩没，光华隐藏，难得超腾，奚能显达？近君事上，提防毁折。春天无日，阴雨连绵，物难生发，荣中有辱。夏天无日，晴昧晦漫，九夏阳多，岂宜无日？火势毁灭，物难生长，主人寡合，难相保全，暑岂宜寒？气数至此，人必迍邅，上下难保，霜雪连绵，三冬所向，来岁无欢。

变下为艮，日入于山，好事成拙，晚景泰亨，不喜早年。春日入山，明暗相半，喜怒多烦。夏日入山，煎烁愁烦，迟速相逼，从容有几，高下燥炎。秋日入山，中年哺忙，喜怒相关。冬日入山，晷长暑短，愁颜阑珊。大概冬日入山，岂有长久之景？必难从容于日暮之时也。

兑卦，夫兑为泽，当分上、下之宜。在上为天泽之施，曲成万物，斯为至祥。又曰人君之德泽，其益广大，其利无疆，于物有功，诚为可美。在下为川泽之流，所至必润。广大深远，莫测渺浩之程；渊蛰蛟龙，运化万方之利。春得此象，生生不已，万物流行。夏得此象，长养无穷，岁丰物阜。秋得此象，成始成终，国内亨美，远近具瞻之庆。冬得此象，雨雪严凝，民多嗟叹，无以温饱。

变上为乾，雨收泽竭，天籁清虚，人物从容，物情欣悦。春处此象，万物秀丽，人多繁稀，杰出群伦，自然称意。夏秋得之，上仰青天，雨泽不垂，水干流竭，无丰有歉，饥馑怨望，自多伤折，人岂从容，多必困乏。冬时得此，寒凝作雪，岁丰充暖，人必富饶，自然亨泰。

变中为震，雨泽加雷，动威致润，启瘁发枯，物物秀丽。春时得此，荣生万物。夏时得此，长养随宜。秋时得此，岁功乐成。冬时得此，却非所宜。其雷隐伏，号令伏藏，安可出哉？若出，此谓非时，恐成夭眚。

变下为坎，乃积雨而成坎水，川流盈溢，所至俱宜，物物俱利。春生得此，雨泽霏霏，万物滋荣，富贵可期，人应拔萃。夏生得此，长养有功，荣舒万汇，人生多福，不苟不贪，自然富贵，金帛盈室，贵则廊庙之崇。秋生得此，水泽交加，岁功告成，禾多双穗。人生值此，得民之情，庆滋后裔。冬生得此，水泽交加，民物空虚，凡百不吉，兹非利惠。

有如巽象风，春乃融风扇物，夏则薰风长物，秋则西风损物，冬则朔风叶落。木人大忌，水人亦有不堪处。

有如兑正秋之卦，又为泽。春为泽物之泽，夏为济物之泽，秋为有浸淫之象，冬为有冻冱之象。

如有巽、兑二象，在春为融之风，而加之以光润之泽，万物咸喜者也。在冬为朔风，雨泽化为雪霰，寒凝肃杀，万物咸畏者也。

右举巽、兑二象，则知变化不常，取舍有异，消息惟在四时，不可泥于象，类非至精，孰能与于此哉？

康节曰：八象变化殊情，学者所宜触类，诚为巧妙无穷，最要深明理义，传受倘非人，其殃祸自天而至。

出后天六合论

凡天地之道，穷则变，变则通，通则久。夫人生有出六合之外者，为数之极，此必仙姿道骨，夙善夤缘，宜当推究。有出六合之外者，有应援伏体，有化工元气，辞理优长，未能极也。如是，却将九五、上九、六五、上六，即起流年推之。若遇反对，爻凶理失，则寿所终，此游魂伏体之法也。终是殃于子孙，必多夭眚，身非疾即孤也。所谓数极有京城，有山林。京城者福，山林者苦。京城减寿，山林则崇高。即与其角，去其齿，付其翼，两其足之谓也。

后天详说

如后天之气数，行至君爻之位，此为数足，到此必死。无阴骘者，生日之前便死。如遇小象与大象反对，定死无疑。有阴骘者，到君爻阳爻延九年，必须迍蹇夭眚之患，纵到君爻，亦不许行至上极一爻，寿必不久。此或有到此者，必须主大变之祸殃，凶暴之挠，或生异疾，或殃及子孙，或反本复始之失。反本复始者，先无官，后有官，必致反其官爵，为无官之人；先无财，后有财，必致反失其财，损人伤口，迷幼泣卑，百种千端，妖怪并发。盖气如此，先是后非，反治为乱，物穷则变，变则极矣。有过此上极之爻，当为超凡越世之士，乃逃出先后之命，不系数中，不属天地所拘，非仙姿道骨，其谁能有此？所谓逃出六合之外，阴德之最者可与并论。

若行后天，连三爻不吉，必多坎壈。若过了第四爻，遇凶，十死八九。若流年连三年不吉，卦爻又不吉，本身卦不佳，重反支干元气，便可以死断之。

凡辨卦考数，在仔细参详所得之卦，合得何理，得何名，爻居何位，有何吉凶，知是何等人，合某卦，则吉凶从其数。然以名寻数，不若以理寻数，一时之吉，可反而凶；一爻之制，可反而用。畜、履、否、泰之制，反有天衢，后天复埋之虞，动止无常，屈伸有变，非以理推，固难洞见。

看数之要，先看天地二数足与不足，方看爻象得地与不得地，则祸福无不定矣。先天爻象不吉，又看后天变得何卦，若后天卦与爻吉，此为返魂，格当先贫后富。

僧人多极后天

有僧多有极后天之数者，盖物外人所奉者薄，故能终其天年。

或谓：康节曰此数不许行到后天五爻，行到四爻，方可断人生死，今有不满二十而死者，亦有八九十而死者，祸福安在？对曰：此人不达物理，贵贱寿夭，吾数已备言之矣，公不熟看却来商量。

先后天或得纯离者，多有失明之疾。得蛊、大过、明夷者，多宿疾缠身。得噬嗑、无妄、讼者，多争竞。若流年小象得噬嗑、蛊、无妄、大壮、睽、剥、屯之类，多坎坷，须于流年交接处仔细推之，万不失一。

大易之数，自一逆生，消息循环，经纬天地，何有穷尽？君子体易而行，则寿同天地。小人反是，乃有修短。于是圣人则之，成数以先天六爻，后天六爻，以十二爻范围六虚，所以妙鬼神，行变化，干支有合，合二为六，所谓六合也。人居合中，如鹤看笼，上下四旁，为气物所拘。九五、六五、上九、上六乃君庙之极，物极必反，理之当然，非大器阴骘，未至先亡。以先天方尽，后天才交，元堂安于上，谓之数足，差矣。盖行数以元堂为初爻变动，挨次变去，历尽六爻是也，非前六位定论。

假令上爻坐元堂，四、五爻是君庙，五爻以三、四是，四爻以二、三是，三爻以初、二是，二爻以上、初是，初爻以五、上是，过此每爻加九年，正谓“一生二，二生三，三生万物无休歇”。又云：“天根月窟闲来往，三十六宫都是春。”

人在上、五二爻，即龙蛰潜，为气数所管，出此六合，上、五如春震脱颖，鹤飞龙腾，变化莫测，不为气数所拘系。若数至此，再加流年消息十体得理，非仙则佛矣。

大易数妙义

大易之数，阳奇阴偶。《系辞》曰：“天一地二，天三地四，天五地六，天七地八，天九地十”是也。大而天地，小而万物，无所不包，成变化而行鬼神，辨四时而分穷达，实与天地同流，圣人之道亦不外此。察安危，知存亡，明祸福，辨得失，隐密深奥，莫不洞见，以是数探人之富贵贫贱之分，贤愚寿夭之殊，一推测而可知也。故仲尼曰：“假我数年，五十以学《易》，可以无大过矣。”又曰：“不知命，无以为君子”，此之谓也。以是数分四时之中，万绪纷纷，莫不有节，而所得之数，苟合天地四时之节，则其人富贵荣达必矣。苟逆天地之节，则其人贫贱困苦无疑。以此推之，一、二、三、四、五、六、七、八、九、十，非数也，乃天地四时流行之节气也。夫天地四时之气，有清有浊，有咎有祥，与夫吉凶悔吝，当与不当，不容一毫之妄。如其所得之数当令，则万事随心，千祥骈集；如不当令，则万咎交至，一生不遂。以是非数也，乃人生所得之天命也。《经》云：“天命一定，鬼神不能改移”，而况于人乎？而况于物乎？

月令阴阳消长图

十一月冬至	一阳在子	居初爻	阴在上爻
十二月	二阳在丑	二爻	阴　五爻
正月	三阳在寅	三爻	阴　四爻
二月	四阳在卯	四爻	阴　三爻
三月	五阳在辰	五爻	阴　二爻

四月	六阳在巳	上爻	阴	初爻
五月	一阴在午	初爻	阴	上爻
六月	二阴在未	二爻	阳	五爻
七月	三阴在申	三爻	阳	四爻
八月	四阴在酉	四爻	阳	三爻
九月	五阴在戌	五爻	阳	二爻
十月	六阴在亥	上爻	阳	初爻

六十四卦反对图

反卦	卦	正卦	反卦	卦	正卦
	䷀	乾	恒	䷞	咸
	䷁	坤	大壮	䷠	遁
蒙	䷂	屯	明夷	䷢	晋
讼	䷄	需	睽	䷤	家人
比	䷆	师	解	䷦	蹇
履	䷈	小畜	益	䷨	损
否	䷊	泰	姤	䷪	夬
大有	䷌	同人	升	䷬	萃
豫	䷎	谦	井	䷮	困
蛊	䷐	随	鼎	䷰	革
观	䷒	临	艮	䷲	震
贲	䷔	噬嗑	归妹	䷴	渐
复	䷖	剥	旅	䷶	丰
大畜	䷘	无妄	兑	䷸	巽
	䷚	颐	节	䷺	涣
	䷛	大过		䷼	中孚
	䷜	坎		䷽	小过
	䷝	离	未济	䷾	既济

上经正卦六，反卦二十四，共用十八卦，成三十卦。

下经正卦二，反卦三十二，亦用十八卦，成三十四卦。又尝合上下经，始终而论之，乾坤——天地也，坎离——水火也，以体言也。咸恒——夫妇也，既未济——水火之交不交也，以用言也。上经以天道为主，具人道于其中；下经以人道为主，具天道于其内。三才之间，坎离最为切用，日月不运，寒暑不成矣，民非水火不生活矣。心火炎燥而不降，肾水涸竭而不升，百疾侵凌矣。故上下经皆以坎离终焉。

六十四卦论

乾，天也，六画纯乾，天道也，君道也，父道也。有刚健之德，有覆冒之功。阳男得之，主性宽容，多谋略，而勤学；阴男得之，主人褊窄不容，亦主聪明，非大人君子不足以当之。若常人得之，不免灾眚凶祸之事。

坤，顺也，地道也，臣道也，妻道也，有柔顺之德，厚载之功，含弘光大，合德无疆。士人于仲冬得之，必事君王。常人得之，宜安居固守，福寿永昌，或招妻财。

屯，难也，阴阳始交，万物始生而未通之意。上坎下震，中存艮坤，雷在地上，复未为亨通，雷动水泽，方施又为坎陷，君子则为未宁之象。人得于春夏秋，志气豪迈，为事亨通。六戊生人，遇之可登科第。常人生冬月，主小嫌妒，利于止静，未可有攸往，当安分待时则可。

蒙，昧也，上艮下坎，中存坤震。《易》曰“山下出泉，童蒙求我”之象。九二刚明，有发蒙之吉。六五君位，有刚明之助。爻辞皆吉，主身荣达，他人求我之福。

需，待也，上坎下乾，中存离兑。日月之明，主人聪明，日存乎天，正欲明耀，两泽又下，日为云所蔽，当待云散方著其明，有席珍之儒以待聘，君子需待之象。

讼，上乾下坎，中存巽离，外刚内险，而不相合，巽风动而水施，又为日明于天之下，阳多阴少，阳尊阴卑，二气相搏，阴阳不和，君臣争讼之象。

师，上坤下坎，中存坤震，雷动于地，震摇山岳，命令下行，雷一动而雨泽交施，浸润万物，刚中而应，行险而顺，为人出众，水行地中，藏其智也。君子则师众之象。

比，亲辅也，上坎下坤，中存艮坤，地中出山，正类谦光而益，山地之上有水，草木受润，上险下顺，外欲行险，内顺从之，其险何施，君子则为比和之象。

小畜，蓄也，阴畜阳也，上巽下坤，中存离兑，日在天上而明，风自上天而发，雨自上天而施，日能照耀，风能发扬，雨能滋润，物受其利，故有积蓄之义。

履，践履也，上乾下兑，中存巽离，日明于天，风行雨施，晦蚀其明，柔履乎刚，不得其位，则有如履薄冰之忧，君子则为动惊惧之象。

泰，通也，上坤下乾，中存震兑，雷动于天之上，泽行于地之下，物物受其滋，正天地交泰之时也。阴阳和合，草木繁茂，君子则为大遇之象。

否，闭塞也，上乾下坤，中存巽艮，风行山地之中，方欲扇扬万物，又为艮所止，不能发动，又无雷泽相应，山地之中，草木干燥，甲不坼，秀不实，壅遏不通，君子则为否塞之象。

同人，与人同也，彼我契合，无往不利，先号后笑，上乾下离，中存巽体，柔得位而应乎乾，虚心巽顺，光明盛大，柔以济刚，不以武而以文，明晦相应，不以邪而以正，君子则为和同之象。

大有，盛大丰有也，火在天上，无物不照，中存乾兑，刚柔相济，明者离日，晦者兑泽，明晦相交，二气循环，阴阳得宜，照烛万物，物物受其气而有相成之义，君子则为丰富大有之象。

谦，卑逊也，上坤下艮，中存震坎，地下有山，山上有地，培植高厚，滋养草木，震动而盈，坎满而溢，发生茂盛，皆自此也。六爻皆吉，凡事退逊于人，乃大吉也。君子则为谦和之象。

豫，和乐也，上震下坤，中存艮坎，雷出于地，其声通畅，君子则为逸豫之象。

随，从也，上兑下震，中存巽艮，山中有木，雷动风翻，雷电雨从而行，造化不疾，物全其性，内震动，外兑说，动作而悦乐相随，君子则为随顺之义。

蛊，坏乱而有事也，上艮下巽，中存震兑，其象风落于山，雷震于泽，百物之生皆被其挠乱，为蛊坏之象。又为长男，下乎少女，为悦以动，女惑于男，宁无外事乎？君子得之，有蛊惑坏乱之义。

临，大也，凌逼也，上坤下兑，震存乎中，地下有雷，雷雨交作，山岳震动，命令下行，润泽草木，恩泽下施，有改治莅民之义，君子则为临之象。

观者，望也，在下信而仰望之也，上巽下坤，中存艮坤，地上有山，积平坦之地而成高大之势。又巽风鼓舞，万物发荣，气象盛美，大有可观，君子则为壮观之象。

噬嗑，合也，上离下震，中存坎艮，有日月之明，雷以威之，艮以止之，有治间而使合之义。又噬啮也，嗑合也，凡物有间，啮而合之也。是卦三阳未通，九四间于其中，如人颐中有物，必啮而合之。君子得之，则为噬嗑之象。

贲，饰也，上艮下离，中存震坎，山中之日方耀，万物被其光照，敷荣盛美，雷动而施以雨泽。又为艮山独峙，险不可行，如日独耀而光明不为所晦，反为之助，如小人欲欺君子而不可得，君子则为贲饰之象。

剥，落也，上艮下坤，中存坤体，如山岌岌，下附于地，阴多阳少，小人众而君子寡，众阴剥阳之时，小人犯君子之义也。是卦多为灾眚夭亡之象。阴剥去其阳，使无其位，剥者落也，君子则为剥落之象。

复，反也，上坤下震，中存坤体，雷在地中，未能亨奋，惟利冬月生人，余时皆致灾眚。又云：阴月生人，雷未应时，尚伏于地，其时来则震惊百里，万物之亨奋，君子则为兴复之象。

无妄，无虚也，上乾下震，巽艮存乎其中，雷发于天下，山之中巽风扇扬，吹嘘万有，主为人有威权，声誉俱备，震雷惊怖，巽风动又成灾眚。凡事不可妄为，最宜谨守，君子则为无妄之象。

大畜，上艮下乾，中存震兑，山在天之上，一云山与天，物之所赖，既高而又处高，动而施泽，致润乎山，物之滋益，物无不及，天与山皆可藏畜乎物，君子则为大畜之象。

颐，养也，上艮下震，中存坤象，坤地之上有山，积土以成山岳，培植草木。山地之下有雷，非应时不发，当行则行，当止则止，有所涵养，慎言语，节饮食，则吉，君子则为颐养之象。

大过，异常也，上兑下巽，中存乾象，刚亢居乎其中，本末皆弱，首尾不能运掉，心性刚强，徒自劳耳，必至灾难，君子得之则为大过之象。

坎，险陷也，上下皆坎，中存艮震，山中兴雷致雨，草木发秀，主人心性伶俐聪明，凡事多阻，内方欲动，又为险所陷，艮所止，上进未能，君子得之为坎陷之象。

离，丽也，内外皆离，中存兑巽，上下皆明，天下之人悦其照烛，光辉盛美，又为顺而从之，事事昭彰，令誉显著，君子则为离明之象。

咸，交感也，上兑下艮，中存乾巽，刚柔二气相和，阴阳交畅，万物相感，各有所应。巽风发乎天之下，山之中，扇扬万物；兑泽施于天之上，山之下，沾润万物。二气相召，阴阳合而万物成，君子则为交感之象。

恒，常久也，上震下巽，中有兑乾，雷风相与，沛泽自天，理之常也，有常久之象。

遁，退也，上乾下艮，中存乾巽，天之下有山，山之中有木，为风动摇，枝叶不宁，或飘落，或又无物以济之，在人用事，宜自退避，君子则为逃遁之象。

大壮，阳也，上震下乾，中存兑乾，天之上雷震发动，兑泽旁施普天之下，沾濡浸渍，物受其利，咸成丰腴盛美，君子则为大壮之象。

晋，进也，上离下坤，中存坎艮，山地之间有物仰望于天，枯则润之，湿则晒之，欲晒以日，其水困之以险，使不能通，欲润以水，其日又升则止而陷之，使不能成其造化之妙。又日出地上，进而不已，君子则为上进之象。

明夷，伤也，上坤下离，中存坎震，日方欲明，又为雷动，雨水散行。是卦阴多阳少，致使阳明之气尽为阴邪所干，阴盛阳衰，不能自立，伤其明，日落于地，沉坠埋没，其光辉安在哉？君子则为明夷之象。

家人，内也，上巽下离，中存离坎，日月有交互之明，主人聪慧，大明辉耀，得风扇扬其焰愈炽，又有水以济之，以为堤防，阴阳得位，内外俱吉。求于内则亲戚多助，求于外则朋友顺从。近者悦，远者来，事必有成。初九闲有家，君子得之则为家人之象。

睽，乖异也，上离下兑，中存坎离，日月交辉，互照万物，明丽光华之中，有坎阴之陷，常使二气不能交通，否塞壅滞，又为兑泽施晦以干之，而不能全其明，火动而上，泽下灭之，二女同居，其志不相得，君子得之则为离间之象。

蹇，难也，上坎下艮，中存离坎，日月通明，水火相济，水欲行而艮止，阳欲丽而坎陷，水阻滞而不能通，日亏昃而不能耀，是为蹇难之象。

解，难之散也，上震下坎，中存坎离，雷震动而雨施，日将明而内外虚陷，阴阳相搏，水泽自行，能沾濡万物，动乎险中而免乎险，君子得之则为患难解散之象。

损，减省也，上艮下兑，中存坤震，雷在地中，未能发声，雨泽不施，山地之上，物皆枯槁，君子得之则为亏损之象。

益，增益也，上巽下震，中存艮坤，山之下有地，地之上有山，地深厚益固，上有山巍巍高大，巽风发荣于山地之间，震雷奋动于山地之下，交相助益，而物益盛，君子则为进益之象。

夬，决也，上兑下乾，中存乾卦，阳决之时，五阳独亢，一阴至弱，阳为君子，阴为小人，是卦阳多阴少，犹小人安能以养君子，若能行其刚，又无柔德，何以济之？必致凶恶。一云五阳盛长决去一阴，泽在天上，势必溃决。君子得之则为夬决之象。

姤，遇也，上乾下巽，中存乾体，以柔遇刚也，风行天下，发荣万物，命令之设，施化万民，众君子而遇一小人，其身荣贵，必成其美，君子则为姤遇之象。

萃，聚也，上兑下坤，中存巽艮，艮山坤地，相为培植，兑泽自上而降，沾溉滋润，草木之根本益固，枝叶茂盛，但见其林木繁多，不可胜用，君子则为萃聚之象。一云地山之上，风嘘泽说，万物皆至，繁盛茂密。君子得之有聚之象。

升，进而上也，上坤下巽，中存震兑，雷动风行，雨泽滂沱而下，万物受其润泽，枯者荣矣，秀者实矣，有收成之功，君子则为升进之象。

困，厄也，上兑下坎，中存巽离，日欲光而上下无应，水欲通而泽以阻之，造化之功，壅塞阻滞，阳被阴掩，君子为小人所困。内体一阳陷于二阴之中，外体一阴骄于二阳之上，不相通而为困。一云水满泽下，日晦风霾，壅塞阻滞。君子得之有困而不通之象。

井，养也，上坎下巽，中存离兑，井之中有水，水来而不竭，井深而昧，得日以华丽之。春则水温风暖，夏则水热风溽，秋则水凉风清，冬则水冻风寒。井之德有常，不变所守。一云木资水养，而日以暄之，泽以悦之，四时资养不穷。君子得之则为井养之象。

革，去旧也，上兑下离，中存乾巽，天下有风发扬吹扇，万物生长。天上有泽，滋润沾濡；天下有风，日融和畅。春夏秋生最为吉，万物增新而改观。若安身在刚爻之上多致凶矣。一云天下有风，泽中有日，交融和畅，万物增新改观。君子得之则有革故之象。

鼎，取新也，上离下巽，中存兑乾，天之上有日有泽，天之下有风，普天之下海山江川，阳明照丽，沾濡巽风，生长积神，秀丽美气更新，君子则为鼎新之象。

震，动也，内外皆震，中存坎艮，雷震惊奋，命令设施，威声广播，雷动坎险，山岳动摇是也。卦二雷双震，其声惊恐。夏则吉，若月非时，恐致生灾眚。庚人得之，科甲及第。又主为人声名振扬，财禄温厚，君子则为震惊之象。一云震雷惊奋，山起水涌，顺时则声誉振扬，背令则灾眚不轻。君子得之则有震惊之象。

艮，土也，内外皆艮，中存震坎，雷动于阴，艮又止之，不得发号施令，内外皆阻，艮止之义也。得此卦者，心性缓慢，刚柔相济，耿介止滞。阴男阴女，合数最吉，富贵子息众，如山之不动有寿。丙人得之，早发科名。木人遇之，衣禄丰厚。又曰：壬癸人得坤艮，为人不贱。

渐，进也，上巽下艮，中存离坎，有日月之明，聪明光华。水行于险，艮又止之，日和风暖，适当其时，岂可便雨水施布？以推生长之功，万物受利，自此有成。一云日和风暖雨泽降，艮山之上，万物敷荣。君子得之则有渐进之象。

归妹，不正之卦也，上震下兑，中存离坎，长男岂可于少女交？则少女有所不乐，今说以动，所必归也。人伦大义于此反背，君子则为归妹之象。

丰，也，上震下离，中存兑巽，雷动雨施，阴晦不光，忽然云收雨散，而日丽照耀，四方幽昧皆照，阴气衰而阳气盛，光明盛大无不烛，君子则为丰大之象。伊川云：内离文明，外震威断，有家道丰盈之喜。

旅，羁旅也，上离下艮，中存巽兑，日正明而雨下，二气相搏，阴阳不和，山之中有风落，山上有山风，蛊之意，物皆伤坏，事乖差，君子有羁旅之象。

巽，顺也，上下皆巽，中存兑离，巽风中令，而离日照临，兑泽滋养，物无不被，有巽入之象。辛生得之，早年科贵。金人逢此，钱财无数。

兑，悦也，内外皆兑，中存巽离，日明于雨泽，既行之后，晦而且明，又得风扬，其辉无物不利，万情咸悦，君子则为兑悦之象。

涣，散也，上巽下坎，中存艮震，山下有雷，动摇草木，根枝不宁，阻于坎险之中，雷动为难，雷声俱陷，不行奋发，则物受其害。是卦也，居卦行数不吉，反为灾难，逢吉则为涣散之象。又云坎水之上遇风而靡，艮山之下逢雷则散，吉则为患难解，凶则人物离散。君子得之为涣散之象。

节，止也，上坎下兑，中存艮震，山之上雷声发动，蛰虫皆伸，出露其状，又得水泽以润益之，物皆受其利，必有成功之造化。如此呈露于中，又为艮所遏，方欲升进，艮又止之，凡事多阻。一云泽上之水，其容有限，雷声一动，藏蛰咸起，而逢山遇险，事多阻遏。君子得之则为节止之象。

中孚，信也，上巽下兑，中存艮震，风行雷发，雨施泽布，天地之间，草木皆受其润，刚得中则止，柔在内则顺。悦而以巽，人无乖争，物无巧竞。君子则为中孚之象。

小过，过之小也，上震下艮，中存兑巽，艮山之上，万物丛聚，巽风为之扇扬，兑泽为之滋润，枝干茂盛，万物顺说，无有不如意者。但其中震雷发动，未能全静。君子则为小过之象。

既济，事之既成也，上坎下离，有日月之明存乎其中，水在火上，下发其焰，鼎沸水热，事事无违，中互体即坎离，如此水能洗濯而洁清，火能照耀而光明，二气相感以成其功，初吉而终乱，事虽已济，尤当戒谨以保其终。君子则为既济之象。

未济，未成也，上离下坎，坎离存乎其中，二气相违，阴阳不顺，事皆倒置，盖火大水小，两无所成。君子得之则为未济之象。

六十四卦爻先天策数

凡占卦，看演得何卦，阴阳数得若干为祖数，分上下体动爻因之。如上体卦动，则以动爻因十而加大数，以卦数因零而加小数。次加本卦祖数及动爻，并上下卦错综数，合成千百十零，分为元会运世。

（假如中孚，上九爻四阳二阴之卦，当以大数加爻，先下祖数一百二十九策，却以六爻六数因之，下六十个百为六千，次下六十个九十为五千四百，次下六个二十为一百二十，共计得一万一千七百一十二策。又以上卦巽五数因之，下五个一百为五百，又下五个九十为四百五十，又下二个五为一十，共合得一万二千六百七十二策。次又加外卦巽五数，内卦兑二数，并上爻六数，一十三数，通共计得一万二千六百八十五策，除万不用，以二六八五四位布为元会运世是也。余仿此。）

下卦动，以卦数因十而加大数，以动爻数因零而加小数。次加本卦祖数及动爻数，并内外卦错综数，合成千百十零，布为元会运世是也。

（假如睽九二爻祖数一百九十二，当以大数加卦兑二数，下二十个一百为二千，又下二十个九百为一千八百，次下二十个二为四十，共得三千八百四十策。次又以二爻动数乘之，下二个一百为二百，又下二个九十为一百八十，又下二个二为四数，共得四千二百二十四数。又加祖数一百九十二，合得四千四百一十六。又加外卦离三数，内卦兑二数，动爻二数，共合得四千四百二十三数。以千为元，百为会，十为运，零为世，元四会四运二世三是也。）

乾	坤	屯	蒙	需	讼	师	比	小畜	履	泰	否	同人
上	上	上	上	上	上	上	上	上	上	上	上	上
一三四〇〇	九九五八	一一二七三	一一四四三	一二八七七	一一九一七	一〇七八四	一〇四七二	一三四七六	一二六五七	一二四三五	一一一七五	一二六五八
五	五	五	五	五	五	五	五	五	五	五	五	五
一一二三九	八五一七	九五九一	九七六二	一〇九五六	九九九六	九二二三	八九一五	一〇九三五六	一〇九三五	一〇六三四	九三七四	一〇六一七
四	四	四	四	四	四	四	四	四	四	四	四	四
九〇七八	七〇七六	七九一〇	八〇八一	九〇三五	八〇七五	七六六二	七三五〇	九三九四	八五七五	八八三三	七五七三	八五七六
三	三	三	三	三	三	三	三	三	三	三	三	三
三〇二九	一二一一五	七四〇五	一〇七六八	二六九八	一二二九八	一〇〇〇一	一三一二一	二八六五	〇四九〇	二五三二	一五一三二	六九四五
二	二	二	二	二	二	二	二	二	二	二	二	二
二八一二	一一九七〇	七二三六	一〇五九九	二五〇五	一二一〇五	九八四四	一二九六四	二六六〇五	四八九二	二三五一	一四九五一	六七三八
初	初	初	初	初	初	初	初	初	初	初	初	初
二五九五	一一八二五	七〇六七	一〇四三〇	二三一二	一一九一二	九六八七	一二八〇七	二四五五	四四九二	二一七〇	□□□□□	六五三三

大有	谦	豫	随	蛊	临	观	噬嗑	贲	剥	复	无妄	大畜
上	上	上	上	上	上	上	上	上	上	上	上	上
一三〇六六	一〇七八五	一〇一五八	一一三五二	一二三〇〇	一一六〇八	一一一〇七	一一五三三	一二一五六	一〇六二九	一〇七八二	一一九一五	一三〇七〇
五	五	五	五	五	五	五	五	五	五	五	五	五
一一〇二五	九二三四	八五九七	九五五一	一〇三七九	九九二七	九四二六	九七三二	一〇四五五	九〇六八	九二二一	九九〇四	一一一四九
四	四	四	四	四	四	四	四	四	四	四	四	四
八九八四	七六六三	七〇三六	七七五〇	八四五八	八二四六	七七四五	七九三一	八六五四	七五〇七	七六六〇	八〇七三	九二二八
三	三	三	三	三	三	三	三	三	三	三	三	三
二八六三	一一五六二	一三一一九	七九二九	六五三七	四〇四五	一四一二八	七九三〇	六一三三	一三一一三	六八七九	八四五六	二六九九
二	二	二	二	二	二	二	二	二	二	二	二	二
二六五八	一一四〇五	一二九六二	七七四八	九五五四	三八七六	一三九五九	七七四九	五九五二	一二九六五	六七二二	八二六三	二五〇六
初	初	初	初	初	初	初	初	初	初	初	初	初
三四五三	一一二四八	一二八〇五	七五六七	九二七三	三七〇七	一三七九〇	七五八六	五七七一	一二八〇八	六五六五	八〇七〇	二三一三

颐	大过	坎	离	咸	恒	遁	大壮	晋	明夷	家人	睽	蹇
上	上	上	上	上	上	上	上	上	上	上	上	上
一二二五八	一二一○九	一一一七四	一二三○○	一一三五五	一一七一五	一一九一八	一二四九一	一○七六九	一一六○九	一二六八六	一二二九九	一一二七五
五	五	五	五	五	五	五	五	五	五	五	五	五
一○四五七	一○一八八	九五九三	一○三七九	九五五四	九九一四	九九九七	一○五七○	九○八八	九九二八	一○七六五	一○三七八	九五五四
四	四	四	四	四	四	四	四	四	四	四	四	四
八六五六	八二六七	九九一二	八四五八	七七五三	八一一三	八○七六	八六四九	七四○七	八二四七	八八四四	八四五七	七七五三
三	三	三	三	三	三	三	三	三	三	三	三	三
九七三五	一○三七六	一○七六七	六五三七	一三三三三	九七三二	一四二一九	二六九六	一四一二六	五七二六	六五三九	四六一六	一三九三三
二	二	二	二	二	二	二	二	二	二	二	二	二
七二三七	一○一八五	一○五九八	六三四四	一三一五一	九五五一	一四○二六	二五○三	一三九五七	五五五七	六六三四	四四二三	一二二七九
初	初	初	初	初	初	初	初	初	初	初	初	初
七○六八	九九九二	一○四一九	六一五一	一二九七○	九三七○	一三八三九	二三一○	一三七八八	五三八八	六一五三	四二三○	一二一一○

解	损	益	夬	姤	萃	升	困	井	革	鼎	震	艮
上	上	上	上	上	上	上	上	上	上	上	上	上
一〇九三六	一二二五五	一一八九五	一二八六一	一二六六〇	一〇六〇〇	一一六一一	一一三五四	一二〇七七	一二一〇七	一二三〇二	一〇九三四	一一四四四
五	五	五	五	五	五	五	五	五	五	五	五	五
九二五五	一〇四五四	一〇〇九四	一〇八二〇	一〇六一九	八九一九	九九三〇	九五五三	一〇二七六	一〇一八六	一〇三八一	九二五三	九七六三
四	四	四	四	四	四	四	四	四	四	四	四	四
七五七四	八六五三	八二九三	八七七九	八五七八	七二三八	八二四九	七七五二	八四七五	八二六五	八四六〇	七五七二	八〇八二
三	三	三	三	三	三	三	三	三	三	三	三	三
一〇七六五	四三三二	七九三二	二八六二	一一〇二五	一四一二五	九〇八八	一一五三一	九七三四	六五三六	一〇三七九	七四〇三	一二四四九
二	二	二	二	二	二	二	二	二	二	二	二	二
一〇三九六	四一五一	七七五一	二六五七	一〇八一〇	一三九五六	八九一九	一一二五〇	九五五三	六三四三	一〇三八六	七二三四	一二三八〇
初	初	初	初	初	初	初	初	初	初	初	初	初
一〇四二七	三九七〇	七五七〇	二四五二	一〇六一五	一三七八七	八七五〇	一一一六九	九三七二	六一五〇	九九九三	七〇六四	一二一一一

渐	归妹	丰	旅	巽	兑	涣	节	中孚	小过	既济	未济
上	上	上	上	上	上	上	上	上	上	上	上
一一八九八	一一七一二	一一七一一	一一五三六	一二六八八	一一一〇六	一一八九七	一二〇七四	一二六八五	一〇九二七	一二〇七五	一一五三五
五	五	五	五	五	五	五	五	五	五	五	五
一〇〇九七	九九一一	九九一二	九七三五	一〇七六七	一〇一八五	一〇〇九六	一〇二七三	一〇七六四	九二五六	一〇二七四	九十三四
四	四	四	四	四	四	四	四	四	四	四	四
八二九六	八一一〇	八一一一	七九三〇	八八六四	八二六四	八二九五	八四七二	八八四三	七五七五	八四七三	七九三三
三	三	三	三	三	三	三	三	三	三	三	三
一二三三五	四三二九	六一三〇	一二三三三	一〇三八	四六一五	一一五三四	四三三一	四六一八	一二二四六	六一三二	一一五三二
二	二	二	二	二	二	二	二	二	二	二	二
一二一五四	四一四八	五九四九	一二一五二	一〇一八八	四四二二	一一三五三	四一五〇	四四二五	一二二七七	五九五一	一一三五一
初	初	初	初	初	初	初	初	初	初	初	初
一二九七二	三九六七	五七六八	一二九七一	九九九五	四二三九	一一一七二	三九六九	四二三二	一二一〇八	五七七〇	一一一七〇

解疑赋

万物之生，莫逃乎数，与天地之有准，决祸福之无差，全凭年月日时布成元会运世。八卦既定，五行是分。纳音生象数兮获求全之理，象数生纳音兮有自然之方。木畏乾金，不损旺中之木；金能涵海，惟忧自绝之金。长生火在炉中，坎不能陷；临官水归大海，土不能侵。土乃生金，甲午之金遭其埋没；水能破土，戊申之土一任疏通。火忧坎水之灭形，逢坤岂灭；金怕离火之烹煅，得坎不烹。丙午如倾，岂艮山所能止息；剑锋不利，得巽风发其坚刚。霹雳之声，正喜光飞西兑；巳丑之焰，何尝栈灶南方。戊子虽畏坎宫，又云天禄；丙丁不嫌兑位，实系耗穷。天河一水，众土难禁。水若长生郁秀，反碍乾金；火流天上光明，何忧坎水。火不畏水兮利生九夏，水不困土兮宜入三冬。衰木遇西风，虽见魁元，难登仕路；病金临夏日，纵逢会贵，亦有灾迍。数逢贵气兮须要得时，七遇秋凉兮无能作祸。甲木立震雷之地，喜向长生；庚金出兑泽之方，宜当秋旺。伏藏丁火，频将纨扇而不能为殃；出□阴土，宜带雷惊而方能育物。乙为阴木，尤畏巽风；辛曰阴金，不禁坤土。坤盗丙丁之气，乾生壬癸之源。戊得兑而气全，己得兑而气散。以卦而定，以气而推，得之在心，应之如响。

生成化合赋（邵康节）

数妙洪范，道传伏羲。苟从三而致用，本自一以为基。分贵贱之升降，与其进也；辨荣枯于奇偶，可使伸之。盖闻一六会坎水，全太极之功（一为太极，洛书在坎）。二七合离火，属少阳之位（二为少阳，洛书在离）。三八全木德之旺，四九尽金成之利。五全土德，显万类之纲常；十备物情，妙两仪之天地。是故四六就绪，二三得纲。八综七而七匪凶数，六见九而九非亢阳（七为凶限，七八相逢，合成十五，此数乃妙。九本亢阳，六为老阴，合之亦敛）。惟终始两爻内蕴生成之化（前后两卦，亦有两爻），故错综一理中藏变动之机（错综之数，三五以变）。自旺自荣会一家之慈孝（贵乎自贵自荣，为干合者妙），不关不隔庆千载之忠良（六为关断为隔，不犯者乃忠良也）。阳毒妒害，可恶者八（八为寒阳，阴毒妒害）。枉坏饥贫，难堪者九（元阴无制，得者物堪）。二八女旺，男得则非；三七夫荣，妇焉用吉。岁君零战（零数为十，故一样成冲纛），洛阳空负于少年；阳地居身（阳弱之数，加于身者），渭水自穷于白首。

大抵《易》有通变，无往不还。数分衰旺，有开必先。三七往来兮震不畏兑（河图以七为兑，三七阴奇，故不畏也），九六等兑兮坤能辅乾（九乃乾之用，六坤之用）。水火木金，土运生成之德；君臣民物，岁司统御之权（五为君，二为臣，四民，三物，在岁统之，曰君臣民物）。非至神孰能晓此，虽小道亦可观焉。是以传之本宗，元于大衍，为可继也，肇基极于先天。至于升而就五，乃为从君（自下而上，以当为多）；降而伏零，是为亡家（自上而下）。前隔后断兮方大寂寥，阴亢阳孤兮洞房惆怅。断之曰：垂绅秉笏兮由禄数之有余，积玉堆金兮本财爻之自旺。十五足用，富钟万石之多；二五同功，贵步九霄之上。是极盛则衰，戒旺相之重见；偏胜则敝，防阴阳之过纯。天阳向用恺悌君子，地道退伏奸邪小人。兼五数，号阳明之德；宜一生，勤学业之新。尚资命运之亨，风云际会；更遇流年之吉，桃李妆春。戒之曰：富贵在天，出乎自然；祸福系己，每因钩致。毋因命贵而放志不学，无叹命穷而甘心自弃。天非人不因，人非天不成。此造化不言之秘也。

宋儒议论

程子曰：予尝经一村野，见一老翁，形骸如已死人，因问其平居何如。对曰：予年四十有五，一向羸病。试问其何年月，推之得之晋之六二。予甚疑之，必是时差，特取上下二时推穷，得剥六二，问其休咎，皆与卦合，乃知村野中人，时多不定。盖冬夏之日有短长，则刻有先后，若戌、亥、子三时尤为难定也。须以先后二时，参详已往祸福，克定生时，乃可推算。若徒将大易之理，轻易看过，何以取验哉？

伊川晚年方得此数，喜见眉宇，谓门人邢君曰：予平生休咎，毫发皆见，又何必穷极阴阳，推策草木，然后得《易》之理哉！又尝谓尹和靖曰：此数极正大，其言祸福，皆本正经，非寻常谈阴说阳之比，诚不可轻易传授庸俗之辈，轻泄天机。

伊川又曰：予有一仆，眉宇秀整，以其年月推之，得乾九四，天数不足。问之早年丧父，以十五六年休咎推之，皆验。予爱而厚遇之，交十九岁而暴亡。盖无名野草生出一枝好花，决非佳物。今味伊川之言，却是阳男无疑。盖以天数不足，故先丧父。行乾九四、九五二爻，共十八年，交十九，则上九不变，正是亢龙有悔，阳过极则反穷，穷则变，变则通，在小人岂足以当君子？之卦既不变，何以能通？正谓穷之灾也，死何疑焉！小人得吉卦者，更看爻位如何，如爻位复吉，又看数足与不足，得时与不得时，以数端求之，必得其精。小人得吉卦吉爻，暴发必死。君子亦有卦爻皆不吉者，又当看其大象。如噬嗑之《象》曰：雷电，噬嗑；君子以明罚敕法。可以用威于小人。又如得剥之《象》曰：山附于地，剥；上以厚下安宅。亦当潜心以应之。如苏东坡得贲六二，本朝文体三，苏为之一变，岂非文饰之象欤？

苏东坡曰：予爻虽佳，行年之卦吉凶相半，儋耳之行，既归复谪，平生多坎坷，以斯数三复而自宽，曰圣人先得我心矣，夫复何憾！

黄山谷谓陈无己曰：黄龙悔心堂，长老有道者也，尝问《易》于予，遂授以此数。未几，翻然退席，因问其故。渠曰：予顷岁行噬嗑上九，横遭官府凌辱，明年复行噬嗑，欲绝客杜门行其志。予曰：公物外人，何虑乎此？渠曰：人托阴阳以生，岂能逃乎数？予虽学出世法，岂能免形骸之累？予曰：公独不闻栖贤之僧乎？渠曰：闻或有此矣。其为人诚实谨独如此。余尝观有道之僧，多有极后天之数者，盖物外之人，所奉者薄，故能终其天年，非谓学法之人能逃乎数也。

山谷初谪涪州别驾，谓邢敦夫曰：吾今年行屯六二爻，将极十年之数，方得归。后安置宜州，谓其子相曰：吾顷年行屯六二，有可归之理，今行复上六，迷复凶，吾无归矣。果卒于宜州。

富郑公以本身卦及流年卦大书于庭中壁上，遇一凶爻，即戒弟子曰：予今年爻象不吉，汝等切勿生事以累吾。其恐惧修省如此。

李文静公得坤六二，直方大，不习无不利，谓友人曰：予平生所行，皆要合于圣经。及行离之九三，谓友人曰：予明年必死。至期，果亡。时当六月，无一点秽气，盖其平生践履之验也。

范文正公得大有九二，“大车以载”，《象》曰“积中不败也”。果似其为人，遂以经世为己任。

寇莱公孤注之祸，是年行困六三，谓友人曰：予不复反矣。果卒于贬所。其应验多类此。

温公曰：图南此数，大有益于吾辈，可谓诚心养性之术，诚遵而行之，福可致而祸可避，可不谓之大益乎？

邵康节曰：读河图，成变化，行鬼神，不外乎数。数具五行，万物与天地同体，则气同，五行亦同，万物不离五行之数。自天地开辟以至混沌，元会运世计十二万九千六百年，天地之大数也。人物生死于百岁之中者，人物之小数也。天地假河图以示人，惟伏羲圣人识得，故画卦以示人。画虽无文，终日所言，不离乎是。考之地理书、算命书、麻衣相书、卜筮书，圣人制礼作乐，皆出于河图之五行，洛书之数，亦五行而已。盖天地间理无二理，气无二气，数岂出乎理气之外哉？此大易之书所以为大，而数已具于《易》，故数非小也。要之亦不过一阴一阳，以两其五行而已。

邵伯温曰：此数以乾坤为大父母，姤复为小父母。乾六变生归妹三十二阳卦，坤六变生渐三十二阴卦。坤一变生复得一阳，乾一变生姤得一阴云云。至乾六变生归妹，本得三十二阳，坤六变生渐，本得三十二阴，乾坤错综，阴阳各得三十二，生六十四卦。先君得之李之才，李之才得之穆伯长，穆伯长得之陈图南。此书不专言数，以义理玩味之，可以趋吉避凶，不可以形之于书，妄言祸福，轻泄天机，必有天谴。

昔有三夬窃是书，得科第后遭贬之祸，异人指以为天谴也。邵伯温《辨惑》云：沈存中《笔谈》言，江南郑夬，字扬庭，曾为一书谈《易》，其间一说曰，乾坤大父母（云同前），即邵氏先天数也。予后见兵部侍郎秦玠论夬所谈，玠骇然曰：何处得此书？夬云：尝遇一异人授此历数，推往古兴衰运历，无不皆验。尝恨不能尽其术，西都邵雍亦知大略，已能洞知吉凶之变。今此人乃形之于书，必有天谴。此非世人所得闻也，却惟我先君易学微妙玄深，某不肖，不得知也。其传授本末，则受《易》于李之才挺之，李之才挺之师穆伯长，伯长师陈抟图南。先君之学，虽有传授，而微妙变通，则其所自得也。平时未尝妄以语人，惟大名王天悦、荥阳张子望尝从学，又皆早死。秦玠、郑夬尝欲先君学，先君以玠颇好任数，夬志在口耳，多外慕，皆不之许。天悦感疾且卒，夬赂其仆，于卧内窃得之，遂以为己学，著《易传》、《易测》、《明范》、《五经明用》数书，皆破碎妄诞，穿凿不根。夬窃天悦书入京师，补国子监解省，试策问八卦次序，夬以所得之说对，而有司异之，擢在优等。既登第，以所著书投贽公卿之间，后以赃败。遇赦，复事游谒，卒以穷死。玠谓必有天谴，恐指此耳。秦既知夬窃书，乃谓夬何处得此书，又谓邵子闻大略，亦近乎自欺矣。然谓得之异人，盖指希夷而言也。

纳甲歌诀

甲子乙丑海中金，丙寅丁卯炉中火。
戊辰己巳大林木，庚午辛未路旁土。
壬申癸酉剑锋金，甲戌乙亥山头火。
丙子丁丑涧下水，戊寅己卯城头土。
庚辰辛巳白蜡金，壬午癸未杨柳木。
甲申乙酉泉中水，丙戌丁亥屋上土。
戊子己丑霹雳火，庚寅辛卯松柏木。
壬辰癸巳长流水，甲午乙未沙中金。
丙申丁酉山下火，戊戌己亥平地木。
庚子辛丑壁上土，壬寅癸卯金箔金。
甲辰己巳佛灯火，丙午丁未天河水。
戊申己酉大驿土，庚戌辛亥钗钏金。
壬子癸丑桑柘木，甲寅乙卯大溪水。
丙辰丁巳沙中土，戊午己未天上火。
庚申辛酉石榴木，壬戌癸亥大海水。

（陈图南先生河洛真数起例下卷终，一万五千四百四十二字）

陈邵二先生河洛真数易卦释义上经卷之上

颍川后学默庵　李学诗　校正

乾 ☰

乾：元亨利贞。

《象》曰："天行健，君子以自强不息。"

在天为春、夏、秋、冬，在人为仁、义、礼、智，有至大至刚之德，其心高，其性躁，不怯不疑，不回不挠，语话无情，多虚少实，刚明勇决，多勤少怠，独立自奋，有进无退。此卦以六龙为象，生于二月以后八月以前者，得时也，为福深，为祸浅。

卦气属四月，纳甲是甲子、甲寅、甲辰、壬午、壬申、壬戌，借用甲午、甲申、甲戌、壬子、壬寅、壬辰。如生于四月及纳甲本命者，多属富贵，虽失爻位，亦为福善之人也。乾金秋正旺，如生月不及时，又不在纳甲者，主贫贱，虽得爻位，亦是奔波劳役狡诈之人也。

邵曰："六甲生人，最喜见乾，刚健不息，劳役多端，事无巨细，悉关念虑，生意固多，终来聚散，琴瑟不调，雁行失序，妇人禀性聪明，有丈夫之志，治家事事留心，不能安裕。"

初九：潜龙，勿用。

《象》曰："潜龙勿用，阳在下也。"

初阳在下为龙象，尺蠖之屈，以求伸也，龙蛇之蛰，以存身也，此"潜"之谓也。特立独行，不随习俗而转移；韬光晦迹，不求名誉之闻达；行成于内，不以世之穷达而休戚；道足于己，不以时之成败而喜愠也。穷达以道而不以势，进退在我而不在物，金石之心，松柏之操，孰能摇撼之哉？

若人支干归元，兼卦叶吉，机深学广，心懒志疑，好静无求，名利不耀。

元数兼卦不叶，或处于林泉之下，或居于江海之滨，刑克太重，婢仆少力。

岁运逢之，在仕多退惧，利静不利动，动则生疾，谋事有咎，勿使下人用事，常俗利在幽静，其“潜”字、“龙”字为兆甚多，或是州县市镇，寺观地名牌额，及人之姓名也。

邵曰：“龙灵变不测者，今在下而未得其地，姑自保养隐伏而已。得之者不可躁动，乐则行，忧则止，守道于己，不求于人，晦滞多而成就少，纵有轩豁，不免摧挫，所以未能遂其高飞之志，守拙待亨，不致终为无用。”

凡用九之爻，初年遇阳不变，以本爻起算，遇阴年则变，以变卦爻起算，皆自下而上。甲丙戊庚壬为阳，乙丁己辛癸为阴。后仿此。

九二：见龙在田，利见大人。

《象》曰：“见龙在田，德施普也。”

有圣人之德，居大臣中正之位，所言无不实，所行无不谨善。盖一世而风俗转移，一毫虚伪之心必不敢萌，忠实而已，一毫自矜之念不敢作，纯一而已，大人之德，如此“利见大人”，君则听从，谓以其有是德而居是位也。

数、卦叶吉，贵而有科名，乃龙象也，富而有产业，乃田象也。

数、卦不叶，有中直刚正之诚，有润泽万物之德。

岁运逢之，在仕逢明主，立要津，在农进田园，增金帛，在僧道则住持，俗人必有大贵提挈之力矣。其“龙田德普”四字，或是官职姓名之兆也。

邵曰：“二应于五，犹龙见于田也。见于田，沛泽万物，其德已著，而出潜离隐。得之者显达，成名发福，谨言慎行，脱灾悔，见贵人，有委任之劳。妇人自贱至贵，由偏居正也。”

九三：君子终日乾乾，夕惕若。厉，无咎。

《象》曰：“终日乾乾，反复道也。”

下乾尽而上乾来，故“终日乾乾”。内积忠信，以为进德之基，动静合于义理，则言不诡随，常存诚敬，无作辍之患。夫人欲易长，天理易蚀，常加于兢惕，则天理之微者著，人心之危者安。兢于旦夕祇惧之时，凛凛于气夜存亡之际，能自立于无过。若乍勤乍怠，无敬无畏之心，而欲寡过者难矣。

元数兼卦叶吉，多是刚正之人，有名有利，勤于学古，力于行道，见识之广，忧虑之深，每逢难事而变为易事也。

数、卦不叶，乍勤乍怠，无敬无畏之心，多逢祸难，谋为躁勇，终有灾失。

岁运值之，不容闲静，事多烦冗。在仕者必见兼职，多处重难之任。常俗往来不停，凡详审为事者则有得，躁勇为事者则有失也。

邵曰：“居过中之位，行过中之事，所以乾乾以补过也。得之者高不泰，卑不戚，小心翼翼，十败九成，朝荣暮逐，辛苦多端，纵有发福发财之荣，宁无进锐退速之患，心不安，为事拙，先劳后成。”

九四：或跃在渊，无咎。

《象》曰：“或跃在渊，进无咎也。”

重刚不中，上不在天，下不在田，中不在人，处于上体之下，以明君子出处之象。

数、卦叶吉，可仕则仕，可止则止，一毫之私不存，可进则进，可退则退，一毫之私无有，进德修业，及时行道，何咎之有？

数、卦不叶，虽居富贵，志慕消散，或进或退，多惧多疑，终不能成事。

岁运值之，事多不足，惟宜固守，以免祸也。若是僧道，阳命获福多矣。

邵曰：“或跃试其所养，在渊极其自养，所以动静得宜。得之者随时审势，不可躁妄，否则揠苗助长，弄巧成拙。”

九五：飞龙在天，利见大人。

《象》曰：“飞龙在天，大人造也。”

此爻专发明圣人在位之象。天地之间，惟感与应，得其所以感应之道则治，失其所以感应之道则乱。圣人在上，故日月星辰顺其度，而本乎天者亲上也，山水草木得其所，而本乎地者亲下也，同心相应，然后天地之间各以其类相从，圣人在上，其感应之枢机与。

数、卦叶吉，可当此爻。

数、卦不叶，难当此爻。

岁运值之，在仕者必居清禁，在俗者必遇尊贵，其外或近洞天，或造甲第，或建龙神宫寺殿宇福缘之事，皆有是兆也。

邵曰：“飞龙在天，圣人不敢自居，利见大人，上令下从，故大有为也。可以敛云雾以揭日月之明，可以跃龙门以际风云之会，晦者明，塞者通，功名称心，断无疑矣。得之者大贵提挈，凡事无不可许。”

上九：亢龙有悔。

《象》曰：“亢龙有悔，盈不可久也。”

居卦之极，功成思退之象。日中则昃，所以显其明，月满则亏，所以显其魄。

数、卦叶吉，能守其静，能全其贵，养其高而不至于有悔也。

数、卦不叶，爱胜贪高，自贵自大，常行欺公，不能恤下。若阴人，其性多悍。

岁运逢之，在仕者必退职遭逐，但宜预先求闲也。五十以上者，不宜其寿矣。

邵曰：“处阳刚之极，知进不知退，知存不知亡，知得不知丧，是以动而有悔也。苟不知变则祸患随之，盈极则虚不可久也。得之者，有虚名而无实惠，伤破孤克，门户不安，涉艰履险皆所不免，更防灾害，恐有池鱼之殃，退则吉，躁进则凶。”

坤 ䷁

坤：元亨，利牝马之贞。君子有攸往，先迷后得主，利。西南得朋，东北丧朋。安贞，吉。

《象》曰："地势坤，君子以厚德载物。"

其象为地，其德为顺，若有所往，居事之先则迷，居事之后则得。气乃凡物之朕兆，形乃凡物之胎胚。乾之元乃统天，谓既"资始"便能统天，坤之元乃顺承天，谓既"资生"便能顺承。乾坤一元脉胳相贯，盖日月星辰之气元流行于华岳河海之中，而华岳河海之形，无不承乎日月星辰之气。德合无疆，坤象地道也，妻道也，臣道也。卦气在十月，纳甲是乙未、乙巳、乙卯、癸丑、癸亥、癸酉，借用乙丑、乙亥、乙酉、癸未、癸巳、癸卯，如生于十月纳甲，本命生年生月支干归元爻位叶吉，必为名高德厚之大臣，其量大宽容，力能负荷。如生月不及时及爻位失正者，主有田产，又有厚福长寿也。如男命是享厚禄清福，若女命则有柔顺之德，而见夫荣子贵矣。

邵曰："得此卦者，见识昭明，度量宽裕，多不利于初年。功名事业，运用生涯，皆有成于晚景。为人柔懦怯弱，伤克破败，琴瑟再调生涯重主，凡事不可在人之先，惟安分承顺则可。女命则柔顺之体，然不能安闲，若两见尤必多事。"

初六：履霜，坚冰至。

《象》曰："履霜坚冰，阴始凝也。驯致其道，至坚冰也。"

以《正义》[1]言之，初阴在下，由微而渐盛，有如履霜之初，而有坚冰至之理。《象》言如阴气始凝结，若驯致不已而致其道，遂至于坚冰也。

人命得此，又生于阳月，必是幼习诗书，壮取功名，晚享富贵。

校者注　①　《正义》：即《周易正义》，古代易学著作。南宋初国子监所刻《周易》单疏本，为传世孤帙，十四卷全。《周易》亦称《易经》，儒家经典之首，三国·魏·王弼和晋·韩康伯均为《易经》作注，唐代孔颖达奉太宗命主编《五经正义》，首即《周易正义》。正义又称疏，系在正经注基础上，融合众多经学家见解，对原有经注进行疏证，并对注文加以注解。唐宋以来，历代科举取士皆以经书及其注疏为依据，故群经注疏之写本、刻本流传甚多。北宋国子监有诸经正义单刻本，称单疏本，南宋时又复刻之。今传世群经注疏以单疏本为最早，而流传至罕。《周易正义》定稿于公元653年，是唐代科举取士的标准用书，长期立于学官，也是易学史上除《经》《传》以外的重要典籍。

若生于阴月，及支干卦数不归元者，则是不中不正之人，违上背下，损人益己，谏之则怨，谀之则喜，终不得善其后也。

岁运逢之，当斟酌时宜，防微杜渐，在仕者宜亲近良朋，远斥邪佞，则免为己虑矣。

邵曰：“阴凝为冰，犹小人始甚微而终盛大也。得之者，当怀剥床以肤之戒，志有余力不足，始虽勤，终必怠，是非忧患皆因始谋不谨，终有噬脐不及之叹，悔之晚矣。肚腹之疾，小灾必谨。女命逢之，有孕免灾。”

六二：直方大，不习无不利。

《象》曰：“六二之动，直以方也。不习无不利，地道光也。”

坤道厚德，正在此爻。若数又归元，兼卦叶吉，则为中正贵人，有定见无疑惑，不回邪，不转移，誉望重，力量大。其“直方大”三字，为吉兆甚多，以官职言，则正俸值院，方面方正，亚中大夫，大魁大拜皆是也。

数、卦不叶，亦为忠实忠直之人，少动多静。

岁运逢之，在仕则职官位高迁，在俗则金谷增益也。

邵曰：“六二柔顺贞固之德，更居中正安静之地，焉往而不利哉？得之者，宜不假积习之功，而致天下之利，事业皆得其宜，纵有门户阴私之玷，必有大贵提携，成名获利，而别有机会也。女命招贵夫贵子，主财。”

六三：含章可贞。或从王事，无成有终。

《象》曰：“含章可贞，以时发也。或从王事，知光大也。”

《正义》是言为臣之道，当含晦章美，而归美于君，为可常而得其真也。其或从王事，而有所作为，亦无敢自当其成功，惟小心守成以终其事也。含章如万物未甲拆之时，花木未绽开之时，一叶既开，万物竞吐。

数、卦归元，则有学问文章，作事标准。

数、卦不叶，用之则行，舍之则藏，有功则归于人，不自私己。

岁运逢之，进取必成，经营必遂。

邵曰：“此爻居下之上，为人臣之道，惟奉事以守其终也。得之者，从王事食禄，不可以家食也。掌权任事，无虚名而有实效，进谋身遂，始难终得。”

六四：括囊，无咎，无誉。

《象》曰：“括囊无咎，慎不害也。”

此一爻与乾九四意思相似，彼言跃渊，此言括囊，故《文言》彼说“上下无常，非为邪也；进退无恒，非离群也”。此说天地变化，草木蕃，天地闭，贤人隐是也。或问：处此时为何时也？曰：是君子与小人并立之时也，不可便谓居山林之人为隐矣。《易》为君子谋，不为小人谋也。此爻乃君子小人并立之时，如大臣君子居斯时，而枢机不谨，必有害之者，谓六五是也。六五位极而在上，虽中而不得正者，近乎于邪也。今六四与之相近，虽未及中，而得正者，不回邪也。惟当结括囊口，一于免害，与六三之含章时发不同，此结括囊口不使微言著闻，则谁其咎之哉？然或有誉，则是结之犹未密也。

命数归元，便入贵格，必为大臣，当如此而处世也。

如数不归元，生不及时，则是利有余而名不足。

岁运逢之，动不如静，谨固则无是非之扰。

邵曰：“囊者财物之具，括者结而不露也。得之者，虽有才华，不自夸耀，纵有财帛，不自私盈，只可退避，括囊以俟，不宜轻举妄动，自取多事。”

六五：黄裳元吉。

《象》曰：“黄裳元吉，文在中也。”

六五以阴居尊，中顺之德，充诸内而见诸外，为大善之吉也。他卦兼数叶吉，必文章高世，科第冠伦。盖“黄”字为黄堂、黄榜、黄屋、宗室之兆，元字为省元、会元、殿元之兆，又“文”字、“中”字，其兆甚多，观文华、文辅、文昌之类是也，中奉、太中、中书、给事中之类是也。

若元数生月非时，兼卦气不符，但是衣禄丰厚，施为公正，宜谦恭退步，则免下人猜怨。

岁运值之，凡事安稳，不招凶厄矣。数吉者在仕则有内除，盖黄甲之美兆也。

邵曰：“事事安稳，不招凶危，守中居下，遇阴贵成名，尺蠖之屈可伸，谋为进用可许。女命能治家，享富贵。”

上六：龙战于野，其血玄黄。

《象》曰：**“龙战于野，其道穷也。”**

正象只是阴盛而进不已，则阳亢于外，有如龙战于野，非正道也。君臣不分，公私并立，道之穷矣。弑父与君，岂忍言哉？

数不归元，兼卦爻凶，性藏阴狠，言语独尊，志好远谋，更变无定，多是军戍历艰难，吏僧受艰辛。

若是归元有用，兼卦叶吉者，为僧道有权，医卜有誉，或武出师临敌上阵失功。

岁运逢之，留滞他馆，迁移他乡，居家则防祸患侵身，数更不吉，此乃死丧之兆，或有血疾。阴命逢此，尤不利矣。

邵曰：“阴尽阳生，穷极变通之义。得之者寂寞简短之中，而有轩豁奋腾之象，惟防脓血之疾，不宜争讼，只可杜门，免致多事。女人有孕免灾，不然亦有血疾不安之事。”

屯 ䷂

屯：元亨利贞，勿用有攸往，利建侯。

《象》曰：**“云雷屯，君子以经纶。”**

内震为雷，外坎为云，云雷未能成雨，则为屯。屯者如事之郁结未伸，君子当经引纶理，不宜坐视也。自二月至八月得时，坎宫二世卦，属六月，纳甲是庚子、庚寅、庚辰、戊申、戊戌、戊子。如生月纳甲之命，及干支归元兼卦爻位叶吉者，必功名富贵命也。

邵曰：“屯蹇之际，经则秩然有条，纶则不乱。得之者，历艰履险，如不知审察进退，则生灾祸，悔过无及。若见贵人提携，广成资助，立功成家，少解不足之怀，变恶为美，不利寒冬。”

初九：磐桓，利居贞，利建侯。

《象》曰：“虽磐桓，志行正也。以贵下贱，大得民也。”

才德过人，谦恭下士，行古今之大道，竭忠孝之正理。

如生月及时，元数有用兼卦叶吉，位至公卿，职居藩阃，恐非太平之时，必在危险之地。

若失时不归元，兼卦不叶者，亦有威权服众，但迟疑不决，屯滞不宁。

岁运值之，事要谨审，不可遽动。数吉不失时者，乃得人心服从。数凶兼卦凶者，事有屯滞不宁。

邵曰：“雷方在下，未可遽动，君子须从容可也。得之者，须心怀谦退，返得民心。若不审势量力，轻举妄动，则祸生于不测，纵得大贵契合，亦不免费力，破耗无成。大抵宜缓图，方可立脚。”

六二：屯如邅如，乘马班如，匪寇，婚媾。女子贞不字，十年乃字。

《象》曰：“六二之难，乘刚也。十年乃字，反常也。”

禀清才，行正道，进取经营，凡事缓缓图之，此欲速彼反应迟。若生月及时，本数归元，先孤后不孤，先困后不困，或为乡曲善士，或作岩穴幽人，或为守节之女，或作甘贫贤人。生月非时，本数失局，图近失远，违亲向疏，虽得尊高之取用，乃招卑下猜嫌。

岁运逢之，在仕者或联班改秩，五马有荣，或御兵寇，或成亲姻，又主进退犹豫不决，或见官讼勾连，或在程途阻滞，或生男子，或生灾厄。

邵曰：“此爻屯难忧危，男女婚媾之象。得之者，灾厄恐非一端，聚散不常，机会挫失，为事进退，谋用蹇塞。若能贞固安分，庶得利成。女命婚姻主迟。”

六三：即鹿无虞，惟入于林中。君子几不如舍，往吝。

《象》曰："即鹿无虞，以从禽也。君子舍之，往吝穷也。"

常怀报国之心，难遇明时之主，知机固守，顺理安行，古之圣人如舜君，深山之中与鹿豕游是也。若生月及时，纳甲归元者如此。设或生不及时，数无归元，飘泊生涯，辛苦活计，或道或僧，或医或卜。

岁运逢之，动不如静，则犹可为，动则无可得。

邵曰："欲得鹿而无虞人，身既入荆棘中，欲奔终不能脱，始欲得兽，终则从禽，若不见几而舍，往吝穷矣。得之者，惟慎勿贪，进须忖度，勿冒然有为，欲人汲引，以致败胎忧。"

六四：乘马班如，求婚媾，往吉，无不利。

《象》曰："求而往，明也。"

屯难之世，非命世之才，不足以济天下之难。命世之才，伏于草莱之中，非近君之臣搜采而致之，屯难无解。

如数吉相符者，初作人才，终逢明主，入联清班，出为五马，己不求人，人自助己。若是女人，夫荣子贵。

如数、卦不叶，或窜改祖业，或疑或惧，懦而无立，虽遇尊贤之提拔，难得振起，常陷于小人之中而已。

岁运逢之，成名禄遂，机会之来，有不容遏者也。利求朋友，问亲姻之吉。

邵曰："以柔弱之资，不能济难，力量浅薄，作事迟违，须假人方可成立，借众力而成姻媾之喜。"

九五：屯其膏，小贞吉，大贞凶。

《象》曰："屯其膏，施未光也。"

禀中正之德，怀惠爱之心，名利场中，但宜小作规模耳。

数、卦叶吉者如此。

数、卦不叶吉者，好大贪功，必遭凶祸，志欲稳稳施为，事宜徐徐斟酌。

岁运逢之，皆当如此处之，数凶则当以不吉祥断。

邵曰：“一阳陷于二阴之中，未能光明显著。得之者，志有余力不足，望高就浅，弄巧成拙，非恃贵人不能谋事业，更宜谦卑。女命得之，子息有则必伤。”

上六：乘马班如，泣血涟如。

《象》曰：“泣血涟如，何可长也？”

数、卦叶吉者，近前退后，心志不坚，知古通今，功名难遂，常生悲戚，多历艰难。

数、卦不叶者，亲眷刑伤，婚嗣孤克。

岁运逢之，居家见服，在仕防谗，去仕不遑，是非难辨，若数凶，寿何可久？

邵曰：“处屯之世，居险之极，下无应援，动则维艰。得之者，委靡退缩，事有成败，伤亲破财，带疾损寿，否则更有折挫之事，门户不宁，丧服悲苦不免。”

蒙 ䷃

蒙：亨，匪我求童蒙，童蒙求我。初筮告，再三渎，渎则不告。利贞。

《象》曰：“山下出泉，蒙。君子以果行育德。”

艮山之下，而出坎水之泉，遇险而止，其卦为蒙。君子观此象，以之决果其行，养育其德。果行取坎水之流，育德取艮山之静。凡得此卦者，候彼之求，待时而动。

离宫四世卦，属八月，纳甲是戊寅、戊辰、戊午、丙戌、丙子、丙寅，如生于八月纳甲之命，及主数归元，兼卦爻叶吉者，功名富贵命也。

邵曰：“行者身之所行，德者心之所得。行不果，则有迟疑之患，德不育，则有操进之非。得之者静中有动，动之者未知所通，故于险处以求其利禄也。”

初六：发蒙，利用刑人，用说桎梏，以往吝。

《象》曰：“利用刑人，以正法也。”

初六阴暗居下民之象也，得九二刚明之贤，有典刑在上而蒙自发矣，故不犯桎梏，过此以往则吝。

如生月主数归元，亲近尊贵，力勤德业，或不由进取成名，或不通文字改秩。

元数兼卦叶吉者，或修国史而立典刑，或掌兵机而行赏罚。

若数、卦不归元，亦为良民善士，饱食暖衣，不受辛苦，且无争讼之扰。

岁运逢之，遇合尊贤，成名发福，但宜恭谨，常如拘束，斯为可美，不然多生官讼，或宾朋不和，门户干戈，小人暗昧，是非终得解脱。数凶则惩蒙而用刑，不容于世灭身也。

邵曰：“以阴柔居下，蒙昧之甚。得之者，不拘贵贱，皆有刑制横逆，是非疾忧，破败孤克。若知戒而不贪，庶不陷于前辙。”

九二：包蒙吉，纳妇吉，子克家。

《象》曰：“子克家，刚柔接也。”

乃是广其包容之量，哀矜昏愚以成治蒙之功则吉，然又不可恃明自任，虽妇人之有善亦当纳之，故曰“纳妇吉”。二能尽诚，以胜君之任，如人之子克治其家者也。

元数有用兼卦叶吉，必是大贤，君子度量，容物和气待人，于国于家尽忠尽孝。

数、卦不叶则能起家，或得妻力，得贵子。

岁运逢之，或守官职，或为师模，或结亲姻，或生孙息，尊贤交接，动止平安。

邵曰：“九二以阳德居中，包含群蒙，得之者，赋性宽弘，循循善诱，有畜众之量，柔利善顺，须千金不惜，不以利而忘义，有委托之劳，有进人口得子之喜。女命可以招封禄，生克家之子。”

六三：勿用取女，见金夫，不有躬，无攸利。

《象》曰：“勿用取女，行不顺也。”

不中不正之阴，上则不应上九，下则九二刚健金夫之说，是不能自有躬也。故勿用取此等女，则无攸利矣，以其所行不顺故也。

数有归元，或为尼妓而有福，变蛊卦九三，亦足以为果决能才。兼卦吉者，或为宠妾，先轻后重。

元数无归，兼卦失位，心有险计，口无实言，纵有利名，亦是弃本逐末，违正从邪者也。

岁运逢之，宜静定而用好心，然亦宜谨防恶事，或损财生是非，或阴人不睦。

邵曰：“舍上九之正应，却从九二之金夫，见小利而失大义，且难为琴瑟之好，若非有妻命相敌，必有伤离，不然亦有无穷之患，是非争斗，特其余事。女命邪辟，不可取者。”

六四：困蒙，吝。

《象》曰：“困蒙之吝，独远实也。”

柔暗而无强援，困于昏蒙者也，故吝。他爻之阴，皆与阳相近，独此爻远刚实之阳爻也。

元数有用，兼卦叶吉，虽是才人，难逢明主，独善一人，远居僻处。

若数不归元，卦兼失位，寡与人交，自恃己德，宜作僧道，免克绝子孙。

岁运逢之，动则有损失，静则无灾忧。

邵曰：“以柔居正，上不得于上九，下不得于九二，独处远隔，得不吝乎？得之者，困顿悔吝，赋性梗介，不苟求于人，人无乖情于我，甘分退守，不为奔竞，若妄为则有悔。”

六五：童蒙，吉。

《象》曰：“童蒙之吉，顺以巽也。”

柔顺居中，童而蒙昧者也。以能任九二刚明之贤，又能以柔顺巽从于人，故吉。

如数与卦相符，其为人也初心明敏，壮志谦恭，或是幼习童科，或是早承祖荫。

数无归元，兼卦不叶，此亦安常守分，和光同尘之人。

岁运逢之，统符得稳，干谋皆顺。

邵曰：“艮为少男，六五居艮之中，变而为巽，顺九二之包蒙，故吉。得之者，当招克家之子，振祖荣宗，机会之来，宜小心以应，若自高，必见拙。女命生贵子。”

上九：击蒙，不利为寇，利御寇。

《象》曰：“利用御寇，上下顺也。”

有刚明之德，巍然在上，动变师卦，当柔主之时，任己为将，击去六三不中不正之寇也。兵以先发为寇，待寇先发而后击之则利矣，故曰“不利为寇，利御寇”。

元数有用，兼卦得位，必有名禄，或从右选，或立战功，或是节制武师，或是主管刑狱。

如元数他卦失用者，亦有志气能胜难重之贵，大事不推，小事不欺。

岁运逢之，静以待动，动则有济，如常俗得此者，防文讼贼寇，或入婢奴为灾。若士进取，必见成名。此乃寇御有战功者也。

邵曰：“以阳居君位之上，师传之任也。得之者，因直言致怨，明知而不与之辨，斯见德容，能称巡尉之职，上下皆顺也。”

需 ䷄

需：有孚，光亨，贞吉。利涉大川。

《象》曰：“云上于天，需。君子以饮食宴乐。”

坎水为云，列于乾天之上，未能成雨，当有需待，故其卦为需。君子观云之蒸润，有益于物，故以饮食养其气体，宴乐和其心志，所谓居易俟命也。又有一说，君子体宴乐饮食之象，岂以肥口膏腴独乐为乐哉？为国之君，当思施令及于一国，无他，饮食者，人人之所同欲也。

周遍普洽，沛然大公，如雨之濡，莫不沾溉，不然则思不及下，虑不广施，无以慰群望矣，乐乎？不乐乎？况酒池肉林，长夜靡靡，竭民生之膏血，以用养者乎？凡得此卦，心不妄动，急事缓行可也。

坤宫四世卦，属八月，纳甲是甲子、甲寅、甲辰、戊申、戊戌、戊子，借用壬子、壬寅、壬辰，若在八月及纳甲之年生者，功名富贵人也。须要元数归元，卦爻叶吉者，其应是也。

邵曰：“需，待也，君子藏器待时者也。苟不知所待而侥幸冒进，则是揠苗助长，鲜有不败者也。得之者，优游自适，无躐等躁进之求，宴乐自怡，有安分待时之志，禀性贪吝，作事悔疑。”

初九：需于郊，利用恒，无咎。

《象》曰：“需于郊，不犯难行也。利用恒，无咎，未失常也。”

居初而远于险，故需待于郊野旷远之地，不犯险难而行所利，安其常道，不敢躁进，则无咎而未失也。

元数有用，兼卦叶吉，必为清廉公正之人，不以富贵为荣，不以贫贱为忧。

数不归元，爻卦失位，亦当隐居山林，随分衣禄，毁之不怒，誉之不喜。

岁运逢之，为士人进取者，宜从外路，虽有成就，未慊其意。为庶人经营者，宜守旧业，谨审用事，则免祸。数凶兼卦凶者，葬于郊野矣。

邵曰：“需于郊，利用常道，动静起居，不少改其节，艰难险阻，不变移其操。得之者，杜门待时，谨畏自勉，庶无后忧。”

九二：需于沙，小有言，终吉。

《象》曰：“需于沙，衍在中也。虽小有言，以吉终也。”

近于坎水，坎以需于沙为义，近于险地，小有言语之伤矣。然居守乎中，故终吉，又宜以宽衍之道在中也。元数有归，他卦叶吉者，必贵人矣。“沙”之一字，或是地名，为文则是宰相行沙堤，为武则是将军守沙塞。又“言”字、“中”字为兆甚多，以官职推之，有正言、言路、侍讲、侍读，有太中、中奉、给事中、中书省皆是。

数、卦不叶，奔走江湖，游谈颊舌，或是初年知书，终岁得福。

岁运逢之，凡事放宽则免险祸，或主小人是非，或主卑幼争讼。在仕而得此数者，必加言路、正言之职。如兼卦凶者，虽有忠言正论，未免沮于邪议矣。惟且宽缓静心，不辩自明。

邵曰：“需于沙，平衍宽绰之地，遇险不能为咎也。得之者，施恩致怨，谗言易生，亦不为害。又因赋情直率，致招祸尤。惟所为宽裕，故得吉而善终也。”

九三：需于泥，致寇至。

《象》曰：“需于泥，灾在外也。自我致寇，敬慎不败也。”

逼近坎水，故以需待于泥为义。其灾在外，坎卦之险也。刚而不中，健而好进，致寇难之至，自我逼之，能敬谨则免于败也。

数不归元，卦爻失位者，惟习刚强，身遭险难，不听君子忠言，惟信小人妄语。

元数有归，兼卦叶吉者，虽有名利，常是忧患。

岁运逢之，宜静不宜动，动则见灾。在仕者，御下贵严，去邪贵决，仍防水厄，或防盗寇，可免失脱。

邵曰：“泥近于水，进近于险，致寇之至。得之者，不宜出入，谨防盗贼意外之扰，同舟之敌，骨肉之乖，官灾破耗，重逢叠见，惟躁所招，施恩报怨皆自取耳。”

六四：需于血，出自穴。

《象》曰：“需于血，顺以听也。”

阴居阴位，以当三阳之进而有伤，故需于血。既伤则不安其居，故出自穴以避之。小象又谓“需于血”者，阴柔不能与时竞，顺以听于时也。

元数有归，兼卦叶吉，必为正人，有才有德，不虐不贪，时变知机，功成知退。

元数无归，违亲向疏，出家作旅，或幼失恃怙，或老倚豪富。

若元数无归，兼卦凶甚，或作奴婢，听从使令。

岁运逢之，或在囹圄而未散，或在商旅而出没，遇数不归元，好处退步，闹中省言，或生是非，或成争竞，或生血疾，或见鞭刑，或忧长上，或损婴儿。若为仕人进取者，在国家必成名而出矣，在方州则不得志也，出落之兆。

邵曰：“坎为血，六四逼近于坎，出穴以避之，庶免于害。得之者，宜静守，管闲事必招怨尤，更防脓血之疾。然不幸而处于患难，能顺时警察，故终不陷于险也。”

九五：需于酒食，贞吉。

《象》曰：“酒食贞吉，以中正也。”

阳爻在中得正，无求不获，需于宴乐酒食以俟之，且既得贞道，所需必遂，故吉。

若元数有归，兼卦叶吉，为大贵人，有功及民，不私于己。请详“正中”二字，兆应官职多端，太中、中奉、给事中、中书省，正奏、正言、正印，正字皆是也。

或元数无归，亦是金谷丰盈，安静享福。兼卦失位，亦为饱食暖衣之人。

岁运逢之，在朝廷则有食邑祭酒之荣，常居则有粟帛婚姻之喜耳。

邵曰：“九五为需之主，天下治安无所复为。得之者，享富贵，获正权，足财帛，先或艰难，后斯发福，更得酒食之喜，终见多事。”

上六：入于穴，有不速之客三人来。敬之，终吉。

《象》曰：“不速之客来，敬之终吉，虽不当位，未大失也。”

阴柔之资乃安其处，故为入穴之义。然三阳需时以进，有不待召而自来矣。能不与竞而敬待之则吉。虽阴居上而不当位，然能敬顺，阳不侵凌，未为大失也。

元数入格，多为儒者为是，先勤后息，早年锐志功名，晚岁栖身岩谷，亲贤接善，谁不愿逢！

数、卦不叶，处顺安常，自以为乐。

岁运逢之，兼卦不叶，元数无归者，轻则系于缧绁，重则埋于丘冢。数吉者谨慎则免是非，久忧得散。

邵曰：“六四出穴自避，上六入穴安处，三人下三阳也。得之者患难自平，忧危自适，惟当敬之则吉，否则有灾患争讼失脱之虞，又看变卦吉凶何如。”

讼 ䷅

讼：有孚，窒惕，中吉，终凶。利见大人，不利涉大川。

《象》曰：“天与水违行，讼。君子以作事谋始。”

乾天向上，坎水趋下，二者违行，其卦为讼。君子观此致讼之象，凡所作事必谋之始。谋始如何？谨择交朋契券而已，使忿争无其端，自然不致于讼也。圣人之诲人，可谓详矣。讼之意，岂只争诉于公庭者乎？其贪名逐利而不知止者亦是也。

离宫四世卦，属二月，纳甲是戊寅、戊辰、戊午、壬午、壬申、壬戌，借用甲午、甲申、甲戌，如是二月纳甲本命生者，功名富贵人也。

邵曰：“天居东北，地向西南，上健下险，两强成讼，然二五居中，自信必至圣人，戒之中止则吉，终讼则凶。又须见大德之人为听讼之主方吉，不利涉川，凡事宜谨始。得之者，刚毅木讷，有威可畏，所为之事必胜于人，赋性狭隘，常怀不足，多招怨谤，喜亦不喜，有成有败。”

初六：不永所事，小有言，终吉。

《象》曰：“不永所事，讼不可长也。虽小有言，其辨明也。”

柔弱居下，上有应援，而不长永，其所讼之事，虽小有言，可保终吉，是后必得辨明矣。

元数兼卦叶吉者，心性明慧，度量宽容，知机大速，所事不疑，又当以“言辨明”三字求之。或幼聪明，言词雄辨，或入言路。

数、卦不叶，或遭谗谤，凡所作为，多不长永。

岁运逢之，在仕或遭谗谤，不辨自明，或逢灾厄，勿药而愈。常俗值之，或起是非，或生争讼。数吉位入言路，数凶兼卦协者，寿不永也。

邵曰：“阳刚好讼，阴柔好静，初六阴柔，必不得已而致讼，终不久远。得之者，柔懦受晦，长抱不平之气，虽遇暂疾，终不遂心。”

九二：**不克讼，归而逋其邑人三百户，无眚。**

《象》曰：**“不克讼，归逋，窜也。自下讼上，患至掇也。”**

中而不正，以臣讼君，知其势之不可较而逃之，处于至小之邑，以免灾，是仅能自免而无眚也。不然争而不已，其掇取祸乱也，宜哉！

元数兼卦不叶，动则多难，心不服人，进则沮挫，退而修己。

数、卦叶吉，或是宰邑，或为户曹、户部、少卿、司武，或无灾眚，或有德隐居。

岁运逢之，其数吉者加食邑，其数凶者讼争户婚，更看兼卦元数凶之甚者，斥逐逃走，皆由是也。

邵曰：“赋性刚直不受激浊，不忿不惩，浸成大患。得之者，动静无端，以致困弊而不可救，是不审己量力，好讼不克而逃，争讼、疾病、是非、破财，能敬畏守分则吉。”

六三：**食旧德，贞厉，终吉。或从王事，无成。**

《象》曰：**“食旧德，从上吉也。”**

或承祖父母之恩，以忠事君，或守田园之业，无私于己。

数、卦叶吉者如此。

若数、卦不叶吉者，先难后易，始辱终荣，威而有仁，刚而不虐，常守不竞，知足无求。

岁运逢之，有守职者如旧，求功名未成。

邵曰：“以一柔居二刚之中，处危疑之地，不能与人争，惟当食旧德而已。得之者，历风波，涉患难，虽遇多事，含容隐忍，力持不较，庶使怨咎永释，或从王事食禄，只宜守旧。”

九四：**不克讼；复即命，渝，安贞吉。**

《象》曰："复即命，渝，安贞，不失也。"

以《正义》言之，九二、九四皆曰"不克讼"，两爻阳刚，正是险健而能讼者。何谓不克？盖五君也，彼二不相应，此四逼之，而能险健，为能犯上必矣，必敛。然自处于不能之地，而后可也，故皆曰"不克讼"。

数、卦如叶吉，必为贵人，其志刚，其心仁，闻善必行，知过必改，此命即是爵命寿命。此"安"字吉兆甚多，如安国安民，安家安身，安静安抚皆是也。女人为命妇，女人能守贞洁是矣。

数、卦不叶吉，不能安分而谨固，则失节，为不仁不义，而犯上矣。

岁运逢之，在闲官必复职，为逆旅必安家。与数合吉，其厄患者则平安；与数合凶，其荣显者则安置。又推其"复"字，或是州县乡地名，或人姓字之兆，如仕人进取，以小象"不失"字推之，即主得名。

邵曰："九四居近九五之尊而健讼，初爻不能助，乃就正理，安于义命。得之者，富贵穷通，能安于所遇，不变所守，故吉。致讼不成，遇忧散释，乃为喜也。"

九五：讼，元吉。

《象》曰："讼，元吉，以中正也。"

中正居尊，主讼者也。以中正主讼，故得元吉。

数、卦有归元，兼卦叶吉，必为至中至正之贵人，文章高世，学问冠伦。其"元"字则是进取三元之兆，其"正"字则是正奏、正言、正印、正拜、正字。

数、卦不叶吉，亦为中正谦恭善士，亦行中道，知几固守。

岁运逢之，进取者成名，营谋者获利。

邵曰："体既刚明，强梗者有所畏惮，柔弱者必得获申。得之者，刚明正直，执中剖决，居家有经理之才，居官有廉平之正，进取有榜首之兆，可掌重权，可以任民，可以委用，有争讼亦是得理。"

上九：或锡之鞶带，终朝三褫之。

《象》曰：“以讼受服，亦不足敬也。”

刚健之极，穷极于象，所谓终凶是也。倘或讼胜而受赏，且犹不足敬，而众皆褫夺之，况未必胜乎，未必赏乎？

数、卦叶吉，贪高争胜，好大喜功，力于争竞，勇于敢为。

数、卦不叶吉，不见沮而不止，不逢败而不休，初或得之，终或失之。

岁运逢之，有成有败，好恶相半，常人或见争讼，或承重服，若仕进取则见捷报，“褫之”兆自然相符合有验矣。凡讼之终则凶，用之自讼则吉。

邵曰：“上九处讼之极，犯圣人终凶之戒，讼虽得胜，亦不为安。得之者，既加锡命之荣，复贻三褫之辱，平生事业，求胜好争，必为所败，诚所谓一时得志，终有损伤。”

师 ䷆

师：贞，丈人吉，无咎。

《象》曰：地中有水，师。君子以容民畜众。”

师者众也。坤地之中有坎，聚水于地，为众聚之象，故为师。君子观此象，容民如地容水，能容受之，斯能畜众人矣，故孟子曰：“天下莫不与也。”天下莫不我与，则复谁与敌哉？

坎宫三世卦，属七月，纳甲是戊寅、戊辰、戊午、癸丑、癸亥、癸酉，借用乙丑、乙亥、乙酉，凡在七月及纳甲之年生者，更得元数有用，功名富贵人也。又当看兼卦轻重推之，其大则为太师、少师、师相、师将，其次兵师、师旅、师范、战师、宗师、法师、教师是也。

邵曰：“师本尊严，当持仁执义，忧人之忧，反凶为吉是也。若赋情好勇，进锐退速，不自服善，不能自处忧劳，自此生讼狱而不息，得之者敬而慎之。”

初六：师出以律，否臧凶。

《象》曰：“师出以律，失律凶也。”

“否”字训不字，“臧”字训善字，夫律者行兵之法度也。今初六云，师出当以律法为先，若不善其律则败矣，故小象曰“失律凶也”。

此爻看元数，若有用，威明服众，施惠及人，用心不私，图谋事密。

元数不叶及失局者，行事不依古法，初虽富贵，终则败亡。

岁运逢之，事勿轻进，成少败多，数凶者伤寿。

邵曰：“兵凶器也，以一身统之，阴险忧劳，吉凶未保。得之者，多因尽忠破财，反成怨咎，事故多端，应酬不暇，自己之灾，饮食惟谨。”

九二：在师中，吉，无咎。王三锡命。

《象》曰：“在师中吉，承天宠也。王三锡命，怀万邦也。”

九二以一阳为五阴之主，虽中而不正，中即正也。

元数兼卦叶吉者，为中直君子，刚而不虐，威而有惠，其“中”字之兆，为太中、中奉、给事中、中书省，及小象所言诸“师”字，宜分轻重消详之，无不应也。

岁运逢之，多见好事，在仕者必加宠锡，天书爵命，在外者入朝，在内者出师，常俗遇贵，僧道受恩，阴命受封，士人成名。

如数、卦不叶者亦吉，善人也。

邵曰：“九二以阳刚居阴柔适中，得行师之道，故能受锡命之宠。得之者，主生杀之权，操选特委之任，多事多忧，忧中有喜，常人见贵求望皆吉。”

六三：师或舆尸，凶。

《象》曰：“师或舆尸，大无功也。”

才德太弱，大众不服，令不执一，下者不信，只可小施为，不可大作用。

数、卦叶吉者如是也。

若元数失局，兼卦不叶者，寿算难远。

岁运逢之，失局断必终算，或数归元入局，悲忧多见，或服制丁艰，如与命相合为吉兆，又以变卦升九三，升虚邑，未入仕者不阻成名，已入仕者受职待缺。

邵曰：“上以专心用权，下以专心效力，委用不专，事权杂出，以分九二之权，凶而无功。得之者，作事少成多败，亡国破家，丧服之患未免，出路则吉。”

六四：师左次，无咎。

《象》曰：“左次，无咎，未失常也。”

左次，谓之退舍。夫善师者不必战，以守为战，亦战也。善战者不必进，以退为进，亦进也。

数吉而兼卦吉者，为吉兆多矣，左相、左辖、左郎、左选、左司、左曹之类皆是。

数、卦不叶吉，只是守静安居，退则为吉。

岁运逢之，或寄寓常人，不惹险厄，且无官司。

邵曰：“行师贵刚强，六四阴柔，知难而退，居左次，所以明进退出处之机，庶免悔吝之咎。得之者，劳役多事，兼有众之忧，苟能曲处则吉。”

六五：田有禽，利执言，无咎。长子帅师，弟子舆尸，贞凶。

《象》曰：“长子帅师，以中行也。弟子舆尸，使不当也。”

出师之道无他，名正而顺，柄专而一，则无敌于天下矣。元数吉兼卦吉，进身有道，立功有德，彼动此应，先审后行而吉也。

数、卦不叶，事非其实，身先轻进，不审而进，未备而行，妄言妄为，多谋多拙，又看生月及纳甲本命得之者，或居村野，有田园，有牺牲，有学问，有权柄，或长子克家，或次子伤寿。

岁运逢之，进取功名，榜例在后，更入局地，位高显者，或为执政，或入言路。数凶，事不可为矣。

邵曰：“行师既用九二长子，又用六三幼弱，必致败亡，且有害田之禽，实害民之命也。得之者，可以掌兴利除害之权，司锄奸革虐之柄，要执一不二乃济，有权柄中之利害，有婚姻骨肉中之丧服。”

上六：大君有命，开国承家，小人勿用。

《象》曰：“大君有命，以正功也。小人勿用，必乱邦也。”

元数入格，兼卦吉者，为正大君子，必受是宠，早有爵命有寿算，或立朝廷之功，或承祖父之荫。若元数有凶，兼卦失位，此为不公直之人，恃其时势，欺其良善，则可以同患难，不可以共富贵。

岁运逢之，已在仕者，当权立功，未入仕者，较艺成功，但谨防谗佞之言，恐生僭躐之祸。如常俗之人，可以开铺店，可以立家计，在人活法推之，自符合也。

邵曰：“上六师道已成，赏功报勋之日也。诸侯有功，使之开国，大夫有功，使之承家，封建爵禄，小人有厚赏而已，若加之重爵，则暴傲致乱。得之者，有汗马之驱驰，遂成绍世之勋业，士人机会之来，有任权升擢之喜。”

比 ䷇

比：吉，原筮，元永贞，无咎。不宁方来，后夫凶。

《象》曰：“地上有水，比。先王以建万国，亲诸侯。”

坤地之上，有水入之，其卦为比。先王观此象，以建万国，以比其民，亲抚诸侯，以比天下。比，亲也，亲君子则吉，亲小人则凶。

坤宫三世卦，属七月，纳甲是乙未、乙巳、乙卯，借用癸未、癸巳、癸卯、戊申、戊戌、戊子，如生于七月及纳甲本命者，功名富贵人也。

邵曰：“一阳当位，五阴尊之，永久贞固，庶得亲比之道。得之者，硕德重望，财禄丰隆，禀性高，不习下事，不拘成败，利于秋冬，不利于春夏也。”

初六：有孚，比之无咎。有孚盈缶，终来有他，吉。

《象》曰：“比之初六，有他吉也。”

相比之初，必有孚诚以比之，则无咎。有孚诚盈满，且质实，无浮伪，无文饰，则有贤人君子自外而来相比也，何咎之有？

数有归元兼卦叶吉，无虚浮，有真实，应遇外贤，受正禄，更当称心。如不入局，或僧道技艺，当时优游，不历艰苦。

邵曰：“首比于五，信实充满于质素之缶，终得不一之吉。得之者，凡事皆吉，出于无心中得来机会，须要信实以辅乎人。”

六二：比之自内，贞吉。

《象》曰："比之自内，不自失也。"

中正之德，谨严自重，求之则进，弃之则止，不轻动心，不妄涉事。

元数兼卦叶吉，贵力福深气厚，所出一言发于贞见，所行一事出乎本心。其"内"字为兆者，内舍、内翰是也。

数、卦不叶，亦是诚实之人，得妻之力，得贵人依附。

岁运逢之，仕者必见内除，进取者在大学，不出府州县中也。

邵曰："以柔中比九五之刚中，自内比外，贞固得吉。得之者，交游以信，处人以诚，故人相与成，岁寒之交，有晏平仲之善，资人用事，有比和而无差迟，必不可自以为是也。"

六三：比之匪人。

《象》曰："比之匪人，不亦伤乎？"

匪人言蹈于习恶，失其本心，不足以为人也。孟子谓：无恻隐、羞恶、辞让、是非之心，亦曰非人也[①]。不中不正与上下二阴相比，而与上六爻不中不正之相应，不亦有伤乎？凡此匪人，则耳濡目染，声应气化如之何，其不沦胥以溺乎？

元数有用兼卦叶吉者，进学有成，执心不定，常亲小人，终有失志。

校者注　①　出自《孟子·公孙丑上》："由是观之，无恻隐之心，非人也；无羞恶之心，非人也；无辞让之心，非人也；无是非之心，非人也。恻隐之心，仁之端也；羞恶之心，义之端也；辞让之心，礼之端也；是非之心，智之端也。人之有是四端也，犹其有四体也。有是四端而自谓不能者，自贼者也；谓其君不能者，贼其君者也。凡有四端于我者，知皆扩而充之矣。若火之始然，泉之始达。苟能充之，足以保四海；苟不充之，不足以事父母。"［意思是：由此看来，没有同情心的，不是人；没有羞耻心的，不是人；没有谦让心的，不是人；没有是非心的，不是人。同情心是仁的开端，羞耻心是义的开端，谦让心是礼的开端，是非心是智的开端。人有这四种开端，就像他有四肢一样。有这四种开端却说自己不行，这是自己害自己；说他的君主不行，这是害他的君主。凡自身保有这四种开端的，就懂得扩大充实它们，（它们就会）像火刚刚燃起，泉水刚刚涌出一样，（不可遏止）。如果能扩充它们，就足以安定天下；如果不扩充它们，那就连侍奉父母都做不到。］

数、卦不叶，或带疾生灾，如匪人之状，或有残伤。

岁运逢之，交朋猜忌，气血损伤。或是女子，其心非良。数凶者，乃丧身之兆。

邵曰：“六三留于二阴之中，比非其人，所以有伤。得之者，赋情宽仁，事谋不能择始，施恩成怨，皆亲比之匪人，以致鱼殃之及己，疑心处事，反招是非。”

六四：外比之，贞吉。

《象》曰：“外比于贤，以从上也。”

四当与初相应，谓之外比，是能谦下亲贤于初六也。如此方见诚心，能听从而成比道也。

数、卦不叶，为人正直无私，诚而不妄。

如数、卦叶者，在仕虚己待贤，尽节事君，身处于内，心在于外。

岁运逢之，进取者成名增利，仕途者升，庶俗宜出外，必获知己之力。

邵曰：“四与初应，而外于五合，乃得其正而吉也。得之者，可出外求谋，用事有相亲助力之人，或见入赘过房之意。”

九五：显比，王用三驱，失前禽，邑人不诫，吉。

《象》曰：“显比之吉，位正中也。舍逆取顺，失前禽也。邑人不诫，上使中也。”

居尊当显明比道，使天下人人自来亲己，有如王者畋猎，用三驱之网开一面，受其来者，失其前禽之去者，此来不拒、去不追之义也。凡居邑之人，不待告诫，自然顺从，此之谓比吉也。

元数兼卦不叶，有中正之德，兼内外之心，来者不拒，去者不追，获无意之财，起慈仁之心，度量宽容，事成重迭，先孤后不孤，先难后却易。

元数兼卦叶吉，大则食邑，正奏、正言、正拜、大中、中奉、中书、给事中。若是数局凶者，勤苦百出，或武换文。

岁运逢之，在仕先逆后顺，常人平稳，求谋有得，所行称心遂意。

邵曰：“九五为比之主，光显比道，有不拒不追之义。得之者，诚意待物，恕己及人，施仁得众人之欢心，报惠得无心中之才禄。爱人者人常爱之、敬人者人恒敬之之验如此。”

上六：比之无首，凶。

《象》曰：“比之无首，无所终也。”

《正义》释之，本非吉爻。若元数入局，兼卦吉者，身正才清，多失机会，常生后悔，悔之不及。

数、卦不叶，寿算难远，或见大凶，或受杀伐，无首之凶也。

岁运逢之，数好者忌与下交，急求上力。若是数凶，寿算必终，更得凶祸。

邵曰：“亲比之道，宜在人前，不宜居后。得之者，进退迟疑，成中有挫，输忠效劳，反成怨咎，骨肉无情，婚姻乖戾，琴瑟不调，雁行失序，多事劳碌，有家人小口之灾，破体伤人之事，凶所不免，更防争盗。”

小畜 ䷈

小畜：亨，密云不雨，自我西郊。

《象》曰：“风行天上，小畜。君子以懿文德。”

外体巽为风，风无形至柔而行于天上，是至柔行至刚之地，德服强暴之象。语曰：远人不服，则修文德以来之是也。又有一说，取义是巽行于乾天刚健之上，以小畜大，其卦为小畜，君子观此，以之懿美其文德。凡君子之蕴畜，大则经纶事业，小则文章才懿是也。

巽宫一世卦，属十一月，纳甲是甲子、甲寅、甲辰，借用壬子、壬寅、壬辰、辛未、辛巳、辛卯，若生于十一月及纳甲本命者，功名富贵人也。

邵曰：“六四以一阴之小畜，止阳之竞进。得之者，家人妻妾众多，一生不得其力，反受其咎，谁为分忧？任事之人骨肉无情，反有同舟敌国之意，外强内弱，不审是非，刚正伶俐，有文章畜积之象。”

初九：复自道，何其咎，吉。

《象》曰："复自道，其义吉也。"

复者反也，自道者，我之所有，非外得也。阳刚自强，上有六四之阴，止之时，不容进，故复其自之道也。

数、卦叶吉，为人有刚正之德，顺理而行，知几而止。

若卦、数不叶，或身处荣华而心慕闲散，或为僧道，或独自奋。

岁运逢之，在闲官者复职，逆旅者还乡，在常俗者安静。数凶兼卦凶变巽，进退志疑，在仕招猜忌疑惑之事。

邵曰："初九为六四畜止，复其自有之道，何咎之有？得之者，凡事隐忍退避为佳，庶得免是非之失。"

九二：牵复，吉。

《象》曰："牵复在中，亦不自失也。"

此爻中而不正，与初爻正而不中，两爻相连而复其中正之道也。"牵"字训连，又训牵引，又"中"字义多。

数、卦叶吉，为官职则是太中、中奉、给事中、中书省是也。

若数、卦不叶，必与小人相交，或有小贵，不能大用。

岁运逢之，以数分轻重详息。数凶者牵连反复，失而复得之意也。

邵曰："三阳竞进而为六四所畜，九二得中复其位而不往。得之者，当益人不可利己，闲事莫管，恐被牵连惹祸之忧，中间亦有众力扶持之喜。"

九三：舆说辐，夫妻反目。

《象》曰："夫妻反目，不能正室也。"

元数兼卦叶吉者，俱宜保守，不可妄进，又宜小小营谋，不可贪高望大方吉。

元数兼卦不叶，刚健太过，拘执难通，谏而不从，终则见沮。或君臣疏远不孚，或夫妻永处不睦，或朋友是非，或血气损伤。

岁运逢之，或人口分别，或荣而见辱，或进而见退，或生足疾，或见目伤。

邵曰：“阳刚锐进，六四止之，如驾车脱辐，三为夫，四为妻，而非正应，所以反目不能和鸣，宠妾专权，势必以偏为正。得之者，或佐二而得正权，故是有名而无实。内防阴人小口之灾，疾厄未决之事。”

六四：有孚血去，惕出，无咎。

《象》曰：“有孚惕出，上合志也。”

血伤也，惕惧也。为众阳之主，以柔止刚，独阴得其正，有忠诚信实之德，其志与君上合而相孚，其伤血自然而去，其忧惕自然而出。

若元数兼卦叶吉者，为正直之贵人。

数、卦不叶，利行谦德，宜守正道，上者信用，下者猜嫌，或生血灾，或常忧戚。

岁运逢之，出遇大贵，多逢知己，在庙堂者必外迁，在国家者必见出，常人忧愁者至此安也。数凶者血气生疾，内外不睦，生事见伤，或常忧戚。

邵曰：“四近君而能畜恶，群阳不得而伤之。得之者，惟信义可以脱灾，多招贵人刮目，却有小人侵凌，虚惊脓血之疾未免，忧思意外之扰不无。”

九五：有孚挛如，富以其邻。

《象》曰：“有孚挛如，不独富也。”

刚正之德与六四合志相孚挛，如以己之所能，而与人共之，则大公无私，志诚不妄。

数、卦叶吉，贵不自尊，富能济下，彼此如一体，亲疏无二心。

如不叶，不能独立自奋，但倚附尊上而有受用，或得仁人之助，神佑而有倘来之福也。

岁运逢之，见上必信用，求下必钦服，难中得易，进取成名。

邵曰：“刚中居巽，牵众来从，富而为善之多，由其自相赖也。得之者，轻财重义，常怀济人利物之心，诚实不矜，每得长者仁人之助。”

上九：既雨既处，尚德载。妇贞厉。月几望，君子征，凶。

《象》曰：“既雨既处，德积载也。君子征凶，有所疑也。”

数、卦不叶，名利才盛，破失便来，可谓受恩深处宜先退，得意浓时便可休，可以免身后之累。

数、卦叶吉，积仁积德，足衣足食。若是阴命，性刚心悍，寿脱灾攻。

岁运逢之，闲中退步，乐处休贪，则免身后之累。数凶者变需入穴，寿元险矣。

邵曰：“畜道至此，可谓蹇塞，琴瑟不调，子伤忧至，更有不决之事，谋望不成，慎之则吉。”

履 ䷉

履：履虎尾，不咥人，亨。

《象》曰：“上天下泽，履。君子以辨上下，定民志。”

履不处，履虎尾，此践行也。物畜然后有礼，故受之以履。大象“辨上下，定民志”，亦作“礼”字，训其义与履同。

艮宫五世卦，属三月，纳甲是丁巳、丁卯、丁丑、壬午、壬申、壬戌，借用甲午、甲申、甲戌，凡生于三月及纳甲本命者，功名富贵人也。乾兑二体属金，秋正旺。

邵曰：“乾，刚猛之兽也；兑，和悦也。如履虎尾而不见伤，反致亨通也。得之者，虽有大惊小怪之事，乃虎头蛇尾，不能为害。”

初九：素履往，无咎。

《象》曰：“素履之往，独行愿也。”

阳刚之才，素处于下，所履之正，而往则无咎，故得致君泽民之愿。君子在天下，非出则处，幼学壮行。今履之初，必得有雅素之学，然后可行，此非利其时也，行其志也，古人学而后行，今人行而后学。

数、卦叶吉者，刚立有守，真实不华，处艰难不以为忧，居富贵不以为乐，达则兼善天下，穷则独善一身。

数、卦不叶，或是科目奋志，吏事尤长，或是违别亲眷，或是清闲僧道。

岁运逢之，不利进取，惟宜远营外谋，必有称遂，乃尚素之履道也。数凶兼卦不吉者，缟素之兆也。

邵曰：“初与四应而相敌，是因其求而往，何咎之有？得之者，不为过分之谋，乃免危险之患，事事劳力，似乎难成。”

九二：履道坦坦，幽人贞吉。

《象》曰：“幽人贞吉，中不自乱也。”

数、卦叶吉，刚阳之才，足以中德，足以行道，坦然无险矣。犹能幽静贞固自守，不以外物乱其心，虽居钟鼎之荣，不忘田里之业。

数不归元，兼卦失位，多非清闲中人。

岁运逢之，宜行实地，谨审待时，乃尚幽静之义也。人事自然和睦安然之兆。数凶幽人之兆，死生之异，承（六）三之凶故也。

邵曰：“九二得中，如履坦坦之地，幽独守贞之象。得之者，有履虎尾之敬忧，却无伤人之患害，更待进用，为福甚多。”

六三：眇能视，跛能履，履虎尾，咥人，凶。武人为于大君。

《象》曰：“眇能视，不足以有明也。跛能履，不足以与行也。咥人之凶，位不当也。武人为于大君，志刚也。”

以一柔而处二刚之上，位非中正，必见伤害，如刚武之人，得志而肆暴之象。

数、卦叶吉，常宜畏谨，切戒轻进，不然则有危难伤身，或防眼目手足之疾。

如元数不归，兼卦失位，必为军卒，少有善终，如秦政、项籍，岂能久乎？

岁运逢之，守静则安，功名难就，宜畏谨则免灾危，若勇于行则凶，常人防怨望之事。数凶者损身。

邵曰：“六三以柔居刚，跛眇而视，履虎咥人之凶，譬犹武夫而为大君，不能称其位也。得之者虚惊，有眼足之疾，事宜量力而进，见否而退，苟不知此，枉自费力。”

九四：履虎尾，愬愬，终吉。

《象》曰：“愬愬终吉，志行也。”

以阳居阴，体刚而志柔，能愬愬畏惧，则得终吉而志行也。

数、卦叶吉，以信实处朋友，以柔顺化强暴，道虽行今，心则合古。

数、卦不叶，或艰辛起家，平易结果，闻事则惧，当权则安。

岁运逢之，最宜畏谨免灾，故惧于行则吉。遇数入局及岁运吉者，在仕最为吉兆。进取者，其“虎”字为虎符，虎场士人，登虎榜是也。

邵曰：“居四近君，疑惧之地，践履于乾之下，能愬愬畏惧而得吉也。得之者，有虚惊，有口舌，宜谨审，交游之中，不可无心以处人，而惹灾咎也。”

九五：夬履，贞厉。

《象》曰：“夬履，贞厉，位正当也。”

九五有刚大之才，居中正之位。

数、卦叶吉，勇于进德，力于行道，扞逐邪人，举扬善类。

数、卦不叶，事宜谨固则无害也。若决于行，则危厉矣。数凶则损伤之兆。

邵曰：“居刚守正，可以决于践履。得之者，主多事劳心，可宜善处从权。若夫固执，不能成事。”

上九：视履考祥，其旋元吉。

《象》曰：“元吉在上，大有庆也。”

所见之明，所行之稳，功成思退，旅极思归，故曰“视履考祥”。履至于极，是反初之义也。旋是反也，考成也。夫履主于行者也，然初尚素履，二尚幽贞，三勇于行而凶，四惧于行而吉，五决于行则厉，上反其初则庆，然则履不处也。

元数兼吉者，乃高才大德之贵人。

不叶吉者，盖变为引兑之小人，行不正之道者也。

岁运逢之，在显仕者退居，享安静和平之福，仕人进取，必作魁元，常人亦有外言，免为日后之累。盖“考”字应兆，非存乃亡者也。

邵曰：“履道已成，阳刚居上，惟六三为应，而考察为祥也。得之者，周旋中礼，福祉交具，何忧险之有，而事功之不成也哉！”

泰 ䷊

泰：小往大来，吉，亨。

《象》曰：“天地交，泰。后以裁成天地之道，辅相天地之宜，以左右民。”

泰卦三阳三阴，内君子，外小人，君子道长，小人道消也。其象天气下降，地气上升，谓之交泰，乃吉象也。

凡得此卦，先看元数归局，兼卦相符，其吉者则贵之极也。大象言“裁成天下之道，辅相天地之宜”，则是太师、太保、师相也。“以左右民”言，又兼武备，出将入相，随轻重参详，不可执拘字象。

坤宫三世卦，属正月，纳甲是甲子、甲寅、甲辰、癸丑、癸亥、癸酉，借用壬子、壬寅、壬辰、乙丑、乙亥、乙酉，凡在正月及纳甲本命者，功名富贵人也。

邵曰：“阴小者往而居外，阳大者来而居内，外小人，内君子，此其致泰而获吉。得之者，逢难有救，功名有成，权主生杀，贵逾王侯，所谨在意外之变，所失为僧道之人。”

初九：拔茅茹，以其汇，征吉。

《象》曰：“拔茅征吉，志在外也。”

一阳首进，则三阳数进，先贤有“白茅拔，众根随；一贤举，众俊归”。此君子得时行道，然君子之志在天下，不在身，故曰“志在外也”。

凡得是数，兼卦叶吉，必为人有刚明之才，且行正道，亲近君子，远避小人，志在外而公，不在内而私，是以立功名，享富贵。

数、卦不叶，亦是吉人，得时行道，朋辈协从。

岁运逢之，朋友亲眷相合。若进取者，利曹试，利国学在外。此爻虽吉，亦待君子盛而后可行也。

邵曰：“茅洁草，喻贤才也。拔茅连根，是以其类征进而获吉也。得之者，平生有所依附，朋友牵连成名，或过房出赘，在外生理，否则必有伤害。”

九二：包荒用冯河，不遐遗朋；亡得，尚于中行。

《象》曰：“包荒，得尚于中行，以光大也。”

九二刚明之才，而得中位，上应六五阴柔，居尊位，正当保国事君安民之任，故有“包荒，用冯河”之辞。

得是数兼卦吉者，量大能容，凡有一技一能者，皆宜信任之，兼收并畜，又不以疏远而遗弃之，不以亲朋而私昵之，公正如此，开太平之治者也。

岁运逢之，或出边疆，或守江南，或是太中、中奉、给事中、中书省。在进取者成名，在营者利就，若常俗，必遇贵人。

如元数不入局，兼卦不得位者，必防长上有损，或言语有伤，盖以九二变为明夷也。

邵曰：“以阳居阴，为泰之主，有刚果济险之才。得之者，宽洪畜众，难中有救，相处交游，翻恩作怨。女人得此而夫丧，男子得此而妻亡，远患虽无，略有暴扰。”

九三：无平不陂，无往不复，艰贞无咎。勿恤其孚，于食有福。

《象》曰：“无往不复，天地际也。”

阳刚之才，居盛泰之极，位亦危矣。

数、卦叶吉，常宜艰守防备则吉，不然则有损失之祸也。

数不归元，卦不叶吉，或成或败，或聚或散，常在艰难中得获吉福，见宽舒处则便生祸。

岁运逢之，必见小人侵弄，每见事沮，大概惟谨守则安。数吉，艰难中进步有功。

邵曰：“三乃将否之时，当防其险。得之者，福祸相仍，小人侵损，养拙防危，谋惟虑沮。”

六四：翩翩，不富以其邻，不戒以孚。

《象》曰：“翩翩，不富，皆失实也。不戒以孚，中心愿也。”

六四泰已过，理必变矣。

数、卦叶吉，多惧多疑，心志不一，或得或失，名利难全，或奔驰作旅，或勤苦成家。

数、卦不叶，或倚托邻贵，或附靠亲眷富贵。

岁运逢之，进取者难成，经营者失利，闲居者有谤，惟宜依上，则免祸咎。

邵曰：“阴小之爻，将归于内，而为否，又处三阳之上，而失实也。得之者，资人成事，有名失实，乃幼女小男之象，纵有所得，伤损随之。此富居山林有远亲之义也。”

六五：帝乙归妹，以祉，元吉。

《象》曰：“以祉元吉，中以行愿也。”

坤体之中位尊而才柔，能下任九二之贤，所以为“帝乙归妹”，盖言王姬下嫁也。五为帝，坤阴为妹，妹者女之次，乙者甲之次，其义皆取于坤也。

得是卦数叶吉者，不以富贵而骄人，惟以谦恭而克己，或是贤室助力，或是贵子克家，为富为贵，不甚劳苦，但权柄在彼而不在己也。女人得此爻者勤俭成家。

不叶吉亦是中正吉人，不施威怒，自能服人。

岁运逢之，主迁除，或有闺房喜庆之事。

邵曰：“以阴从阳，王姬下嫁于诸侯，所以成泰而元吉也。得之者，危中有救，败中有成，主将相王侯生杀之权，有贤妻贵子，国戚之显。”

上六：城复于隍，勿用师，自邑告命，贞吝。

《象》曰："城复于隍，其命乱也。"

上六阴柔，位极不能保太者也。自大化小，如城土倾圮而为隍，于是治化而乱，存化而亡，国化而家，辟化而庶，有不忍言者也。

如获元数入局，兼卦叶吉者，庶为小小规模，惟是自夸己德，而人不服，终有阻挫。

数、卦不叶，亡国败家，自大化小，不得其后。

岁运逢之，宜谨慎免祸，数凶不宜其寿矣。

邵曰："泰极否来之象，虽正宜吝。得之者，伤妻损子，败祖离家，光风霁月之未闻，阴雨晦冥之相继，不宜直心处事，以致意外多端。"

否 ䷋

否：否之匪人，不利君子贞，大往小来。

《象》曰："天地不交，否。君子以俭德辟难，不可荣以禄。"

天上地下，二气不相交，其卦为否塞。君子观此象，知阳道方衰，故宜俭损为德，而避免祸难，不可贪荣以居禄位。得此卦先看元数有用无用，及看兼卦之爻吉凶如何，凡在上三爻为君子之道吉，下二爻为小人之道凶。

乾宫三世卦，属七月，纳甲是乙未、乙巳、乙卯、壬午、壬申、壬戌，借用癸未、癸巳、癸卯、甲午、甲申、甲戌，如生于七月及纳甲本命者，功名富贵人也。

邵曰："小人道长，所亲匪人，不利君子，不可荣以禄。得之者只可安分守常，不宜越理过处，为小人女子所扰害，惟破家失所，皆因亲任匪人，自贻伊戚。"

初六：拔茅茹，以其汇，贞吉亨。

《象》曰："拔茅贞吉，志在君也。"

处下位而才弱，居否塞之时，君子当与善类，如拔茅而连其根茹，以其汇，同守乎正道则吉而亨，盖志在事君也。此爻动则为无妄，初九往吉，得志也。

如元数兼卦叶吉，必为名誉之人，改祖外立，违近从远，志在忧君，心不私己。

数、卦不叶，度时而进，知几而退，惟是逢艰难之时，难行中正之道。

岁运逢之，受职禄者，待阙居闲，在仕者斟酌时宜，常人守旧且止。

邵曰：“泰与否，皆以拔茅为象者，以其群阴群阳在下，有牵连之意也。得之者，谨慎退守则吉，毋为小人眩惑取祸。”

六二：包承，小人吉，大人否，亨。

《象》曰：“大人否，亨，不乱群也。”

中正之位，谓如君子处否而亨通也。身虽处小人之中，其志不与为党。

元数入局兼卦吉者，中正之贵人也。多逢沮挫，宜宽而有容，静以待动，凡事扰扰而来，心宜坦坦而处。

元数兼卦不吉，则为俗流，或处君子小人之间，有名非正，有禄非真，惟宜爱护保守，庶免祸患。

岁运逢之，是非好恶不分明，当退步隐身，可免损失之事。

邵曰：“以阴柔中正，包藏邪恶，不顺谄媚之小人，故吉。得之者，惟其心性好顺喜媚，所以随喜圈套，灾蹇不无，疾病难免，更防阴人小口之患，惟宜谨守为佳。”

六三：包羞。

《象》曰：“包羞，位不当也。”

阴柔不中不正，所为包畜邪谋，可羞者也。

元数兼卦吉者，常得大人君子庇护收用，或见卑职常停常阻，但有虚名，为僧为道。

数、卦不叶，非能守道安命，穷则斯滥小人情也。

岁运逢之，不宜进身。

邵曰：“阴柔不正之人，含羞媚悦于上，魏然高位，非小人所宜。得之者，处小人扰害，患难之际，含羞耻自保。吾道之常，犯而不较，庶免愤怨之失。”

九四：有命，无咎。畴离祉。

《象》曰：“有命无咎，志行也。”

九四有阳刚之才，虽正不中，为性居功取忌，凡所有为，当从于君上之命而免祸，则畴类皆得附离，其福祉也。

元数有归，兼卦叶吉，乃功名之命也。盖吉兆则有爵命也、田畴也、福祉也。此爻动变为观卦，利用宾于王，乃是得志行道。

数、卦不叶，亦是有福有寿之人，多动少静，多有田业者。

岁运逢之，在家则田业增添，在仕得朋僚引拔。

邵曰：“以刚健之体，有济世之才，位居近君，有事必顺君命。得之者，膺宠命之荣，释无辜之咎，盖以行其志也，纵有是非，不足为害。”

九五：休否，大人吉。其亡其亡，系于苞桑。

《象》曰：“大人之吉，位正当也。”

九五刚位中正，出祸逢福之时。

元数有归兼卦叶，为重德君子，防患有道，处事最公，又能惕惧详审，谨守无失。

数、卦不叶，有德不能施设，亦为中正吉人。

岁运逢之，或旧祸已出，新福方来，昔之忌我者今退矣，或长上得名利，或卑下进田园，此爻变否为晋，忧变为喜，失者得矣。在仕者，居位在任之荣矣。数凶者，有将亡之危，关系不小也。

邵曰：“阳刚中正，能休天下之否，有济时之吉，怀械系之心。得之者，当防意外之变，预为保身之图。”

上九：倾否，先否后喜。

《象》曰："否终则倾，何可长也？"

否将极，泰将来。

数、卦叶吉，有刚大之志，能施设过人之事，或先历艰难，后见安吉。

数、卦不叶，理极而必反，先孤后不孤，刑伤骨肉，或为僧道，或为名利难就。

岁运逢之，祸患自此消，福禄自此盛，此爻动而变萃卦"赍咨涕洟"。如数不叶，无而为有，空缺除尽者，恐寿算难永。兼卦爻吉，及数与太岁支干入局，变凶为吉，先失职者今复职，未有名者今见成名，常俗宜成立规模也。

邵曰："否极则倾，故有先否后泰之喜。得之者，有丧服外变之忧，更宜经历艰难，以致后福。"

同人 ䷌

同人：同人于野，亨。利涉大川，利君子贞。

《象》曰："天与火，同人。君子以类族辨物。"

乾天与离火，同皆向上，其卦为同人，君子以类其与族，而辨乎物之同异，五阳一阴，以阴为小，所同者却大，大者公也。同人之义，在乎公而无私，故曰"同人于野"。野者，广大之意。

离宫三世卦，属正月，纳甲是己卯、己丑、己亥、壬午、壬申、壬戌，借用甲午、甲申、甲戌，如生于正月及纳甲本命者，功名富贵人也。

邵曰："一阴居下卦之中，和同则吉，得位守正，利涉大川，君子由君子之道以同人，故能以类族辨物。得之者，禀性高明，识事宏远，知轻重，辨贤愚，多得和同之力，颠濡之阴人，亦能协助，春日多利，夏利，冬夜不利。"

初九：同人于门，无咎。

《象》曰："出门同人，又谁咎也？"

阳爻得正，与六二相近，谓之出门便得同人也。

元数有用，卦爻叶吉者，贵人也，量大有容，心公无私，其“出门”字为兆甚多，当兼卦爻斟酌高下轻重而详推。且以进取言之，乡试则有名，会试则有成，大学则得出类。以官职言之，小则是作门馆，次则登门、黄门、金门、辕门、帐门、阁门，大则门下有平章事者。

元数不叶，或离祖户，或就妻家，或为商旅，或作僧道。

岁运逢之，或出远外，或修造门户，或身傍他门之类也。

邵曰：“出门之始，而和同于人，何咎之有？得之者，重义轻财，得赞助之众，而咎怨者少，多得同志之欢心，每得求谋之气力。”

六二：同人于宗，吝。

《象》曰：“同人于宗，吝道也。”

阴独与五应，则为私而不公，故曰“宗吝”。

元数有用者，才能聪明，见识高远，或公或私，或从或变，顺之则惧，谏之则怒。

兼卦不叶者，终不远大，常怀忧戚，或过房同宗，或婚娶妻室，或作丛林主人，或科目魁元。

岁运逢之，皆如此消详，或事多不足，或有人相累也。数凶则为祖宗之兆，欢喜中或宗亲朋友不睦之事。

邵曰：“六二上应乎五，同人于宗，卑吝之道。得之者，有姻亲骨肉之咎，是非口舌之忧，故事缠身，旧疾生发，凡事宜思患预防。”

九三：伏戎于莽，升其高陵，三岁不兴。

《象》曰：“伏戎于莽，敌刚也。三岁不兴，安行也？”

阳刚不中，上无正应，欲同六二而非其正，又惧九五之见攻，故不能行也。

数、卦叶吉，好胜爱强，欲前欲后，志在不一，多虑多惊，心无定守。或为吏职，或作军戎，或处田野，或隐山林，或生疾疫，或葬丘陵。已上皆以元数兼卦推其优劣，言之无不相符也。

数、卦不叶吉，小人之情状也。

岁运逢之，科业难就，在仕者防失职丁艰，在俗者则孝服，或防侵讼之事。

邵曰：“以刚居刚，不中不正，藏戎兵于草莽之中，三岁之久，势不能敌，而欲为阴害之意。得之者，有心未遂欲为之志，防失、防争、防盗可也。”

九四：乘其墉，弗克攻，吉。

《象》曰：“乘其墉，义弗克也。其吉，则困而反则也。”

阳刚处阴，有自反不克攻之象，如是则能改过，故吉也。

元数兼卦叶吉者，德重能守，心正不妄，求名有成，临事多惧，见机则退，知足不贪。

数、卦不叶，或进取不费力，或卓立而劳心，或得上者任用，亦得下者奉承。

岁运逢之，在仕或专城守土，或修筑城池，在俗者疑忌有争竞，有荣处见辱，辱后复荣。

邵曰：“过刚而不中正，与三止隔一墉墙也。登墙窥望，而欲同之，知己之柔，而勿克攻者也。得之者，为人挑陷，恨不能置之于不可拔之地，不待攻而得，免于祸反获乎吉，须预防争、防盗，更防落圈套，以相侵害也。”

九五：同人，先号咷而后笑，大师克，相遇。

《象》曰：“同人之先，以中直也。大师相遇，言相克也。”

中正之君子，有才有德，有名有利，先历艰辛，后见荣显。

元数归局，兼卦叶吉，或贵为将帅，仍看岁运好恶如何。以“中直”两字为吉兆多矣，大中、中奉、给事中、中书省，又奉直、直院、直阁皆是也。

如元数不叶吉，先立艰辛，见刑克，晚虽有遇，福浅祸深，进谋生咎。

岁运逢之，悲喜多见，他虚我实，此是彼非，多起争讼，先难后易，在未有名者今见成名，常俗者亦宜成立规模也。

邵曰："九五欲同六二，为三、四所隔故先号，以阳刚中正故后获笑，能必用兵而克胜，故得相遇。得之者，主丧服忧患，争夺不宁，六亲不足。"

上九：同人于郊，无悔。

《象》曰：**"同人于郊，志未得也。"**

居外无应，物莫与同，然亦可以无悔。

数、卦叶吉，心志宽大，才德清高，身居富贵，志在消散。

数、卦不叶，或为僧道，或隐郊野，或为商旅，或不得志。

岁运逢之，已入仕者必出边郡，未入仕者尚阻功名，常人守旧，有祸改变则吉。数亡空亡兼卦爻凶，郊野之兆，老者不永，亦不宜小。

邵曰："不亲而有亲爱之情，所求而有不相得之意。得之者，宜动出入为破有伤，私郁不平之气未免。"

大有 ䷍

大有：元亨。

《象》曰：**"火在天上，大有。君子以遏恶扬善，顺天休命。"**

火在天上，照见万物之众多，其卦为大有。君子观此象，于众多之中，以之遏恶而扬善，以顺天之休命，又谓明照之象，无所不烛，夫何为哉？亦曰：恶者遏之，善者扬之，天之休命，莫过此两端，恶遏则人不受其殃，善扬则天下咸被其泽。

乾宫三世卦，属正月，纳甲是甲子、甲寅、甲辰、己酉、己未、己巳，借用壬子、壬辰、壬寅，如生于正月及纳甲本命年者，功名富贵人也。

邵曰："群阳皆为一阴所有，火在天上，无物不照，善恶莫得而隐。君子惟天是顺，遏恶扬善，天其申命用休矣。得之者，权贵厚禄，禀性灵明，才识刚健，有过则隐，有善则扬，灾祸不侵，忧危有救。春生和气，秋生得时，日生得地。"

初九：无交、害匪，咎；艰则无咎。

《象》曰：“大有初九，无交害也。”

有大才刚正之君子，上无汲引，故无交害也。非于己之咎，为其不遇也。其进愈难，退则无咎矣。

如元数有归，兼卦叶吉者，才之清，德之重，若怀进取之志，难汲引之贤，其进愈难，其身退无咎。大抵求名则不足，求利则有余。

若数不归元，兼卦不吉，或常遭毁辱，或每遇艰辛，惟宜保守，则无咎也。

岁运逢之，事宜不进身，只利勇退，或心绪忧烦，或小人侵凌，或长上灾咎，寒士之象也。

邵曰：“六五为大有之主，初爻卑而不与相应，则有无交之害，而无冒进之咎，又能克艰自守，而不求富禄，所以终无殃也。得之者，大事机于求主，不若自守，以免祸。”

九二：大车以载，有攸往，无咎。

《象》曰：“大车以载，积中不败也。”

中正之德，刚健之才，为大臣、任大事，当大任，安危治乱，能往而无咎，犹有大车之才，可以积厚物于中而不至于败也。

如元数有归，兼卦吉者，如是也。

若元数失局，卦不吉者，有福有寿，无忧无祸。

岁运逢之，闲官者有车选召，有大除拜，财禄亦丰，若出师则是决胜而不败，常人营谋，必是厚载而归，大臣之象也。

邵曰：“九二阳刚而居臣位，上应六五之尊，犹大车载物，多而不倾，可以任重致远也。得之者，有负重之才，有委任之劳，或有自己之忧，牵惹是非，以致患也。”

九三：公用亨于天子，小人弗克。

《象》曰：“公用亨于天子，小人害也。”

公者，公侯之称也。道德纯备，大公无私，能用其所有，以享献天子。

元数有归，兼卦叶吉，如是也。

数不归元，兼卦失位，必为贪谋小人，必有大害。

岁运逢之，在仕者必胜朝廷重任，或招小人侵凌。若常俗必灾，或见悔滞。数凶则变睽刑伤，文士得之必作大魁。

邵曰："阳刚居诸侯之上，能效臣节，能守刚正。得之者，位高禄重，能任赋财之职，博施济众而有委任之劳，但生怨招尤，妒忌是非未免。"

九四：匪其彭，无咎。

《象》曰："匪其彭，无咎，明辨晢也。"

大有之爻，初九乃寒士也，九二大臣也，三诸侯也，九四居近君之位高矣。

元数有归，兼卦协吉，必能大公无私，不骄盈，不矜夸，既明且哲，以保其身，此克终克始之大贤也。

如元数无归，兼卦不吉者，则是易骄易盈，而不知戒，以成僭溢之祸。

岁运逢之，只宜恭谦虚己，则免凌辱丧节之患也。常俗亦宜保守，或生腹疾。

邵曰："出车彭彭，固六五之事也。四具离体，故能明哲保身。得之者，宜静守为佳，恐因事反生不足。"

六五：厥孚交如，威如，吉。

《象》曰："厥孚交如，信以发志也。威如之吉，易而无备也。"

然君道贵刚，太柔则废，当以威济之则吉。

元数有归，兼卦叶吉，为贵人，有光明盛大之德，上下相孚，远近相应，有功于人，不私于己，以诚信发彼之交孚，以和恭得彼之周备，足以立大功名，享大富贵者也。

如元数不叶，惟宜固守，不宜杂交下人，当以威严自谨，又不可慢易，而无以备上之求，或受富贵而不见成，或施恩惠而反得谤。

岁运逢之，最宜知几而退，度势而进，不可轻慢，若是骄奢，则招祸矣。

邵曰：“六五为大有之主，虚中而为众阳所宗，君心孚信，以柔明而处刚强，有不怒而威之吉。得之者，财虚事艰，防无心中生不足。”

上九：自天佑之，吉，无不利。

《象》曰：“大有上吉，自天佑也。”

上九刚大之才，居尊高之位，而不居其有，故自天佑之，所往皆吉，而无不利也。

更得元数，兼卦有用者，富贵人也，平生无非横之挠。如兼卦失局，亦为福善之人，达道之士也。

岁运逢之，士人成名，有官者必迁职居朝，常俗得尊贵之庇，农家进业。

邵曰：“阳刚而居无位之地，以刚明而超出势利之外，无所累于富盛，得天之佑，无不利。得之者，人欲为而天必从天庇佑，而人必福信顺之至，德望之隆，天人相与，福祉交集，事得机会，奇祥异福，临难有救。”

谦 ䷎

谦：亨，君子有终。

《象》曰：“地中有山，谦。君子以裒多益寡，称物平施。”

山之高大，而在地中，此谦象也。君子以之用谦焉，裒取其多者，增益其寡者，称物之宜而平其施，大凡物过而后有谦之名，适平而止乃中道也，辞曰：“谦：亨，君子有终。”然非君子有终，不能其保终也，谦则敛然自持，无盈满之累，终日如此，终年如此，终身如此，不谦则悔吝至矣，何终之可保乎？苟谦矣，焉往而不亨乎？故以之处尊，则其道愈光，以之处卑，则其道莫能过，此君子之所以有终也。六爻之辞无凶者，今人之家庭多写此一卦为屏，盖一篇无凶字故也。

兑宫五世卦，属九月，纳甲是丙辰、丙午、丙申、癸丑、癸亥、癸酉，借用乙亥、乙丑、乙酉，如生于九月及纳甲本命年者功名富贵人也。

邵曰：“谦卑巽之义，谦则无感不通，惟君子始终能谦，能获吉。得之者，待人接物，谦恭巽顺，处事治家，和乐均平，不以富贵而骄人，真乐道好善之君子也。”

初六：谦谦君子，用涉大川，吉。

《象》曰：“谦谦君子，卑以自牧也。”

初六以柔居卦之下，此谦而又谦者也。

元数有用，兼卦吉者，必推此谦谨之心，虽用涉难之处，亦无害而得吉矣。能谦能谨，不骄不傲，在上者使任，在下者敬依，或修心养性，或乐道投闲，以官职言之，其“牧”字亦是守土之兆。

岁运逢之者，如此消详，宜谦卑自处，以待上之求，仕路顺利，亲民之吉兆。

若元数无归，兼卦不叶吉，多是心中懒谋，身多求退，乃拙于施为，进取名卑。数不吉者，变入明夷之伤也。

邵曰：“以阴柔而居至卑之地，谦而又谦者也，用力于谦，涉险而吉。得之者，忧灾可散，谋用可成，凡事宜进步，不宜退阻，以自拙也。”

六二：鸣谦，贞吉。

《象》曰：“鸣谦，贞吉，中心得也。”

六二中正之心，谦积于中而发于外，为声音颜色，此鸣谦也，故贞吉。非强为之，是中心得也。

元数兼卦叶吉者，无私无谄，有德有才。“鸣”字者，多入言路。“中”字吉兆，大中、中奉、给事中、中书省皆是也。

岁运逢之，进取成名，在仕迁职，庶人未宜轻举，惟宜退守。

如元数不叶，亦得人举扬济事也。

邵曰：“以阴柔而居中正之位，所以获吉也。得之者，谦谨自持，施恩成怨，心直口快，多招是非，亦是以甜口取和气得利名也。”

九三：劳谦，君子有终，吉。

《象》曰："劳谦君子，万民服也。"

一阳居下卦之上，群阴之宗，大臣之任，有功劳而能谦者也。又须君子行之有终则吉，万民之所尊服也。

数卦叶吉，文章高世，道德过人，能胜天下之重任，立大勋劳者也。

元数不归叶，为人诚宽，必得乡邑推重，施恩不求报，有德不自夸。

岁运逢之，进取者成名，营谋者获利。

邵曰："一阳为众阴之主，位高德盛，劳不伐功，民安得而不服？以一己而任内外之责，以一心而应上下之求，碌碌乎，酬接之不暇，扰扰乎，事绪之多端，虽处不宁，散忧为喜。"

六四：无不利，撝谦。

《象》曰："无不利，撝谦，不违则也。"

上承谦德之君，非谦则傲，傲者，违承上之则也。下承勋劳之臣，非谦则忌，忌者，违待下之则也。不违则，适其宜也，惟谦则施之，上下无不利矣。

如元数、他卦协吉，有德有才，上下信服，常存谦心，无违古法，足以立功名富贵。

如元数兼卦不归叶，亲近尊贵，交接下贤，为乡里之正人。

岁运逢之，无所不通，但宜谨固。此爻一动为小过，不宜上则宜下，下者亦谦也。

邵曰："以阴柔居上，下接九三之功臣，不敢自安，进退适宜。得之者，施为中度，祸患消灭，忧疑可散，接人待物，故有得乎名利也。"

六五：不富以其邻，利用侵伐，无不利。

《象》曰："利用侵伐，征不服也。"

不以势位之尊，能体谦顺之德，德之盛也。推不富之心，接纳天下之善，则群贤众善翕然归之矣。圣人戒之曰：“利用侵伐，不可挟之以势，靡所不为，但征其不服者，是不得已而用之也。”

数与卦叶吉者，德重位尊之大贵人也。

元数兼卦不叶者，或文中成名，或武中立功。

岁运逢之，文武兼用，或掌刑狱兵伐之任。常人亦得遭遇知己，倚靠好人成事。

邵曰：“以柔居尊，在上而能谦者也。得之者，处富贵而不骄傲，居柔谦而不夸伐，安分乐道，绰绰有余。或因富而招引战争，而有意外破财，不测之忧，有是非未决之事。”

上六：鸣谦，利用行师征邑国。

《象》曰：“鸣谦，志未得也。可用行师，征邑国也。”

其位愈高，其应在下而远，所应者九三，刚明之君子也，必有不足而求应，且所求者，学问克己复礼者也。今位处高而所应者远，不如六二中正近之，故志未得也，然亦足以治其私邑而已。

元数兼卦叶吉，是勤于学古，勇于行道之人也，但多遇知己，少得助力。

数、卦不叶，或作武贵，稍遂其至，便知几而退，则免损己之累也。

岁运逢之，进取不成，常人或有公讼，宜不辨自明矣。在仕利，动有得。

邵曰：“师非谦之事，然居谦之极，无非谦德，亦因太谦反欺而争也。得之者，不可安坐，宜出，而动作仍须仔细，或抱不平之气，舒郁之怀。”

豫 ䷏

豫：利建侯，行师。

《象》曰：“雷出地奋，豫。先王以作乐崇德，殷荐之上帝，以配祖考。”

一阳在近君大臣之位，此诸侯也。其德顺，以动利，建侯行师者也。“豫”之字象甚多，重门击柝，以防暴客者，豫备也，乐豫、怠豫、逸豫亦是也。雷出坤地之上，其声奋发，其卦为豫。先王以之作有声之乐，以褒崇功德，其殷盛于荐之上帝，又配之祖考。后世乐不本德，淫哇靡靡，徒悦耳乱情甚矣。人欲横奔，教衰俗坏，不忍言者。

震宫一世卦，属五月，纳甲是乙未、乙巳、乙卯、庚午、庚申、庚戌，借用癸巳、癸未、癸卯，如生于五月及纳甲本命年者，功名富贵人也。

又雷出地奋，生于二、三、四、五、六、七、八月为及时，福力至重，生于余月皆失时，福力浅也。

邵曰：“坤顺震动曰豫，一阳久郁而升，故顺以动，豫而悦。得之者，多事而疑，安享厚福，赋性梗直，待人喜怒不常。理不当，情不合，而与之处则见忤，执心不足，作事反覆。惊蛰之时，身发名成，夏秋小利，冬无气，恐不利。”

初六：鸣豫，凶。

《象》曰：“初六鸣豫，志穷凶也。”

阴柔居下位，不中不正，方豫之始，而得上之九四所宠，志愿极满，至于鸣豫，发于声音，若无所容。

数、卦不叶，乃是浅识狭量，如此态度，不能自禁。

如元数有归，兼卦叶吉，而生月及时，只宜退身养德，小小营谋。

岁运逢之，防惊忧口舌之事，及险危之难。

邵曰：“阴柔居下，不能自鸣，而独应于九四，所以凶也。得之者，处富贵安闲之境，招是非口舌之忧，平地风波，无心扰害，争讼破财，惟退守免祸。”

六二：介于石，不终日，贞吉。

《象》曰：“不终日，贞吉，以中正也。”

豫之成卦，主九四一爻，诸爻皆争趋，以苟图富贵利达，惟六二介然如石，坚确有守，见豫乐如鸠毒，不俟终日隐去之，贞而得吉，盖守中正故也。

如元数有用，兼卦叶吉者，勤修德业，力行中正，其举动高乎千古，此所谓富贵不淫，威武不屈，贫贱不移者矣。

数、卦不叶，介然有守，不谄不渎，知几之吉人也。

岁运逢之，急流勇退，如进取者可以成名，常俗必获利益。

邵曰：“居中得正，上无应援，惟介然自守而已，然得互体之艮，其象为石，惟静能见几而作，介然不移，所谓不以三公易其介者也。得之者，防盗防灾，凡事当思患预防，谨守为吉，否则必有灾咎也。”

六三：**盱豫，悔；迟，有悔。**

《象》曰：**“盱豫有悔，位不当也。”**

位不中不正，见九四得势得志而顾恋也。且四非正应，而盱则有悔，然与四相近，欲退不能，故亦有悔。

数、卦不叶，有进退无定，志不安。

数、卦叶吉者，亲近高贤，不能济助，纵有卑职，多见沮挫。

岁运逢之，所图无实，在仕者乍进乍退，此是彼非，进取者有不宜也。

数、卦叶吉，无妄思进，守静仅免是非。

邵曰：“仰目而视曰盱，位之不中不正，仰视九四，由豫以求媚悦，故有谄求之辱，不知疾退，以自贻祸。得之者，见高人为仰视之谋，视富贵为媚悦之计，不独能怡乎人，而亦为人所役，效劳任事，不可辞却，能见几而作，方能保身。”

九四：由豫，大有得。勿疑，朋盍簪。

《象》曰：**“由豫，大有得，志大行也。”**

至刚至大之才，众阴皆宗之，是天下皆由之而豫者也。且居近臣之极位，常情至此，未免有疑，惟九四顺动之德，果决不疑，而得上下之朋相助，宜得大行其志。

元数有用，兼卦叶吉，清才厚德，权重功高，作大有为之事业。古人如伊尹任伐夏桀之事，周公决东征之大义，足以当之。

如元数不归，兼卦不叶，亦是福厚之人，得众所钦服。惟“朋”之一字相合，则有孤克，或主二妻，可偕老。若阴人则不宜。

如兼卦吉，可免卑下而得福寿，但不当正位矣。

岁运逢之，进取成名，经营获利，在仕者必得知己荐剡也。

邵曰：“九四刚而有德者，近君位而独为和乐之君子，至诚不疑，则朋类合而从之矣，故有又因而戒之簪聚也。得之者，起家发财发福，事皆得志，宜速进谋，不宜退懒，以失几会，亦得良朋簪助之功。”

六五：贞疾，恒不死。

《象》曰：“六五贞疾，乘刚也。恒不死，中未亡也。”

阴柔乘刚，虽中而不正，主弱臣强，失其正也，是正之疾也。犹幸居中，有中道可守，虽有疾而恒不死者，谓中道未亡也。

元数有用，兼卦吉者，或作贵人，心常忧惧，志多怯弱，权出他人，事不由己，在仕虽显，有疾延寿。

数、卦不叶，柔弱不能自立，多见疾患临身。

岁运逢之，进取者颇得志，常人必灾，心事不足，或心腹成疾。

邵曰：“以柔居尊，沉溺于豫，又乘九四之刚，众不附而处势危极之地，然以其得中，有‘乘刚，未亡’之辞也。得之者，疾有救，讼有解，先凶后吉。”

上六：冥豫成，有渝无咎。

《象》曰：“冥豫在上，何可长也？”

阴柔居上，昏迷乐豫之极，何可长久也？然极则有变之理，知过而改，反其所为，前日之冥，一朝披揭，昏昏者照照矣，自然无咎也。

元数有归，兼卦叶吉者，亦为名利，宜善纳从谏，免见失节。

如元数失用，兼卦不叶，乐极悲生，终不能久。

岁运逢之，弃旧从新，迁善改过，不宜静也，动则可济。数凶兼卦凶者，为幽冥之兆。

邵曰：“沉溺于豫极，苟能补过，而广迁善之门，则无咎矣。得之者，禄于晏安欢乐之中，悔于知止营求之后，一剉将不细矣。破财灾至，多事难处，宜变改则吉。”

随 ䷐

随：元亨利贞，无咎。

《象》曰："泽中有雷，随。君子以向晦入宴息。"

泽中有雷，非泽中真有此雷。兑，正秋也，致秋间之时，雷当收声，君子观此象，以之向晦夜之时，入居于内以宴息，故《象》曰："天下随时，随时之义大矣哉！"随者，顺也，古人取象服牛乘马，引重致远，以利天下，亦顺也。大凡卦有雷泽之体，皆宜生于二月至八月及时也，九月至正月失时也，及时之福深，失时之福浅。

震宫三世卦，属七月，纳甲是庚子、庚寅、庚辰、丁亥、丁酉、丁未，如生于七月及纳甲本命年者，功名富贵人也。

邵曰："上兑下震，下动上悦，故人皆随之，不随于己，而随于人，以其度量宽洪而不窄狭，事之多端亦无偏党之失，宜为闲退安息之计，先难后得，多纳重妾，宜享富贵，夏则则喜，秋冬劳碌，晚成之人也。"

初九：官有渝，贞吉。出门交，有功。

《象》曰："官有渝，从正吉也。出门交有功，不失也。"

阳刚之才为下体之主，主事者为官。夫震者，动也，天下之事不动于常，而动于变。渝者，变也，初九当事变之始，其古人之发大难，当大变，决大疑者乎！是变也，非有以仗天下之至正，开天下之大公，未见其济也，故贞则吉，公则吉。不失贞者正也，出门者公也。

元数有用，兼卦叶吉者，有才有德之贵人也，至大至公，厚德高才，立大功业。其"门"字应化甚大，其从正者，正奏、正言、正印、正拜是也。

数卦不叶，或静或变，或出外有成，或依附权贵门下，正而不欺之人也。

岁运逢之，最宜进取改官，盖不失者乃得之兆也，常人获利吉。

邵曰：“守官贵乎不变，此爻居震，震动故以贞固，而得其正则吉，又当出门以交不私，其随则有功也。得之者，事有机会，朝令夕改，易为转移，亦因无心中成就事业也。”

六二：**系小子，失丈夫。**

《象》曰：“系小子，弗兼与也。”

初阳在下而近，五阳正应而远，二阴柔不能自守，以须正应，乃下系初六，凶吝可知。

元数有归，兼卦叶吉，必是有才之人，立性不恒，爱小失大，是非小口拘绊之灾。

数、卦不叶，好习下流，不亲高上，心志不一。若女人得此，元数吉者，必有福禄，未免心私，或损夫宫，或得子之力。

若元数兼卦不叶，必为卑下之妇，婢妾之流。

岁运逢之，不安宁也，或小口牵系拘绊之灾。

邵曰：“系恋初九之小子，失九五之丈夫，一得一失，事难兼与。得之者，功名利禄，难得两全，只宜随时退守，弄巧成拙，财破难成。如女人，主丈夫有丧。”

六三：**系丈夫，失小子，随有求得，利居贞。**

《象》曰：“系丈夫，志舍下也。”

丈夫谓九四，小子谓初六，六三不中不正，进系四而失其初，本非正应，故为邪媚之嫌，当戒以利居贞也。

元数有用，兼卦叶吉者，遭遇知己，引进成功，更小心攀上，或奴婢不得助力，或小人生毁谤心，勿轻躁动，事宜迟缓。

如元数兼卦不叶，虽有名利，而无子力，如是妇人，必适贵夫，或伤子息。

岁运逢之，有求者得称遂，或守旧，或修造，或起学，皆是也，惟阴小不利。

邵曰：“六三恋九四之丈夫，不随初六之小子，上无正应，下无相从。得之者，必仗贵力，求谋用事，防小口丧失之厄。”

九四：随有获，贞凶。有孚在道，以明何咎。

《象》曰：“随有获，其义凶也。有孚在道，明功也。”

处大臣之极位，逼于君位之近，而得人心之随，虽正亦凶，况不正乎？

如元数兼卦叶吉者，中有爱君之诚，外尽为臣之道，合明哲之节，可以保其功名，而免危疑之凶也。

数、卦不叶，有获必凶，得上之重责，惹下之猜忌，或为商贾，而在道途见凶。

岁运逢之，所为无不得遂，在仕必为一路将帅之权，进取者未必见成就。如常俗遇之，凶事变为吉事，其“道”字、“明”字，或是地名，或人之姓名。

邵曰：“阳刚近君，而得六三之随，贞固亦凶，然能以诚明道，何咎之有？得之者，功名利禄，随口应心，非持人能随我，我亦能随人，亲近上贵，多为讪楚，先争而后明白也。”

九五：孚于嘉，吉。

《象》曰：“孚于嘉，吉，位正中也。”

其位尊高，其德中正。

数、卦叶吉，一念之诚，乐从天下之善者也。孚，诚也；嘉，善也。其“中正”之兆甚多，或自中奉至中书省、自正奏至正印皆是也。

数、卦不叶，亦有孚信而行中道，为吉善之人也，有随顺之意。

岁运逢之，在仕者迁除显达，进取者成名，常俗得利，或进喜庆之事。

邵曰：“居中正之位，处悦随之时，信乎其有，嘉美而获吉也。得之者，主信义而抱亨嘉，有危险伤克之遇，获扶持，颠沛之人，是以反凶为吉也。”

上六：拘系之，乃从维之，王用亨于西山。

《象》曰：“拘系之，上穷也。”

阴柔无德，位居一卦之上，其人心皆不愿随，则拘系下民而从之，非正道也。古之大贤，知此道者，隐于西山，晦其迹也。

元数兼卦叶吉者，心行正道，志慕幽居，常守仁义，不拘富贵，僧俗或道使，众心皈依。

如元数不归，兼卦不吉者，无志可进，其道困穷，生计艰难，宜隐山林。

岁运逢之，多不永寿，是非牵系，其西山方可言地名也。

邵曰：“柔悦之极而不散，如有所拘而固结之，先王用此享于岐山。得之者，宜谨慎于接物，不可放肆于求谋，又恐阴人惹祸，虽未能脱，终不为害。”

（陈邵二先生河洛真数易卦释义上经上卷终，二万五千九百字）

陈邵二先生河洛真数易卦释义上经卷之下

颍川后学默庵　李学诗　校正

蛊 ䷑

蛊：元亨。利涉大川，先甲三日，后甲三日。

《象》曰："山下有风，蛊。君子以振民育德。"

蛊训事之坏，圣人于六爻，皆取干君父蛊坏之事，是新天下之治也。其象山下有风。夫无事而不动，山也。山下有风，在春夏则长养，在秋则肃杀，今蛊坏则是风落山下，即肃杀者也，故为蛊元亨，为治事之始也。"先甲三日，后甲三日，利涉大川"，此非无事安静之时，皆欲勇于干旧坏之事，为新治之事也，"振民育德"则是此意。凡得此卦，多是起于勤苦，不然则是幼违生眷，若平日事系则无疾，若闲则有疾矣。

巽宫三世卦，属正月，纳甲是辛丑、辛亥、辛酉、丙戌、丙子、丙寅，如生于正月及纳甲本命者，功名富贵人也。

邵曰："巽入而不能为，艮止而不为，所以致大坏。得之者，身家废坏而后成，有三虫食血之象，主有疮灾，或成痼疾，性多忧毒，有机关干蛊之象，不喜春夏，喜生秋冬。"

初六：干父之蛊，有子，考无咎。厉，终吉。

《象》曰："干父之蛊，意承考也。"

初六才弱位卑，能尽惕厉之心思，以承其父之意。曰"考"者，乃非其存者也。曰"意"者，善继其志也。子能干蛊，则其父方为有子，有子则父方为无咎矣。

数、卦叶吉，其为人也勇于进身，决于干事，事君尽忠，事亲尽孝，经涉艰危，或立功业，合古人之道义，立古人之规模。

数、卦不叶，不靠祖业，自营活计，遇难不辞，见荣不傲。

岁运逢之，数、卦叶吉，或生子孙在仕，或承祖父之恩，或胜朝廷之任，常人利谋干，艰危中得遂意。数凶者或生悲泣，老者不利寿考，子不存之兆也。

邵曰：“初六为干蛊之始，是子能干父已坏之事也。得之者，承雕凌之后，尽干蛊之心，显祖宗，荣父母，振家势，壮门户，掌家立业之子也，或为过房出赘之子，然而肌腹之疾所当慎耳。”

九二：干母之蛊，不可贞。

《象》曰：“干母之蛊，得中道也。”

阳刚之才，柔顺之主，故曰“干母之蛊”。已虽刚中不得其正，惟宜从顺听命，不可固执，故曰“不可贞”也。

数、卦叶吉，有刚大之才，行公正之道，常陈直心，难遇知己，惟宜顺随，不可固执，则免彼此是非之难。

数、卦不叶，亦是行中道有守之善人。

岁运逢之，在仕者必多吉兆，盖有得中道之象辞，为中奉、中书之官职。在常俗或营父母久远之事，最宜女子之命，干家勤俭，为性中直，为福多矣。

邵曰：“六五居尊，有母之象，正应夫道，故为干母之蛊。有柔巽辅道之才，无骄傲克伤之道，破耗、血疾、是非或不能免。”

九三：干父之蛊，小有悔，无大咎。

《象》曰：“干父之蛊，终无咎也。”

刚正之才，能干其父之事者也。惟不得其中道，所以动则有悔，终则无咎。

数、卦叶吉，其才刚正，其志勇决，见事不疑，用心不私。

数、卦不叶，遇着艰难事，干则容易，早历忧勤，晚始受用。

岁运逢之，常行正道，勿伏邪言，动则有成，事则有遂。数凶者忧心不安。

邵曰：“干父之蛊，人子之事也。今以九三居刚过中，未免小悔。得之者，言父不言母，是伤克偏亲之象，或有灾讼，虽承父祖之业，必主孤立再成，然而疾病，闺门宁无事乎？宜慎之！”

六四：裕父之蛊，往见吝。

《象》曰：“裕父之蛊，往未得也。”

柔居阴位，难胜干父之任，乃宽裕处之，盖为才弱，仅能循常自守，若往行过常之事，则不胜为咎矣。此爻动则变鼎折足，所以往见吝，故曰“往未得”也。

数、卦叶吉，虽有才智，不能设施。

数、卦不叶，心多惊疑，事无决断，小事可为，大事则失。

岁运逢之，或生足疾，或见事忧。

邵曰：“阴居柔位，无刚大之才，惟以宽裕干父之蛊而已。得之者，负能干克家之才，有虚手立业之志，身家之事多他人之劳，是以恩立则怨生，谋出则患生，持盈之戒，所当慎也！肚腹之疾，庸弗谨乎！”

六五：干父之蛊，用誉。

《象》曰：“干父用誉，承以德也。”

六五得中居尊位，而九二承之以德，以此干蛊，可致闻誉。

数、卦叶吉，清才异俗，重德济时，虽继承祖父之事业，可谓立身行道，扬名后世，以显父母者也。

数、卦不叶，多见心力不闲，亦能起家立业。

岁运逢之，在仕迁擢显职，未仕进取成名，常人或更变门户，新立规模，进人口喜事。

邵曰：“柔居尊位，而九二承之以德，以此干蛊，可致闻誉。得之者，臣任国事，子振家声，抑且多事劳碌，疾病破财，惟敛束方可。”

上九：不事王侯，高尚其事。

《象》曰："不事王侯，志可则也。"

刚大之才，高出一世之外，其德可尊，其才可法，有道则见，无道则隐，非谓一于隐而不见为高尚也。古人如此者亦多，夏之伊尹，商之吕尚，汉之严光，东都之诸葛，此上九之志所以可法也。

数、卦叶吉如是。

数、卦不叶，则是清高异俗，淡静生涯，不随俗移，但守己分。

岁运逢之，在僧道则利，在仕则退，在俗则守。

邵曰："处上卦之极，居无位之地，惟养高而不仕也。得之者，黜陟不闻，理乱不知，宜优游林泉，营谋不事，得以退步，自保颐养余年，不可躁进，以取覆败，然而血气之疾，所当慎也！"

临 ䷒

临：元亨，利贞。至于八月，有凶。

《象》曰："泽上有地，临。君子以教思无穷，容保民无疆。"

泽上有地者，泽中有余地，大而有容，故君子以之亲临下民，教道小民之意无穷，又观其含容之象，则容保民之心无疆。临训义甚多，以上临下，以大临小，本训亲近，又训大为，卦二阳生，君子之道也，浸长不已，则成泰、大壮、夬、乾。凡得此卦者，在二阳之月，谓君子之道通此。

坤宫二世卦，属十二月，纳甲是丁巳、丁卯、丁丑、癸丑、癸亥、癸酉，借用乙丑、乙亥、乙酉，如生于十二月及纳甲本命者，功名富贵人也。

邵曰："以上临下，亨通而利于贞固。得之者，有临卑莅众之权，得崇高富贵之福，惟临为多口之象，施恩成怨，口舌是非，皆不能免，禀性好高而忧乐相半，啾唧不宁，喜春日生。"

初九：咸临，贞吉。

《象》曰："咸临，贞吉，志行正也。"

初九、九二同是阳刚之君子，自合居上，今反居四阴之下，则是男下于女也。男下女则为咸象，故两爻皆曰“咸临”也。今初九居阳位得其正，故曰“贞吉”。

数、卦叶吉，主至大之才，至重之德，谦恭待士，慈爱及人，进修正道，排斥谗言，足以为大贵人也。

数、卦不叶，亦是吉人，守正处公，随时俯仰。

岁运逢之，在仕者，知己相从，得人共济。其正字为兆甚多，正奏、正言、正字、正拜皆是也。常俗，进退亨通之兆。

邵曰：“初九与四相应而为临，所以为贞固，而可行其志也。得之者，如大厦之颠，非一木所支，处世之危，非一人可助，须得提携之主人，方可成事。然而口舌是非，纷然莫测，有不可得而免者矣。”

九二：咸临吉，无不利。

《象》曰：**“咸临，吉，无不利，未顺命也。”**

刚大之才，当刚长之运，二咸君子正，得臣位则吉，又无不利。惟是失正，故小象曰“未顺命也”，谓不可急进也。

数、卦叶吉，进德之勤，行道之力。道同则处之，如决流，如转圜；道穷则守之，如介石，如拔山。是不以穷达为忧乐也。

数、卦不叶，作事老成，起家营利。

岁运逢之，利朋友相倚，不利自己独为，又当斟酌时宜而行，盖变作休复，有进有退，进取者未稳，年幼及老人得之，更兼卦凶及数无归，而缺断者不寿。

邵曰：“阳刚得中，而势上进，故其占吉而无不利也。得之者，有是非口舌，破财伤业，必须先见灾危之咎，可享和平之福，又因正直有感，而得阴人之助。”

六三：**甘临，无攸利；既忧之，无咎。**

《象》曰：**“甘临，位不当也。既忧之，咎不长也。”**

六三不中不正，而居二君子之上。

数、卦叶吉，不可执此言也。此爻变则为泰，当作贵人矣。常怀忧疑，或见灾危，如是女命，多是不正，甘言巧语。

数、卦不叶，非吉人也，专习邪言，不从正道，有才无德，损物欺人。

岁运逢之，在仕者信下言，或生毁谤，或生悲忧。

邵曰：“三为兑体，兑为口舌，阴柔不正，居下之上，无才无德，惟以口舌甘悦于人。得之者，甘口悦人，虚文无实，终岁劳苦，多受虚惊，故当思患预防，而谨守为美。”

六四：至临，无咎。

《象》曰：“至临，无咎，位当也。”

六四位得其正，故曰“至临无咎”。此爻与初相应，而成解卦。此言“至临”，彼言“朋至”，其两字皆从君子而来。

数、卦叶吉，必为公正贵人也。

数、卦不叶，亦有福，常俗技艺有声，但作事此之求速，彼之应迟，盖变为归妹愆期也。

岁运逢之，不可遽动，必待其求而后应，庶免龃龉之叹，在仕者宜临任而行事也。

邵曰：“柔正而近君，下应初九，临之至善者也，何咎之有？得之者，器识宽洪，富贵不骄，忧危不惧，虽有口舌是非之灾，当有临民莅政之喜。”

六五：知临，大君之宜，吉。

《象》曰：“大君之宜，行中之谓也。”

“知”字属水，谓五变为坎水乃知也，故小象谓“行中”者，是动则成甘节吉。甘者，坤属土，五亦中数土也。

数、卦叶吉，大贵人也。“行、中”之谓，其兆多矣，中奉、中大夫、中书省是也，“行”字为行动、行师。

数、卦不叶，亦是福人，盖爻变节卦，不伤财，不害民者也。

岁运逢之，入仕者显，求名者就。

邵曰：“以柔居中，下应九二，不自用而任人，乃知之事，而大君之宜，吉之道也。附会者众，逢迎者多，不特人资我以为福，我亦资人以为助。一生施恩成怨，招平地之是非，苟非王公大臣，难以当此。”

上六：敦临，吉，无咎。

《象》曰：“敦临之吉，志在内也。”

临卦二阳，君子方进之道，而六五大君任之，六四近臣任之，今上六无位之贤亦厚之，故象曰“志在内也”，是从内卦之二阳也。阴之从阳，上之反下，敦厚其临也。

数、卦叶吉，必为大贵人也，一念拳拳在内，与君子行道，不特己德可进，而移风易俗化民，德莫不归于厚矣，何咎之有？

数、卦不叶，必为年高德邵之人，或改祖，或外立。

岁运逢之，在仕者必居内，或内翰亦是也。常人进利大学升内舍，或外名者亦遂也。

邵曰：“以厚德居坤之极，而敦厚于临，吉而无咎之道也。得之者，赋性敦厚，为事诚实，事皆谦和，所以获吉，若有口舌是非，宜慎为好。”

观 ䷓

观：盥而不荐，有孚颙若。

《象》曰：“风行地上，观。先王以省方观民设教。”

观之为卦，内坤外巽，九五中正，故曰“大观在上，顺而巽，中正以观天下”。此德之美也，不顺必拂，不巽必忤，不中必倚，不正必邪，道心澄彻，至灵至妙。盖出庶物而为兆民所瞻仰，岂徒富贵赫然在上而谓之观乎？故曰“下观而化，神道设教，而天下服矣”。其象巽风行乎坤地之上，周遍四方，人所共仰，先王以之省四方，观民俗而设教令，夫省方者观民也，设教者为民所观也。凡得此者，不宜求举及赴试，盖卦辞有不荐之兆也。

乾宫四世卦，属八月，纳甲是乙未、乙巳、乙卯、辛巳、辛卯、辛丑，借用癸未、癸巳、癸卯，生于八月及纳甲本命者，大贵人也。

邵曰："盥而不荐，有孚颙若，《象》曰：'大观在上，中正以观天下。'得之者，待人接物，曲尽和气，禀性好察，为世所宗，为人所仰。"

初六：童观，小人无咎，君子吝。

《象》曰："初六，童观，小人道也。"

阴柔在下，所观者九五之中正也，在下而远之，兹谓童观矣。童者蒙而无见也，在下民则可，在君子则吝。

数、卦叶吉，或主幼敏，或习童科。

数、卦不叶，徒有名利，所见浅狭，所为鄙吝，但欲习随下流，不能施设大事。

岁运逢之，仕宦艰阻，进取迂回，谋远应迟，弄巧成拙，蒙而无见之童也，忌小人暗昧之事。

邵曰："阴柔居下，不能远见，童观之象，小人之道，君子之羞也。得之者，失援无助，损己益人，反成尤怨，无为快利之图，宜障是非之渐。"

六二：窥观，利女贞。

《象》曰："窥观女贞，亦可丑也。"

蒙而无见曰"童"，有见而小曰"窥"。六二虽中正，然禀阴暗之资，岂能观九五之大德也？

数、卦叶吉，亦是浅才薄德，卑职微官，暂获安荣，终见丑拙，或遇阴贵，得妇人助己之力。若是阴人，守正主家，为福有寿。

岁运逢之，在家则晦，在外则明，宜动不宜静，或忧或喜，或妇事丑恶，常俗谨慎无忧，利女人，不利男子。

邵曰："阴柔居内而观乎外，窥观之象，女子之正也，大人得之，非所利矣。得之者，譬之朽木，虽雨露不能滋其生，而贫居陋巷无应援，不能遂其志，否则孤力难成，于事何益？然而阴人小口之灾宜慎！"

六三：观我生，进退。

《象》曰："观我生进退，未失道也。"

不中不正。

数、卦叶吉，亦贵人也，舍己从人，顺时养德，用之则进，舍之则藏，有古人之风，于道未为失也。

岁运逢之，进退不果，去住不决，审势而行，知难而退。

邵曰："三居坤上，正应上九，可以观我之生，思以明进退之几也。得之者，主有权柄，人皆视我以为去就，言行为众推服，大贵人也。常人得之，机会可成，财禄可得。"

六四：观国之光，利用宾于王。

《象》曰："观国之光，尚宾也。"

九五中正，阳刚之君，而四近之，愿从事而观其光，故其君尊而宾之，惟士不轻其身，则上不轻夫士。

数、卦叶吉，必为王公大人也。

数、卦不叶，亦有清誉高才，常为诸侯上客。

岁运逢之，仕必内除，俗主外望，最利作商，宜得知己。其国、光、宾、王之四字，或是职官，或是人之姓名，自然符合也。

邵曰："以阴柔之顺，近九五阳刚之君，观国之光，利用宾礼之敬也。得之者，观光上国，作宾王家，虽常人亦可发福，且多上人之重，难免小人之谗。"

九五：观我生，君子无咎。

《象》曰："观我生，观民也。"

中正之德，为民之所瞻仰。

数、卦叶吉，一心之诚能立天下之中正，能化天下之不正不中，乃重望厚德之贵人也。

数、卦不叶，亦为中正之君子。其"生"之一字，为不孤，为有寿。

岁运逢之，或为国学生，或立生计，或见生产，有病者不死。

邵曰：“九五以阳居尊位，人皆观我以为生，仰我而得所养也。得之者，财禄丰裕。”

上九：观其生，君子无咎。

《象》曰：“观其生，志未平也。”

有至大至刚之才，德高出一世之外。

数、卦叶吉，其德为天下之所仰，其身不为天下之所用，有志而济世，无位而忧君，此大贵人。其“生”字与九五之“生”字相亚者也。

数、卦不叶，其志郁而不伸，亦是清誉吉人。

岁运逢之，求名者未全成，求利者未全遂，有疾厄者得生意。

邵曰：“九五‘观我生’，得其位也；上九‘观其生’，未得位也。虽曰‘无咎’，未得安宁。得之者，视人以为去就，得人以为依归，屈节下士之时也，虽抱不平之气，终有可伸之日。”

噬嗑 ䷔

噬嗑：亨，利用狱。

《象》曰：“雷电，噬嗑；先王以明罚敕法。”

震雷离电相并，是亦噬嗑之象，故卦为噬嗑。先王观此威明之象，以之明其刑罚，敕其法令。此“雷电”二象，宜生于二月已后，八月以前及时；若生于十月以后，正月以前则失时。

巽宫五世卦，属九月，纳甲是庚子、庚寅、庚辰、己酉、己未、己巳，如生于九月及纳甲本命者，功名富贵人也。

邵曰：“以阴居阳，虽不当位，而利用狱，盖治狱之道，惟威与明，而得其中之为贵，故有其德，则应其占矣。得之者，作事聪明，中生不足，交友接物，多成怨咎，大宽小急，招揽是非，所宜独处，俟时何可营谋百出，秋冬夜生得地，春夏退神。”

初九：屦校灭趾，无咎。

《象》曰：“屦校灭趾，不行也。”

刚而得正，然在下位，故取象为受刑之人也。初则受刑之轻，但屦其足，以木械之校，而伤其趾者也。惩之于始，则不敢进于恶，故无咎。小象谓“不行”者，使不得进于恶也。

数、卦叶吉，必贵人矣，先起卑微，后至高大，变为“晋”，独行正之象也。防微杜渐，小惩大戒，能谨行止，改过无伤，或是心怯而退守，或是生足病而不行。

数、卦不叶，为卑下之徒，则是鄙吝之辈。

岁运逢之，足莫轻动，事莫妄为，防足疾，凡事谨守。

邵曰：“刚而在下位，暴而受刑，然初在卦始，罪薄过小，故无大咎。得之者，如物羁系而不能进，不得舒其有为之志，意外之公讼是非，率皆平地风波之象也。”

六二：**噬肤灭鼻，无咎。**

《象》曰：“噬肤灭鼻，乘刚也。”

中正之德，居大臣之位，乘初九一刚之上，噬去其恶也。初为恶之浅，故曰“肤”也。鼻者，通气之窍也。今六二塞其初之窍，则气不与九四相通矣，此用刑之穷苦者也。

数、卦叶吉，大贵人也，志大敢为，机深能干，大则掌杀伐，小则管刑狱。

数、卦不叶，或带疾在身，或骨肉刑伤，隐名晦迹，修身养德，宜为僧道，不然多睽背。

岁运逢之，或生身体之疮疾，或见骨肉之伤悲，进退艰难者也，或见是非括挠。

邵曰：“六二中正，故其所治，如噬肤之易，然以柔乘刚，故进甚易，亦不免伤灭其鼻，占者虽伤，而终无咎也。得之者，份量浅薄，宜为执法之官，方有余力谋用，间隔口舌，宜防饮食起居，尤所当慎小人。得之者，是非交结，只可置身于有司，然而破财遭伤，有不可得而逭者矣。”

六三：**噬腊肉遇毒，小吝，无咎。**

《象》曰："遇毒，位不当也。"

六三之去恶，视六二则难矣，盖九四为一卦之梗，若"腊肉"之坚而难噬也，噬之则"遇毒"而伤齿矣，而况齿之弱者乎？六三才弱居刚，以柔噬坚，位不当而"遇毒"宜也。

数、卦叶吉，有志立功名，富贵人也。

数、卦不叶，才弱心高，才小任大，不能详审事体，斟酌事宜，若小施为，则成规模，不然大施为，则见掣肘矣。

岁运逢之，易事难干，或生小腹之疾，或见惊险之祸，"遇毒"故也。

邵曰："六三以阴柔之质，噬九四之刚，而遇其毒，所以小有吝而无大咎。得之者，襟怀潇洒，义气常存，善道劝人，每招无良之怨，人欲害之，适遭其遇，微灾小晦，难掩余光，宜绝小人之交，谨防暗中之损。"

九四：噬干胏，得金矢，利艰贞，吉。

《象》曰："利艰贞，吉，未光也。"

九四为一卦之梗，又为用刑之人，最要生月及时。

数、卦叶吉，则大贵人也，足以胜朝廷之重任，遇难事敢当，险处不怯，禀刚大之才，行正直之道。以金矢二字为兆多矣，金榜、金门、金阶、金紫是也。矢者箭也，与荐同，在仕则为荐剡，未仕则为发荐，此又当以岁运消详，分轻重而言。

数、卦不叶，更生月失时，必为无德浊富之人，为一乡之巨蠹也。

岁运逢之，或经商获利，或仕路升迁，或大贵荐剡，大抵先难后易，或为梗塞，终见自通，常人亦利。

邵曰："以阳刚之才，得坚矢之道，故虽干胏，亦能噬之。得之者，求谋用事费力难成，梗直性快，反遭疑惧，争讼纷纭，所以敛束为佳。"

六五：噬干肉，得黄金，贞厉，无咎。

《象》曰："贞厉，无咎，得当也。"

用刑如噬肉之易，五刚居中，为得黄金，而六则阴柔也，以阴居阳，不当其位，虽中而不正，苟能用之以正危厉，而不敢自安，则得当矣。

数、卦叶吉，至明至聪，拨乱反正之贵人也。“黄金”字为兆，是黄榜、黄堂、黄屋、黄鱼、金紫、金殿者也。

数、卦不叶，亦为大福人，足衣足食，积粟聚宝。

岁运逢之，病者身安，进取者成名，仕宦者任刑法，去奸邪，常俗亦利。

邵曰：“以柔居尊，得坚金之道，又能正固而虑危厉，所以无咎。得之者，处事惟公，反遭无咎，然而求名望利，则又可许，乖张日释，和气日生，故无害也。”

上九：何校灭耳，凶。

《象》曰：“何校灭耳，聪不明也。”

不中不正，恃刚而居一卦之上，失于惩恶，今恶至于上而极，负荷其校，罪至灭耳，聪不明而凶之至也。小象不言听而言聪者，何也？听者耳之官也，聪者耳之德也。耳若聪明，何可罪乎？今曰聪不明，非聋也，本心之不明也。本心苟明，聋而实聪，有吉而无凶矣。

数、卦叶吉，虽处富贵，常怀忧惧，盖变入震上六，索索矍矍之恐也。

数、卦不叶，必遭祸患狱讼之事，或刑狱而法网，或争讼遭刑。

岁运逢之，宜塞耳埋头，莫管闲事，则无祸矣。不然，逢是非争讼刑责之扰，或为耳目不明，血气不顺之灾也。数凶则殒身之祸。

邵曰：“极高无位而刚戾，乃何校以灭耳，凶之道也。得之者，可操刑兵生杀之权，享富贵尊荣之福，惟能隐人之过，不肯彰人之恶，仁厚存心，非大人君子不能也。凡有谋为，严加谨慎，庶免遭凶。”

贲 ䷕

贲：亨，小利有攸往。

《象》曰："山下有火，贲。君子以明庶政，无敢折狱。"

贲卦三阳自泰卦来，因九二之刚上而文柔，为天文，因上六之柔来而文刚，为人文，此天文与人文交错，成贲饰之象，故《彖》曰"天文也，文明以止，人文也"。盖内离为明，外艮为止，大象谓"山下"，多草木百物，而有离火照耀，故成此光贲之卦。君子因其照耀，以明治其庶政，然不可恃其明，当无敢有轻易折狱之心。此卦多主文章学问，华饰秀丽，又主典刑礼乐，光辉装饰。

艮宫一世卦，属十一月，纳甲是己卯、己丑、己亥、丙寅、丙子、丙戌，若生于十一月及纳甲本命者，功名富贵人也。

邵曰："山者草木百物之所生，山下有火，固皆被其光照。得之者，赋性聪明，潜心书史，有果敢断决之才，高飞远举之志，日嘻嘻无所忧虑，所尚朴实无虚文，喜春夏日生也。"

初九：贲其趾，舍车而徒。

《象》曰："舍车而徒，义弗乘也。"

贲，饰也；趾，行也。车，乃贵者所乘；徒，乃贫者所履。今初九以刚正之贤，禀文明之德，在下而无位，六四之贤，虽与之应，而我隔之远，六二之贤，虽与之近，而我非其应，夫远者我不得应，近者我不得从，此其义也。凡事物非我所有者，则一介不敢与人也，达则振斯文以饰天下，穷则养斯文以饰一身。

若数、卦叶吉，必为天下大德之正人，不以穷达为忧喜者也，或进取之路迂回勤苦。

数、卦不叶，多是区区碌碌，随时俯仰，或是倚靠富贵立身。

岁运逢之，弃易就难，违亲倚疏，利静不利动。

邵曰："以刚明而处无位之地，无所施于时，惟是贲其趾，义苟不合，宁舍车而徒行。得之者，以刚正之资，秉文明之德，舍贵就贱，屈己下人，安节义于贫约，不为骄矜，不自尊大，岂以徒行为辱，而以轩冕为荣，是以所宜退于无事之际，安可进用于有为之所也。"

六二：贲其须。

《象》曰："贲其须，与上兴也。"

"须"之象，乃顺所生之毛也。精气内实，英华外发，此人之文也。"须"无自动之理，待顺动则随之而动矣，故须训待也，待上之兴起也。"须"者，自然成文，不加妆点，如人之聪明，不由学习而自通矣。

数、卦叶吉，有至聪至明之学问，有至中至正之道德，足以待君上之求，而佐兴文明之治也。

数、卦不叶，则是心明性敏，广识多闻，常亲上位，不习下流，可以保守安静之福。

岁运逢之，有不谋自至文书之喜，不可轻动，盖动则为舆脱辐，虽遇知己，亦不能信用之也。数凶者，质丧而不可救，柔弱不能立也。

邵曰："六二以阴居中正，而不能变其质，所贲者，须随顺以动而已。得之者，安以待时，不可躁举妄动，须依附贵人方可立业。"

九三：贲如濡如，永贞吉。

《象》曰："永贞之吉，终莫之陵也。"

"濡如"乃互体，有坎水光辉润泽，以喻文物之著盛也。夫文之始难成，而文之成易坏，当求久贞固以守之，则上不陵下，卑不逾尊，而上下之分定，天下安矣。

数、卦叶吉，文足以华国，才定以济世，当为清名重望之贵人也。

数、卦不叶，则是见识过人，德行迈俗，或金谷丰盈，或衣禄滋润，或寿算永远，或保守坚固。

岁运逢之，自然荣盛，事不劳力，纵有外扰是非，终不能害己也。

邵曰："三处文明之极，光彩而润泽，然在二阴之间，而非正应，故必永贞乃吉。得之者，丰彩接人，光辉被物，上人协助，令闻无疵，其间虽有小人暗损，天相吉人，必无害也。"

六四：贲如皤如，白马翰如。匪寇，婚媾。

《象》曰："六四，当位疑也。匪寇，婚媾，终无尤也。"

六四之阴，本应初九，为上九刚之文柔而为贲主，今六四从之，则有白受采之质，然隔于五而不得亲，未受其饰，故为“皤白”也。又如白马之美质，其志翰如，从上之吉，且疑六五为怨尤也。不思五与四，其德同于柔顺而相助，非寇也。位虽若隔而可疑，德则相亲而不忌，故始疑而终无咎也。

数、卦叶吉，文章之高，学问之广，作事标准，为世老成，或主先难后易，进取迂回，异路功名者也。又“马”者，五马太守也；“皤”者，尊也；“翰”者，飞腾也。疑彼为寇者，反为我之亲爱也。或成名不假于进取，或历任不宜于次序。

数、卦不叶，亦得晚景，结果善终也。

岁运逢之，或忧中成喜，或暗里辨明，从有险危，终获安宁。数凶者，忧有丧服，盖有素白之象也。

邵曰：“四与初为正应，而为九三所隔，故不得遂，所以皤如，如乘马有飞翰之势。然九三刚正，非为寇者也，乃求婚媾耳，故其象如此。得之者，立身清介，无事纷华，交友求媾，每为小人间阻，惟有天理，何患人情，所以终无害也。其于丧服，间或有之，亦非亲者，以其有白字之兆。”

六五：贲于丘园，束帛戋戋。吝，终吉。

《象》曰：“六五之吉，有喜也。”

六五为文明以止之主爻，天下之贤，处于“丘园”，则以币帛厚礼招而致之，不使天下有一贤之遗也。“戋戋”者，礼盛而再三也。“吝”者，币有所宜施，亦有所宜吝，召之非人则吝，然必施之于正人，然后得其终吉而有喜也。或问：何人似乎？曰：汤之莘野，高宗之傅岩，文王之渭水是也，今则惟命不拘乎此矣。

数、卦叶吉，或为田园丘林，衣帛玉帛，或为鄙吝之性，或为终善之寿，或为喜庆之事。

数、卦不叶，为吝啬之人，或隐于山林，或葬于丘墓。

岁运逢之，闲官召聘，见任则受福禄，衰老则终寿，常人获利，或见喜事。

邵曰：“六五柔中，为贲之主，敦本尚实，得贲之道，故有丘园之象，然阴性吝啬，故束帛戋戋，虽可羞吝，然礼应宁俭，故得终吉。得之者，赋性柔懦，处事无刚决之才，资人成事知机，乃高尚之士，更多田园文章之喜，贵人欢欣，虽有意外是非，终当自释。”

上九：白贲，无咎。

《象》曰：“白贲，无咎，上得志也。”

此贲饰之极，文之穷也。救文之穷，其惟质乎？故曰“白贲”，白者，素而无华也。此爻即是泰卦九二来为贲之上也。易以阳为白。

数、卦叶吉，有古人质朴之德，其文学超出乎世表。

数、卦不叶，即是梗直淡静诚实之人。

岁运逢之，与数叶吉者，进取宜利。若数不叶吉，必见服制，仕路则升迁，常俗必得志，皆不免服制之事。

邵曰：“贲极厌华，尚素之象。得之者，甘淡自如，不同流俗，清洁自守，乃受禄基，主有身家之忧，更防外服之及。”

剥 ䷖

剥：不利，有攸往。

《象》曰：“山附于地，剥。上以厚下安宅。”

小人众而外一君子，故君子不利有攸往。其象坤顺艮止，为能顺以止，此君子处剥之道也。五阳消矣，消极必息，五阴盈矣，盈极必虚，故剥极而七日来复，是以君子尚之也。大象五阴盛而剥一阳，民剥君子，此言剥象也，厚其地则山不摧，厚其民则上不危。凡得此剥，多作贵人，但未免孤立刑克。

乾宫五世卦，属九月，纳甲是乙未、乙巳、乙卯、丙戌、丙子、丙寅，借用癸卯、癸巳、癸未，如生于九月及纳甲本命者，功名富贵人也。

邵曰：“群阴盛长，小人剥丧乎君子，是以当顺其时而止之也。得之者，敦本务实，处事和平，养拙俟时，不为名利所惑，然而小人克剥，有所难免，此忧惧蹇滞之象也。”

初六：剥床以足，蔑贞，凶。

《象》曰："剥床以足，以灭下也。"

天下之势有如厦屋，在上庇其床，在下其人处于其中，害人者先害其床之足，害国者先害其国之足。夫君子乃人君股肱也，非国之足乎？小人蔑正道消君子，则是剥床之足。如得此爻，数、卦叶吉，亦可为君子，惟是贵气之浅，或防下人侵害，或忌自己生灾。

数、卦不叶，足迹不停，心事无定。

岁运逢之，或生手足之疾，或见奴婢之损，或是兄弟之忧，惟利修造及兴土木之工则吉。数凶则身危家破矣。

邵曰："方剥之初，剥床以足，则剥自下起，灭正则凶。得之者主阴人小口克剥之忧，破业疾足之扰，能思患而预防之，聊可苟免而已。"

六二：剥床以辨，蔑贞，凶。

《象》曰："剥床以辨，未有与也。"

居中得正。

数、卦叶吉，贵人也，常存中正之心，多被奸佞之谤。

数、卦不叶，身不闲静，家计难立，亲眷无倚，婚嗣有亏。

岁运逢之，谋干少遂，进取未成，卑者侵凌，尊者疑忌。

邵曰："六二剥床于辨而益凶者，以其未有正应也。得之者阴人克剥，小人扰害，又主破财伤业，仍防腰足之忧。"

六三：剥之，无咎。

《象》曰："剥之，无咎，失上下也。"

六三剥有两象，可以吉，可以凶，观其阴爻处阳位，则为不中不正之人。正当否卦三爻，内失上下，外阴之助外，亦未能为一君子之助，然"无咎"者动，与君子相应也。以五阴爻观之，其六三与上九君子独应，则与上下四阴不同矣。象云"失上下"者，即是得中也。以反对复卦考之，此六三则是六四中行独复，以从道者也。

数、卦叶吉，必是富贵人也，特力独奋，异俗超群，学古之勤，行道之力。

数、卦不叶，则为有德无福之人也。

岁运逢之，在仕宦，逢明主，遇重臣，常俗遇恩，多蒙知己。

邵曰：“众阴剥阳之时，而三居刚位，上应阳明之爻，虽在剥中亦无咎也。得之者，远邪佞，亲正道，名利方成，其间虽有小人侵损，终不为害。”

六四：剥床以肤，凶。

《象》曰：“剥床以肤，切近灾也。”

六四之体，艮为身，故取“肤”为象也。四阴自下而进，其党日盛，其势日进，此言灾及其身，则是祸及于君子。

数、卦叶吉，则以阴居阴位之正，亦可以作贵人，但终失其大体者也。

数、卦不叶，盖变为硕鼠贞厉，鼠贪而畏人，故厉也。

岁运逢之，事多及身，亲自用力，或兴争讼，或见灾危。

邵曰：“四阴盛剥，以至于肤，几于危矣。得之者，主阴人小口之灾，皮肤疮痼之疾，倾覆之时，锁尾之日，破败之象也。”

六五：贯鱼，以宫人宠，无不利。

《象》曰：“以宫人宠，终无尤也。”

六五虽中而未正，亦可为吉，亦可为凶，是群阴之类，亦群阴之主，且能总群阴以听命，而止其害正，又能调群阴以息幸，而止其弄权，此可谓得顺而止之道也。且宫人皆阴类，是指下之四阴而言也。贯者，联而总之也；宠者，息以幸之也。如是则无尤矣。

数、卦叶吉，则为大贵人，或文或武，二者相兼，盖亲上九之正人也。

数、卦不叶，必居小人之上。若女人，有福有贵，必自卑下而至高大。

岁运逢之，或加官，或纳宠，或宫观，或住持，或因妇人进财帛，要当与兼卦消详，则无不应也。仕路重权已归，居家门庭和合。

邵曰：“鱼阴物也，五能使群阴顺序如贯鱼，然又一阳在上，能获宠爱之义。得之者，有阴贵之协助，无群小之侵害。女人得之，主大贵，有封国之荣。”

上九：硕果不食。君子得舆，小人剥庐。

《象》曰：“君子得舆，民所载也。小人剥庐，终不可用也。”

一阳居众阴之上，可以吉，可以凶，故圣人以三象取之，则见易象之变无穷也。一阳在上，如硕大之果，果核之心为仁，含生生不穷之理，是不为人所食，而其仁可复生，可见阴之剥阳，终莫能尽。如一阳在上，而下有众阴乘之，是得舆之载也。又一阳在上，如屋庐上覆，世道尚有所赖小人用事，剥之不尽不止也，岂可乎？

数、卦叶吉，为大德之君子，乘舆车，服民心。

数、卦不叶，为无德之小人，破祖败家，伤亲犯上，纵有技能，亦无用于世。

岁运逢之，在仕者有重权，有荐剡，逢知己，有生意，或修造屋宇，或生子孙，但择朋友防下人侵扰。数凶者变剥为坤，丧其身矣。

邵曰：“剥之上九，君子不幸，为小人克剥，如硕大之果，既不可食，又不可消，真小人之不能胜君子。得之者，虽有小人侵损，反自遭伤，有大贵提携，有迁官进禄之喜。”

复䷗

复：亨，出入无疾，朋来无咎；反复其道，七日来复。利有攸往。

《象》曰：“雷在地中，复。先王以至日闭关，商旅不行，后不省方。”

复之亨者曰刚反，反者归也。本自剥来，其刚浸长，阳穷于剥之上，必反于复之下，阳归为主，阴去为客，安得不亨？震一阳动而进，坤群阴顺而退，阳既入而处于下，又将出而进于上，何必速？速者疾也。复而临，临而泰，三阳朋来无咎而疾之也，以反复其道，七日来复而慰之也，以利有攸往而勉之也，复亨矣，无咎矣。又一言以断之，曰复其见天地之心乎！凡动而生物，贵阳贱阴，长君子消小人，此数事者天地之心也，天地之心不可见也。圣人观此复卦，而见之有国有家，可不体彼之心，而为此之正乎？体之为圣，失之为愚，履之为治，舍之为乱，其圣愚治乱，一心而已。大象雷阳地阴也，请观冬至之时，积阴虽在于地上，而一阳已萌于地中，故万物皆寒，而井泉独温也，象之辞则是顺天时养真纯而已。

坤宫一世卦，属十一月，纳甲是庚子、庚寅、庚辰、癸丑、癸亥、癸酉，借用乙丑、乙亥、乙酉，若生于十一月及纳甲本命者，真贵人也。若二月至八月生者及时，余月福力浅。

邵曰：“物无剥尽之理，故剥极则复。自姤至复凡七卦，故曰‘七日来复’，所谓阴极而阳生也。得之者，改过从善，能思忧危之苦，功名事业，必先辍而后成，禀性多疑，与物相忤，喜三阳春生，秋冬杀气，不喜夜生。”

初九：不远复，无祇悔，元吉。

《象》曰：“不远之复，以修身也。”

一阳为众阴之主，动而即复，复而不远，何悔之有？其卦象为君子道长，象义为承顺天时，爻义为反复为善，此大易之道无不包罗也。

数、卦叶吉，为刚正大才大德之君子，顺理而安行，知几而固守，达则兼善天下，穷则独善其身。

数、卦不叶，多是修身养性，乐道寻真，不求荣华，惟慕萧散。

岁运逢之，在仕者居近君之位，进取者夺高科之名，常人亦有好事荣身获利之喜。

邵曰：“阳刚来复于一卦之初，不远而复，所以无悔而获吉，君子修身之日也。得之者，事业必先辍而后作，名利必先失而后成，知过必改，从善如流，更多破失，复有虚惊，事无大害。”

六二：休复，吉。

《象》曰：“休复之吉，以下仁也。”

休者，美也；仁者，指初九，阳德也。孔圣答子贡曰“友其士之仁者”，“克己复礼仁也”。矜者，自尊自大，不下人之仁者，是不能下于贤者也。今初九不远复，可为仁矣，六二虚中无我，倾心以下之，复之最美者也。

数、卦叶吉，仁人君子，其德中正，心不骄傲，忠诚事上，谦恭待下，为立功名享富贵人也。

数、卦不叶，亦是安贫君子，知命达人。仁者生意也，为长寿，为生育，为恻隐。

岁运逢之，若叶吉者，亲近贤德之君子，倚附富贵之吉人，迁谪者复职，困厄者得亨，临危者得安。不叶者，或休官，或下第。数凶者，“休”字，非生者也。

邵曰：“二近于初，能下其休美之仁，故吉。得之者，事宜守旧，以待亨嘉，天性明敏，慈惠宽洪，此克己复礼之君子也，何往不利!”

六三：**频复，厉，无咎。**

《象》曰：**“频复之厉，义无咎也。”**

频者，数也；厉者，危也。复贵能守，今六三不中不正，居动之极，非能守者，《书》曰：“人心惟危，道心惟微。”违天道，从人欲，其危可知，此频复为厉也。频复者，频失也，知危亦无咎矣。

数、卦叶吉，见危而改，改而又复，亦可为贵人矣，未免为乍进乍退，或是或非。

数、卦不叶，难中取易，短处求长，忧愁思虑，抑郁不伸。

岁运逢之，事事重迭，此之求速，彼之应迟，进退疑惑，更变不常，为事反复，如进取者变为“明夷”，得大首，可夺魁甲之名也。

邵曰：“以阴居阳，不中不正，又处动极，复而不固，屡失屡复之象，故无咎也。得之者，名利则得失相半，事业则否泰相仍，只宜退守，何利营求，虽有忧危，尚无大害。”

六四：**中行，独复。**

《象》曰：**“中行独复，以从道也。”**

六四于众阴之中，独应初九之一阳，则为中行独复，以从道者也。由中而行，不偏不倚，生乱世，不为之变迁，处污俗，不为之转移，挺然自拔于亿万众中，而独复者，无他，以其能从道也。

数、卦叶吉，贵人也。“中、行、独、复”四字为兆甚多，凡官职带“中”字皆是也。

数、卦不叶，为旅，为行师，为行兵，为孤独，为独立，为宫观道士之类。

岁运逢之，在仕职复，或出行复还，或常俗出入有获也。

邵曰：“四在群阴之中，自处于正，下应于初，而独复其志，可谓善矣。得之者，处已端方，故多寡助，求望有成，不免费力，不随小人之机，超出群黎之表。”

六五：敦复，无悔。

《象》曰：“敦复，无悔，中以自考也。”

敦，厚也；考，成也。一卦之主，有坤之厚德，无党无偏，不失此中而已，岂他所能致力哉？

数、卦叶吉，自信自笃，自昭明德，自强不息，故曰“自考也”。“敦”之一字，为君子重厚之德；“中”之一字，为仕宦官职之名。

数、卦不叶，虽非贵人，亦是田地金谷广足，为福寿年高者也。

岁运逢之，宜静不宜动，在仕有迁除，在常有服制，盖“考”字，不存而亡也。

邵曰：“以中正之德，处乎君位，敦厚于复善者也。得之者，求望有成，青毡可复，性本朴实，事出老成，女命最贵。”

上六：迷复，凶，有灾眚。用行师，终有大败；以其国，君凶，至于十年不克征。

《象》曰：“迷复之凶，反君道也。”

灾眚，谓之祸害。又分而言之，伤害曰“灾”也，妖祸曰“眚”也，国君，一国之君也，在家者一家之主也，又是一身之主也。一柔居众阳之上，乃去君子之道远矣，是迷而不复者也。沉冥不反，得罪于天，灾眚其能免乎？用之行师，终见大败。以其国君之身陷于凶祸，至十年之久，亦不克征，谓无获吉之理也。

数、卦叶吉，必能改过自新，亦可以为吉人矣。夫变则为由颐厉吉也。

数、卦不叶，为愚迷昏蒙，为疾厄伤残，为破祖败家，误国累主。

岁运逢之，利动不利静。

邵曰：“以阴柔居复之终，迷于复善者也。得之者，性多迷惑，无所适从，如或有过，必所不改，破祖破家之命也。”

无妄 ䷘

无妄：元亨利贞。其匪正，有眚，不利有攸往。

《象》曰：“天下雷行，物与无妄。先王以茂对时，育万物。”

无妄之名，只是有诚至对待，其象乾之天健，震之雷动，动以天，故无妄，动以人欲，则妄矣。两阴四阳，卦自遁来，以初爻为主，初本肥遁之爻，故曰“刚自外来而为主于内”。卦体震动乾健，五以刚健中正倡于上，二以柔顺中正动于下，何有于妄乎？所谓大亨以正天之命也。动不以正则有眚矣。有往者天命不佑行也。夫行于天之下，而震于万物之上者，其雷乎，雷以时行而下于天，物与雷俱出而不妄出，先王育万物，亦体雷行及时之义，对越而茂勉之耳。宜二、三、四、五、六、七、八月为及时，福力深；在九、十、十二、一月为失时，福力浅。

巽宫四世卦，属二月，纳甲是庚子、庚寅、庚辰、壬午、壬申、壬戌，借用甲午、甲申、甲戌，如生于二月及纳甲本命者，功名富贵人也。

邵曰：“无妄至诚，无妄之谓也，故有元亨之理，亦利于守正，否则有眚也。得之者，至诚朴实，言不妄发，事不妄为，性多疑虑，处事则明，宜防是非之渐，更喜春夏得时，秋冬不利。”

初九：无妄往，吉。

《象》曰："无妄之往，得志也。"

本乾宫在震之初，动以天而无妄者也，焉往而不吉，不得志哉？

数、卦叶吉，重德清才，知时识势之君子，足以胜朝廷重任也。

数、卦不叶，又不及时，亦为清静之人，心有诚实，事无轻举。

岁运逢之，进取者成名，仕宦得志，庶民常俗皆见利益，无往而不得志也。

邵曰："以阳刚为主于内，至诚而无妄者也，何如吉之？得之者，心地坦易，所事遂心，临事有难，不失所守，真乐天知命之君子也。"

六二：**不耕获，不菑畬，则利有攸往。**

《象》曰："不耕获，未富也。"

获者，割田禾也。治田三岁曰"畬"，一岁曰"菑"，菑芟草也。夫田未有不耕而获，不苗而畬者，此爻辞所云则是发明无妄之妙处，岂浅俗所能知乎？舜有天下曰：无为；禹有天下曰：行其所无事；《中庸》曰：不见而章，不动而变，无为而成。观此则不耕不获，不菑不畬之道，自昭昭矣。

数、卦叶吉，有中正之才，有柔顺之德，不烦用力，财物有余，不动而变，必有定见，富贵自乐，平生遂意。

数、卦不叶，亦是安闲，有荒怠之意，生计艰难，立身无定。

岁运逢之，或宜出入，或置田产，或宜进退取舍，或用心劳力，常俗宜谨慎免失，无求不利。

邵曰："柔顺中正，因时顺理，而无私意期望之心，故有不耕获，不菑畬之象。言其无所为于前，无所冀于后也。得之者，不施心力，有自然之禄，安分守己，无非妄之灾，其于机会，有不求而至者矣。"

六三：**无妄之灾，或系之牛，行人之得，邑人之灾。**

《象》曰："行人得牛，邑人灾也。"

本卦为邑人也，牛者六三所用也，行人为物外也。三不中不正，居动之极，失无妄之道也，故曰"灾"，而丧其所有也。辟之于牛，我自有之，系于邑中，自驯自牧，纵横其亩，无适不宜，岂行路之人所可得哉？今为行人得之，则邑人灾矣，此不能守固也。

数、卦叶吉，有才有德，但宜保守，不可妄为。

数、卦不叶，则德不胜才，言不顾行，或得或失，或喜或忧。

岁运逢之，宜进取。“牛”字解星之兆，宜外郡之试，盖行人之得也，本州不利，盖邑人灾也。在仕不宜于邑宰，在农家进畜，为商贾获利，守静必有损失，出外则宜利，旧喜新愁，得失不定之兆。

邵曰：“阴柔而不中正，无妄之灾也，虽于妄动，有得亦必有失。得之者，有妄动之福，灾即随之，有妄得之利，失则继之，不明之是非祸患，每每由于卒遇。”

九四：可贞，无咎。

《象》曰：“可贞，无咎，固有之也。”

观其可贞者，谓不可邪也。九四无妄固有矣，当守乎固有之德，四阴位，阴非正，宜谨也，然不必用力也，无邪足矣。

数、卦叶吉，则为才德君子，能固守正道也。

数、卦不叶，亦有福德，惟守正耐静。

岁运逢之，求名望利，皆不虚也。

邵曰：“阳刚乾体，下无正应，惟宜固守，不可有为。得之者贞固自守，初无期望之心，安分清闲，庶免妄为之咎。”

九五：无妄之疾，勿药有喜。

《象》曰：“无妄之药，不可试也。”

中正大德之君子，其言试者，尝试之，谓略用也，尝言起意为药，此改过之深旨也。九五至中至正，岂有疾也哉？非疾而治，又反生疾也。“不可”二字，辞严旨切。

数、卦叶吉，以至大至公之才，行至中至正之道，为后世标准之名人也。

数、卦不叶，亦是有禄之人。

岁运逢之，徒有灾祸是非，不辨自明，不药自愈，且为有成，生育见喜。

邵曰：“乾刚中正，以居尊位，而下应亦中正，无妄之至也。如是而疾，可勿药而愈矣。得之者，安于命分，不为苟且之谋，清苦自如，必无妄为之咎，虽有痼疾，不待药而自愈也。”

上九：无妄，行有眚，无攸利。

《象》曰：“无妄之行，穷之灾也。”

不中不正，居妄之极，不能保守其无妄也。卦辞所言“匪正有眚，不利有攸往”，正是此爻。行即往也，天命不佑，行矣哉。乾卦上九无妄，上九二爻小象同是穷之灾也，谓圣学功夫也。学本无穷，常克艰，常兢业，常毋怠荒之病，则大圣如舜，安有上九之穷哉？

数、卦叶吉，尚可迁善改过为吉人。

数、卦不叶，驱驰不停，孤独无倚，心高强辩，志大谋拙。

岁运逢之，事宜斟酌，心放容宽，则免灾祸也。数凶灾至，不保其终，有无妄之灾，在家啾唧，在外不利。

邵曰：“上九非有妄者也，但穷极不可行耳。得之者，作事详审，不躁进妄求，安守恬淡，庶免无心之祸。苟不待时而行，俟机而动，欲求无害，其亦难矣。”

大畜 ䷙

大畜：利贞。不家食，吉；利涉大川。

《象》曰：“天在山中，大畜。君子以多识前言往行，以畜其德。”

畜，聚也，止也。山韫天者，聚之大也，山止天者，止之大也。臣之止君以不为，不若止君以耻为，正心以及身，正身以及君，虽不止之以不为，而君自耻为矣。乾健欲进，而艮止之于下者，臣之止君之不善也。盖有大人正己之德，而潜格其非心也。凡天下之不善，吾皆止而不为，则不止于止其君也。盖有不止之止者矣，故曰“能止健，大正也”！大象山体小于天，而能韫天道，人心虚于山能聚天德，德何以聚乎？诵尧、舜、禹、汤、文、武、周、孔之言，行尧、舜、禹、汤、文、武、周、孔之行。然而止天，全在多识，则前言往行，皆我心事，不识则尽诵，尽空言尔，识若多又堕于偏见，撑肠拄腹五千卷之谓。今人矻矻穷年，埋头缵缉，前言往行，如说他人家事，于我日用，了无干涉，吁！安知畜德之功夫也？

艮宫二世卦，属十二月，纳甲是甲子、甲寅、甲辰、丙戌、丙子、丙寅，借用壬子、壬寅、壬辰，如生于十二月及纳甲本命者，功名富贵人也。

邵曰：“莫大于天，而艮止乾于下，畜止之大者也。所畜者利守其正，则所畜足以济天下之难，故利涉大川。得之者，文章才德冠世，度量宽洪，养育贤才，必不家食，多在外处成家，秋冬生利，春夏中平，有好爻必贵。”

初九：有厉，利已。

《象》曰：“有厉，利已，不犯灾也。”

刚健之初，其进方锐，上有四止之，若进不已，势必犯上，而灾祸至矣。

数、卦叶吉，多闻多见，有德有言之君子也，当斟酌事宜，见诸行事，不然则忠言正论见阻于邪佞矣。

数、卦不叶，则安常处分，随时立计，乃为宜者也。

岁运逢之，利静不利动，动则灾祸生。

邵曰：“阳刚上进，而为六四正应，所以进则有厉也。此爻能斟酌时宜而不进，是以不亲其害而利己也。得之者，作事详审，不为躁进，以求安分，恪尚恬淡，不罹横祸，得吉之征也。”

九二：舆輹。

《象》曰：“舆輹，中无尤也。”

舆者，车也；輹者，轴也。此爻刚健，处下之中，阴则止之，畜止而不进，则无尤也。

数、卦叶吉，变而为贲，与上兴也，必有才德，心明性敏，多识广闻，守正不移，待上之用，或急流勇退，或挂冠致仕。

数、卦不叶，或幼小不行，或老大足疾。

岁运逢之，或脱选改秩，或狱讼脱免，或显官谪迁，或生足疾，皆当以数有用无用轻重推之，数凶老幼皆不利寿。

邵曰：“二为六五所畜，势不可进，如车脱輹而不可行。得之者，谋用图进，则不免徘徊摧挫之劳，方可以见轩豁奋腾之喜，又见琴瑟不调，雁行失序，意外失脱之事，虽有知己，勿往无咎。”

九三：良马逐，利艰贞。日闲舆卫，利有攸往。

《象》曰：“利有攸往，上合志也。”

他卦则以阴阳为相应，独大畜则以阴阳为相畜，今以阳遇阳，为同德相合，盖德既同，则无事于畜矣。九三应上九，所以为合志也。然健极则轻而犯难，不正则违道而求伸，必艰难克守，闲习舆卫，则良马之逐，必无泛驾之患，而所往利矣。

数、卦叶吉，文章之盛，学问之广，如良马之健，如有大舆之健，兵卫之象，足以胜朝廷之重任也。“马”字、“舆卫”字，则是节制、军马、马步、军阀、司马、巧卫、拱卫、锋车、蒲轮、转运，皆应兆也。

数、卦不叶，虽与君子合志，或妄动躁发不自爱，重则为损失矣。

岁运逢之，皆如此消详，或奔驰劳役，而后有获得尊上使用，或知己助力，以济艰险。

邵曰：“阳刚方进，而上九又应之，其进如良马之驰逐也。然不可恃，而利于贞。如闲习车马而后行，所以利有攸往，与上合志也。得之者，思患预防，择交有济，更防暗中有失，乐意中有不乐之事。”

六四：童牛之牿，元吉。

《象》曰：“六四元吉，有喜也。”

牿者，谓木，制木角，以防其触，童牛未有角之称也，《说文》谓“牛牢”是也。牿牛在幼，止恶在微，六四居近君之位，正当止健之任者。及初九阳之微而止之，则必为力既易，得大吉而有喜也。

数、卦叶吉，或为童科，或为魁元，富贵吉庆双全。

数、卦不叶，为童仆近贵，或力小不能任重，或见成而拙于谋用。

岁运逢之，进取者则解，盖“牛”为解之兆也。常人有喜事，或有添进牛畜之喜。

邵曰：“以柔而畜初九之刚，而易于为力，如于童犊而加之以牿，其道大利元吉，而有喜。得之者，为人刚躁，执性狠恶，若上人拘制，必有遇物之伤，求为初难后成，事当防微杜渐。”

六五：豶豕之牙，吉。

《象》曰：“六五之吉，有庆也。”

说者以豶豕为去势之象，又以牙为伤人之具。今按象说牙者，非口中物也，乃系豕之械也，以木为之。考其爻辞，则与“牿”字相对是也。夫易，变易者也，不以一物一事拘执而言之也。以大畜卦喻一身言之，其马其牛其豕皆为中心，躁欲之情，有以制之，则吉也。圣人消其躁欲之源，故取象如此。尧以人心惟危，故逸乐慢游之过绝，汤以礼制心，故声色货利之念消，留心于易者，不可不知也。

数、卦叶吉，大才越众，大德服人，足以立大功名，享大富贵者也。

数、卦不叶，志气微小，作小小规模，渐成生计，亦是善人。

岁运逢之，亦多有吉庆之事，但怕兼卦不叶，元数失用者，器局终是小，福量浅矣。

邵曰：“五居君位，以止天下之邪心，如去其豕之势，虽有牙而不为伤，故吉而有庆。得之者，止恶于得意之时，不免有摧挫之患。然能以柔制刚，亦足以止其恶也。不宜与人争竞，防得意有不足之事。”

上九：何天之衢，亨。

《象》曰：“何天之衢，道大行也。”

此爻当生，得之大魁天下，一阳与九三合志，与三阳同类也。有良马逐，闲舆卫之利，而衢路大通，其贤者之所以并进，道之所以大行，善类之所以光亨。

数、卦叶吉，命世奇才，当有重望，功高千古，名动四夷，足以“继绝学、开太平”者也。

数、卦不叶，只是志大心高，自骄自傲，变为城复于隍之祸也。

岁运逢之，在仕者得荐剡，步天阶，如士人进取，必登天府之名，科甲成就，常俗谋为出入得利，“大”字应兆非轻。

邵曰：“畜极而通，豁达无碍。得之者，当检束心志，益自谦卑，以承天宠。如恃势妄为，则灾祸及身，非一而止，警之畏之。”

颐 ䷚

颐：贞吉，观颐，自求口实。

《象》曰：“山下有雷，颐。君子以慎言语，节饮食。”

颐之上下二阳爻似唇，中四阴爻似齿，又上止下动，此颐之象也。人之养生，在于饮，皆从口入，故以颐卦为养之象。又以颐为灵龟，自养生气皆在静，静而久，故以寿曰“期颐”也。夫上之养下，当观其下之人焉，不在其下之人，亦观其自己焉，如正则相养之道尽，如不正则相养之道未尽。孟子曰“养其大体为大人，养其小体为小人”是也。大象山下有雷，取其所养至大至刚之气，凡言论从口出，饮食从口入，其口动而能止，故有谨节之象。言语不慎则伤气，饮食不节则伤生。古来知道者必兢兢业业，心存无逸，不役于物，不纵于欲，言语不妄发，饮食不过度，皆日用常行，切要之务也。

巽宫四世卦，属八月，纳甲是庚子、庚寅、庚辰、丙戌、丙子、丙寅，如生于八月及纳甲本命者，功名富贵人也。又二月至七月生者及时；若九月以后者为非时也。

邵曰：“上止下动，而中虚，颐之象也。君子体此，慎言语以养其德，节饮食以养其身。得之者，谨言慎行，存爱人利物之心，守淡节欲，有摄生成家之智，禀性俭约，多虑役心，喜春令，余皆不宜。”

初九：舍尔灵龟，观我朵颐，凶。

《象》曰：“观我朵颐，亦不足贵也。”

二阳爻分为上下之主，上九为上体之主，故曰“由颐’；初九为下体之主，故曰“朵颐”，乃是动口也。不自养而观他人所养，其辞自上九发问，以上九为我，初九为尔，以六四为灵龟，则象自分晓。

数、卦叶吉，乃因人成己，他邦立基，贵力之浅，防贪之失，所得者少，所丧者多。古人有曰："贪看天上月，却失掌中珠。"又曰："贪他一粒粟，失却半年粮。"

数、卦不叶，为小人之体态，贪污之人必遭凶祸。

岁运逢之，能守正道则得长久而无失也，不然则有狱讼惊危之灾。

邵曰："龟能宴息，不食朵颐，则见食而更贪也。得之者，委靡不能自立，但看人之作为，而有垂涎之想，务宜安分守淡，不可妄思。"

六二：颠颐，拂经于丘；颐征，凶。

《象》曰："六二征凶，行失类也。"

六二从初为颠颐，违拂其常道也。从上九由颐，则征凶也。上下皆不得志矣。

数、卦叶吉，守正不动则保其身，养其生，亦可度岁月之长也。

数、卦不叶，习学无专，更变无定，交下见欺，亲上遭逐，或患颠狂，自受拘束。

岁运逢之，进退是非，不能遂意。数凶者，葬于丘墓也。

邵曰："以柔居柔，不能自养，而必求养于阳刚，若求于初九，则为颠倒，而拂其经常，若求于上九，则非其类，所行实凶。得之者，援下则不得补助之力，攀上又不得提挈之人。"

六三：拂颐，贞凶。十年勿用，无攸利。

《象》曰："十年勿用，道大悖也。"

六三质本阴柔，不中不正，居动之极，不知自养，而躁于求养，既拂违自养之正道，又公然放肆，大悖以干上者也。

数、卦叶吉，或改过自新，盖变而为贲如濡如，光华润泽之爻，亦可以作小小规模矣。

数、卦不叶，则是如此之情状也。

岁运逢之，事宜谨固，不然则冒干灾祸，损名丧身，见悲伤之事。

邵曰："阴柔不中不正，以处动极，拂违正道者矣。得之者，性多贪求，用有悖戾，宜居安自养，不可作为。”

六四：颠颐，吉。虎视眈眈，其欲逐逐，无咎。

《象》曰：“颠颐之吉，上施光也。”

六四为虎视之象，如贤者在上，体貌威重，则下之邪欲者，逐逐而去矣。

数、卦叶吉，大才之人，望端威重，足以进贤退不肖，立太平之基业者也。其兆吉，进取者则虎榜成名，在仕有虎符，或得尊上之光华，以荣其身也。其兆不吉者，虎视虎伤，或色欲，或斥逐是也。

岁运逢之，进取者成名，仕宦为太守，此吉数皆如是也。数凶者则为斥逐矣，且有是非颠倒不足之事。

邵曰：“四居大臣之位，大乃阴柔，不足自养，是颐养于上九，故曰“颠颐”。得之者，才德为人敬畏，政令为人服从，不能免人妒忌，乍进乍止之态，求谋须赖人可成，更得孙男奉养，享晚年和平之福。”

六五：拂经，居贞吉，不可涉大川。

《象》曰：“居贞之吉，顺以从上也。”

六五为一卦之主，其才阴柔，反求上九之养，是拂其经常也。上为大德大贤之君子，五赖之，为力，可以贞固得吉，何用涉大川而动乎！小象“从上”者，谓从上九也。

数、卦叶吉，多享见成富贵，或承祖宗之恩，或倚权贵之门。

数、卦不叶，不见辛苦，亦有受用。

岁运逢之，不可乘舟涉远，在仕宜静守则吉，常人有倚靠。

邵曰：“其爻阴柔不正，居尊位而不能养人，反赖上九之养，是拂违常道，守贞则吉。得之者，赋性懦弱，赖众力以为助，或是非之来，不为大害。”

上九：由颐，厉，吉，利涉大川。

《象》曰：“由颐，厉吉，大有庆也。”

上九居一卦之上，下之人皆赖其所养。卦有二阳，为上下之主。其初九在下为无位，独上九居师傅之位，得君所倚，得民所载，故颐养天下，皆自己出，故曰“由颐”也。

数、卦叶吉，位尊德重，常怀惕厉，不自盈满，如山屹然至重至定，足以养天下者也。

数、卦不叶，亦是有福有寿，得人心推戴，为乡闾之善士也。

岁运逢之，上者信任，下者钦服，或有喜庆，进取者成名。

邵曰：“以阳刚而居师保之任，常怀忧危之心，能竭其才以济天下危难，是成天下之万安也。得之者，身当大任，有养天下之心，自处尊荣，克享天下之福，作事随心，有大成望，利于行险。”

大过 ䷛

大过：栋桡，利有攸往，亨。

《象》曰：“泽灭木，大过。君子以独立不惧，遁世无闷。”

四阳为大，二阴为小，今阳过于阴，谓之大过。反对上下皆是巽之长木，取象为栋。栋者，脊桁也。上下阴弱，则曰栋桡，桡弱而损也。大过之时，何时也？曰大厦将颠之时也。然天下非不可为之事，无以施大过人之才。其象泽水在巽木之上，谓之泽灭木。是卑者压乎高者，故为大过。其象非过咎之过，乃为过越之过也。君子所以大过人之事者，独立不惧，遁世无闷而已。如中无定守，一摇于外，未有不惧且闷者。今如太空澄然无累，举世非之而不顾，何惧也？箪食瓢饮不改其乐，何闷也？此常人不能，惟君子能之，虽曰大过，其实未尝过也。

震宫四世卦，属二月，纳甲是辛丑、辛亥、辛酉、丁亥、丁酉、丁未，如生于二月及纳甲本命者，功名富贵人也。

邵曰：“阳刚过盛，而阴不胜其重，四阳虽过，二五得中，内巽外兑，有可行之道。得之者，利有所往，而得亨也。”

初六：藉用白茅。无咎。

《象》曰：“藉用白茅，柔在下也。”

藉，承也。巽为草，如茅之柔巽，为洁白净草也。初六当大过之时，柔而在下，柔以顺承，洁以自处而已。如茅之借以置物，乃谨之至也。

数、卦叶吉，有才有德，为朝廷之大用也。德行高洁，誉望清廉，处下以谦恭，得上之信任。

数、卦不叶，志慕清虚，迹隐郊野，知足不贪之贤者也。

岁运逢之，凡事谨审则无损失矣。如数凶则防伤财损折之忧。盖体柔承刚，则在下无过世之才，凡有为之时，可以遁避，不然则凶多吉少。

邵曰：“阴柔居下，而以茅借于地，畏慎之至也。得之者，清洁自持，不妄于有为，敬畏自守，不苟于作事，事宜敬谨，不宜放肆。”

九二：枯杨生稊，老夫得其女妻，无不利。

《象》曰：“老夫女妻，过以相与也。”

此爻当生，得之大魁天下，巽木居泽畔，杨也，兑为秋，为泽，乃枯杨也。互体乾为老夫，巽为长女，初为女妻，初六乃偶，而散敷根稊也。九二才德刚大，下比初六，此大臣能下士，而得助者也。持此道以当大厦将颠之世，如木枯之根生发可兴也。如年老而妻壮，将衰亦可扶也。

数、卦叶吉，特立独奋，扶衰济颠，拨乱反正，立大功业。

数、卦不叶，则难事求易，死处逢生，早年衰败，晚景光华，其象或为老叟，或妻年少，或子孙迟。

岁运逢之，又当看仕宦僧俗而言，不可拘执，或复官，或成名，或娶妻，或生女，或纳宠，或进徒弟，不一而足也。亦是老君得贤臣，老父得子孙，以治国家。

邵曰：“阳过之始，而比初阴柔于下，则是木枯而生根，可发兴也。身老而妻壮，衰可扶也。大厦之颠，何患不起？得之者，犹能成生育之功，而发少年之事，机会不期而来，事业无心而得。”

九三：栋桡，凶。

《象》曰：“栋桡之凶，不可以有辅也。”

大过栋桡，初上二阴爻，今九三言之，何也？九三志过锐，力过勇，与上六相应，欲辅之而反坏之矣。扶倾而倾必速，扶厦而厦必覆，乃过于扶持之罪也。此爻过于用刚者也。

数、卦叶吉，勇于功名，力于济事，反见败失之祸。

数、卦不叶，变则困于石，故终不吉。

岁运逢之，莫若加慎，则无大祸，以刚居刚之过也。数凶则有损折、失脱、倾覆之忧。

邵曰：“以过甚之刚，动则违于中而拂乎众，不能胜其任，如栋桡也。得之者，自恃刚躁，违拂众情，独自支撑，颠危无助，体质不免忧患疾作，更防家长有灾。”

九四：栋隆，吉；有他，吝。

《象》曰：“栋隆之吉，不桡乎下也。”

夫大过爻象，刚居刚者，为凶为不久，九三、九五是也。刚居柔，为有力有助，九二、九四是也。四乃栋位，九乃栋之材者也，其上六栋桡，以九栋材而易之，成重巽之长木也，巍巍在上，此栋之隆也。有他吝，则是不与初六相应相交也。

数、卦叶吉，禀刚大之才德，足以为国之栋梁矣。

数、卦不叶，亦是才德之重，位望之隆，虽不为世用，亦不改其洁也。

岁运逢之，在朝步骤者，必为辅相矣，初仕者当重任，常人或修造，干事宜执一，而不可二、三，及勿信下人言语，免为己累。数凶者，有是非不足之事，士子入试必为魁元，最利士人。

邵曰：“四居近君之位，当大过之任，如栋之隆起也。得之者，有起家立业之才，能胜重大之责，有贵人荐引，旧朋助言之喜。”

九五：枯杨生华，老妇得其士夫，无咎，无誉。

《象》曰：“枯杨生华，何可久也？老妇士夫，亦可丑也。”

男未室曰“士”，女已嫁曰“妇”。今九五言士夫，则无助也。兑为少女，何为老妇乎？盖指上六一柔居上位而言也。九五天下之大贤，不应其余，独应上六之阴柔，如杨木无故而生华，是速其枯也，何可久乎？是可丑也！

数、卦叶吉，虽有力有位，而亲信小人妇人之言，不能久远，或为不富不贵，半虚半实，可免忧难。

数、卦不叶，或妻年高，或妻性悍，或声僧之丑，或病患之大。

岁运逢之，喜庆处生忧，美事成丑，进取者名未达也，以刚居刚之过，士有老妇之忧，更防寿不永。

邵曰：“当大过之时，虽居中正，然下无应援，如枯杨生华，老妇得士夫之状也。得之者，百凡作事，有虚名无实惠，更忌眷属有言，或配婚不得其时，或老来得子女之喜。”

上六：过涉灭顶，凶，无咎。

《象》曰：“过涉之凶，不可咎也。”

上六即遁卦之初爻也，不量力而处大过之时，而为大过之事，宜乎灭没其顶也。自己取之，不可归怨他人。

数、卦叶吉，尚可以立于人之上。

数、卦不叶，必见智小谋大，德薄位高，取祸患必矣。

岁运逢之，惟求功名者利作魁首，其他皆不宜，或灾生头目。

邵曰：“处过极之地，才弱不足以济，然于义为无咎矣。得之者，有杀身成仁之事，或越礼犯分之灾。”

坎 ䷜

坎：习坎，有孚，维心，亨。行有尚。

《象》曰：“水洊至，习坎。君子以常德行，习教事。”

两坎相重曰“习”，阳动曰“流”，陷于中未出曰“坎不盈”，水逢险则行曰“行险”，曰“实”，曰“孚”，刚在中曰“心亨”也。险难惟行则济，为往有尚，为有功。天险上卦，地险下卦，王九五，公九二也。法天不可升，故设高卑贵贱之严；法地不可逾，故设城廓沟池之固。险之时，不可不济；险之用，不可不设。故曰“大矣哉”。大象

“水”，水则易竭，再至则方盈，君子法再至之象，以此进德，以此教民，谓水源源而再至也。

八纯卦世在上，属十月，纳甲是戊寅、戊辰、戊午、戊申、戊戌、戊子，如生于十月及纳甲本命者，功名富贵人也。

邵曰：“一阳陷于二阴之中，阳在中，有孚信之义。得之者，由历间关，伤克纷纷，应酬不暇，礼义未免，因人多事，不惟一日为然，至老如此，不惟处俗为然，仕至大贵亦如之。凡人命中重见坎者，一生劳心，兼有血疾。”

初六：习坎，入于坎窞，凶。

《象》曰：“习坎入坎，失道凶也。”

子曰：“素富贵，行乎富贵；素贫贱，行乎贫贱；素夷狄，行乎夷狄；素患难，行乎患难。”可谓不失其道也。人能不失其道，无入而不自得，安有坎窞之凶哉？此卦惟刚中为善，二五刚中，中不失道，动而亨也。得此道者，虽险而未尝险。六爻惟初居险极下，上居险极上，不刚不中，故小象皆曰“失道凶”也。此爻坎险也，窞于坎中水坑也。

数、卦叶吉，动而有节，为知几守节之君子，设险守国家，此所谓知道者，行险而未尝险也。

数、卦不叶，此谓小人情状，盖阴柔而不中正，设险以陷君子，犹以为未足，又设险中之险，其陷君子不遗巧矣。然阱人者必自阱，险人者必自险，舍道而陷善类，未有不自陷而凶者也。

岁运逢之，数、卦不合，或除尽合十，大则有刑狱水险之厄，小则僧道隐于林泉，或葬于丘穴，亦是兆也。

邵曰：“以阴柔居重险之下，其陷益深，似小人有害君子之理。得之者，当思己所不欲，而不加诸人，守其日用常行之道，故不至于凶也。设机阱以害人，然未必为己害，自舍其道，其凶可知，或见刑狱，或见水患，慎之畏之。”

九二：坎有险，求小得。

《象》曰：“求小得，未出中也。”

《易》之象不可拘执言也。《象》辞言“刚中，往有功”者，二五也。然君子陷于小人之中，易于染习，故曰“有险”，而求小得者，则未能行中道也。欲以济天下之险，而视一身一家则为小矣，虽得之君子，不谓得也。

数、卦叶吉，有大才行中道，常陷于险类，或始仕能不脱选。

数、卦不叶，不可大施设，宜作小规模。

岁运逢之，仕宦在中途，或朝中，或国学，或闲官，皆未出中之兆也。进取求名，或不出落，历仕宜小小差遣，常俗宜小营谋，或入婢妾，或入小口，皆是也。数凶兼卦凶者，或防险难，或遭心腹气血之病。

邵曰：“一阳陷于坎险之中，然刚中之才，足以自济，故求有小得也。得之者，多事中却有小得，但不可妄为，事不可以刚竞，当于风波中，以改自失之咎。”

六三：**来之坎坎，险且枕，入于坎窞，勿用。**

《象》曰：“来之坎坎，终无功也。”

“之”字作往字，训不中不正，而介重险之间，来于内，往于外，是来往皆险，而方枕之以高卧，而尚谓之安则陷坎窞矣，戒之曰“勿用”，而终无功也。

数、卦叶吉，又能笃志力行，不以险为险，则以险为安，但终不得而成功也。

数、卦不叶，以阴柔之资，处险极之位，进惟猖狂之举，妄意谬见而邀功，终无功于世也。

岁运逢之，进取难成功，逢险难，困于公讼。

邵曰：“三在坎陷之时，阴柔而不中正，不安之甚，故如三所处之道，而戒之以勿用。得之者，不能退隐以自全，而妄想要功，鲜克自济，于宴安之际，更防有重叠之疾，意外之扰，不宜作用，宜防小人。”

六四：**樽酒，簋贰，用缶，纳约自牖，终无咎。**

《象》曰："樽酒簋贰，刚柔际也。"

阴居阴位，乃君子之正也。其辞"樽酒簋贰"，祀也；"用缶"，质也；"纳约，文也；"自牖"，内外之通也。象曰"刚柔际"者，是与二变则为萃卦，而成盛聚之时，亦是与九五变则为解卦，以散难者也。进德行道，求贤下士。

数、卦叶吉，诚实端确，不浮不华，步步实地。

数、卦不叶，易成易败，或聚而消，宜谦恭以待下。

岁运逢之，在仕者或为祭酒，为修读之荣，或属工车，或为豢养，或为亲姻之事。

如元数不叶，兼卦凶者，为丧祭悲哀之事。

邵曰："居大臣处险之位，又纳其诚行以结于君，所以无咎。得之者，赋性质实，不尚虚文，有启人昏蒙而不私已，又见通上贵而得其委用。数凶则有丧祭之事。"

九五：坎不盈，祗既平，无咎。

《象》曰："坎不盈，中未大也。"

九五阳爻，陷于二阴之间，如水未盈，而未出于险，中德未盛，是未光大也。易者，变易之道，不可拘也，又在乎人之变通不同耳。

数、卦叶吉，有刚明之才，为中正之德，乾乾无息，进进无疆，辉光日著月大，则险不患其不平也。

数、卦不叶，处富贵而不知保，处危险而不知戒，恣情纵欲，惟怠惟荒，日动而微，日满而亡，终无出险之路矣。

岁运逢之，但宜平平施为，大则未利仕路，终有进，未至大用。若居高显在朝者，则以"平"字为兆，或章或官，职带"平"字是也。其余人事皆获平稳。

邵曰："九五在坎中是不盈也，盈则不平，以得居中道而能光其德也。得之者，事业不能遂志，财利不能盈余，稍有快意，便可思退，何咎之有？"

上六：系用徽纆，寘于丛棘，三岁不得，凶。

《象》曰："上六失道，凶三岁也。"

索之名，三股曰"徽"，两股曰"纆"。人之处险，本未尝无出险之道也。今上六阴邪之资，窃高位之重，行失其道，颠冥聋瞆，以至此极，果谁之咎哉？系之徽，困寘丛棘之地，至于三年之久而不得脱也。

数、卦叶吉，或僧道为丛林之主。

数、卦不叶，伤祖破祖，骨肉难立，寿算不远，及招狱讼犯刑，失财退职，晦滞之兆。

岁运逢之，惟士人鏖战棘围大利。

邵曰："阴居险极，如系幽暗中，久而未出之象。得之者，官事相羁，病难，有足如缚，讼狱失财，退职悔吝。"

离 ䷝

离：利贞，亨。畜牝牛，吉。

《象》曰："明两作，离。大人以继明照于四方。"

离者，明也。养之以正乃亨。明过必刚，宜养之以柔乃吉，故曰"畜牝牛，吉"。牛，柔畜也。牝牛，柔之至也。离，附丽也。火出于至无，发于至虚，丽于薪，则无者有，虚者实，虚者实，薪灭则复初矣。火附乎薪，亦犹日月丽乎天，百谷草木丽乎土，重明丽正乃化成天下，柔中之谓也。中谓五，正谓二，牝牛二阴皆坤，坤为母牛。畜者，养也，大象六五不矜其明，而续以六二之明，是日所不及，续之以月，君所不及，续之以贤，故曰"日月之明，终古不灭"。为大人者，四方必照，辨忠邪，知疾苦，烛幽枉，虑久长，皆照四方之谓也。

八纯卦世在上九，属四月，纳甲是己卯、己丑、己亥、己酉、己未、己巳，如生于四月、五月、六月为及时，及纳甲本命年者，功名富贵人也。

邵曰："离取其阴丽于阳，有虚明利于守正，故得亨通。得之者，初年主天性聪明，广博万物，胸襟开豁，或带目疾。喜生春夏，不利秋冬，凡事宜来，多来吉兆。"

初九：履错然，敬之，无咎。

《象》曰：“履错之敬，以辟咎也。”

以文明之德，刚阳之资，在离明之初，如火之始然，日之始旦，虽在下进，而履践之实，错然璀璨难掩矣。非晦其明，则众忌而咎集矣。敬者，畏谨而辟咎也。

数、卦叶吉，才德之厚，誉望之高，四方贤良无不仰服，纵有薄德自尊之而远之，自无害矣。

数、卦不叶，有才有德，晦迹隐名而享寿福。

岁运逢之，不宜恃明逞强，宜敬而免祸，静而待之，谨守正道，不然祸患侵凌。

邵曰：“以刚居下，而处明体，志欲上进，故有错然。得之者，践履乖错，所事不顺，着意处无成，不求终有得，敬慎自持，庶免横祸，更得贞固，晦迹待时。”

六二：黄离，元吉。

《象》曰：“黄离，元吉，得中道也。”

此爻当生得大魁，以谦柔之德，行中正之道，此其获元大之吉，为一卦之盛也。

数、卦叶吉则是黄甲、黄堂，凡官职带“中”字者，皆应兆也。

数、卦不叶，聪明正直，诚实畏敬，自然谨畏荣身。

岁运逢之，进取者成名，经商者获利。

邵曰：“柔丽乎中正，又当文明之时，居大臣之位，而兼以谦柔之道，所以获元大之吉也。得之者，秉性灵明，处事清白，中正而无邪僻之态，日近清光而成事业，有幽暗之事不可见白。”

九三：日昃之离，不鼓缶而歌，则大耋之嗟，凶。

《象》曰：“日昃之离，何可久也？”

九三下卦之极，故日昃为大耋，离为日，九是老阳，三不中为昃也，年过而耋，明过而昏，如日昃也，其能久乎？

数、卦叶吉，必为贤德之君子，不以得失为忧，凡遇险难之来，正鼓缶而歌，安怡从容以自处，则无大耋之嗟。

数、卦不叶，学不闻道，囿于血气，逢顺境为喜，逢逆境为惧，终不能长久。

岁运逢之，或被论而退职，或伤刑而悲泣，或善中有恶，或险而不寿。

邵曰：“重离之间，前明将尽，故有日昃之象。得之者，不安常以自乐，则不能免凶事祸患之来，丧亲讼事，破克忧愁，不测之变迭至矣。”

九四：突如其来如，焚如，死如，弃如。

《象》曰：“突如其来如，无所容也。”

突者，冲突也，火从突中出也，不中不正，火性炎上，火突然而出，进逼尊位之前，无状甚矣，何所容于天地之间哉？

数、卦不叶，变而为贲如皤如，终无尤之辞，庶或半善，但宜退藏，无求高大，则可以保长久，而有受用也。

岁运逢之，或触逆长上，或是失火，或遭弃逐，或是死亡，或性躁冒犯宪典而死亡也。

邵曰：“后明将继之时，九四以刚迫之，则无所容矣。得之者，遭无故之祸逆，意外之患，闺门之殃，火焚之灾，皆有所不免。若运气得扶，事可减半。”

六五：出涕沱若，戚嗟若，吉。

《象》曰：“六五之吉，离王公也。”

此爻当生，得之大魁，出涕如雨滂沱，忧戚而嗟之，以柔居中而难立也。王公者，则是王与公共成天下治也。以文明之德履尊之位，而逼于九四之强势，六五亦危矣。

数、卦叶吉，清名重望，大德高才，能以柔居刚，晦之以柔涕而嗟者，忧之至也。孰知沱若之涕，足以灭焚如之焰，嗟若之声，是以遏突如之势哉！故始之以忧，终之以吉。

数、卦不叶，柔懦昏蒙，权出他手，或附丽王公大人，先难后易。

岁运逢之，忧愁思虑，悲泣险危，惟显仕者，则不得志也。

邵曰：“以阴居尊，柔丽乎中，然不得其正，而迫于上下之阳，故忧惧过情而反得吉。得之者，履历忧患，风波之险，或过房别立家业，忧戚嗟叹，宜慎!”

上九：王用出征，有嘉折首，获匪其丑，无咎。

《象》曰：“王用出征，以正邦也。”

文明之世，而有刚大之才，宜乎得王公之任用也。征者，所以正天下之不正。折首，殄厥渠魁是也。如此正邦，其功褒尚矣。“有嘉”二字，如祥风庆云，王师之大，自三代以来，无复见此气象矣。

数、卦叶吉，刚明远振，用刑不滥，文武全才，足以“继绝学，开大平”者也。

数、卦不叶，为兵卒之勤劳，或得尊贵使用，或为商旅，或折伤，或头目带疾，或声丑恶。

岁运逢之，在仕者，或出师，或历任；在士人，进取作魁。常俗，见喜，或经营得利。数凶者，变丰卦，“窥其户，阒其无人”之凶也。

邵曰：“阳刚居离明之极，威震而刑不滥，是以王者用之，以辩邪止奸也。得之者，操生杀之权，功名事业，皆从外处运谋成立，非常之庆也。”

(陈邵二先生河洛真数易卦释义上经下卷终，□□□□□□□字)

陈邵二先生河洛真数易卦释义下经卷之上

颍川后学默庵　李学诗　校正

咸 ䷞

咸：亨，利贞。取女，吉。

《象》曰："山上有泽，咸。君子以虚受人。"

艮少男，兑少女，兑上艮下，曰男下女也。取女吉者，先王制礼，自纳采以至亲迎，无非下女，所以重人道，严苟合也。不待父母之命，媒妁之言，遂相教诱而不知耻，如是娶女则大乱之谓乎？天地君臣父子兄弟朋友，万物皆以情相感而后通。姑举男女之一端观之，天气先降而后地气升，男先下女而后女德随，君先下臣而后臣志应，先主见孔明得此义也。大象山以虚受泽之润，君子以虚心受人之言，心虚故感，感故应，此工夫只在克己复礼上。克己复礼归仁者，虚心故也。

兑宫三世卦，属正月，纳甲是丙辰、丙午、丙申、丁亥、丁酉、丁未，如生于正月及纳甲本命者，功名富贵人也。

邵曰："上兑为少女，下艮为少男，合为夫妇之义。得之者，虚心洁己，赋性无乖无戾，无偏党之心，有畜众之量，是非机会每起无心，喜春夏日生，秋冬不利。"

初六：咸其拇。

《象》曰："咸其拇，志在外也。"

咸以人身取象，今初六为拇，拇足大指也。以九四为心，初足居下而动，其拇在前而感之最先，故曰志在外也。本不中正，然志在外而有公心，亦为正人矣。

元数有归，兼卦叶吉，成名虽早，食禄最迟。

数、卦不叶，中年离祖，外地成家。

岁运逢之，朝仕必闲，官必迁方州，虚名大学得志，干彼有成谋，己未遂，常俗宜商旅，僧道便于游行。

邵曰：“居卦之下，如拇之动，不足以进也。得之者，入赘过继，立业在外，所望不成，是非恒集。”

六二：咸其腓，凶，居吉。

《象》曰：“虽凶，居吉，顺不害也。”

境静而心动者，山林不能洁其逐物之心。境动而心静者，纷华不能易其乐道之操。六二居腓之位，乃足肚，足未举而先见动，是处乎境之动者。咸道宜正静则吉，若不正而动则凶，故曰腓动则凶，居正则吉。此爻虽中而正，但上感于五之说，未免动矣。然中正相应，终无害也。

元数兼卦叶吉，有才有德，上顺于君，下顺于民，待彼求而才应，则事顺而无阻碍。

数、卦不叶，但利安居，不利于远出，事见和顺，身无灾危。

岁运逢之，利静，不利动，动凶，静吉，倘祸若来，顺之无咎。

邵曰：“腓之位乃足肚，足未举而先见动，以自失而凶也。得之者，宜坚乐道高尚之志，无肆欲速冒进之心，闲事莫管，恐惹无心之失也。”

九三：咸其股，执其随，往吝。

《象》曰：“咸其股，亦不处也。志在随人，所执下也。”

见腓动，亦随而动，所志愈卑，而所执愈下，何哉？股在下体之上，腓动则股随。九三感于上六，说随而不处，随人而不执其志，则往吝矣。元数与卦叶吉者，为股肱执政大臣，固执己见，勿从彼言，乘势而进，知几而止，则为大人君子也。

数、卦不叶，慢尊重卑，谋巧见拙，志在随人，而有败失也。

岁运逢之，仕官为宰执，常俗为执役，不宜妄动，但随时进退而用事可也。

邵曰：“以阳刚而居内卦之上，应乎上六，如股之在身，不能自动，而随身以动者也。得之者，自无定见，所事随人，女子得之，必为淫奔之妇，小人得之，必为卑贱之役，必有贵人委之。”

九四：贞吉，悔亡。憧憧往来，朋从尔思。

《象》曰：“贞吉，悔亡，未感害也。憧憧往来，未光大也。”

九四在三阳之中象心，心之感为情，情动于中而感者也。盖人之性主静，而心属火，好动，心动则性于是乎不宁矣。九四心位，不言心而言思，责其费心而任思也。心者身之德，思者德之翳，心则虚而照，思则索而明，故虚照则明，索照则昏。

元数有归，兼卦叶吉者，为刚大君子，一心洞然，全无思虑，辨别曲直，如镜分明，得正吉而悔亡，未感通而害也。

元数不归，卦不叶吉者，一心憧憧，或明或暗，结朋任思，决事不公，贤愚相杂，高下失宜，其道不光大也。或奔万里，历遍四方，方可无咎。

岁运逢之，心绪少安，赖朋友相倚，亦宜小谋，不可大用，惟宜士人进取，大得志也。

邵曰：“以阳居阴，系应于初六，憧憧扰杂而不能正固，同类相感，则狭而未光也。得之者，心劳日拙，期望高远而事难成，名利虽得，终不安裕。”

九五：咸其脢，无悔。

《象》曰：“咸其脢，志末也。”

九五当背肉，在心上而相背，不能感者也，无吉亦无悔矣。九五之脢，脢平安，俗云三思台梅核是也。言胸上口下，此一身之虚无思之地，宜感通之感也。今曰无悔，何也？盖无思而神明则不昏，若思而神明昏矣。脢虽无心，则无神也，昏惰而已。其失在系六二，而说上六也。小象责之曰：不志乎本，而志乎末也。

数、卦吉者，则是有中有正，大才大德，不贪不求，立功立业者也。

元数与卦不叶，志昏量狭，背公而私，弃本逐末。

岁运逢之，见事如无，斯免己祸，纵得事成，所得微末。

邵曰：“以阳居尊，正应六二，偏私浅狭，其所感如背肉之脢，昧然无见，则其心可知矣。得之者，心中不宜，而诸事不决，虽有名，亦不安。”

上六：咸其辅、颊、舌。

《象》曰：“咸其辅颊舌，滕口说也。”

上六在上，乃口之象，不以心相感，而以口相感，言语滕扬，不足以取信于人。上体兑口，正当口象，正面看之，则颊与舌俱有矣。此爻虽不得中而归正位。

若元数兼卦归元叶吉者，必得近君用事，文章可以感动乎大君，使天下众口滕说其才德也。

数、卦不叶，是为小人在上，非道媚君，终见弃逐。

岁运逢之，仕者为言路，若卦数吉应也。如元数兼卦不吉，则为言谤，为官司唇吻，为游谈颊舌，为言语技艺。

邵曰：“以阴居咸道之极，是咸上之辅，观下之口，言语滕扬而所感亦浅矣。得之者，心直口快，而伤情招怨也。”

恒 ䷟

恒：亨，无咎，利贞，利有攸往。

《象》曰：“雷风，恒。君子以立不易方。”

刚上柔下，卦之变有常分，雷风相与，卦之象有常气，巽而动，卦之德有常理，刚柔相应，卦之体有常情，备此四者，卦之所以为恒。雷风之为物，倏忽变化至恒也。圣人取为恒之象，谓人能雷震风烈而不动其心者，是有恒也。所谓富贵不能淫，威武不能屈，贫贱不能移，君子所立者大中之道，不变易其守，所以为恒也。

震宫三世卦，属正月，纳甲是辛丑、辛亥、辛酉、庚午、庚申、庚戌，如生于正月及纳甲本命者，功名富贵人也。又二、三、四、五、六、七、八月生为及时，若九、十、十一、十二月生为失时，及时者富贵，失时者得福力轻，纵有富贵而德薄，不能守恒者也。

邵曰：“上柔下刚，是以男动乎外，女顺乎中，人道之常也，所以为圣人久于其道，而天下化成。得之者，声名事业，恒以艰难，故变必久而著也。”

初六：浚恒，贞凶，无攸利。

《象》曰：“浚恒之凶，始求深也。”

初在下位，巽体务入，求之太深，以此为正，凶之道也，何利之有？是谓不当恒而恒。世之小人，伺候于公卿之门，而不知其分义之相绝，奔走于势利之家，而不知其心志之未孚，以此为恒，徒知求望之太深，不知进退之非宜，其处污秽而触刑辟可立待矣。曷若守分安养，至于誉望之隆，道义之修，无求于人，人自求我为贵哉？柔而在下，不中不正，上望九四之阳，急欲巽入，而求之为应，是不恒之人也。

元数与卦叶吉，亦可作贵人，但是躁动招祸，迟待则福。

数、卦不叶，其为人也，不安命分，躁求声誉，挟阴柔之资，持巽入之术，不量彼之浅深，只顾己之求进，何利之有？大凡势利之涂，如万仞之渊，深则没，浅则出，为君子者，欲急避之而不能，何况求之深乎？岂可与不淫不屈不移者同日语哉！

岁运逢之，静吉动凶，不宜涉险有为。

邵曰：“阴柔在下，知常而不知变，故凶而无攸利。得之者，宜坚守常志，若期高望远而事难成，怨悔之所由招也。”

九二：悔亡。

《象》曰：“九二悔亡，能久中也。”

不正却得居中，所谓能中道而立有恒者也。然位不正，本是有悔，幸而得中，则无悔矣，故曰悔亡。小象言久中者，久恒也，因中而能恒也。

元数与卦叶吉，是素禀大才，能久行中道，为富为贵，有德有言，纵有是非，自然分晓。“中”字乃官职之阶，“久”字长远之义。

元数兼卦不叶者，生平不凶，老去无病，名清寿永，盖有久远之义也。

岁运逢之，若先有病患者，自然退矣，事宜可图长久之计。

邵曰：“此悔吝消亡之象，能久于中道。得之者，有意外之变，苟能隐忍，而听其自然，则忧可散，而难可解矣。”

九三：不恒其德，或承之羞，贞吝。

《象》曰：“不恒其德，无所容也。”

九三刚躁之质，处下体高位，当风雷交动之际，是无恒者也。夫德之无恒，不可以作巫医，难免乎羞辱矣。以其过刚不中，反不能恒其德，而羞吝随之。盖忽欣骤忿，父不能以安其子，初正终陷，士不能以孚其朋，此谓不恒也。

元数兼卦不叶，或有文学而无德害人，或居富贵而不仁损物。

元数兼卦叶吉，只宜保己守诚，不可妄自高大。岁运逢之，居荣者必辱，有得者必失，能顺理安分，斯免怨谤之过，进取者未利。

邵曰：“人贵有德，德贵有常。九三以刚居刚，是以不恒其德，或承之羞也。得之者，赋性不常，或朝夕更改，或事追悔，而动不宜妄动，罔不凶也。”

九四：田无禽。

《象》曰：“久非其位，安得禽也？”

九四阳刚大才，是有恒者，然居柔位，不中不正，岂可守常而不变哉！久居而不去，贪得而不止，如田猎不久，安得获禽？如设置待兔，终不足以获兔，张戈求鸿，终不足以致鸿。盖置之所设，戈之所张，非其地也。恒非所恒，亦无得而亦无失也。

数不归元，卦不叶吉，恃其有志，专用贪心，进不求退，恩必变仇。

元数兼卦叶吉，有才有德，作福作威，功成者早退，行旅者急归，然后得保身之道。

岁运逢之，在仕者宜退，谋利者未就，求名者未成。

邵曰：“一阳为久常之主，然居柔位，是以徒用力而无功者也。得之者，心劳而反成怨，改常以致奔驰。”

六五：恒其德，贞；妇人吉，夫子凶。

《象》曰：“妇人贞吉，从一而终也。夫子制义，从妇凶也。”

大君之位，而柔弱为恒，古贤妃贞女，夫在则不敢专制，夫死则尚称未亡，从一而终之义也。彼惟妇言之是听，而牝鸡司晨，未有不害于国，凶其家也。六五是能中道而立者，然阴居阳位，君弱而从强臣，夫弱而从强妇，安得谓之恒乎！我为君为夫，制义自我，岂可从妇人之令乎？

数卦归元叶吉，为中正有常之人，不屑名利，得贤妻之助，但宜专一用心，执中行事。

数与他卦不叶，权出他人，拙于自己，或妻之悍，或子之悖。

岁运逢之，最宜谨慎，不然则下之凌上，为祸非浅，害于身，败于家，有不忍言者矣，夫子不利于妇人故也。

邵曰：“以阴居阳，在上而行阴柔之事，妇人则吉，丈夫则凶。得之者，常操刚介，勿为委靡，以受制于阴人也。”

上六：振恒，凶。

《象》曰：“振恒在上，大无功也。”

上六阴柔之资，处恒之极，震体动不能恒者也。镇之以静重，守之以正固，处多事而无事，遇有为而无为，措天下于太山之安，而吾身与之俱安，以此为恒，乃其所宜。若乃多反侧，而数更变，务轻疏而好作为，以此为恒，必致凶祸，可以觇其无功之大者也。

数卦归叶者，尚可以施为卓立，盖变而为鼎之玉铉，则而清润者也。

数、卦不叶，恃其位尊，志在要功，振摇无定，圣人于小象戒之曰大无功。

岁运逢之，劳神役心，多动少静，求名望利，小则有成，大则无功也。

邵曰：“上六处动之极，宜静而又震动，故无大功。得之者，宜安常守业，不可妄自作为，以取祸败。”

遁 ䷠

遁：亨，小利贞。

《象》曰：“天下有山，遁。君子以远小人，不恶而严。”

遁之义，阳避阴，君子避小人。君子虽有遁之渐，小人虽有长之阶，但圣君贤臣，相与维持，而救治之，杜其祸乱之渐，遏其蛊坏之萌，则一脉生意未遽至于泯灭，故曰遁退而避也。遁者岂必江海山林，然后为遁哉？大遁之于朝，小遁之于野，大舜遁共工于历山，周公遁管蔡于曲阜，故曰君子以远小人，不恶而严也。惟不恶，故不害于身，惟严，故不污于身，但正其容色，善其言辞，虽无忿怒之容，亦无玩亵之态。

此乾宫二世卦，属六月，纳甲是丙辰、丙午、丙申、壬午、壬申、壬戌，借用甲午、甲申、甲戌，如生于六月及纳甲本命者，功名富贵人也。

邵曰：“二阴渐长以犯乾刚，四阳不容不避，所利者六三之小人，再变而为否矣。得之者，性情缓慢，为事忧滞，立志沉静，无奔竞躁决之心，故虽颠沛，亦可少安矣。”

初六：遁尾，厉。勿用有攸往。

《象》曰：“遁尾之厉，不往何灾也？”

《正义》言之，遁之初六、六二为阴之小人，九三、九四、九五、上九为阳之君子，然易为君子谋，故于初六爻辞，以遁字在上，言之为深意也。又于二爻不言遁，岂浅见者知之乎？说者皆以尾字居后，遁则失其意也。尾者在下，固是后也。谓小人计，用不中不正之道而陷君子，君子见几而先去矣，其小人之计在后，而未及君子也。圣人开小人自新之路，戒之曰“厉”，又戒之曰“勿用，有攸往”，尔能勿用阴邪而往，则恶不萌长，祸根自消，反危为安。变小人为君子，在一念之间耳。危则致灾，不危，何灾之有？

数与卦归叶者，先起卑微，后至高大，先历艰危，后至安佚。

数、卦不叶，常怀忧虑，动则攸往，虽遭提携，不能施设。

岁运逢之，只宜固守，免见灾危。

邵曰：“二为遁，三为否，此屯之所以免虑也。勿用，有攸往，往则为否，惟固守不往，何灾之有？得之者，宜防微杜渐，庶免内外之灾。”

六二：**执之用黄牛之革，莫之胜说。**

《象》曰：“执用黄牛，固志也。”

二阴浸长，所以致时之遁。当遁之世，贤人见几而作，皆有长往不反之计，故圣人劝六二执守中顺之德，如用黄牛之革，坚韧而不可破，使阴邪谋计不能胜也。

元数、他卦叶吉，必为中正吉人，常宜固守素志，远绝群邪。

元数、他卦不叶，性不通敏，志惟鄙猥。

岁运逢之，要看人之根基资质如何。如贤者在仕路，地位高者则以执事论之，为宰执、执政。仕人进取则以“牛”字为解星，宜秋闱。又“黄”字亦可以为黄甲、黄门、黄榜、黄堂、黄屋。常人农家，亦是进田业牛畜之类。凶事则或争讼牵执，不能脱免，亦防下人邪议，但宜安分守常，则无嫌忌也。此爻不言遁，而言用事，守中正故也。

邵曰：“四阳退避，六二正应，九五用中顺坚固之心以留之，然而莫胜其必去之志。得之者，不识时措之宜，以致机会挫失，小人妇女之患，隐忍为佳，否则哀丧之事有所难免。”

九三：**系遁，有疾厉；畜臣妾吉。**

《象》曰：“系遁之厉，有疾惫也。畜臣妾，吉，不可大事也。”

九三之爻，正而不中，有牵于下之二阴，欲去不去，终为疾惫，有危厉矣。臣妾小人之事，非大人之事也。

元数有归，他卦叶吉者，宜固守此心，远绝阴邪之牵系，斯免灾危。

如元数无归，他卦不叶吉者，立身私己，结交愚下，至于生疾致祸，招疑惹谤，斯悔无及矣。

岁运逢之，或下人拘绊，或奴仆连累，或疾厄惊厉。若数吉者，得妻妾力，喜进人口，凡谋用进取者，宜小不宜大也，又在斟酌，不可执也。一说久疾而后死，一说出孕而须育。

邵曰：“九三当遁，因有系恋而不能，故至惫而不可救也。得之者，闺门多事，而暗疾危厉之来，以致牵连拘系之累，进人口则喜。”

九四：好遁，君子吉，小人否。

《象》曰：“君子好遁，小人否也。”

九四好遁，专以隐为心，如谓之好，则乖于义矣。好，交好也。九四、九五下乘九三，皆是阳刚，君子同德交好，正当协力扶持世道，使天下之小人不得依附，君子之道通，小人之道塞也，故曰小人否，或为可。“否”字则与象辞韵不叶矣。

元数、他卦叶吉，乃刚正之人，结交善类，转移群阴，挽回正道，实在刚克果断，一念之正尔，未免艰难用心，或见猜忌。

数、卦不叶，与君子小人杂处，或为官宦，或为公吏，或闹中求静，而技艺立身，或慕声势而卑贱，晚景宜退闲守静。

岁运逢之，有猜疑忧虑之事，欲前欲后，或遭艰难，有知己助力以济险厄，大抵宜退守为吉也。

邵曰：“君子决于退避则吉，小人泥于私恩则凶。得之者，女人当隐退藏，男子当无预闲事，否则心徒劳，而反致怨也。”

九五：嘉遁，贞吉。

《象》曰：“嘉遁，贞吉，以正志也。”

九五以《正义》言之，此君爻非遁者也。盖贤人隐遁之时，为君者，当求贤而拔擢之，以振起于斯世，有如鸣驺入谷，鹤书赴陇，物色丘园，皆嘉其遁，而羡其有廉退之志，慕其高上之风也。

数、卦叶吉，拨乱反正，纲维世道，为大德之人也。

数、卦不叶吉者，中正守己，恬淡养性。

岁运逢之，在闲官迁擢，在僧道住持，在常俗近尊上，或有喜庆之事。

邵曰："九五嘉遁，而下应六二之嘉偶，所以不能远遁，而能固守而获吉也。得之者，有超世之才，而无坚退之志，是以阴人惹事，而伤财致咎也。"

上九：肥遁，无不利。

《象》曰："肥遁，无不利，无所疑也。"

迹晦道光，身约德裕，觉中人之未觉，故遁而无疑。毁誉不能干其怀，故身安。黜陟不能溷其衷，故神全。功名不能动其念，故心逸。此谓肥遁。上九与九三相对，其九三心累于物，即成疾厉，上九知几先遁，下与二阴略无交涉，故无疾而肥，而无不利矣。然一有交涉，此心必生疑。一有所疑，处处是得利，能四通八达，无往而不利哉！肥者光腴悦怿。

数、卦叶吉，福禄丰厚，凡入仕则为端正之人，见荣不乐，见辱不忧，心性聪敏，见识高远，作事果决，不变不疑。

数、卦不叶，常人亦得衣禄滋润也。

岁运逢之，在显者求去，在仕者退闲，无荣无辱，在常俗者有谋望，必获厚利矣。

邵曰："阳刚居上，知消长之几，无声名之累，是以绰然而余裕也。得之者，快乐丰家，可以坐享盈余，无复有成败之患矣。"

大壮 ䷡

大壮：利贞。

《象》曰："雷在天上，大壮。君子以非礼弗履。"

大壮之力量，全在一"弗"字所截决裂，果断不疑，方有定守，若起纤毫人欲之私，即受制于外物矣，安得壮也。然天地之间，壮甚则为灾旱，疫厉为焚毁，在人则为强梁，为暴戾，为狼狈，故利于刚而不暴，强而不躁，富贵不能淫，威武不能屈，贫贱不能移。若雷震于九天之上，孰得而御之哉！

此坤宫四世卦，属二月，纳甲是甲子、甲寅、甲辰、庚午、庚申、庚戌，借用壬子、壬寅、壬辰，如生于二月及纳甲本命者，功名富贵人也。在春夏为福深，秋冬为福浅。又四、五、六、七、八月生者为及时。

邵曰：“阳大阴小，四阳渐长，君子以严处壮。得之者，禀性刚明，好华饰而喜高大，家声门第由此壮矣。”

初九：壮于趾，征凶，有孚。

《象》曰：“壮于趾，其孚穷也。”

诸爻皆言壮，乃为用壮者之戒，非大壮也。壮而不大，则是血气之勇尔。此爻以刚而在下，是壮于趾象也。趾壮则进，进则凶矣。有孚者，信其必然矣。盖位卑而气刚，援寡而心躁，必欲强往，适足以祸身灭宗矣。

元数兼卦叶吉，乃刚正之人，其心常胜，其力难及。

数、卦不叶，自宜安分守常，不可轻举妄动，动则招凶。

岁运逢之，或招下谤，或见足疾，宜闹中求静，静里安身，斯可免辱也。

邵曰：“壮而居下，壮于趾者也，若征进则凶。得之者，宜退步，不可恃壮，若轻进，则自取其辱矣。”

九二：贞吉。

《象》曰：“九二贞吉，以中也。”

诸爻阴居阴，阳居阳，为正类，多吉。大壮不然，以阳居阳，则是刚而又刚也，必致取祸。故初爻征凶，三爻贞厉。唯以阴居阳，则是体刚，而用之以柔，乃为得正，二与四是也，故皆曰贞吉。知此而后诸爻易见矣。在大壮之时，以阳居阴而得中，是为藏强于怯，寓刚以柔，戢弓矢而尚文教，用干戈而省厥躬，盖中之内，有正者存，所以吉也。

元数、他卦叶吉，大才重德，刚柔兼济，足以为贤臣也。象辞之

“中”字，为兆甚多，如官职带中字者皆是也，为性情中正之君子也。

元数、他卦不叶，亦是稳实之人，少逢凶祸。

岁运逢之，在仕者显达，逆旅者归，求名者成就，常俗经谋无不称遂。数凶者有变丰其蔀之忧。

邵曰：“以阳刚居柔，得中之道，故无悔而获吉。得之者，每事退步则吉。”

九三：小人用壮，君子用罔。贞厉，羝羊触藩，羸其角。

《象》曰：“小人用壮，君子罔也。”

九三过刚不中，又一阳以拒其前，为用刚大过而未遂也。说者以小人用壮，君子不用壮，误以“罔”字为不用也。观贞厉总系于小人，君子以下，则用壮用罔，皆非善矣。盖以刚居刚，在小人则恃其壮，逞匹夫之勇，故用壮也。在君子则力不足以斗，用罔为壮焉。若此虽正亦危，譬于羝羊之狠，触藩篱，徒自羸困耳。

元数、他卦叶吉者，亦可以为君子，但以险心诡计为能，终遭阻挫而止也。

元数、他卦不叶，专恃刚狠，不顾可否，勇于施为，祸必及身矣。

岁运逢之，进退不决，或他事牵连，或公讼系累。

邵曰：“以阳居阳，用壮触藩羸角之势。得之者，宜以谦和自处，可免祸患。”

九四：贞吉，悔亡。藩决不羸，壮于大舆之輹。

《象》曰：“藩决不羸，尚往也。”

以刚居柔，能不用壮，非但得正而吉，其悔亦亡矣。三触藩而羸者，上有九四之碍也。四不触而决者，上阴爻无阻也。岂惟壮？九四不羸，亦有能进之喜，大舆之，大壮可进矣，故曰尚往也。

元数、他卦叶吉，功名中人，或不用文字致官，以任朝廷大事，不怯不惧。

元数、他卦不叶，生平吉善，遇凶自散，或为幽闲，无拘无束，老来壮健能干事。

岁运逢之，进取者成名，选人改秩，士子当得大魁，闲官骤迁，常人得福，久静者必动，动者必吉。

邵曰：“以刚居柔，正得处壮之道，所以悔亡而获吉也。得之者忧疑可散，营为可图，自满不形，而艰阻可脱。”

六五：丧羊于易，无悔。

《象》曰：“丧羊于易，位不当也。”

六五柔居阳位，无所用其勇，盖诸阳处壮，皆以壮进，惟六五无刚健大有为之质，而为一卦之主，是位不当也。处位不当，而用刚以治壮，其不至激自守者罕矣。诸阳并进，宜以和易调伏之，如丧羊然无悔。

元数、他卦叶吉，有德有才，不骄不傲，能以柔顺服强受暴，易艰难为平易。

元数、他卦不叶，或承恩泽，懦而不立。

岁运逢之，宜静以待动，他事来急，此心放缓，斯免争斗之祸，而无殃咎矣。病者不利，损失之兆，有丧字故也。

邵曰：“处盛壮之时，用和易之德，如丧羊然后无悔。得之者，当以和易处世，不可倚势凌人，小人宜所当谨。”

上六：羝羊触藩，不能退，不能遂，无攸利。艰则吉。

《象》曰：“不能退，不能遂，不祥也。艰则吉，咎不长也。”

上六壮终动极，亦有羝羊触藩之象。不能退，则是言众爻之上，不能遂，则是有一卦之穷，无他，是不详审也。若量力度势，先艰以处之，则获吉而触藩之咎不长矣。

元数、他卦叶吉者，腹饱诗书，志高流俗，但宜以高为卑，以易为难，庶几无失。

元数、他卦不叶者，才卑志微，不量可否，贪高望大，常履险危，盖无详审之思也。

岁运逢之，宜安分守常，则反灾为福。凡得此者，不问仕宦常俗，皆有进退不遂之志，可酌量详密，则无凶也。

邵曰：“处壮之极，有触藩之势，不能以自守，不克遂其所进也。得之者，作事起于艰难，是非宜于杜渐，虽有微灾，不足之忧，不能以长久为害也。”

晋 ䷢

晋：康侯用锡马蕃庶，昼日三接。

《象》曰：“明出地上，晋。君子以自昭明德。”

日入地为夕，忽从幽暗默运而升，故明出地上，晋之象也。日当中天，无所不照，此谓晋也。人心久藏，忽开而明者似之，人之心本虚明，自强不息，汩于物欲，窒于意我，而昭昭者昏昏矣，不可无学焉。《经》曰：“大学之道，在明明德”，此之谓也，岂他人所能致力哉？圣贤启沃，师友讲明，无非勉归此路，故曰自昭。此二字警告至深至切，学者勉之。

此乾宫四世卦，属二月，纳甲是乙未、乙巳、乙卯、己酉、己未、己巳，借用癸未、癸巳、癸卯，生于二月及纳甲本命者，功名富贵人也。

邵曰：“上离下坤，日出地上，惟见其升而不已也。得之者，人口田财有进无已，必先有伤克破败，方始发福。”

初六：晋如，摧如，贞吉。罔孚裕，无咎。

《象》曰：“晋如摧如，独行正也。裕无咎，未受命也。”

晋之为道，进难而退易，进寸而退尺甚矣。下三阴爻位虽不同，各以顺进而皆不苟于进，观于二之摧如、愁如，贞吉，可见矣。初六顺而静，可进而不必于进，其心凛然。若将摧于上，不以为乐，而以为慎。盖位本不正，独行其正也。晋之始，其上未必信，所以裕者，不急于禄仕，其志未在于受命，虽不我信，亦可得而咎之。

元数、他卦叶吉，文章学问之贵人也。一心皎皎，守正不回，当顾分义之所安，不汲汲于富贵，其得时行道，则以进为惧，以退为乐，又能不急于受命，可谓特立独行者也。

元数、他卦不叶，进身未久，摧退立见，纵欲守正吉，而人不信从也。或宽裕饱暖，虽守官爵，寿不长久。

岁运逢之，或进或退，有喜有忧，惟宜固守则吉。上位下人，不能相信，只当执一定之见，则无事累及，凡有当为之事，亦放宽缓而为之则吉，不可速进，故进取者不利也，数凶者不长命也。

邵曰：“以柔居下，而正应于四，所以不能遂其求进之志。得之者，当宽裕自守，以待上人之提携，若有欲速之心，则冒进之患生矣。”

六二：**晋如，愁如，贞吉。受兹介福，于其王母。**

《象》曰：**“受兹介福，以中正也。”**

夫缘高木有损坠之愁，登高山有蹉跌之愁，不知其为愁，而以轻易之心处之，则凶矣。王母之辞，何以不言王父，曰王母？父母一也，以五居阴，故称母，与干母之蛊同义。兹者此也，介者大也。

如元数他卦叶吉，有中正之德，为清名重望之贵人，能以进为忧，不以进为喜，故受此大福也。大福非必高爵厚禄，但以安亨其所有而无祸，则亦大福也。

如元数、他卦不叶，亦是瑞人正士，或进或退，有喜有忧，动静不常，更变不定，惟宜固守，则有福而无祸。

岁运逢之，进取功名，必有成就，在仕逢明主。其“中正”两字，为官职之先兆。如常俗定见营谋称遂，或遇阴贵主人得福。

邵曰：“以柔居中，上应九五，然五有坎水之忧，故进有愁也。得之者，必遭遇贵人，然忧愁之来，当知所谨。”

六三：**众允，悔亡。**

《象》曰：**“众允之志，上行也。”**

诸爻惟三五两爻不言晋，而皆言悔亡，盖五君位也，复何进乎？能上行其志，则善耳。上行者，其道行于君也。观此，则象指康侯明矣。以阴居阳，本宜有悔，然处顺体之极，以倡群下，其得以上行，而多必信也。初在罔孚而未信也，至三则众信之，岂偶然哉？

如元数、他卦叶吉，大德高才，出群迈俗，其志上进，以顺丽乎大明之君，志发乎此，众信乎彼，宜其悔吝之无也。众信指初与二阴坤体。

如元数、他卦不叶，亦作诚实善士，亲近良朋，少逢阴祸。

岁运逢之，在仕路而有迁擢要津，常人宜动，动则有益。

邵曰：“虽阴居阳位，然下二爻皆信向而从之，其志可上行也。得之者，以信实待人，故信从者众，虽有意外之变，不为害矣。”

九四：晋如鼫鼠，贞厉。

《象》曰：“鼫鼠，贞厉，位不当也。”

以阳居阴，为位不当，非中正之德也。近而逼君，进犹未已，故贪乎位而不忍释，畏乎下而恐见夺，如鼫鼠者而畏人者也。揆之正道，岂不危哉！故曰贞厉。以祸家国祸天下，其为危厉，可胜言哉！

如元数、他卦叶吉，必高官大贵贻祸于天下，终不得善结果。

若数、卦不叶者，必为无德损物之人，其志刚狠，自尊自大，凶横之徒，亦不全尸结果。

岁运逢之，仕路有阻，宜自斟酌时宜，谨慎而行，则免祸患，常俗有惊厄之事。

邵曰：“硕鼠昼伏夜动之物，九四当大明丽天白昼之时，欲进而无所止，如鼠之贪而畏人也。得之者，常常怀敬畏知退之念，则于所事无成亦无害。”

六五：悔亡，失得勿恤。往吉，无不利。

《象》曰：“失得勿恤，往有庆也。”

此爻与九三不说晋者，三侯五君也。君位复可进乎？六五阴柔不正，本宜有悔，然居离体，乃大明当尊位，与他卦不同，故悔亡也。五以文明之德，下之三阴，顺从天下，悦而归之，大明照临，如日在天，无幽不达，无远不烛，何得失之可忧哉？由是而往，吉无不利，非他吉利，一人有庆，兆民赖之，故小象赞之曰：“失得勿恤，往有庆也。”

如元数、他卦叶吉，文章道德，高出清世，特立独行，不顾得失之虑，其在上在下之人，自然敬信也。

如元数与他卦不叶，亦是心明志广，识远虑深，或得或失，不以为忧，或动或静，自然逢吉。

岁运逢之，所忧者散，若有谋则宜果决而行，不必忧乎得失也。在仕者有迁，在俗者有喜，营谋者获利，其进取者成名，有忧者消散。

邵曰：“虽阴居阳位，而圣人以明德处尊位，岂以得失动其心？是以有所往而无不利也。得之者，穷达自安于命，是非不累于心，乐天知命之人也焉，往而不裕哉！”

上九：晋其角，维用伐邑，厉吉；无咎，贞吝。

《象》曰：“维用伐邑，道未光也。”

一卦之中，四阴爻言悔亡，九四阳爻贞厉者，在正道亦危矣，上九阳爻贞吝者，在正道亦不足取也，故象言“道未光”。上九刚居极位，晋其角也。晋道之大，如日之照海隅，苍生无不在光明照临之内。若上九者，但用刚勇以伐其私邑，虽犯危而获吉，可以无咎，然于正道，则亦可吝矣，何则？道未光也。人人皆具此道，皆有此光，而曰未光者，蔽于思，昏于欲，失其所谓晋也，岂光明照临之道哉？

如元数、他卦叶吉者，有才有德，高出人上，但在仕不显，或作县宰军正，盖有伐邑之义，虽有艰难，谅无大祸。

如元数、他卦不叶吉，一生刚狠，德不称才，骨肉寡合，多争多斗，或为武卒，或为公吏。

岁运逢之，在小者作县官以下，皆难中得吉，在仕大者必有食邑之荣，常人宜修造屋舍，或灾厄在身，则免争讼。

邵曰：“以阳刚居柔之极，必见伐小邑之象。苟能怀危厉之心，则无咎矣。得之者，所往不遂，反获是非，若能谦抑下，斯得保身保家之道。”

明夷 ䷣

明夷：利艰贞。

《象》曰："明入地中，明夷。君子以莅众，用晦而明。"

明夷日入地中，则明者暗矣，夷者伤也。然小人用之，以伤其明，君子用之，以晦其明。故世之乱也，昏君庸人，肆其淫虐，纵其悖乱，而圣人遁世以韬其光，沉潜以晦其迹。明夷之时，乃圣贤所遭之不幸，彖意备矣。象取莅众者，则是临众宜明用晦，晦非一切昏惑，浑浑无分别之谓，是乃所以为明也，象曰"用晦而明"。今人之家，必欲件件明察者，是却有大不分晓处在其后也。史云："不痴不聋，不为家翁。"语虽粗俗，实处众之深旨也。若明察之而不能容，岂居上之道哉？众犹地也，临众用晦，是莅其明于众中，如日入地中。然古圣所以大无不包，明无不照者也。

坎宫四世卦，属八月，纳甲是己卯、己丑、己亥、癸丑、癸亥、癸酉，借用乙丑、乙亥、乙酉，如生于八月及纳甲本命者，功名富贵人也。

邵曰："明入地中，昏乱以伤其明，惟在内文明，而外柔顺也。得之者，抱不平之气，而无所伸，所以不能为害者，由其见几之早耳。"

初九：明夷于飞，垂其翼。君子于行，三日不食。有攸往，主人有言。

《象》曰："君子于行，义不食也。"

两阳四阴，卦自小过而来，两阳在中，有飞鸟之象。以初四相易而成明夷，故言飞而垂翼也。飞者不患不高，今乃垂翼，知其不可不避也。行者不能不食，今乃不食，知其不可不速也。君子当明夷之初，知伤之者将至，故决然长往而不顾，是则晦己之明，避上之暗义，当去之速也，何食之暇乎？此知几君子，去之早也。

元数、他卦叶吉者，必是贤德君子，终日不食，终夜不寝，学古之勤，行道之力，遇时之通，不以为乐，遇时之穷，不以为忧，知几而退，度势之人。

如元数、他卦不叶，志大心高，不能施设，故有动见阻，有功名而难见食禄。

岁运逢之，久在闲官者，必有往而见用也，或入言路，或得荐剡。此当看元命福基之厚薄言之。如士人进取，难以高远，常人有灾厄，而见不食，或主人有言语谴责，或手足之伤，骨肉之忧，在仕宜谦顺，方可无伤。

邵曰：“初九以夷齐言之，君子贵见几而作，不俟终日，可以免祸矣。得之者，赋性坦夷，每为反侧所亏，思患预防则无咎矣。”

六二：明夷，夷于左股，用拯马壮，吉。

《象》曰：“六二之吉，顺以则也。”

凡居明夷之时，惟去者免伤也。六二有文明之德，居大臣之位，此义之所不得去，故有左股之伤。股肱左右者，大官之象。以其德之文明，则有马壮之拯，是上下两阳为二马之助也，助之者壮，处之者顺，故吉也。非吉之吉也，是凶之吉也。伤股者，正文王囚羑里之事也。则者，有人君之大德，而乃有事君之小心，顺乎君臣之天则也。故诗人歌之曰：“顺帝之则。”而孔子赞之曰：“顺以则也。”诗人、孔子其见文王之心乎？

如元数、他卦叶吉，必为股肱之大臣。又看轻重如何，或有手足之疾，或为太守之职。

如元数、他卦不叶，或不宜左选，而得右选，亦可作五马而止。

岁运逢之，自有才能，不遇明主，或在仕路，亦有迁擢，大概宜顺上免祸，常俗主灾厄而终吉。数凶者手足灾也。

邵曰：“此卦主明夷伤其左股，是伤其无用之地，而拯之则吉也。得之者，处逆境而裕如，然手足眼目之疾，宜所当谨。”

九三：明夷，于南狩，得其大首，不可疾，贞。

《象》曰：“南狩之志，乃大得也。”

此卦专言人事，以上六为纣王，位高而暗极，九三为武王，与之应敌，是为南狩，一狩而获大害之首矣。

如元数、他卦叶吉，有刚明之才，勇于进德，力于行道，或为大相，或为大魁，或为大将，皆当看其文武之轻重，则分别无差也。

数、卦不叶吉，为兵卒武人而获功劳，在僧道亦可为主首，须当彼之求而后此应，则成规模。若急躁用心，不知详谨，恐招祸及身矣。

岁运逢之，宜仕路进取，可夺魁甲之名，凡经求远役者，必有遭遇也。数凶者招祸。

邵曰：“此爻专言人事，以武王伐纣，去害而得其大首也。得之者，正直无私，亦因口舌以招怨忿而不自知也。”

六四：入于左腹，获明夷之心，于出门庭。

《象》曰：“入于左腹，获心意也。”

左腹是指上六暗主而言。左者不正之名，后世邪说亦云左道。明夷之主，亦未遽伤近臣，然其蕴蓄于中，则已不正矣。六四正而居近君之位，能洞见微隐，如入其不正之腹，而得其害君子之心也，岂可久居乎？自当出离门庭而去矣。微子持祭器而归周是也。

如元数、他卦叶吉，有才有德，行公正之道，或为左辖，深结主知，文有右辖，武有左武，同门、阁门皆是也。

数、卦不叶，为人无德，多从不正之路，用心设计，不可意料。

岁运逢之，在闲官必出任事，仕朝廷必出外郡。久在国学得出而成名，久在囹圄者得脱，而事决方州，进取必遭出落，常俗出外经求有益，或生心腹之灾。如妇人有孕，必生贵子。

邵曰：“微子之明夷也。四以阴柔在高位，而获见容，卒得所往也。得之者，出入皆利，但立业起家，恒于在外。”

六五：箕子之明夷，利贞。

《象》曰：“箕子之贞，明不可息也。”

六五以柔居君位，柔暗之主，箕子当之何哉！六五本君位，以上六居昏暗之极，为明夷之主，故以五为大臣也。或问殷有三仁，何以独言箕子？盖或去或谏，各有分职，惟箕子佯狂为奴，而能正其志，故晦其明，明不止息也。

元数、他卦叶吉，有正大之德，知几识势，能行明哲保身之道也。

数、卦不叶，难遇知己，常怀忧心，或营求艰辛，或奔驰劳苦。

岁运逢之，养德待时，自然获福，若狂图妄进，必有祸伤身者矣。

邵曰：“箕子以父师之亲，居中正之位，以之而为囚奴，非明夷之世乎？得之者，成事立功，恒于患难，岁月营营，终无暇日。”

上六：不明，晦。初登于天，后入于地。

《象》曰：“初登于天，照四国也。后入于地，失则也。”

诸爻皆说明夷字，惟此爻是明夷之终，故不言明夷也。既曰不明，又曰晦者，甚其昏之辞也。以纣而言之，自嗣位而闻见甚敏，才力过人，非登于天，照四国之时也。及其昏弃失德，而为独夫，非后入于地，失则之时乎？

如元数、他卦叶吉，志在谋大，大宜保守，不然有失也。

数、卦不叶吉者，愈见不堪妄为也。

岁运逢之，明处有暗，常宜固守，进取者先荣后辱，得则勿喜，失则勿忧，据分处时，自然意乐身乐矣，老者不寿。

邵曰：“上六居明夷之终，其伤甚矣。得之者，先明后晦之象，必有灾疾。”

家人 ䷤

家人：利女贞。

《象》曰：“风自火出，家人。君子以言有物而行有恒。”

外卦巽为风，内卦离为火，火明于内，风行于外，为家人之象。闺门中事虽至隐，未有不风闻于外者，是故贵明不贵暗者也。若一家之风，自离明而出，则无暗昧不明之事矣，家道其不正乎？凡有此言，必实有此物，凡有此行，必实有此道。恒者操履常久而不变也，若妄诞不实，相与为欺，或变或迁，茫无定守，此闺门所由暗昧也。

巽宫二世卦，属六月，纳甲是己卯、己丑、己亥、辛未、辛巳、辛卯，如生于六月及纳甲本命者，功名富贵人也。

邵曰：“巽入也，离丽也。入而附丽乎内，如一家之中得贤妇而兴也。得之者，起家立业，由于内助之贤，男子之生宜于春秋，若妇人则宜日不宜夜也。”

初九：闲有家，悔亡。

《象》曰：“闲有家，志未变也。”

以家人全卦六爻言之，以上体三爻，为男正乎外，下体三爻，为女正乎内，其初为女，二为妇，三为母，四为子，五为夫，六为父叔，考爻辞之象甚明也。分爻而言之，其理亦通，则以初为有家之始。闲者防也，于初而防闲之，则种种过失自然不作，而悔可亡矣，何也？志未变故也。若待志变而后防之，有如堤已决而闲之，又如火已燎而扑之，何及也哉！

如元数、他卦叶吉，心性至明，才德至大，见微虑远，正身齐家以至定国安邦，不变始终之一志也。

数、卦不叶，心志不一，先明后暗，弱懦无立，又看他卦相应何如，或富贵不出食禄，或富而守父祖家业，若是阴人，能主立不变迁。

岁运逢之，闲官有进用之荣，在仕则退而闲居，在选人未见改秩，士人进取亦未成就，如常俗谋事却利，如人未娶者见亲也，如僧道则见住持矣。

邵曰：“初九为始家之象，不能无悔，然而有道防闲，则可悔亡。得之者，起家立业，能为无咎，然而家人奴婢亦有小灾。”

六二：无攸遂，在中馈，贞吉。

《象》曰：“六二之吉，顺以巽也。”

以家言之，此妇道也。以国言之，此臣道也。

数、卦叶吉，为中正之大臣也。有德有才，不僭不傲，阴人多是命妇也。

数、卦不叶，亦是足衣食，优游享福。

岁运逢之，仕路入朝，其中字应官职衔，常俗见喜成家，营谋获利。

邵曰：“此爻女正乎内，主中馈，奉祭祀，而无所专也。得之者，事业之成，起于内助，而且进人口也。”

九三：家人嗃嗃，悔，厉，吉。妇子嘻嘻，终吝。

《象》曰：“家人嗃嗃，未失也。妇子嘻嘻，失家节也。”

嗃嗃，按《说文解字》云：严酷貌。观此爻下体之上，阳刚而正，不可为酷，止是过严也。嘻嘻，是骄佚喜笑之声。盖正身之道，在乎严明。严明之过，则至于嗃嗃。和家之道，在乎和乐。和乐之过，则至于嘻嘻。三爻为内卦之主者，母道也。母道贵严，虽悔虽厉，亦吉，而未为失也。本无嘻嘻之象，特因爻取义以明，反是必至嘻嘻，失家之节，其害大也。

数、卦叶吉，处心之正，见事之明，严而有制，刚而不虐，于家于国，善始善终，阴人禀此，为命妇，不施严恶，自然服人。

数、卦不叶，喜怒不常，尊卑失序，或欣或忿，乍得乍失。

岁运逢之，处富贵职守者，御下贵严，去邪贵勇，如是则无过失之患也。仕人进取又当执一定之见，不可二三，或疑或怠，皆无所就矣。常俗忧喜相半。

邵曰：“以刚居刚，下近离火，治家贵严而不可过，虽悔而终吉，妇人则失治家之志。得之者，阴人是非啾唧不安。”

六四：富家，大吉。

《象》曰：“富家，大吉，顺在位也。”

以一家论之，此爻为人之子，子之正必克家，以一国论之，此爻为近君之大臣，臣之正者必能治国，故曰富家大吉。善富家者，不实珠玉，而以父慈子孝为实，不丰粟帛，而以夫义妇节为丰，故六四之富而吉，吉而大，先圣释之曰：六四之富非以财，而富之父子夫妇，各顺其位，不相逾越，是为富矣。《易》之富家即《记》之所谓家肥也。

数卦叶吉，其才之清，其德之顺，足以正心修身齐家，为当时重望之大臣。

数卦不叶，丰厚粟帛，为乡党之吉人，如是女人，则有贤德，主家不刚不悍。

岁运逢之，闲官得仕，贫士获福，患难者安乐，孤寡者有子，亲姻者必合，进取者必成矣。

邵曰：“阳实阴虚，六四以阴居阳，所以不自富，而富其家也。得之者，主有克家之子，能富其家，而善任干蛊之责也。”

九五：王假有家，勿恤，吉。

《象》曰：“王假有家，交相爱也。”

假训至字，五为一家之主，乃己身也，以一国言之，此君位也，故曰王假有家。一卦之内，在初为防家之始，在五为家道之成，故皆曰有家。有家非谓男女居室，长幼聚处也。设或骨肉睽而不合，闺门否而不通，则事之可忧，安得勿恤而吉乎？惟阳刚中正，能尽刑家之道，诚意融洽，和气薰蒸，人无异郁，此其所以有家欤！有家者，人人交相爱也。自非九五以德睦之，以心感之，安能如是乎？

数、卦叶吉，言行中正，足以标准于当时，非惟我爱于人，人皆爱于我，所谓交相爱者矣。

数、卦不叶，亦主粟帛丰盈，亲眷和睦。

岁运逢之，仕路最显，士人进取有成，常俗多遇尊上之提携，无不吉者。如数凶兼卦凶者，变赍于家园，为终寿也。

邵曰：“九五以阳居尊，正王假有家之道，然自家以至天下，不用于忧恤，自然获吉矣。得之者，夫妇亲而家道成，是非散而忧虑无，终无大害。”

上九：有孚，威如，终吉。

《象》曰：“威如之吉，反身之谓也。”

家人有严君，此爻是也，故曰威如。又是家道已成之后，人情易纵，宜有孚威如，可保终吉，威非暴猛也。反身而诚，则人人自有孚而畏之。有家之初在闲，保家之终在严，然后见一家之主，交相爱也。不闲不严，交相贼也。

数、卦叶吉，文章高世，威望大人，足以胜朝廷之重任也。

数、卦不叶者，亦是谦身节用之人，终不负志。

岁运逢之，官途职高权重，士人转身进取成名，僧道庶俗，皆有变动则吉。

邵曰：“阳刚居家人之上，有孚信威严，得治家之道，宜乎其获吉也。得之者，家道有成，有危即解。”

睽 ䷥

睽：小事吉。

《象》曰：“上火下泽，睽。君子以同而异。”

上火下泽而睽，火伏未燃，泽潴未流，其睽之状未见，直待火一动，炎炎而上，泽一动，滔滔而下，始见睽也。中少二女同居母旁，其睽亦未见。及其动而适人，则不同行，始见睽也，此所谓同而异也。同非徇俗，异非绝俗，惟君子能之。又事物之理，未有不自睽而合者，故六爻皆取睽合之义。且以人伦言之，其父子兄弟本来无睽，惟君臣朋友夫妇皆自睽而合，是故合则四海一家，不合则对面千里，动行之始，可不谨欤！

艮宫四世卦，属二月，纳甲是丁巳、丁卯、丁丑、己酉、己未、己巳，如生于二月及纳甲本命者，功名富贵人也。

邵曰：“火上泽下而不相合，然六五柔进而上得中，应九二之刚，故又得小事之吉也。得之者，亲友不合，施恩成怨，闺门失助，祖地须离，此睚眦反目之象也。”

初九：悔亡。丧马勿逐，自复。见恶人，无咎。

《象》曰：“见恶人，以辟咎也。”

初九刚大之才，在睽乖之时，穷而居下，非苟且求合者，故其悔亡。马健行之物，今丧之，则行无所拉，乃若得失乱于中，利害夺于外，惟恐不复而急追逐之，则愈远愈悔矣。惟勿逐，听其自复，非乐天知命，淡然于得丧之境者不能也。有如疑问方起，乖异百端，傥急于分辨求解，然未孚之时，其言愈多，其睽愈甚，不若置之勿辨，静以处之，事久而明，论久而定，则未有不复还其天理之正者也。虽然勿逐者，安于义命也，而恶人亦有不可不见者也。世方乖睽，群邪用事，忌善丑正，古今同情。介恃自高，不能委曲以见之，祸将至矣。见之非缴福也，以避咎耳。

数、卦叶吉，清名重望，必能如初九之处世者也。

数、卦不叶，仕不及大，惟宜知几顺理，以静制动，闻凶化吉，有心图事则难，无心图事则易。

岁运逢之，闲官复职，昔为我仇，今为我福，又推测轻重，或为太守之失，失而又得，终不为害。数凶者变未济，濡尾溺没之祸。

邵曰：“初九处睽之始，不能无悔，幸而上与九四合德，悔斯可消。得之者，争斗盗贼宜知所谨者，让下人一步，则事可解。”

九二：遇主于巷，无咎。

《象》曰：“遇主于巷，未失道也。”

不期而会，谓之遇。今九二贤臣，遇六五明主，如傅岩、磻溪、莘野、草庐之事也。说者以巷为委曲，非本意也。陋巷箪瓢之事，亦可法矣。夫贤臣处睽乖之时，当怀才自重于道，则未为失，必待明君力求而后应可也。古之人直欲三聘三顾而后起者，审其求之力，则未为失道也。

数、卦叶吉，其为忠臣义士，所负高才大德，或不由进取而遇明主，建立大勋业，开太平者也，岂寻常小官卑职所可比乎？

数、卦不叶，怀才养道，隐名悔迹，达不为乐，穷不为忧。

岁运逢之，官员擢职，士子成名，大则遇明主，小则遇主人，凡有遇合，皆出于无心中得之，常俗亦得遇主人。

邵曰：“二五阴阳正应，当睽之时，乖戾不合，必委曲相求而得会遇。得之者，平易反见艰难，成事又见反覆，其间必有曲荐之遇也。”

六三：见舆曳，其牛掣；其人天且劓。无初，有终。

《象》曰：“见舆曳，位不当也。无初有终，遇刚也。”

六三之阴，应上九之阳，为夫妇之未合之前，生出许多疑怪者，盖有九四六五在内为间隔耳。天字谓在上者不穿凿取义，舆指九四互坎，牛指六五离体，天指上九阳刚。今六三见舆曳牛掣天劓，则是疑猜未判，妄有是见，正为睽之病根，非真有此见也。待其疑极必通，阴阳相应，群疑散亡，是谓无初有终矣。

数、卦叶吉，禀性甚敏，见事生疑，初遇艰难，终得吉亨。

数、卦不叶，或在车前马后，或遭驱役，先跋涉劳苦，后受安闲。

岁运逢之，其舆曳为仕路之阻，不难知也。士人进取必见成就，盖牛为解星，天为名登天府，劓为切己之事。大凡有姻缘好处，必有为我之梗者，宜静以制动，久而自明，散而复合，如庶俗下流，进望有阻，或遭刑责，亦宜于险中求安可也。

邵曰：“六三以柔居刚，陷于二阳之中，又为九二牵曳，九四掣隔，而不能进，然上九必有相应，故为有终。得之者，进退阻隔，刑伤破败，在所必然，亦可小康。”

九四：睽孤遇元夫，交孚，厉，无咎。

《象》曰：“交孚无咎，志行也。”

六爻惟四与上言睽孤，盖四位高，而上处极，本有危有咎。孤者睽之极也，然睽极必通，孤极必行。遇元夫者善士也。今四与初之善士同德，其相遇以诚，相交以德，而见孤者明睽也，久则疑释，而后之睽者合，何志之不可行，何难之不可济哉？是故虽危无咎矣。

数、卦叶吉，则有出类拔萃之才，又能亲善接贵，而以君子为朋，足以立大勋业者也。先孤后不孤，如女命适贵夫为命妇矣。

数、卦不叶，孤立自为，险处成福，谦恭处己，诚信待人，始勤事业，终有遇合。

岁运逢之，求名利者必成，求婚姻者必合，处危者身安，居闲者志行，凡有所图，先阻后顺。

邵曰：“火上泽下，而九四下不得应于初九之谓睽，上不得应于上九之谓孤，是不相合矣。其后得遇初九，故无咎也。得之者，骨肉少恩，凡事先难后易，女人则重婚再嫁。”

六五：悔亡，厥宗噬肤，往何咎？

《象》曰：“厥宗噬肤，往有庆也。”

六五明君也，以柔居尊，宜有悔，下得九二大臣之应，故悔亡。厥宗者，尊九二之重德也。古人遇合有啮臂为誓者，以见其交结坚固也。如是而往，非惟无咎，而且有庆。

数、卦叶吉，德重位尊，谦恭下士，而得良朋辅助，以立功名，享富贵者也。

数、卦不叶，或承祖宗之恩泽，或见亲戚之受刑伤，或生来受用，不劳自己，或远经营，多遇贵者。

岁运逢之，高下相信，遐迩相从，士人进取，官员除拜，常俗经营，男女婚姻并见遂意。数凶则忧不宁，亲朋怨恨，或见骨肉之伤，或有争竞伤损之事，或远出，或讼事牵连，谨守提防，免惊恐也。

邵曰：“以柔居尊，宜其有悔。然有九二之正应，其悔可亡矣。得之者，亲朋致怨，凡事乖张，若能变更其用，则可获吉。”

上九：睽孤，见豕负涂，载鬼一车；先张之弧，后说之弧。匪寇，婚媾，往遇雨则吉。

《象》曰：“遇雨之吉，群疑亡也。”

上与三应为夫妇之合，是阳遇阴而为雨，即六三之阴遇阳而为雨也。此言先张，彼言无初有终，所以两爻生许多疑怪，只缘四五为间隔于内也。其豕鬼寇三者，皆指九四六五爻为象。九四互坎，为弓矢，欲射之，然事久而理明，睽极而疑解，故不射，始知非寇，乃是我之婚媾也。往与之遇，非特群疑亡，而得阴阳和为雨矣。

数、卦叶吉，文章事业足以标准当时，惟是见识过明，明过而察，察过而疑，是故欲前欲后，初涉艰难，末见平易，或重迭婚姻，先孤后不孤，或因兵革立功。又雨者禄泽也，济人利物之兆也。

数、卦不叶，为孤独，为卑污，或虚诈，或勤怠不一，为聚散无定，或从戎伍而后成名，或出家，或远而获取他家田业。

岁运逢之，或见怨忌，或遭谤言，见凶非凶，闻吉非吉，有疑则是非不辨自明，静而事违，动而事合，先为我仇，今为我恩，凡求名求利，先虚后实，宜动不宜静。

邵曰：“上九与六三为夫妇之合，所以阴阳和而得吉也。得之者，人事先乖后吉，女人有病。”

蹇 ䷦

蹇：利西南，不利东北。利见大人，贞吉。

《象》曰：“山上有水，蹇。君子以反身修德。”

山上有水，流行艰涩，乃险阻之状，恰如跛躄者难进，是故名蹇。大抵小人处蹇，则召怨，君子遇蹇，则反身修德，身虽处险难，其心则太然矣，虽蹇而未尝蹇也。

兑宫四世卦，属八月，纳甲是丙辰、丙午、丙申、戊申、戊戌、戊子，如生于八月及纳甲本命者，功名富贵人。

邵曰：“艮止乎下，坎险于上，蹇利西南，不利东北，宜见大德之人以维持之，则蹇可济。得之者，禀性忧戚，凡事先危后安，或招寒湿之疾。”

初六：往蹇，来誉。

《象》曰：“往蹇来誉，宜待也。”

初六逢蹇难之始，在下之不幸也。在下而无位，是不幸中有幸也。若速往而进，必遭其祸，若止而退，必得其誉，是必静以待时之平而已，与其获誉于乱世，不若免誉而安然，名可得闻，身不可得见也。

数、卦叶吉，大才清誉之君子，善处逆境而不怨，深得居易俟命之道，必有人求之得大用于当世矣。

数、卦不叶，多是知几固守，自有声誉，不宜躁进妄为，以致殃咎。

岁运逢之，先看贵贱如何，若在仕路，有动不可速，或见加职，赐恩典，以其有誉字故也。“待”字大则为待制，小则为府班，或待次也，常人宜守旧。

邵曰：“阴柔处蹇之初，上无应援，宜退不宜进也。得之者，待时而动，凡有谋望，宜加谨审。”

六二：王臣蹇蹇，匪躬之故。

《象》曰：“王臣蹇蹇，终无尤也。”

蹇之六爻，初上三四，皆不许其往，惟六二与九五，许其往者。二为臣，五为君，君臣不往以济时难，而谁当往乎？蹇蹇者，多难而非一难也。大臣犯难而捐躯以求济，何尤之有？然六二阴柔而短于才也，圣人不尤之者，嘉其志而恕其才也。

数、卦叶吉，孝以事亲，忠以事君，捐身亡命不为惧也，岂小才小技者能如是乎？

数、卦不叶，或父子同艰辛，或夫妇甘寂寞，却能损己益人，不以为恨。

岁运逢之，不宜静而宜动，动则有立身扬名之荣，凡先有艰险灾危者，今皆无事矣。数凶者至于亡身也。

邵曰：“六二上应九五，是君臣不往以济时难，而谁当往乎？得之者，功业向上而成，且施劳成怨，悔滞是召，慎之方可。”

九三：往蹇来反。

《象》曰：“往蹇来反，内喜之也。”

蹇之一卦五为主，二为济蹇大臣，天下之蹇义非一人可济，如大厦非一木可支也。细推初三四上，皆从二为一体，所以济蹇者，非初之宜往，待二求之也。又三之反归，四之来连，上之志内，皆指归女，二以叶济明矣。四爻各言往蹇，而不待彼求。四曰“往蹇，来连”，则为誉，为喜，为实，为硕，何患蹇之不济也！

数、卦叶吉，能修己德以副上求，足以治国安民也。

数、卦不叶，进取非一，或为中贵，或弃内舍外，立嗣归家，或改过自新，或守祖宗活计，或得内助。

岁运逢之，在仕必入朝廷，进取宜会试，地位高者为中书内翰，庶俗见妻生子之喜。

邵曰：“以阳居阳，正应上六，往蹇来反，而二阴喜爱也。得之者，未宜更改，劳心劳力而事不成，又当见机而作。”

六四：往蹇来连。

《象》曰：“往蹇来连，当位实也。”

六四之阴本虚，下与初应，初以虚其才弱，若不量其无才无力，先进以求济难，则难愈蹇耳，宜接连六二大臣共济可也。小象曰“当位实也”者，是指六二爻有五之阳应也。

数、卦叶吉，功名富贵，实而不虚，或祖宗继承，或子孙接续，言出真心，足践实地。

数、卦不叶，其心正，其言实，财禄常有，婚嗣接续。

岁运逢之，求名望利，二者不虚，或接连历仕不实辞退，或牵连讼事不能决断，大概先难后易，终不为过。

邵曰：“往蹇入于坎险，归则与三阳而连合也。得之者，宜弃外就内，不可轻举妄动，恐累人惹事也。”

九五：大蹇朋来。

《象》曰：“大蹇朋来，以中节也。”

朋者善类，为我之助者，是言初三、四上皆归六二，而共副九五之用也。自天子达于庶人，随所遭罹，皆谓之蹇，但事体大小各不同耳。今九五可谓大蹇矣，天下大蹇而来誉来反，来连来硕之俦，皆与蹇蹇之臣同心协济，则是朋来。若九五处之不以其道，则有去而已，肯诚心与我哉！能以中道制节，设施举措无过不及，此朋所以来也。

数、卦叶吉，行道执中，虚己接善，得上信任，良朋协从，足以振危乱为治平者也。“中”字则为太中、中书之类，“节”字则建节、节制之类。

数、卦不叶，虽一身困穷，常遇亲朋提携，禀性刚中，作事执一，无亲疏之私，无彼此之异，妇人守节，不爱华饰。

岁运逢之，常俗艰难者，必遇朋友助力，士人进取者，必得姓名标榜。

邵曰：“以阳刚居尊位，陷于二阴之中，是大人之蹇，下三爻为朋，乃以中道而得助也。得之者，机会多锉，家人见灾，破财官讼，率皆值此。”

上六：往蹇来硕，吉。利见大人，吉。

《象》曰：“往蹇来硕，志在内也。利见大人，以从贵也。”

上六处蹇之极，其难将解矣。爻辞不但独言本爻，则是兼言众爻之志，并从乎二，朋类盛集，赫然硕大，皆有利见大人之辞，诸爻皆当有之，独于二爻总言者，乃是易中之法例，后人多不知也。

数、卦叶吉，大才硕德，笃志事君，小则升内舍，大则除内翰。

数、卦不叶，依附尊贵，卓立生涯，自不劳神，或有内助。

岁运逢之，外郡仕官必擢清禁，士人进取姓名不脱，若在学舍者有升，入太学者未当出仕，凡事营谋，亲近高上，无不获利。

邵曰：“处蹇之极，当坎之上，是以无拘迫之忧，而有宽大之乐，所以吉也。得之者，大贤之造，若夫忧危险难，在所不免，如知止则吉也。”

解 ䷧

解：利西南，无所往，其来复，吉。有攸往，夙吉。

《象》曰：“雷雨作，解。君子以赦过宥罪。”

天地以生物为心，故雷雨作，君子与民自新，故赦宥。赦者赦其过误，宥者宥其可疑。此古圣不易之典，非一概赦宥也，一概赦宥则是惠奸也，是滋天下之无忌惮以贼夫善良也。观象者宜知圣人之心乎，特不忍一民之夫所也。

震宫二世卦，属十二月，纳甲是戊寅、戊辰、戊午、庚午、庚申、庚戌，如生于十二月及纳甲本命者，功名富贵人也。又二、三、四、五、六、七、八月为雷雨及时，为福力重，九、十、十一月、十二月、正月为失时，福力轻，内十二月系本命月卦，不在此论。

邵曰：“雷动于坎险之外，何蹇难之不可散释也？得之者，官讼破财，骨肉变故，禀性伶俐，灾危有解。”

初六：无咎。

《象》曰：“刚柔之际，义无咎也。”

解者散难之卦，初爻乃患难初散，安宁无事，故无咎。宜安静以休息。与九四正应，刚柔之际也，虽甚相得而敛，然退处于无位之地，不失义也，孰得而咎之乎？

数、卦叶吉，为臣事君，君臣相孚，父慈子孝，兄友弟恭，夫唱妇随，皆人伦至善至福之事也。

数、卦不叶，为平正吉人，不争高下，受用无亏，常遇知己提携。

岁运逢之，久在仕宦地位高者，燮理阴阳而为重臣矣，士人请举登科，未婚嫁者必合，经营者必济。

邵曰：“以刚居下，上附九二，以应九四，刚柔相济，又善补过，故得无咎。得之者，是非患难，多因人招怨，然能谨守，且善区画，纵有滔天大祸，亦虎头蛇尾。”

九二：田获三狐，得黄矢，贞吉。

《象》曰：“九二贞吉，得中道也。”

三狐三阴也，谓三小人也。一卦四阴，而指其三者，不指六五，五君位也。田者力之致也，黄者一云地之色，中不过也，矢者直刚壮也。夫多难既散，有攸往夙吉。今九二以阳刚之才，佐六五阴柔之主，忧于有为之时也。立纲纪法度，莫如先去小人。去小人而不力，虽去必来，去小人而不直，虽行不格，去小人而不中，虽正必偏，有是三者则尽之矣，又能贞固则吉矣。

数、卦叶吉，其才学高，其威望重，又中而不偏，直而不曲，正而不邪，有以服小人之心，而为佐国忠臣也。

数、卦不叶，虽非富贵，亦近德之人，或有田地，或有再取，或为黄冠，随机应变，而消息之，必验矣。

岁运逢之，则有营田、进田，三荐、三魁、三甲，黄榜、黄屋、荐剡，若在右选，其田猎征战是也。常人公讼争田产，及进田之喜亦是也。

邵曰：“九二刚中之臣，六五柔中之君，既得任用，如田猎而获三狐。三狐初六、六三、上六是也。所得者中正，又以贞固而守，则获吉矣。得之者，赋性公平，克尽委任之劳，招尤致悔，皆由固执使然，是不可以无心处事也。”

六三：负且乘，致寇至，贞吝。

《象》曰：“负且乘，亦可丑也。自我致戎，又谁咎也？”

六三阴柔，本不中不正，而居下体之上，是小人居上位，则非初六之比矣。正如负贩之小人乘车，可丑之甚也。公论不平，有操兵夺之者矣。三之无德，寇自己致，非他人之咎也。

数、卦叶吉，或起于卑微而受富贵，惟宜坚守正道，谨慎改过，斯免灾危，或虞侵夺。

数、卦不叶，专行险诈，窃位僭上，使天下之正人，皆薄而丑之矣。若妇人，其所为尤不堪言也。

岁运逢之，大宜固守职分谨身，不然则有祸患者也，盖系辞有言，慢藏诲盗，冶容诲淫者也。凡在仕宦俗庶，皆当如此处之，则无忧矣。数凶者，或险危，或兵寇之难。

邵曰：“以阴柔而居三，不正不中，上负四之刚，下乘一之刚，正如负贩之小人乘车，寇夺之至，不丑甚乎？得之者，享乘车之贵，又招负担之丑，既得上人玉成，且致小人谤怨，只宜固守，何暇施为。”

九四：解而拇，朋至斯孚。

《象》曰：“解而拇，未当位也。”

此爻元是临卦初九来，为君子朋至也。今指九二为朋斯孚。而字当作尔字训，是言四之本爻也。拇者在下，所应者谓九四，当解去正应之私心，然后得九二君子之助力，或以六三为拇相近，在下亦通。

数、卦叶吉，为正臣，不私所亲，解散小人，则得天下君子孚信，而朋至矣。

数、卦不叶，则亲比小人，以碍天下之公论，惟宜改过守正，择良朋，绝恶党，庶无为我之祸矣。

岁运逢之，在仕在俗皆以公心斥绝邪佞，则有吉善之人助力，不然则惹祸遭愆，有位亦失也。

邵曰：“九四以阳刚而居近君之位，与初相应，必改其私昵，然后朋党斯至。得之者，望高未遂，成败难免，而徒劳心力，宜远私爱之力，而得善友之助力。”

六五：君子维有解，吉。有孚于小人。

《象》曰：“君子有解，小人退也。”

六五为散难之主，其质本柔，而有解难之功，惟能用九四、九二之大才君子，以解散小人而已。然则天下无多难，只有小人者，难之宗也。然则解难无多术，其君子者，解难之源也。今言君子维有解吉者，惟用君子专一而已矣。孚者验也，用君子之验，验之于小人退而已。

数、卦叶吉，退已进人则有良朋佐助，斥逐奸邪，而至公至正之道行矣。

数、卦不叶，虽非贵人，亦能服众，或是治业荣甚，而得下人助力。

岁运逢之，仕宦多居要路，去谗绝佞，或任兵戈重权立功，士人成名，常俗获利，有讼者直，有疾者除。

邵曰：“六五以柔居尊，不能制强服暴，然非圣人之得已，盖力之不足，所以行仁恤之政以解之耳。得之者，惟柔弱太过，然能卑以自牧，量度时势，是以争兢无，而变咎泯矣。”

上六：公用射隼于高墉之上，获之，无不利。

《象》曰：“公用射隼，以解悖也。”

隼言六三也。高墉为六三之负乘，而居高位者也，上六射而获之也。上六公位，则大臣之称。

数、卦叶吉，才高志大，德厚位尊，能任朝廷之大事，或文武二者兼功。

数、卦不叶，高堂大厦，优游享福，君子推重，小人畏服。

岁运逢之，闲官赴诏，兵师立功，士人中举，则是一鹗高飞之兆，常人修葺门墙，得意亦获利，仕途必获荐剡。

邵曰：“隼，鹰之小者，害禽之物，犹害人之小人也。不能遁迹而立于高墉，宜乎为其所获矣。得之者，恩惠及人，怨怼归己，幸以福原之既深，凡欲肆害于我者，适以自害而已，必得高势方获利名，多是福室，军官宜得威福之柄。”

损 ䷨

损：有孚，元吉，无咎，可贞，利有攸往。曷之用？二簋可用享。

《象》曰：“山下有泽，损。君子以惩忿窒欲。”

损之为卦，以泽之深，益山之高，此损下益上之象，则是损不善，以益其善也。君子观兑之说，以惩其忿，观艮之止，以窒其欲，人之天性，如山之静，如泽之清，其忿或触之，其欲或诱之，岂其性哉？深戒其触之端，逆闲其诱之隙，损之又损，则忿欲消而忍性复矣。

艮宫三世卦，属七月，纳甲是丁巳、丁卯、丁丑、丙戌、丙子、丙寅，如生于七月及纳甲本命者，功名富贵人也。

邵曰：“损乾之九三，而为艮主于上九，所以为损，如以孚信则吉矣。得之者，有损己利人之心，无损人利己之念，虽处高位，自牧愈谦，损财损人，有所不免，狭隘阴险，弗与相交，则咎远矣。”

初九：已事遄往，无咎，酌损之。

《象》曰：“已事遄往，尚合志也。”

初九已事遄往者，去病也。四有疾，初当速往益之则无咎，又当斟酌深浅，要在于得中而已，大抵欲速则失之过也。一“酌”字其应病之权衡，后世不明斯义，多用刚直于尊上，而反益其疾者多矣，岂复弗损而益之之道哉？

数、卦叶吉，为清名重望之臣，奋治国济民之志，度时而进，知几而退，其功业有益于后世矣。

数、卦不叶，虽有才德，施设多难，巧于他人，拙于自己，欲速则事理不达，欲退则事几多差。

岁运逢之，勇于进用，事济宜退，闲官必见升擢，其为进取经营者皆可成也。

邵曰：“阳刚居卑，所以损下益上，而事业之成，亦须急往，天之道也。得之者，凡欲成事宜速其几，否则有挫失之叹，不免于破财，若能斟酌时势，则事无不可矣。”

九二：利贞，征凶，弗损益之。

《象》曰：“九二利贞，中以为志也。”

卦有三阳，皆当损阳以益阴，然二与上非正，与初正不同，故二与上皆利贞焉。二虽非正而处得其位，故象言“中以为志也”，是念念不忘乎中耳。守正如是，自然不妄进，勿损而能益之矣。三阳爻皆言志天下，惟刚者有志，凡刚德不可损，圣人于损之阳爻而特拳拳言乎志也。

数、卦叶吉，才高志刚，以振惫起衰，皆由生财有道，处己无私，审而后进，进则有功。

数、卦不叶，或为技艺有益于世，常宜固守，不可妄进。其征凶者，为征战不利。其中字，又是官职之名阶也。

岁运逢之，清才硕德，为天下景仰，士人中魁，仕途迁擢，机会自来，其求名望利，先难后易。

邵曰：“以阳刚居正位，上应六五之君，当自损之时，利于贞正以事上，不可恃刚而致凌犯，若贞正以自守则利，若征进上行则凶，苟能之，无损而有益也。得之者，凡事宜贞固自守，必有上人提携，恃宠凌人，不惟无益，反见多事。”

六三：三人行，则损一人；一人行，则得其友。

《象》曰：“一人行，三则疑也。”

此本泰卦，内体三画之乾，为三人行，九三上行为损，故曰三人行，则损一人也。一阳上，一阴下，故曰一人行，则得其友也。若九二更行，则为益，亦得友也。所以损益二五互相发明，皆曰十朋之龟不克违，若初九更行，则为否矣，故曰三则疑也。今爻辞只说一、三，而不言二、五者，圣人书不尽言，言不尽意也。

数、卦叶吉，奉上亲朋彼此皆同心同志，相照洞然不疑，足以致君泽民，立身扬名者也。

数、卦不叶，亲近良朋，立成活计，修业不倦，临事不疑，可谓端人正士也。岁运逢之，仕路升腾，知己助力，众共用事，多忌多疑，一则独行，得朋得助，求名望利者，当先执一，则有成就，在僧道领众，商贾获利。

邵曰：“三为上九正应，乃损下益上之位也。上九一行，往而得四五为友，故西南得朋以为友，本阳损之而为阴，是损一人也。得之者，轻财重义，损己益人，然而作事生疑，机会屡失，螟篪不叶，琴瑟不调，故兄弟及子，每三而损其一也。丧服、破财，其能免乎？”

六四：损其疾，使遄有喜，无咎。

《象》曰：“损其疾，亦可喜也。”

阴柔之资，居上卦之下，处近君之位，富贵诱于前，忿欲动于中，此其疾也，急赖初九之刚，攻去其疾，则有喜无咎矣。

数、卦叶吉，必见名高身贵，但宜谦己接人而免责谤，又当惩窒欲而免灾疾。

数、卦不叶，有过速改，有疾速医，则无怨悔矣。不然殒身丧德，窄心狭量，讳疾忌医，执僻不变，而为不正之人也。

岁运逢之，有祸者免，有疾者愈，有谤者明，闲官得起，士人成名，常俗经求获利见喜。

邵曰：“六四阴柔居近君位，而与初九正应，则能损其偏媚之疾，又初九能以刚决之才，辅六四急于向善，所以有喜而无疾也。得之者，利归于人，而害归于己，有疾宜速治，有妒宜急援，若能知几，速于更变，则可散忧而为喜也。”

六五：或益之十朋之龟，弗克违，元吉。

《象》曰：“六五元吉，自上佑也。”

此卦爻辞只是赞六五之君，损己从下之盛德也。有山岳配天之德，中虚空洞，宽广谦柔，损己以从下之群贤，而群贤皆愿增益其高大也。一人之损，众人从之，龟筮又从之，人谋鬼谋，百姓与能，此其所以为大吉，而自天佑之与？

数、卦叶吉，虚中无我，得四方贤者以协力，能起衰世为盛时矣。

数、卦不叶，亦有誉望出众，众皆称善，荣身起家，多有福寿，盖龟为多算之兆，乃长年者也。

岁运逢之，清要近君，天下景仰，高才硕德，士人魁选，僧道领众，商贾获利。

邵曰：“六五以柔居中，犹君能损己益人，则天下从而益之，以十朋之龟而不能违，此友人协取之象，宜乎其元吉也。得之者，机会自应，人心趋服，虽有不测之灾，有不得而害之者，所谓得道多助者，此也。”

上九：弗损，益之，无咎。贞吉，利有攸往，得臣无家。

《象》曰：“弗损益之，大得志也。”

上九居损位之终，则必变之，以不损艮位之极，则必止之，以不损其在下之贤，皆损己以益上，宜无咎，宜元吉，宜利有攸往。得臣谓得长民之臣，无家谓无私其家，如是无往而不大得志也。请以天下之大者喻之，夏禹菲饮食而天下无饥民，文王恶衣服而天下无冻老，汉文帝集皂囊罢露台而天下有烟火万里之富，是损卦上九之义也。

数、卦叶吉，德重位尊，不私一己，专用群贤，则得天下之欢心，是以立勋业，享富贵也。

数、卦不叶，不贪不谋，自然饱暖，亲近尊贵，多善游谈，或为商旅获利，或僧道而无家。

岁运逢之，道穷者通，事静者动，动则有益，争名夺利，俱得腾达。

邵曰：“上九以阳刚之道益于下，所以往无不吉，而天下孰不服从也。得之者，损人损财，机会将成而复辍者，皆损也。《易》曰：‘损而不已必益’，须先见破损变故之多，然后得禄而发福也。”

益 ䷩

益：利有攸往，利涉大川。

《象》曰："风雷，益。君子以见善则迁，有过则改。"

益上巽下震，雷风相与，万物滋长，造化之益物出。君子体之，以风之长万物，而长一己，故见善则迁，以雷之威万物，而威一心，故有过必改。风以长之，则一善为万善，雷以威之，则损不善以益至善。过则损己以益人，未至也，损过以益己，斯至矣。大舜见善，若决江河；颜子有过，略不疑惑。一念自敏自勇，此其为益也。

巽宫三世卦，属七月，纳甲是庚子、庚寅、庚辰、辛未、辛巳、辛卯，如生于七月及纳甲本命者，功名富贵人也，又二月至八月生者，福力重，余月非时，福力浅。

邵曰："损上益下谓之益，何往不可利，何险不可涉也。得之者，禀性忍耐，三甲频登，抑且兴利发福，必然先见灾咎，而后方可无戾，若常人亦所事称意。"

初九：利用为大作，元吉，无咎。

《象》曰："元吉，无咎，下不厚事也。"

初九以阳刚之才，为震动之主，得四六近臣之应，是故位一卦之最下，而利于作兴天下之大事。大事者，非常之事也，唐虞之禅，汤武之革是也。如有利用为大作之才，而无至善之德，且挟专权自厚之心，其于天下国家能吉而无咎乎？今初九之德则不然，能为众善之长，且有不自厚其事之心，斯可以作天下之大事，兴天下之大利，为天下之利益，吉而无咎矣。元者，善之长也。

数、卦叶吉，其为有德如是之大臣矣。

数、卦不叶，必有吉德良心，安时处顺，或为耕作，或为工作，俱可起家。

岁运逢之，进取者为大魁。其"大"字者，为吉兆甚多，大夫、太师、大相、大中是也。僧道则有大德、大师之号，庶俗则宜大谋为、大施设，有大称心矣。

邵曰：“初九为益之始，利于大作为吉。得之者，量识宽洪，上人刮目，求望进取，无不获吉，事虽先损，后必益，亦宜谨慎为佳。”

六二：**或益之十朋之龟，弗克违，永贞吉。王用享于帝，吉。**

《象》曰：“或益之，自外来也。”

六二与损之六五爻辞同。彼君位也，故言元吉。又象言“自上佑”，二臣位也。宜其得五所用矣，以享上帝，而天亦益之以吉。又象言“自外来也”，六二得来乎？

数、卦叶吉，虚己无私，良朋会聚，上副九五之君，以益兆民之庆也，或年，或为配享。

数、卦不叶，其得众朋助力，活计长久，守己奉上，或遇王公大人，信用荣也。

岁运逢之，仕路荣迁，农家进益，工商经理皆见遂意。

邵曰：“损之六五曰：‘或益之十朋之龟，元吉。’益之六二曰：‘十朋之龟吉。’益之六二即损之六五也。得之者，得道多助，成家立业，出于无心，此虽或然之数，又当谨其必然之理，则焉往而弗吉哉？”

六三：**益之，用凶事，无咎。有孚中行，告公用圭。**

《象》曰：“益用凶事，固有之也。”

凶事者，乃患难非常之事。公次于王，人臣之极位也。圭者，公侯所执者，是本分内事，非外来也。益之三与四爻皆言中行告公，其义深矣。说者谓三、四为中行也，是指九五中行之君而言也。中行告公者，则是君之告臣也凶事与迁国，乃人事之变，不可作寻常之论。今六三柔体也，居下之上，处极，见有可以益天下之事，则决然自任而益之，是果于益而忘其劳矣。用凶难不得已而用之，则无咎也，非危难则有咎矣。有如穰苴之斩庄贾，用之于纪信之乘王车，用之于治世则僭是也。此皆适逢其会，不得不然，若非固有功立名于份外，则是凶而已耳，何逃罪于天地间哉？

数、卦叶吉，必为忠臣烈士，则是身当危难，有益于民社，有益于风教，者也。其“中”字、“公”字与“圭”字不待言，而官职显然矣。

数、卦不叶，非贵即富，勇于设施，干小事则有失，干大事则无损，惟恐动静不常，更变无定，若一心诚实，必有大知己、大尊贵信用者也。

岁运逢之，兵将立功，士子成名，迁人改秩，朝臣大用，庶民获福。数凶兼卦凶者，有凶事非常。

邵曰：“六三远君近民之位，凶年欲为损上益下之道，散财发粟以济天下之人，虽曰专制，何咎之有？得之者，有权有禄，宜于险中成事，若或奋身矢石，则财利功名，可计日而待。”

六四：中行告公，从。利用为依迁国。

《象》曰：“告公从，以益志也。”

益之为卦，上巽为君命，下震为臣动，不待君命而臣动者，非正道也，三、四皆不得中，故皆以中行为戒。此言以益为心，而合于中行，则告公而见从矣。《传》曰：“周之东迁，晋郑焉依。”盖古者迁国以益下，必有所依，然后能立。此爻又为迁国之吉占也。

数、卦叶吉，正直处事，谦逊待人，志在益民益天下，不在于益家益身也。

数、卦不叶，禀性诚实，立身节俭，改祖别家，依附尊贵。

岁运逢之，闲官赴召，选人改秩，大臣封国邑，士人变姓名，改迁则吉，僧道工商皆亦动有吉，静不利。

邵曰：“柔中大臣为九五之君信任，所行又得中道，国之大事无不信从。得之者，立身行事公平中正，处公侯之上，朋友之间，所往皆利，但每得小人之嗔嫌，生计变迁不一，是以过都越邑，终无宁家。”

九五：有孚惠心，勿问，元吉。有孚惠我德。

《象》曰：“有孚惠心，勿问之矣。惠我德，大得志也。”

九五以阳刚之才，中正之德，当益之时，为益之主，有孚于心，天下蒙其惠，盖益被天下，而人皆怀其惠，益之德者。有孚惠心，上之诚也；有孚惠我德，下之诚也。上下交孚，九五之志得矣。损之六五，言益而不言损，损之至也；益之九五，言惠而不言益，益之盛也。

数、卦叶吉，有如是之德及于人，人无不愿从矣。愿从者不令而行也，以之治国则国治，以之齐家则齐家，其功名富贵特余事耳。

数、卦不叶，仁惠在心，恩德及人，优游多福，或为僧道声价播扬于当时，或工商活计滋润于平日。

岁运逢之，当要津，逢明主，为仕路之最荣也。僧道出世，大众皈依，士人进取，名在前列，卑职者谒尊贵多有知遇。

邵曰：“九五有孚惠心云云。得之者，中正朴实以待人，信义温厚以处己，然恐恩惠及人而怨憎归己者多矣。”

上九：莫益之，或击之，立心勿恒，凶。

《象》曰：“莫益之，偏辞也。或击之，自外来也。”

上九以善益己，己益而人不损；以利益己，人损而己不益。上九居益之极，而以刚上人，此非以善益己也，以利益己也。利之所在，可均而不可偏。上九不均之以益人，而偏之以益己，则争之者至矣，故人莫肯益之，则有击而夺之者矣。惟其立心之偏，所以凶自外来也。中而不偏，外敢来乎？

数、卦叶吉，有志，多才多艺，损物益己，见名获利，实去虚来，或得或失，全乖正理。

数、卦不叶，心不中正，孜孜切切，务求益己，执偏私之言，非大公之论，众多怨之。若能速改，庶几其可，不然立心坚定，守以为常，凶无疑也。不问士农工商，以此为鉴，庶无祸矣。

岁运逢之，进处宜退，则无损矣，多惹寇盗。事宜正行，不可偏私，恐惹争讼。贵贱贫富，皆要谨审，不可过求。人情仇矣，有损无益，忌外事争击不睦。

邵曰：“以阳居益之极，求益不已，故莫益而或击之。立心不恒，将有外来之凶矣。得之者，正言正行，物我无间，则吉；习尚偏私，利己妨人，则凶。戒之哉！”

（陈邵二先生河洛真数易卦释义下经上卷终，□□□□□□□字）

陈邵二先生河洛真数易卦释义下经卷之中

颍川后学默庵　李学诗　校正

夬 ䷪

夬：扬于王庭。孚号：有厉。告自邑：不利即戎。利有攸往。

《象》曰："泽上于天，夬。君子以施禄及下，居德则忌。"

泽在地上，则无决之理，在天上，其势必决。有天夬者，施为禄泽，以次惠群生，得夬之大善也。鹿台钜桥之类，岂终为吾有哉？若夫居德则不然，居禄安定而不动摇，安止而不放失之谓也。圣贤成德，夫全在一"居"字上，设或意念微动即夬矣，为放逸而无忌惮，滔滔乎其莫御矣，是故禄宜夬也，居德则忌也。

坤宫五世卦，属三月，纳甲是甲子、甲寅、甲辰，借用壬子、壬寅、壬辰、丁亥、丁酉、丁未，如生于三月及纳甲本命者，功名富贵人也。乾兑二体属金，秋正旺。

邵曰："五阳一阴，五君子去一小人，决无不胜之理。虽然五爻，去小人者惟九二爻而已，余皆无刚决之志也。得之者，刚明大度，正直循良，虽能容人，不能恕物，福禄之享，不亦宜乎！若夫事物之来，疑迟不断，置之于迟留，失利失时，多遭刑戮，此病厄之象也。"

初九：壮于前趾，往不胜，为咎。

《象》曰："不胜而往，咎也。"

夬者，虽君子决去小人之象，初九刚体在下，躁于先动，故戒以壮于前趾，谓当谨审而后往，不胜则为咎矣。凡行而有咎者，皆夬之过也。

元数、他卦叶吉，地位卑，志气大，勇进力行，不怯不惧，然躁动之中，终有一失。

元数、他卦不叶，无德者也，逞志夸能，处下争高，若不安分顺时，祸多矣。

岁运逢之，最要谨审，不宜轻动，求名利，尤宜戒之，则免祸矣。

邵曰："位卑力薄，若不自量，壮于足趾而前进，不惟力所不担，反退以致咎也。得之者，立性正直，刚介敢为，是者是之，非者非之，不阿世以取容，多因此而致谤。"

九二：惕号，莫夜有戎。勿恤。

《象》曰："有戎勿恤，得中道也。"

九二处中居柔，不为过刚，能知戒备，内怀惕惧，外严戒号，虽莫夜有兵戎之变，亦可勿忧恤矣。象谓能不恃众，以过刚而得中道也。

元数、他卦叶吉，大才大德，不恶而严，量敌虑胜，识势知时，中道而行，不偏不倚，是以去邪辅正，建勋立业者也。

元数、他卦不叶，多谋多变，忧喜不常，或进或退，动静不一，成事公而得禄，或从戎而得名，半文半武，半僧半道。

岁运逢之，在仕路者或带兵刑，为士子者必遂科名，惟事亟时危不能安静，常俗争讼终不吉，其他谋望宜谨审为佳，但有暗昧之忧也。

邵曰："以阳居中，决意以去小人，是以惕然恐惧，号呼于暮夜之间也。得之者，不为威屈，不为利回，不亲比所昵，得罪于人亦所不免，然而争竞是非，丧服外变，惟谨慎为佳。"

九三：壮于頄，有凶。君子夬夬，独行遇雨若濡，有愠，无咎。

《象》曰："君子夬夬，终无咎也。"

上六，为一卦之小人，三独应之，是遇雨也，上必濡于三矣。三之宜有愠者，不恶而严也，决而又决，力以去之，又当默运于心，不可怒形于面。壮于頄，此怒形于面也，如是则能去小人，而免于咎矣。

元数、他卦叶吉，则才大志刚，机深虑远，弃异而助同，去污而自洁，能任朝廷大事，不施之以力，而运之以心，足以拨乱反正，立身扬名者也。

元数、他卦不叶，处正邪之两间，无终始之定见，谏之则怒起，谀之则喜生，不常之人也，或是孤立，或有受用。

岁运逢之，从正人君子为事则吉，信下辈小人用事则凶，亲近善类，远绝淫邪，机会之来，未宜急进，先见艰难险阻，后却平静。

邵曰："九二与上六相应，是君子与小人相与，不能决意以去之，凶莫甚焉。得之者，骾介刚直，怒形于面，有果断之干，而恶人不容，无侥幸躁进之谋，有头目终身之痼，得阴人和悦之吉，防盗贼丧服之忧。"

九四：臀无肤，其行次且。牵羊悔亡，闻言不信。

《象》曰："其行次且，位不当也。闻言不信，聪不明也。"

阳居阴位不正。臀者，坐也。诸阳盛大，独碍于前，以致伤肤于下，不可坐矣，不可遂行矣。且与上六小人同体，次且弗进，岂处夬之道乎！若能与众阳勇进，则悔可亡也。然九四闻斯言不信，何也？其聪不明也，是非邪正以昏蔽之，安得信乎？

元数、他卦叶吉者，有誉之人也。居止不定，进退不一，又执已见，不听群言，宜去污就洁，绝邪附正，可以保公道无失。

元数、他卦不叶，名利皆不实，奔驰劳役，或改祖外立，多学心疑，有名禄不受用，或生病患，起坐艰辛。

岁运逢之，仕路进退，去住不定，士人进取，最宜赴殿策者，第一也。盖臀无下之肉字，即是殿头之兆，他人在后次且不前也。常人公讼必有杖责，或皮血疮疡，或耳目见灾。

邵曰："九四居阴位，处三阳之上，如臀之无肤，不能安坐，行次免为之，言而不能信，亦不敢察，只为忧惧而已。得之者，疑惧是非，进退胶滞，脏腑足臂之疾在所不免，自是拒谏之心，咎孰甚焉！"

九五：苋陆夬夬，中行，无咎。

《象》曰："中行无咎，中未光也。"

《易》中说“中、行”字，皆是指君爻，如泰二爻、益三四爻是也，夬卦五爻分晓矣。“苋”字音贤，苋菜也。陆，高路也，喻上六小人在高位也。夬夬者，中行之君，决之又决，则无咎矣。

元数、他卦叶吉，中正之德，刚大之才，勇以去邪，严以御下，可以为长久之计。

元数、他卦不叶者，他拖物不吐市，弱于自己，强于他人，当行怯行，欲决不决，若能固守正道，改过从正，则有成立。

岁运逢之，利动不利静，久而未决者，今将决矣。夫仕路虽迁，未为稳当，若求名利，未称施设。又云苋生于三月，叶柔根坚而赤，赤者乾之色。苋菜者，远荒之野是也。苋，音侃字。陆，大路也。苋叶柔根坚者，兑之刚也。

邵曰：“苋，蕢草也；商，泽草也。二种小人之近君子者也。九五，阳刚居中，又得群阳为之助，得中行之道，无私昵于小人，是可以无咎矣。得之者，举谋虽易，成就则难，纵得完成，亦多反覆。”

上六：无号，终有凶。

《象》曰：“无号之凶，终不可长也。”

上六，正小人居上位之爻也。始焉号众，君子为党，今夬之极，其计穷矣，势尽时悖，非惟无可号呼，又且见凶矣。

元数兼卦叶吉，虽为富贵，恃高压众，盗柄弄权，阴贼善良，终不永久。如纳甲归元数，他卦生于及时，变乾之“亢龙有悔”，能全其贵，不至于有悔，而全其终也。

元数、他卦不叶，已忌于众，众忌于己，小小活计，尚可延年，有大际遇，不长久矣。

岁运逢之，恐生悲泣，或见剉辱，老则不寿。

邵曰：“处夬之极，阴消时尽，以极盛之君子，决既衰之小人，计穷势尽，且见凶。得之者，福薄基浅，只可朝营暮逐，碌碌于百种之中，方享平安之吉；若夫老少病痼，散财刑戮之变，宜思患而预防之也。”

姤 ䷫

姤：女壮，勿用取女。

《象》曰："天下有风，姤。后以施命诰四方。"

风为天之命令，巽之申命是也。天下有风，与风行地上不同。君后命令，播告四方，即风自天而行之于下也。天下风行，即万物遇天之鼓舞矣。君以命告，则万姓遇君之教化矣。

乾宫初世卦，属五月，纳甲是辛丑、辛亥、辛酉、壬午、壬申、壬戌，借用甲午、甲申、甲戌，如生于五月及纳甲本命者，功名富贵人也。

邵曰："姤，遇也。一阴而居五阳之下，又巽为长女，阴虽微而日盛，阳虽壮而日衰，故"勿用取女"也。得之者，刚柔相济，紧慢不调，发福发财，多因知遇，起家立业，恒自妻贤；若夫女子虽贵，不过惟为宠妾而已，否则白头之约，有非一夫可到。"

初六：系于金柅，贞吉。有攸往，见凶。羸豕孚蹢躅。

《象》曰："系于金柅，柔道牵也。"

《易》中警小人，则言"羸"；谕君子，则言"壮"。此卦辞爻之义也。一阴初生，如豕之弱，人之所忽也。系之于九二金柅，使柔道有所牵制，不进，则贞正，君子得以安吉矣。

元数、他卦叶吉，学古之勤，行道之力，动有艰阻，不能施设，知几而止，识势而退，庶无谤怨之咎。

元数、他卦不叶，才短人微，心常不足，躁求妄进，祸以伤身，惟宜知难安分，则免祸矣。

岁运逢之，仕路宜据定见，不可轻谋，或遇尊贵信用，或将金帛进入，或阴人生育，只要静心养性，则灾厄自平。数凶者灾厄难免也。

邵曰："九二为乾，金柅乃制动之器，初六系柅，固守则吉，若有所往，如羸惫之豕，跳跃而难制，必有咎。得之者，每事当预为之防，不可悻直轻易，若往他方，必有阻滞。或是伤妻，若不立妾，再娶可也。”

九二：包有鱼，无咎。不利宾。

《象》曰：“包有鱼，义不及宾也。”

古以鱼为民，此卦初六是也。又不可拘六为小人也。夫阴者阳之所求也，众阳皆欲求阴，惟九二近而遇早矣，故曰“包有鱼”也。宾，指四言，谓初本是四之所有，今二有之，则不及四之宾矣。

元数、他卦叶吉，大才宽量，容物爱民，得贤者佐助，民心服从，平生为事，待彼求而后应则利，宜不动也。

元数、他卦不叶，鄙吝富人，不接朋友，损人益己，坐守无变。

岁运逢之，仕途有赐金鱼银鱼之兆，庶俗有财富，女人有孕，只宜守旧，不宜远出。

邵曰：“初六之鱼合为九四，有初六迫于九二为包而有之，故不利九四在外之宾也。得之者，平生非所有而有之，非所得而得之，阴贵提携，谋望称意，故有骨肉虽近而不得，交游虽远而相亲者，又恐有奴仆室家之灾，余非所忌。”

九三：臀无肤，其行次且，厉，无大咎。

《象》曰：“其行次且，行未牵也。”

九三，求初之鱼为二所隔，若臀之无肤，故不安其处，欲去而不能舍，故其行次且。若知其非正而怀危厉之惧，则无大咎矣。既知为危厉而行，亦未至于牵制也。

元数、他卦叶吉，求名利则有艰难，静则不安，动则有阻，度势而行，知几而退，不可系恋，则宜弃舍，如是则有所立。

若纳甲归元入局，则变讼六三食旧德，或承祖父之恩，或守田业，有忠无私。

元数不归，兼卦不叶者，或见疾患，腰足欲行不行，为事艰辛。

岁运逢之，与夬卦九四之说大同小异，仕路进来不定，士人利于殿试，常俗不利，必有公讼杖责，或生疮疾，坐起艰辛。

邵曰：“九三居二之上，不安其位，如臀之无肤。三慕初之行，而在求之，知其为二，所有欲行次且而不能进也。得之者，进退反覆，亦宜见几而作，故多无咎，又主有皮肤之疾。”

九四：包无鱼，起凶。

《象》曰：“无鱼之凶，远民也。”

九四，非无阳刚之德，以包纳初六，然包而无鱼者，四为初应，远不相及，又初而为二所有，九四无中正之德，宜吾民之归二而去我也。起者，举也。无民而举事，安得不凶？盖因无德而远民矣。

元数、他卦不叶，求名利机会多失，徒有卑官，不能容民，或遭毁逐。

如他卦叶吉，只可知几守正，或得或失，付之自然，则无祸患。

岁运逢之，在仕者必是退闲，所谋者虚而不实，老者不利寿。

邵曰：“初六鱼也，而为九二有之，九四不可得，若不安于命义而争夺之则凶矣。得之者，相应不相得，相亲而反疏，交游亲故悉如之，安于命分，反求诸己可也。若或眷顾多端，徘徊歧路，则怨争成而意外之祸至也。”

九五：以杞包瓜，含章，有陨自天。

《象》曰：“九五含章，中正也。有陨自天，志不舍命也。”

九五、九二，刚遇中正之时也。五如杞叶之高俯，包瓜实之美；二奉君命而不舍，如命从天降，则起盍归之志也，君臣相遇之盛如此。

元数、他卦叶吉，正大君子，宽洪之量，包纳群生，内含文章，志不违君，足以继来学、开太平者也。

元数、他卦不叶，学问之勤，终不负志，才业之盛，自不费心。

岁运逢之，在仕路地位高者，为栋梁之材矣，次者必见加秩。其“章”字为焕章、平章、文章是也。“天”字谓为名天府、天恩，亦是也。常人多遇尊贵提挈，所图必厚，或阴人孕育之喜。

邵曰：“九五去初最远，二为正应，故用九二以止初六之进，故九五内含章美，如有物自天而坠也。得之者，虽有起家立业之命，不可无成家立业之人，事至物来，资人为用，是以无心之机会，每得而意外之变故自消矣。”

上九：姤其角，吝，无咎。

《象》曰：“姤其角，上穷吝也。”

大壮九三“羸其角”，晋上九“晋其角”。九三之角，角在我也，如上九“姤其角”，角在彼而我遇之也。上有刚德，处高位不屈之地，以我之高，遇彼之触，有吝宜矣，何咎之有哉？吾道之穷而已，安之可也。仲尼道大，天下莫能容是也。

元数、他卦叶吉，高名清誉之君子，才德为天下之可法，出众冠伦，惟恐忠言正论，见阻于邪议也。

元数、他卦不叶，动处遇争，自尊自大，不能服众，徒结冤仇。

岁运逢之，进取必占魁，僧道遇选必为住持，仕路多生猜忌，急流勇退则免祸矣。

邵曰：“上九处姤之极，下与三相应，穷极之兆者也。得之者，穷则变，变则通，不经变故，穷困之久，何以见轩豁奋腾之荣？进退忧疑，成败作辍，大抵不经一番寒彻骨，那得梅花喷鼻香。”

萃 ䷬

萃：亨，王假有庙，利见大人，亨，利贞。用大牲吉，利有攸往。

《象》曰：“泽上于地，萃。君子以除戎器，戒不虞。”

萃，聚也，聚富有之谓也。鹿台钜桥，能不聚矣，果亨乎？萃者人心始聚之时，翕然大同，舍孝享一事，则不可聚矣。易卦六十四，惟萃彖象有一孝字，圣人之意深矣。孝享之心，人人所同，此正教化第一先务。方聚之初，而不教以孝，则夷狄禽兽之聚何别乎？聚者散之源，泽水之聚也，岂有聚而不散者乎？君子宜防也。物聚则争，人聚则乱，除戎器，戒不虞，是有备而无患也。

兑宫三世卦，属六月，纳甲是乙未、乙巳、乙卯、丁亥、丁酉、丁未，借用癸未、癸巳、癸卯。如生于六月及纳甲本命者，功名富贵人也。

邵曰："泽在地上，物之聚也。坤顺兑悦，人心之聚也。物备人和，正者至庙行礼，以系天下之心也。得之者，禀性温和，每善积聚，常怀孝弟，颇享康年，人口虽进，而为用者则难乎其人，得意中而或然之变，恒自平居，所谓"平地起风波"，此其象也。若夫除戎器，戒不虞之说，岂诬我乎？"

初六：有孚不终，乃乱乃萃，若号。一握为笑，勿恤，往无咎。

《象》曰："乃乱乃萃，其志乱也。"

初与二、三同类，而二、三小人也。初始从四之君子，且隔于二、三，若从二、三则私于同类，欲从君子，其始有孚也，复欲从小人，有孚而不终也。圣人晓之曰："尔何志乱，而妄与小人聚乎？尔何不号鸣，以求四之应乎？四必能察尔初心之孚，与尔一笑而萃聚矣，尔何忧而不往乎？往则无咎决矣。"此始开示初六阴阳渐合之涂也。

元数、他卦叶吉，先非后是，先散后合，弃逆就顺，复归于初，改过自新，可求名求利，或聚散不一，或文武相兼。

元数、他卦不叶，忧喜不常，邪正无定，真小人之态度，但宜改过自新，固守本分，则无祸矣。

岁运逢之，先凶后吉，或悲喜同临，宜弃一就一，反邪归正，弃近从远，则有际遇，如此不问士农工商皆如意也。

邵曰："初六阴柔居下，与九四阳刚为正应，其始则有孚也，然不能固守，乃为二、三惑乱，而昵比萃聚，若能号呼以求正应，则无咎矣。得之者，牧己以诚，待人以惠，委任戒在无心招尤，恒于信直，至于交游，始终难乎其克一，反目反噬而谗将作矣，然则胡为而后可，其惟宽容，弗较焉耳。"

六二：引吉，无咎；孚乃利用禴。

《象》曰："引吉，无咎，中未变也。"

六二萃之时，当聚散之正应，今下体皆阴，易于苟合，故初六终笑。三嗟，故皆往而无咎。二中正，上应于五，五亦中正，故与初三不同。然群阴同处，或为所动，则其中变矣，必要引导其类上从正应，则吉而无咎，惟君子中未变者能之也。大抵从邪者必乐于浮华，守正者必安于质实，二能使初三从我之正，则是舍浮华而就质，此所以为利用禴也。

元数、他卦叶吉，大才厚德之贤臣，宏量容物，和气待人，能引导善类，或起其趋事赴功之心，不在浮华，专务质实，临事有一定之见而无变也。

元数、他卦不叶吉，虽非富贵，当遇尊上汲引，专心卓立，所为诚实，不虚不伪。

岁运逢之，为荐引，为文引，为通引、援引，为太中、中奉、给事中、中书，皆是也。士人必有进身之阶矣，选人未改而得文字之用。数凶者变困，利用享祀之兆，有祭祀之象也。

邵曰："此爻中正而应九五，故无冒进之咎。君臣相信，不尚虚文，是用菲薄以为禴也。得之者，机会虽可乘，而自弃者难与进取，事临危而得救，财既散而复收，虽是非于小人，尚有赖于达者。"

六三：萃如嗟如，无攸利；往无咎，小吝。

《象》曰："往无咎，上巽也。"

六三挟阴柔不中正之资，其谁纳我？故进求聚于四之君子，则四非其类而不答，退求聚于二之大臣，则二非其应而不与。两求不合，则戚嗟无归，又何所利？圣人解之曰："尔可往从上六巽类之正应，庶几无咎矣。"然终不免小吝也。

元数、他卦叶吉，先无定见，历涉艰辛，后宜变更，远者济遇。

元数、他卦不叶，似萃似嗟，惶惑不定，为不正之常态，施设不就，惟宜弃祖从外，则有成家也。

岁运逢之，不宜守旧，变改有济，先有艰难，后皆是福，常人主家下不安静，或阴小坎坷，或老者不利。

邵曰："位不中正，不能振拔，而与群阴萃聚，诚可嗟叹，惟宜往求上六之正应，故得无咎。得之者，时运不齐，命途多塞，内无得力，外鲜拯拔，是宜自奋于颠沛之中，以求发身成立之道可也。否则阴人牵惹而嗟怨生，丧服口舌与夫不测之灾，将有不得而逃者矣。”

九四：大吉，无咎。

《象》曰：“大吉，无咎，位不当也。”

阳刚居四，而群阴承之，天下之心，于我乎聚焉，此人君之事，非大臣所得专也，必大吉而后可以无咎。何谓大臣？伊、周以之。

元数、他卦叶吉，近君秉权之大臣，必能柔顺谦逊，如未居其位之时，有不敢当其位之意，则大吉而无咎矣。

元数、他卦不叶，虽有大才大志，无德可守，非凶于国则害于家矣。

岁运逢之，惟宜公正行事，则仕路无猜忌之谤，或弃高就下，急流勇退则吉。常人用事，不从正道，皆有祸矣。惟大德君子，可以改祸为福也，不可以大吉为好事言也。

邵曰：“以阳居阴，所处不正，必须大吉，方免无咎，由其位之不当也。得之者，富贵福泽，恒因变故中来，破败忧危，所宜经历不免。上人遇此卦，则得下人之力；下人遇此卦，则蒙上人之宠。信不诬也。”

九五：萃有位，无咎。匪孚，元永贞，悔亡。

《象》曰：“萃有位，志未光也。”

当天下之已孚，而惕然怀天下匪孚之忧，当志意之光大，而歉然有未光大之志，可谓“元永贞”矣。宜其久安长治，有聚无散，而悔吝消矣。

元数、他卦叶吉，名重位高，不以为荣，人信而从，不以为悦，常怀畏谨，如此故能长久富贵而不忧矣。

元数、他卦不叶，不能谨畏，权出他人，虽有虚位，岂能光大乎？

岁运逢之，求名求利，二事不虚，但宜固守，不以得为喜则无咎，盖有“未光”之辞也。

邵曰：“阳刚居中，天下聚而尊之，故无咎。然人心不齐，不能孚信，故须用永久贞固之德，则悔亡矣。得之者，有位则须享富贵，无位则发福，谤毁以直而招，烦恼由恩而致，亲戚少恩，意外宜谨。”

上六：赍咨涕洟，无咎。

《象》曰：“赍咨涕洟，未安上也。”

赍咨，嗟叹也。目出日涕，鼻出曰洟。初之号，三之嗟，上之赍咨，合阴柔之常态，而上乃以此无咎，何也？下体三阴皆聚矣，独上六阴柔居于二阳之上，人所不与，可一朝安乎？但赍咨涕洟而已，然非有他也，未安于上也。能如是，故无咎矣。

元数、他卦叶吉，其心本正，其才本实，但身高位极，不能安定，若能临至乐以至忧之心，处已安以未安之虑，庶乎无祸矣。

元数、他卦不叶，懦而无立，忧愁思虑，去住不安，小小成就。

岁运逢之，不能安静，事来繁杂，士农工商皆是如此，或有上下逼迫，或长幼忧悲之事。

邵曰：“一阴居二阳之上，处萃之极，故须出涕以求聚，则无咎也。得之者，虽曰既富而多男，抑且变生意外，或者丧服交来，闺门啾唧，更宜莫亲闲事，恐惹池鱼之咎也。”

升 ䷭

升：元亨，用见大人，勿恤。南征吉。

《象》曰：“地中生木，升。君子以顺德，积小以高大。”

木自地中生根，勾萌甲拆，其初甚微，升于土中，以至干云蔽日，非一元之运，安有高车小大之异也？夫栋梁拱把之积也，圣人小善之积也，在积之有渐进不已耳，而异端者，竟超直入欺哉！

震宫四世卦，属八月，纳甲是辛丑、辛亥、辛酉、癸丑、癸亥、癸酉，借用乙丑、乙亥、乙酉，如生于八月及纳甲本命者，富贵人也。

邵曰：“合抱之木，由卑微以基之也。得之者，福位崇高，而克开家业，必有先见摧挫后方大成。谚云：‘不遇一番寒彻骨，怎得梅花喷鼻香。’抑且贵人协力，而喜三阳后日生也。”

初六：允升，大吉。

《象》曰："允升，大吉，上合志也。"

木与土相信而相得，则木之升也必锐，士与君相信而相得，则士之升也必达，故曰"上合志也"。或问：初合者谁？曰：应四是也。初六木之始生也，六四土之最下，而生夫木者也。四为文王岐山之事，则初是吕望渭滨之事。

元数、他卦叶吉，升为栋梁之材，足以扶危济颠，非小小器局也。

元数、他卦不叶，虽处幽隐，名望远彰，非富非贵，诚信吉人。

岁运逢之，上下合志，尊卑一心，仕路升迁，不次擢用，常俗亦利。

邵曰："居柔巽之下，附九二刚中之正，允信而与之同升，乃为至大之吉，盖九二巽以相入，故曰上合志也。得之者，正大处事，信义立身，或起家立业，或高擢转官，而人谋之助，不可无也。"

九二：孚乃利用禴，无咎。

《象》曰："九二之孚，有喜也。"

初与二所居皆未正，或不待上之信否而亟升，则大不可，故初九曰允，二曰孚。大抵圣贤之所升，未尝不以质实通诚于上，且如刚强之臣，事柔弱之主，当升进之时，非以诚意相孚，其能无咎乎？九二刚中得是道也。

元数、他卦叶吉，大德大才常执中道，一诚之实不杂浮华，上信于君，下信于民，可谓利物济人之大臣也。

元数、他卦不叶，非富非贵，不伪不华，立身以诚，结交以信，知己自寻，清名日起。

岁运逢之，在仕自升，不烦用力，或升于学校，或受祭职，士人成名，常俗进喜，有疾者安，久静者起。数凶者禴祭之兆，非吉事，乃危疑之地也。

邵曰："以阳居中正之位，上应六五相孚，而用菲薄之禴祭也。得之者，以忠信为甲胄，以礼义为干戈，遇主阴贵，而有升进之喜，起家立业，必有提拔之功。"

九三：升虚邑。

《象》曰："升虚邑，无所疑也。"

九三居阳，而当升进之时，其上之三阴，皆顺从之，如入空虚无人之邑，孰御之哉？无所疑滞也。

元数、他卦叶吉，大则为食邑，小则为县邑，一心虚明，临事不疑。

元数、他卦不叶，或习清虚，身居空洞，所立活计，皆自空来。

岁运逢之，仕路升迁，营图无阻，纵有疑滞，虚而不实。数凶变师，或舆尸，则有悲忧至矣。

邵曰："上卦柔顺，升之何疑？得之者，多因直心，信用非人，以致误事，劳而无功，弄巧成拙，更防刑伤之事。"

六四：王用亨于岐山，吉，无咎。

《象》曰："王用亨于岐山，顺事也。"

上顺君之升，下顺人之进，昔文王用此道，有顺以事商，天下归化愈盛，文王避之愈力，此其所以享于岐山之一隅，而有三分之二也，吉莫大焉，又何咎矣？

元数、他卦叶吉，顺以事上，谦以待下，益人损己，闲邪存诚，此大臣至顺之德也。

数、卦不叶吉，多遇王公大臣之信，或处山林，或弃声利，惟顺惟守，不躁不妄。

岁运逢之，居朝清职，在俗增荣，僧道领众，贤士隐山，皆是也。数凶者有归山之兆。

邵曰："柔顺而居臣位，此文王守臣节于岐也。既而亨通，则内为文明，而僭迫之咎无矣。得之者，不骄矜以自肆，不尊大以自牧，时既亨通，命当显达，虽有池鱼之福，用于梁燕之愚，若能以顺取逆，则事无不顺矣。"

六五：贞吉，升阶。

《象》曰："贞吉，升阶，大得志也。"

下有刚中之应，而本质则柔，必守贞乃吉。又当升进刚中之贤，使之有阶而至，则当致天下之大治，而得行其志也。

元数、他卦叶吉，谦顺之德，而能接天下之大贤，共立天下之大功也。

元数、他卦不叶，必为吉人善士，守道立身，进有次序，动皆合吉，志在无私，不见小利。

岁运逢之，士人成名，仕迁朝职，其"大"字、"得"字为官资名誉之吉兆也。

邵曰："柔中居位，故获贞，故得吉。其升次阶而进，故无僭越之非，所以处高位而大得志也。得之者，不以权位而凌人，不以财物而骄己，安于命义，无越分之为，防于躁进，以谨枢机之害。"

上六：冥升，利于不息之贞。

《象》曰："冥升在上，消不富也。"

上六处一卦之上，居升进之极，犹冥然蒙昧，求升而不已，宜其消亡而不富也。若进德之君子，变而通之，反而用之，移小人贪利不息之邪心，为君子求道不息之正心，何不利之有？大哉大易之道！岂一端而已乎？故讼之终凶，用之自讼则吉，随之说随，用之诡随则凶。晋之初未可以速进，故贵于摧如之退，是故颜子之穷，进而未见其止，益之上不可以过益，故忌于或击之伤，是大舜已老而谦则不溢，故曰"神而明之，存乎其人"。若夫阴邪而在上，在上而冥升，终消亡不富，上六其能当之乎？

元数兼卦叶吉，为君子进德之勤，终有清廉之誉。

元数兼卦不叶，为小人贪利之切，难免辱身之累。

岁运逢之，利行正道，退己进人，事乃有益，乌可用邪心遭遇见升，以求升进不已哉？惟宜荣处求退，不贪不求，守分知足则吉。数凶兼卦凶，则有幽冥之兆也。

邵曰："上六处升之极，冥昧于进，所利者在于贞固，急于进德修行，苟不知止，其威势消灭，则不能富益矣。得之者有可进之理，然不量力知几，早为退步，有意外之灾咎也。”

困 ䷮

困：亨贞，大人吉，无咎。有言不信。

《象》曰：“泽无水，困。君子以致命遂志。”

水在泽下，则涸矣，人之穷乏者似之。《经》曰：“乐天知命”，真知命矣。穷达得丧，死生祸福之变，莫不顺受，岂足为吾休戚哉？惟知命故能遂志，是所谓困而不失其所亨，其惟君子乎！

兑宫一世卦，属五月，纳甲是戊寅、戊辰、戊午、丁亥、丁酉、丁未，如生于五月及纳甲本命者，功名富贵人也。

邵曰：“九二阳刚，为初六、六三所困，而九四、九五，为六三、上六所困，皆小人困君子之象，而其心则何累焉。得之者，小人妒害，固所不免，君子处变，心自亨通，其禀性必多猜疑，其遇事必能仔细。”

初六：臀困于株木，入于幽谷，三岁不觌。

《象》曰：“入于幽谷，幽不明也。”

初六居下，而四之刚阳不能庇之，如臀困于根株，无枝叶之木，而不得安，则益迷困而入于幽暗之谷，是陷于幽暗不明之处也。

元数、他卦叶吉，改祖规模，栖身岩谷，视富贵如浮云，弃功名如敝履。

元数、他卦不叶，自警自立，有智有才，动见难阻，不能用世。

岁运逢之，利静不利动，有清闲中得福，不宜求荐举，入学则利。数凶者不宜寿，盖下乔木入幽谷，或忧惊服制，或次且进退不安也。

邵曰：“初与二相与，以困九二之君子，然互为离体，乃枯槁之木，不足以自立也。且九二居北方幽暗之地，若出此必历坎卦三爻，故有三岁不觌之凶。得之者，散财物，历艰难，人情不合，词讼迭兴，相挤排陷，如入深谷而无所庇佑也。若夫手足之疾，可弗谨乎？”

九二：困于酒食，朱绂方来，利用享祀。征凶，无咎。

《象》曰："困于酒食，中有庆也。"

九二刚中之才，处困之时，所困者酒食，不能泽及于人也。然九五之君服朱绂之服，方且来为我之应，拔我之所利，用者尽其诚也，如享祀则自然感通也。若不尽诚俟命，而上进以求之则凶，而无所怨咎于人矣，能守刚中则必有庆。

元数、他卦叶吉，大才重德，利物济人，固守一诚，知己自遇，遇时多艰，难以立功。大抵必待彼之求而后应，则无过失之患。其有官者，吉兆为祭酒、为绣衣、为方面、为配享，为侍中、中书、中丞、中奉之类皆是也。

元数、他卦不叶，好酒贪饕，或入朱门，或为师巫。

岁运逢之，闲官必起，天书自来，农商获利，更有喜事，守静多吉，动则防凶。数不叶兼卦凶者，有丧服之事。

邵曰："九二有刚中之德，以处困时，虽无凶害，而反困于得其所欲之多，故其象如此，而其占利于享祀，若征行则凶，而于义为无咎也。得之者，是虽饮食丰裕，尤恐过饮致疾，防小人是非，以其倾陷正士，名利尽可进取，横逆须当退步。"

六三：困于石，据于蒺藜；入于其宫，不见其妻，凶。

《象》曰："据于蒺藜，乘刚也。入于其宫，不见其妻，不祥也。"

六三进则困于二阳，如石压其上，退则乘于一阳，如棘刺其下。下交初六之邻，则阻于九二之阳，而不得出，其舍上求上六之援，则隔于五四之阳，而不得亲其偶。于是外敌交至，而反为君子之所掩，亲戚皆叛，而尽失小人之助也。

元数、他卦叶吉，有才有志，行坐不安，或孤妻子。

数、卦不叶，惟宜养志，泉石隐迹，林野宫殿寺舍皆有所立。

岁运逢之，缮城垒，处棘围，闲官入朝，仕路当权，或在外乡，或孤妻妾，宜进取秋闱南宫，赴省必中也。数凶者名辱身危，死期将至，安有妻乎？

邵曰："阴柔而不中正，故刚如石之坚，又处九二之蒺藜，不可进入，反退而入其所居之室，不见其妻，是不祥也。得之者，由主上以知遇，因小人而破败，立身所以招怨，妻帑难乎百年，若夫子少，则妻无患矣。”

九四：来徐徐，困于金车，吝，有终。

《象》曰：“来徐徐，志在下也。虽不当位，有与也。”

九四欲得初济，困而阻于二，故初之来徐徐也，是困于二之金车矣。初乃正应，如此可吝也，然终归于正，故有终。象言“志在下者”，求初也。

元数、他卦叶吉，见名虽早，食禄尤迟，求仕不在速，得遇不在近，其“金”字，金榜、金门是也。

元数、他卦不叶，先难后易，事多难干，或依附尊贵而得成立，或受制尊贵而不自由。

岁运逢之，闲官赴诏，事有兼权，进取利名，必须再就，事多缓成，选人改秩，庶俗获利。

邵曰：“处位不当，不能济物，而初六方困于下，又为九二所隔，然邪不胜正，故其占虽为可吝，而必有终也。得之者，处事迟缓，命途反覆，故为志有余而力不逮，是必先难而后易也。”

九五：劓刖，困于赤绂；乃徐有说，利用祭祀。

《象》曰：“劓刖，志未得也。乃徐有说，以中直也。利用祭祀，受福也。”

九五其上下皆阴，是劓刖之小人为困，使赤诚之臣未来辅己，终乃徐有喜说。五当利用，尽诚如祭祀，然先守以中直之道，后受其福也。

元数、他卦叶吉，勤于学古，力于行道，始焉进取艰阻，终为机会适逢，或居言语除邪，或为大臣配享。

元数、他卦不叶，先穷后达，身体刑伤，一心中直，晚有受用。

岁运逢之，仕路先阻后顺，为中奉、奉直之类，为使令、为祭酒、为祀享之事。常人得福，士子名迟而后达。数凶兼卦凶者，又为丧祭也。

邵曰：“九五当困之时，上为阴掩，下则乘刚，然刚中而说体，故能迟久而有说也。得之者，赋性明察，为事果敢，可掌兵刑生杀之权，主有头目手足之疾，然而小人是非，又贵弗辨而已。”

上六：困于葛藟，于臲卼；曰动悔。有悔，征吉。

《象》曰：“困于葛藟，未当也。动悔，有悔，吉行也。”

上六为困所缠，处于穷高之地，是葛藟臲卼者也。所动皆悔吝，而有所改悔，则征进而吉矣。

元数、他卦叶吉，本有正德清才，奈自困不通，遇机会不进，逢贤者不纳，多磨艰危，一旦遇时，改变前志，还得名利。

元数、他卦不叶，身有拘束，心有猜忌，或动或静，事有果决，宜改祖行远，则见成立。

岁运逢之，宜动不宜静，士农工商皆当一变则吉，不然则愈受拘束也。

邵曰：“以阴柔处困极，故有困于葛藟，于臲卼之象。然物穷则变，故其占者若能有悔，则可以征而吉也。得之者，家事动心，外事触念，任使不可非其人，变更则能裕乎动。”

井 ䷯

井：改邑不改井，无丧无得，往来井井。汔至，亦未繘井，羸其瓶，凶。

《象》曰：“木上有水，井。君子以劳民劝相。”

水下有木，汲器入井也。木上有水，汲器出井也。入则水德行，出则水功著，此井象也。井至深至卑，何以在木之上哉？人实使之。凡民生劝以自润养者，皆汲水上木之谓也。君子所以慰劳而劝相之，使弗懈欤！

震宫五世卦，属三月，纳甲是辛丑、辛亥、辛酉、戊申、戊戌、戊子，如生于三月及纳甲本命者，富贵人也。

邵曰：“古人作井，必以木置井底，以隔污泥，以通泉眼也。得之者，所持有定见，所守有常业，每怀利物之心，恒寄活人之责，慈恕有余，施恩不报，更喜秋冬之时月。"

初六：井泥不食，旧井无禽。

《象》曰："井泥不食，下也。旧井无禽，时舍也。"

居一井之底，泥之不澄也，泉水不新也。井之可饮可食者，洁清故也。今也泥而不洁，昏而不清，虫禽无一食之者，而况于人乎？

元数、他卦叶吉，有德有才，时不我用，未见名之遂，常叹道之穷。

元数、他卦不叶者，身处卑下，求清未清，一成一败，终为弃废，或有下部癖疾，上膈气塞。

岁运逢之，在仕者退闲，求名者未遂，凡在常俗皆蹇滞也。

邵曰："初六以阴居下，盖不泉而泥，人所不食，而禽兽亦莫之顾也。得之者，宜守旧而不可轻于变更，人情乖谬，徒废力而难成，求财无获，更防火灾意外之扰。"

九二：井谷射鲋，瓮敝漏。

《象》曰："井谷射鲋，无与也。"

刚中才德非污浊之比，宜汲用济物也，而乃在谷射鲋鱼，何也？上无应与故也。非水之罪也，汲之之罪也。汲水器敝，岂能得此水而用之乎？以大者喻之，如孔子在衰周，止当瓮敝之象，不得致君泽民，大展其才用，而但私淑于其徒，亦可叹矣！

元数、他卦叶吉，文章之高，道德之重，自处嚣嚣，不逢明主，养道全真，乐天知命。

元数、他卦不叶，学问之勤，名利之薄，或生癖疾，或见亲孤。

岁运逢之，此之求速，彼之应迟，惟宜知几固守真理，则无损失灾危。

邵曰："九二刚中有泉，然上无正应，下比初六，功不上行，故其象如此。得之者，或俭吝而招怨，或咎起于闺门，凡事虽可进步，尤宜谨守。"

九三：井渫不食，为我心恻。可用汲，王明，并受其福。

《象》曰："井渫不食，行恻也。求王明，受福也。"

居下卦之上，井水之洁清者也。然未出泉而不见食，则是道不行，为我心之恻也。才本可用，汲之济众，若遇主者聪明，知其可而用之，则天下并受其福也。

元数、他卦叶吉，奇才重望，晦迹待时，念念忧君，机会适至，足以扶社稷，福生灵者也。

元数、他卦不叶，贵不食禄，富不用心，少动多静，常是忧戚。

岁运逢之，静守待时，自逢知己，仕路将迁，求名必遂，若先有忧危之事，今且安静，为福力之重也。数卦吉则有汲引之兆，变坎险危。

邵曰："九三以阳居阳，在下之上，而未为时用也。得之者，事业既兴而复辍，故才智有余而不见用，所以勤劳成立不一也。其或隐忧过虑，主有意外之忧，但宜兴工动作，必获老年之庆。"

六四：井甃，无咎。

《象》曰："井甃，无咎，修井也。"

井口泉溢，而将上出之时也。不患人之莫己知也，而患己之莫能修。井之不修，井之咎也，今既修焉，又何咎哉？故井一修则旧井为新井，学一修则旧学有新功。

元数、他卦叶吉，勤于学古，力于行道，运数相符，适然道通，足以施利人济物之功也。

元数、他卦不叶，习学虽勤，难逢知己，惟宜改旧从新，则有成立。

岁运逢之，在仕者宜条陈利害，或修筑营垒，庶俗改更，或修造宅舍，不宜守静，仕路迁擢。

邵曰："近君而柔弱，能自修治，则虽无及物之功，而亦可以无咎矣。得之者，利于兴作，革故鼎新，此其为颠倒于十败九成之中也。否则不测之忧，其容已乎。"

九五：井洌，寒泉食。

《象》曰：“寒泉之食，中正也。”

刚中正而居尊位，才德兼善，犹井之清洌，其寒泉可为人食者也。

元数、他卦叶吉，禀刚大之才，有中正之德，为富为贵，不劳心力。

元数、他卦不叶，清才达士，守道安贫，时通则不喜，时穷则不忧。

岁运逢之，仕路得志，动静如常，或动而不迁，或迁而不动，其余谋望，皆有所得。

邵曰：“九五阳刚中正，居北方坎水之中，功及于物，有其德而契其象也。得之者，须当经历险阻，然后发福，病心病血之疾所不免也。”

上六：井收，勿幕；有孚，元吉。

《象》曰：“元吉在上，大成也。”

井至上则功成，功成而收，事事皆然，然在井中则不可有所限也。若幕覆以止来者之求，非不穷之用矣，故戒之曰勿幕。夫惟勿幕，然后见成德之大也。

元数、他卦叶吉，才极当今，德超前古，用之则行，舍之则藏，足以建功立业，非小官卑职之施为也。

元数、他卦不叶，恃己之才，抑人之德，身或富贵，心至鄙吝。

岁运逢之，士子成名，宦途迁职，设或事久未决者，勇于一干则有成功，大概利动不利静。数凶者变巽，丧资斧之凶也。

邵曰：“井道已成，不可收其索，以便于汲，若键闭以防汲水之人，不见德之所以盛也。得之者，以阴隙致福，图谋可成，凡事宜加黾勉，勿为中道而止，以废前功也。”

革 ䷰

革：巳日乃孚，元亨。利贞，悔亡。

《象》曰："泽中有火，革。君子以治历明时。"

泽中非有火之地，今有火者是变也。高崖为谷，深谷为陵，此说诸儒以为确论矣。其以治之历明时，何也？曰泽中有火，乃宛然寒暑变革之象。寒人知其为寒，暑人知其为暑，寒暑不难明也。惟仲冬极寒之中而阳生，仲夏极暑之中而阴生，二者四时变革之大数，消息之真机实系于此，非治历以明之，则日月星辰失其度，分至启闭失其候，见得古圣于此甚重，故《尧典》一书言之切也。

坎宫四世卦，属二月，纳甲是己卯、己丑、己亥、丁亥、丁酉、丁未，如生于二月及纳甲本命者，功名富贵人也。

邵曰："兑泽在上，离火在下，火燃则水干，水决则火灭。中少二女，合为一卦，而少上中下，志不相得，故其卦为革也。然必巳日而后信，故其占为有更革，皆大亨而得其正，斯悔亡矣。得之者，宜见几更变，不可循习旧敝，是君子待时豹变之义，革故鼎新之象也。"

初九：巩用黄牛之革。

《象》曰："巩用黄牛，不可以有为也。"

革非小事，观六爻之象，知圣人之戒革也。初戒革之早，二戒革之专，三戒革之躁，四戒革之疑，上戒革之过，五者戒革详矣，然九五之主，不待占而明也。今初爻当革之始，岂可递革乎？曰未可也。当固执之坚，如黄牛之革焉，小象曰"不可以有为"者，戒之严也。

元数、他卦叶吉，才可济世，遇时多难，不能施设，乐天知命者是矣。

元数、他卦不叶，自处卑下，拘执不通。

岁运逢之，士农工商固守免祸，名利二者俱主不实。

邵曰："初九居卦之下，为革之始，是巩固而用中顺之道以革也。得之者，出纳人口，虽曰利于变更，宜坚确固守，不可有为。圣人之于变革，其谨如此。若夫意外之来，庸弗慎乎！”

六二：巳日乃革之，征吉，无咎。

《象》曰：“巳日革之，行有嘉也。”

六二中正，上应九五之主，已有革之之日，吾乃可以赞而革之矣。乃者缓辞也，后而不先之谓也。惟其缓而审，故以征则吉，以行则利。

元数、他卦叶吉，为中正文明之大臣，遇刚健中正之大君，立天下之大勋业者也。

他卦不叶吉，有才有志，待彼求而应之，然后变动，则大事吉而有济也。

岁运逢之，弃内从外，改旧作新，朝臣迁职，进士成名，农商技艺，皆有喜事。

邵曰：“六二顺柔中正，而为文明之主，有应于上，是可以革矣。然必已日，然后革之，则征吉而无咎。得之者，掌权任事，慎则发福，若夫躁急欲速，是乃揠苗助长，意中多失，噬脐何及？”

九三：征凶，贞厉；革言三就，有孚。

《象》曰：“革言三就，又何之矣！”

阳居刚，躁于变，如是而征进，凶之道也。然有当革者，在守正而怀危厉之心，以审其宜，虽革之时，言至于三，必可成就，如此乃有孚信矣。

元数、他卦叶吉，刚大之才，正而无邪，躁进有沮，缓图有成，事见重迭斡。

元数、他卦不叶，妄动轻进，成破多端，卓立艰辛，活计不一，惟有诚信可守。

岁运逢之，闲官有迁，不可遽动，审而后进，则免邪议，或居言路，上下相信，但非安静之时，历艰难之事，士人进取利于再用，或得知己荐扬成就规模。数凶者火进而遇泽，行躁而过中，则残民损寿矣。

邵曰：“过刚不中，居离之极，躁动于革者也，故占有征凶贞厉之戒。然时当革，故至于革言三就，则亦有孚而可革也。得之者，宜更改用事，贵在详察，苟或轻率冒进，而不度时量力，无心中信直用人，必有自取之咎。”

九四：悔亡。有孚改命，吉。

《象》曰：“改命之吉，信志也。”

九四居近君之位，与君同德，得革之宜，其悔自亡，有孚诚之志，则改命吉。改命者，改前之所为也，如是不但君信之，而天下之民，皆信之矣。

元数、他卦叶吉，才德之大，知前事之不可而改之，则人人皆信其志矣。其“命”字为寿命、为爵命吉兆。

元数、他卦不叶，先难后易，有诚不诞，改祖外立，生涯耐久。

岁运逢之，选人改秩，朝仕骤迁，僧道、庶俗皆有变通。

邵曰：“以阳居阴，故有悔。然卦已过中，水火之际，乃革之时，而刚柔不偏。又革之用也，又必有孚，然后革乃获吉。得之者，虽曰盛矣，奋身独立，其有助乎？故必退闲以求自逸之计，又当更变以成革故之功，斯悔亡矣。”

九五：大人虎变，未占有孚。

《象》曰：“大人虎变，其文炳也。”

夫革之为卦，下体所革者在事，上体所革者在人。大人虎变，是已虎者，毛虫之长，君象也。所谓云龙风虎万物咸见，圣人出乎天位，真虎之变化，其文焕炳，光明盛大，有生之类，莫不信从，岂待占筮而后孚也？

元数、他卦叶吉，出世奇才，当时重望，早登龙虎榜，晚入凤凰池，特余事耳。

元数、他卦不叶，福力之厚，声价之高，见事无疑心，立身不负志。

岁运逢之，士人成名，朝臣大用，惟不利阴命与老者幼者，必见惊忧灾眚也，其余人事，俱有光荣。

邵曰：“九五以阳刚中正为革之主，威而有文，不待占决而信也。

得之者，赋性刚直，威震夙闻，更宜变更，名利斯发，文彩服人，光辉溢物，机会之来，盖有不得而知者矣。”

上六：君子豹变，小人革面，征凶。居贞吉。

《象》曰：“君子豹变，其文蔚也。小人革面，顺以从君也。”

上六革道已成，其君子如豹变而文蔚，小人亦顺而从君，若更征进而治之则凶，惟居守贞固则吉也。

元数、他卦叶吉，得时得位之君子，不出则已，出则为正臣，立大功业，然功成宜退，则无后患矣。

元数、他卦不叶吉，恃势强贪不知止，必遭凶祸，惟改过自新，固守可免。

岁运逢之，未见名利者则有成就，已见名利者则宜退守，勇进则凶，守正则吉。小象“其文蔚也”，为文书荐剡之荣，又顺以从君，不但臣从君，妇女从夫者亦是也。

邵曰：“君子如豹之变，小人既革面以听从矣，不可以往，而居正则吉。得之者，发福发财，议论风采，过人远矣，苟或轻于更改，自取多事，宜防阴人小口之灾。”

鼎 ䷱

鼎：元吉，亨。

《象》曰：“木上有火，鼎。君子以正位凝命。”

六十四卦，独鼎卦之《象》曰：“鼎象也”，盖卦之形，肖鼎之形也。以列足而载一腹，以一铉而贯夫耳，六画俱鼎之形，晓然矣。合二体言之，以巽之木，入离之火，而烹饪之用著矣，有鼎之用，备鼎之德，君子观此象，以之端正其所居之位，而凝重其所受之命，要如鼎形，端正安重，凝然不动之义也。

离宫二世卦，属十二月，纳甲是辛丑、辛亥、辛酉、己酉、己未、己巳，如生于十二月及纳甲本命者，富贵人也。

邵曰：“上离下巽，为烹饪之具，鼎之象也，故初为趾，二、三、四为腹，五为耳，六为铉。至尊至贵至乐如此，故大吉而亨也。得之者，何忧事扰而虑灾危，阴中有救，申福自天，上人刮目，在所必有，然而中正满盈之戒，可弗审乎？”

初六：鼎颠趾，利出否，得妾以其子，无咎。

《象》曰：“鼎颠趾，未悖也。利出否，以从贵也。”

鼎下体之巽，乃兑之反也。兑为口，向下颠，出否恶而取新之象。考卦自革至鼎，非小事也，革乱世为治世也。反兑为妾，初爻之阴，乃良妾也，应四之阳为子，子者主家者也。如得良妾，则可保子之无咎矣。

元数、他卦叶吉，文章学问特余事耳，且能损己益人，去邪辅正，革前人之弊，以新天下之治者也。

元数、他卦不叶，或改祖外立，先逆后顺，或名轻利重，有妾有子。

岁运逢之，去旧改新，不宜守静，或迁职，或成名，或见妻妾，或生男女，忧者自喜，贱者自贵。

邵曰：“趾下体，今反上，则鼎覆矣，然不覆则不能去其否，而纳其新，故虽覆之，苟因其颠而出之，则为利矣。如妾本小，又得其子，以居尊也。得之者，舍旧从新，改更用事，恐难为妻室，必得助主之妾，先偏而后正，宜有庶出之子也。”

九二：鼎有实，我仇有疾，不我能即，吉。

《象》曰：“鼎有实，慎所之也。我仇有疾，终无尤也。”

九二之刚，上应六五为有实，其三四之阳必怀不平，为仇而疾我，我惟使其不能来即我，则吉，如此谨其所即，则终无咎也。

元数、他卦叶吉，有阳刚之才德，胜大臣之正位，如鼎中之有实，可荐诸上帝，可羞诸王公，可饱夫天下，此所谓宗庙之重器者是也。

元数、他卦不叶吉者，其心正大，其德端重，常叹道之难行，或是禀性朴实，或财赋充足也。但多招谪议，宜固守，不可轻举妄动，则无祸矣。

岁运逢之，在仕显者，不防邪议，为我之祸，预宜条陈利害，士人进取，只宜自己固力有成，若兼他人则拙，常俗营谋有称心，亦防外扰，下人欺算，或有小疾。一本云：弃内从外，改旧作新，朝臣迁职，进士成名，农商技艺皆有喜事。

邵曰：“以刚居中，鼎有实之象也。我仇谓初，阴阳相求而非正，则相陷于恶而为仇矣。二能以刚中自守，则初虽正，不能以就之矣。得之者，财禄丰盈，虽有妇人妒忌之仇，非灾横咎之事，终鲜为害，宜谨慎为好。”

九三：鼎耳革，其行塞，雉膏不食；方雨亏悔，终吉。

《象》曰：“鼎耳革，失其义也。”

其耳与雉膏，皆指六五言也。上有九四塞其贤路，使九三道不得行，禄不得食，然五位明主也，四岂能终塞之乎？方来和为雨矣，先虽悔而终见吉。

元数、他卦叶吉，大德大才，足以为国家之重器，然有不正之人，在上塞其路，而不能前，虽得大用，亦招谤忌，不能全美，则失其忠孝之义矣。

元数、他卦不叶，或贵而不历任，或富而多成败，或耳之不闻，足之不行，或失仁义，或先难后易。

岁运逢之，仕路艰难，先晦后明，选人难改秩，士子未成名，老者受福，少者谋亲，其余营求，或得或失，是非相半。

邵曰：“以阳居鼎腹之中，本有美实，然以过刚失中，为变革之时，故耳革而不可移，有雉膏之美，不得为人之食，苟能自守，则阴阳和而亡其悔矣。得之者，初虽忤物，终则合人，名利难求，命途多塞，所宜奋志藏修，胡可笑谈终身？”

九四：鼎折足，覆公餗，其形渥，凶。

《象》曰：“覆公餗，信如何也？”

九四以阳处阴，德已薄矣。以近君之大臣，下应初六阴柔之小人，己力劳矣。与小人而同事，必与小人而同祸也，此其所以折足覆，而沾濡其身矣。信任小人，其祸将何如哉？

元数、他卦叶吉，为大臣信任小人，为事必有累己之祸。

元数、他卦不叶，有才无德，忌正信邪，恃强为事，事成则失，或破祖外居，聚散无定，遭危惹愆，皆由无信实也。

岁运逢之，官职防失，或生足疾，或损金帛，诸事宜谨。数凶者寿危也。

邵曰：“九四居上，任重者也，而下应初六之阴，则不胜其任矣。得之者，虽可上达，苟无福以来之，必致中辍之咎，更宜辅助得人，弗妄进为无虞。”

六五：鼎黄耳，金铉，利贞。

《象》曰：“鼎黄耳，中以为实也。”

阴偶之画，象耳之虚也。铉者阳刚之物，以上九为玉铉，以六五为金铉，能贯其耳，则鼎可举也。黄言中，金言刚，贞言正，利言为天下之利。六五黄耳之虚，能受九二金铉之大臣，为实中而应刚，君臣调和，则天下无不利也。

元数、他卦叶吉，德重位尊，虚己纳贤，以列三公之位。

元数、他卦不叶，有名有利，不骄不傲，待人接物，和气春风。

岁运逢之，入仕之吉兆多矣。鼎三公之象，黄甲、黄堂、黄榜、金鱼、金榜、金紫、太中、中奉、给事中、中书省者皆是也。僧道住持，商农获利。

邵曰：“五虚中以应九二之坚刚，其象如此，而利贞固而已。得之者，安富尊荣，依人而得，图谋固不可无，清修方可发福，否泰相极。”

上九：鼎玉铉，大吉，无不利。

《象》曰：“玉铉在上，刚柔节也。”

六五下应九二在位之大臣，故为金铉，粹于刚也。上九不在位之大臣，故为玉铉。玉者质刚而德柔，温润故也，故曰刚柔节也。言刚而非刚，柔而非柔，皆中节也，夫如是，岂不大吉而无不利乎？先儒有曰：

“雨既溢而云归，鼎既荐而铉除。”然则上九者，功成身退之大臣也。

元数、他卦叶吉，为富为贵，知进知退，左选则入玉堂，右选则为建节，又为麾节，妇人可为节妇、命妇。

元数、他卦不叶，名清望重，退隐岩谷，或为工商农技，亦有声誉。

岁运逢之，未仕者入仕，已仕者求闲，其余皆吉。常俗人事皆得安稳也，无有恐惧矣。

邵曰：“体刚而用柔，有温润之质，不为灾燥所变，故以玉为铉，而鼎道成矣，故吉。如得之者，发福发财，何事于卜？不惟己之所以资人成事，人亦可以资己成业，虽有凶危，终当获吉。”

震䷲

震：亨。震来虩虩，笑言哑哑；震惊百里，不丧匕鬯。

《象》曰：“洊雷，震。君子以恐惧修省。”

两雷相继为荐，君子观之，以之处事，必恐惧以先之，修省以继之。修省者，恐惧之用功也。修其身，省其过，则无恐无惧矣。

震宫六世卦，属十月，纳甲是庚子、庚寅、庚辰、庚午、庚申、庚戌，如生于十月及二、三、四、五、六、七、八月得时，及纳甲本命者，功名富贵之人也。

邵曰：“一阳居二阴之下，有所不堪，斯其发怒，则其来虩虩，笑言哑哑，震惊天下，不失其长子也。得之者，一生劳苦，变动无常，伤患险阻，在所经历。”

初九：震来虩虩，后笑言哑哑，吉。

《象》曰：“震来虩虩，恐致福也。笑言哑哑，后有则也。”

震动而惧则亨。惧者敬也，惟敬则无惧，非不惧也，惧乎始而终乎敬也。当天下之大事，震动而来，吾当虩虩恐惧，必求其所以应之，使大事化为无事也。斯可以转祸为福，转惧为喜，而笑言哑哑矣。盖执匕鬯以主祭者，一敬之外无余念，一鬯之外无余物，当是之时，白刃前临，猛虎后迫，皆莫之觉，故震雷惊百里，亦莫之闻，敬有所甚，惧有所忘也。能如是，天下可惧之大事，孰能惊之乎？其出而主宗庙社稷优为之矣。

元数、他卦叶吉，禀至大至刚之才，威望服众，出为朝廷任事，功高千古，名标四夷者也。

元数、他卦不叶，先涉艰难之事，后受安静之福，兼卦失时者，则喑哑为患。

岁运逢之，先忧后喜，取利求名，有一鸣惊人之兆，或作县宰，或作社令主祭，或虚惊，或进喜气，谋用皆吉。

邵曰：“此爻居震之初，为震之主，故震之来，恐惧不安，故能保其安吉而喜。得之者，先忧后乐，虽有虚惊，不为大害。”

六二：震来厉，亿丧贝；跻于九陵，勿逐，七日得。

《象》曰：“震来厉，乘刚也。”

六二因初九之猛厉，勃然而动，骤然而来，何可当也。六二才位俱柔，惟能以柔避刚，以静制动，远避而勿逐，俟之久而刚自衰，则吾无丧而有得矣。

元数、他卦叶吉，俊伟之才，中正之德，度势而进，知几而退，事变骤来，心能静应，使大事为无事者也。

元数、他卦不叶，多惧多疑，破祖伤亲，或隐山林，喜静怯动，有意事阻，无心事成。

岁运逢之，彼事速来，此心缓应，先失后得，动险静安，幼者心惊，老者寿险，盖“丧”字、“陵”字故也。

邵曰：“六二乘初九之刚，故当震之来而危厉也。又当其货贝而升于九陵之上，然柔顺中正，足以自守，有不求而自获者也。得之者，平生所遇恶人，所遭横逆，所宜谨慎恐惧，何敢肆志昌言，财物破伤，率所当见。”

六三：震苏苏，震行，无眚。

《象》曰：“震苏苏，位不当也。”

神气缓散，苏苏是也。三位不当，故有如此情状。三能自震惧慊然于心，不以富贵利达为乐，不以惊危贫贱为忧，所行如此，则无眚矣，乃震行是也。

元数、他卦叶吉，进德修业，改邪归正，常畏常谨，不威不屈，素位而行，清名自起。

元数、他卦不叶，柔懦不立，惊恐失志，进退无定，名利皆虚，纵有遭遇，才不称位，惟宜固守则无祸矣。

岁运逢之，亦如是也。切切畏谨则免灾危，若在仕路显者，斟酌时宜，得免人事猜忌。

邵曰：“以阴居阳，当震时而居不正，是以苏苏恐惧之甚，以其位之不当也，敬而顺之，则无咎矣。得之者，门户人口蹇滞不宁，变改无常，忧劳孰甚，惟能侧身谨顺，方可无灾。”

九四：震遂泥。

《象》曰：“震遂泥，未光也。”

以九居四，非中非正，阳险于阴，故曰泥也。至刚屈于至柔，至健挠于至弱，方直大之体，而陷于阴邪偏诐之习，使本心之中，未见光明矣。

元数、他卦叶吉，犹可执守刚健以为正，终难施设。

数、卦不叶，心徇卑小，乖失正道，尘林汩没，生涯淡泊者也。

岁运逢之，事有阻滞，未见真实，择善良，远邪佞，则免祸，求名望利，俱不宜速。

邵曰：“以刚处柔，陷于二阴之间，不能自震也。得之者，拘于分量，困于小人，身处危疑之间，事涉是非之际，藏修恐惧，容少逸乎？”

六五：震往来，厉；亿无丧，有事。

《象》曰：“震往来厉，危行也。其事在中，大无丧也。”

六五以柔处中，能知恐惧自危，其行于往来之间，不敢须臾有失，则不丧其所有之事矣。天下之事莫善于中，中则不违正，正则必合中也。

元数、他卦叶吉者，清才重德，深思长虑，世有治乱，心不转移，身虽往来，事未丧失，遇时行道，足以立大功业者也。

数、卦不叶，常忧常虑，奔驰四方，动则有危，危中有得，惟存中直，自有成立。

岁运逢之，动静有碍，与其动而丧吾所有，不若静而保吾之所有。若仕途显者，则迁擢无定。其中“大”字乃官职兆也。数凶则有手足惊危忧戚之事，盖“危厉”二字应兆也。

邵曰：“以六居五，而处震时，无时不危也。以其得中，故无所丧而能有事。得之者，进退之间，成败所系，所宜量度时势，斯无咎矣。”

上六：震索索，视矍矍，征凶。震不于其躬，于其邻，无咎。婚媾有言。

《象》曰：“震索索，中未得也。虽凶无咎，畏邻戒也。”

上六与六三相应为邻，上之阴柔动极，其震惧也，志气索然而消靡，瞻视矍矍然而仿徨，又征进则凶矣。惟其震惧之，则不于祸及其躬之时，而于方及其邻之时，若能先惧之，则无咎矣。婚媾有言，亦谓六三之邻也。

元数、他卦叶吉，其才其德皆出人上，但彼之未动，此之先忧，又能静以制动，事自无凶，尊重威严，众下钦仰。

元数、他卦不叶，不知谨畏，恃强凌弱，终有凶祸，或夫妻不和，状貌可畏，活计萧索。

岁运逢之，静则吉，动则凶，朋友猜忌，夫妇相刑，求名望利，未见成就，但宜谨畏，则无失也。

邵曰：“以阴柔处震极，故为索索矍矍之象。以是而行，其凶必矣。然能当其震未及身之时，恐惧修为，可无咎也。得之者，履艰历险，所当固守，以俟未然，弗可欲速躁进，以取疑惧。其于婚姻口舌，琴瑟失调，所当谨之。”

艮 ䷳

艮：艮其背，不获其身；行其庭，不见其人。无咎。

《象》曰："兼山，艮。君子以思不出其位。"

大哉止乎！自天子达于庶人，凡尊卑长幼，莫不各有其位，是谓大分，是谓天则，一有越乎其位，越乎其思，即是意起念动而出位矣。君子无终食之间违仁，不出乎位故也。其他如日至月至，三月不违，虽工夫浅深不同，其未免有时而出位，则一念滔滔焰焰，以至僭篡为乱贼、为桀纣，主发于一念，其端微，其势有渐，只在出位上也。舜大圣人，而禹告之以安汝止，况他人乎？

艮宫六世卦，属四月，纳甲是丙辰、丙午、丙申、丙戌、丙子、丙寅，如生于四月及纳甲本命者，功名富贵人也。

邵曰："艮其背，不获其身者，止而止也。行其庭，不见其人者，行而止也。动静各止其所，而皆主夫静焉，所以得无咎也。得之者，柔性不受触犯，生性只立孤身，早见伤克，前途多蹇，险阻在所必经，朋友何常见助。"

初六：艮其趾，无咎，利永贞。

《象》曰："艮其趾，未失正也。"

初六止之初也，居足腓之下，趾之象也。以初六之柔而静，此趾之止而不行者也。圣人戒之曰"汝能止其初，犹能止于终"，故曰"利永贞"，止于终之谓也。

元数、他卦叶吉，心静而明，身止而安，习之于初，行之于终，用之则行，舍之则藏，不贪高而妄作之贵人也。

数、卦不叶，所习卑污，动静不常，力之未及，身先行之，终有失矣。

岁运逢之，事宜谋始则保其终，求名者自此而进阶，求利者亦有所获。

邵曰："艮其趾，止于动之初也。此爻明出处进退之机，悟消长盈虚之理。凡事不宜妄有所为，静以守分，非惟全中正之道，盖亦可免不足之咎矣。”

六二：艮其腓，不拯其随，其心不快。

《象》曰：“不拯其随，未退听也。”

六二中正，在下腓之象，大臣之位也。大臣者以道事君，不可则止。然九三在上股之象，恃刚强而居上，使二之不得上进应五。今二不得已随之，非乐随也，外不得不随，而中不得已也，故心不快，未退听言，是虽不得已而随，亦未肯退听其上之轻言也。

元数、他卦叶吉，中正才德，识见甚高，有志事君，其道难进，危于权臣，心常不乐，然中道终明，必为后世矜式者矣。

数、卦不叶，心无定见，邪正相混，或亲近尊贤，或侍立执干，贪求不足，惊之反怒。

岁运逢之，未就于正，先获于偏，或奔驰他郡，或劳役此心，又当推其老幼高低如何，或为足疾，或为心疾，或为耳疾，其余求谋，皆未能全遂志也。

邵曰：“三为限，则腓所随也，而过刚不中，以止乎上，二虽中正，而体柔弱，不能往而拯之，是其不快也。得之者，所行不遂，所欲难求，惟可因人成事，更防忌疾之忧。”

九三：艮其限，列其夤，厉薰心。

《象》曰：“艮其限，危薰心也。”

九三在腹股之交，动静关纽，所谓限也，刚据失中，止而不通，截成两段，分裂不联，而危厉薰灼其心，止非其所，莫甚于此。今三之所为，阻隔正路，使上德无以下达，下情无以通上，误国危君，其势必至，罪岂逃乎？

元数、他卦叶吉，必为大臣，主大权弄柄，一片贪心，老不知止。

数、卦不叶，家藏金谷，必起强横，恶事常行，善缘不作。

岁运逢之，仕途显著，擢要津，处边阃，选人立班改秩，士子前列成名，又当看老幼轻重，或心病，或眼患，或腰疾，或阻碍。

邵曰：“以过刚不中，当限之处而艮其限，则不能屈伸，而上下判隔，如列其夤，危厉薰心，不安之甚也。得之者，关心之忧，难免意外之扰不无，时常顿失，骨肉相残，离群索居，而分忧者何人，思患预防，而遏流者有素，虽可少康，事终难补。”

六四：艮其身，无咎。

《象》曰：“艮其身，止诸躬也。”

六四正居近君之位，用正道于一身，身之正则家正，国之正则天下正，故无咎也。

元数、他卦叶吉者，胸蕴俊伟之贞才，身任安危之大事，施功于人，不私于己。

数、卦不叶，改祖违亲，孤身独立，或为工技，或为僧道，虽历艰辛，却无阴祸。

岁运逢之，事来临身，亦合退静岩谷，求名利必得转身。

邵曰：“以阴居阴，时止则止，故艮其身之象，而得无咎也。得之者，身止于静，是乃物外之人，守正不妄，此其临危有救，淹滞险阻，先当见之，成就亨嘉，后斯得也。”

六五：艮其辅，言有序，悔亡。

《象》曰：“艮其辅，以中正也。”

六五君位为一卦之主，当慎于一话一言，一颦一笑，若轻发无序，则为悔矣。为祸为乱，有不可得而止矣。执中道自守者，不轻于言，言必中节。

元数、他卦叶吉，为辅相、为言路、为序班、为庠序、为太中、中书省、中奉、给事中。

数、卦不叶，或是吟咏性情，或是游谈颊舌，或得亲朋辅助而立活计也。

岁运逢之，入仕路地步，高者必见大拜矣，先退闲者，必再入朝，盖辅相之起序也。在仕未显者，其正言、言路之除，又看君子小人高下，或为唇吻争讼之事，如士子进取一言而合，有引则科名成就矣。老者则不宜动，动则见厄，幼者小儿亦防灾也。

邵曰：“五居君位，艮止辅颊，言不轻发，发则有序，何悔之有？得之者，言语不失其序，动静不失其常，可为一世之师，更鲜中辍之扰，僧道得之，必为讲教之尊。”

上九：敦艮，吉。

《象》曰：“敦艮之吉，以厚终也。”

上九至高至厚之德，非一日之所积也。敦厚于终，得止道之至善，所以吉也。

元数、他卦叶吉，高风劲节，刚健笃实，如泰山嵩岳之巅，其止岂可摇，其厚岂可移哉？足以为大贵人，标准当时者也。

数、卦不叶，有诚实不浮华，或田业之广，或寿算之高。

岁运逢之，仕途迁职，农家进业，士子成名，常人获福。

邵曰：“以刚正居止之极，敦厚于止者也。得之者，泰山乔岳，静厚如之，故其泮涣优游于苍松晚节之际，是以亨福未艾而有终也。虽然盛满，知止之言，其容苟乎？”

渐 ䷴

渐：女归吉，利贞。

《象》曰：“山上有木，渐。君子以居贤德善俗。”

山上有木，因山而高，非人所值，则听于天，而无所用其力，以至参天拂云，岂一朝一夕之故？日复一日，骎骎以长，渐而不骤，最可验也。君子以之善俗，不可以遽革也，但居其贤德，久而不变，始有渐化之理。在我之善，若无定守，而欲致俗之善者，未之信也。

艮宫三世卦，属正月，纳甲是丙辰、丙午、丙申、辛未、辛巳、辛卯，如生于正月及纳甲本命者，功名富贵人也。在冬则及时，为福力重，能知时识势。

邵曰：“止于下而巽于上，为不遽进之义，有女归之象焉。又自二至五，位皆得正，故女归吉也。得之者，难进易退，赋性安恬，事业功名，由渐而立，人虽率略，心有机谋，其惟春秋二时为得地也。”

初六：鸿渐于干，小子厉，有言，无咎。

《象》曰：“小子之厉，义无咎也。”

鸿云飞水宿之物，始进则渐于水涯之江干，有如君子在下而进，或自抱关击柝而升，或自乘田委吏而升也。其有匹夫孺子，如“燕雀焉知鸿鹄之志哉”！或欲厉而危之，或有言以毁之，为君子者付之莞尔，勿咎之可也。非不咎也，其义不足咎也。以鸿为君子，以小人为他人取义。然又有一说，如鸿在江干水宿之时，众鸿瞑目则有一警众者，俗语雁奴是也，故曰“小子”。盖防患有道，虽危而有惊之者，则无咎矣。

元数、他卦叶吉，有清才贤德，入仕从渐而有次序，非但登科第，且入言路，为去邪逐佞之忠臣也。

元数、他卦不叶，起立生涯，自微积累，或涉艰难，或凭颊舌，有如小子不可躐等如此，当渐自水涯而遽高峰，岂分之宜乎？

岁运逢之，士人从此有入仕之阶矣，已入仕者或作正言皆是也。又当看其他数卦美恶，亦为公讼论谪，或先条陈利害，或上言求见尊上，大概先忧后吉。

邵曰：“鸿之行有序而进有渐，干水涯也，始进于下，未得所安，而上复无应，则为小子厉，虽有言，而于义则无咎矣。得之者，谦逊自守，范律自持，惟修己以俟时，斯免躁进之失，固虽有人口之进，必须有人口之扰。”

六二：鸿渐于磐，饮食衎衎，吉。

《象》曰：“饮食衎衎，不素饱也。”

进不以渐，皆生于不能安分。一不安分，则有丧身破家，何可言哉？六二中正，正应中正大君，先自干而至于磐石之上，高而安矣。饮食衎衎，和乐而吉也。虽然非徒饮食以自饱而已，其共天职，食天禄，心无可愧，面无可赧，方得谓之衎衎也。

元数、他卦叶吉，才高望重，足以置国家于磐石之安，纳君民于和衎之乐也。

元数、他卦不叶，饱食暖衣，乡党善良，或处岩谷，或游江湖。

岁运逢之，为光禄，为祭酒，为鹿鸣琼林之宴，又为金谷厨传之事，不一而足也。

邵曰：“柔顺中正，上应九五之君，君臣相逢，人君以饮食养贤，衎衎然作乐，而获吉庆也。得之者，食人之禄则怀人之忧，衣人之衣则思祛人之患，非素餐肥家者之可比也。且受知于上人，图谋可遂，而有饮食宴乐之喜，则其于前程，正始充溢，嘉兆不一而足。”

九三：鸿渐于陆，夫征不复，妇孕不育，凶。利御寇。

《象》曰：**“夫征不复，离群丑也。妇孕不育，失其道也。利用御寇，顺相保也。”**

天下之理，止极者进必锐，伏久者飞必高。九三居艮之上，止之极也，压于巽下，伏之久也，以阳居阳，进必锐，飞必高矣。自干自磐一飞而至高平之陆，其知进好高，不复回顾初六、六二之群类，故曰“离群丑也”。六四非类，在上亦必合，纵合为妇孕而不育，圣人戒之曰：“汝何不正汝心，明汝目而察之？”初与二汝之类也，四汝之寇也。汝盍和顺汝之类，而相与扞御汝之寇乎？故曰“利用御寇，顺相保也”。

元数、他卦叶吉，有才有德，能以立高而处卑，身进而且退，则无过失之祸矣。男命伤妻，女命伤夫，或子女不育，或文中成名，而武中立功。

数、卦不叶，或离祖而居外乡，或弃文而就武弁，自高自大，不恋亲朋，刑妻克子，事有乖违。

岁运逢之，静吉动凶，有名防失，有利防亏，闻喜不喜，只宜固守，则免公讼惊危之事，人情不睦之兆。

邵曰：“九三过刚不中而无应，其占以夫征则不复，妇孕则不育，凶莫甚焉。然以其过刚也，故利御寇。得之者，处事不能待时，多失于躁急，高飞远举之志，所以不终遂也。男子不得其正，宜出外乡，正嫡有孕，难乎其育，先见螟蛉，或生庶出，斯可望矣。”

六四：鸿渐于木，或得其桷，无咎。

《象》曰："或得其桷，顺以巽也。"

鸿水鸟，小曰雁，大曰鸿，冬自北而南来，非但水宿云飞，亦能栖于高木之上，愚常亲见之。先儒谓之不木栖，必是失考究也。鸿渐于木，其进已高，逼乎君矣，易于致咎。然居阴得正，为巽之主，能顺以巽，位虽高而卑退自处，有或得桷之象，至此地位，能处于卑退者寡矣。

数、卦叶吉，德重而能谦，位高而能退，为大贵人也。

数、卦不叶，常见忧惧，生计艰苦，进退无定，惟宜谦卑固守，庶可免祸。

岁运逢之，士登秋科，可望鹗荐，或发解也。常人利修造，则无人口惊忧，仕途迁除未定，或是兼用之事不一之兆。

邵曰："六四乘刚而顺巽，故曰鸿不木栖，或得乎桷，则可以安矣。得之者，诚信待人，谦卑自守，苟非倚附大贵，何得亨通？"

九五：鸿渐于陵，妇三岁不孕，终莫之胜，吉。

《象》曰："终莫之胜，吉，得所愿也。"

九五最高，如在丘陵也，与六二之妇相应，而犹有三岁不合不成者也，何也？盖五欲亲二而有三间之，二欲从五而有四间之，则五二之计不交，故曰"不孕"也。然二五皆具中正之德，岂他人能间之哉？必三岁之久而自合也。彼不能胜此之志愿得矣。

元数、他卦叶吉，岂惟位高于丘陵哉？其功业之高，亦如丘陵矣。未免先难后易，或施忠言正论，而见阻于邪议者多矣。

数、卦不叶，有清誉而处岩谷，或幽居而丰粟帛，必先克陷，而后不孤。

岁运逢之，入仕之地步已高者，亦多毁谤，先暗后明，未入仕者名将成也。又看老少之人及他卦如何，老或损寿，幼或难养。数凶则葬丘陵矣。

邵曰："九五居尊，六二正应在下，而为三四所隔，然终不能夺其正也，故其象如此，而占者若是则吉也。得之者，富贵福泽，因人而成，婚姻谋为，因人而阻，意者天相吉人，未为害也。”

上九：鸿渐于陆，其羽可用为仪，吉。

《象》曰：“其羽可用为仪，吉，不可乱也。”

上九与九三不同，九三渐于陆，躁于进也，虽平而高。上九渐于陆，安于进也，虽高而平。何也？自干自磐而至陆，则其高为骤，自陆自木自陵，而复至于逵，则其进为退。盖以阳居巽极，其位弥高，其心弥下，其进弥徐，其退弥远，其羽翼翔集，截然不乱，岂不足以高出一世，而为天下之表仪乎？

元数、他卦叶吉，必为如此之贵人矣。

数、卦不叶，或为山林之高士，或为乡党之吉人，有德有言，高下钦仰。

岁运逢之，朝臣大拜，足为天下之仪刑，士子成名，则有冲天之吉兆，选人改秩，幼者结亲，工商农技俱有变通。

邵曰：“上九至高，出乎人位之外，而其羽毛可用以为仪饰，位虽极高，不为无用之象，如是则吉也。得之者，立性果锐，志气凌云，才德过人，众所钦服，抑且人口进加，上人进用，僧道则为领袖，常人必是高人。”

（陈邵二先生河洛真数易卦释义下经卷之中终，二万六百一拾二字）

陈邵二先生河洛真数易卦释义下经卷之下

颍川后学默庵　李学诗　校正

归妹 ䷵

归妹：征凶，无攸利。

《象》曰："泽上有雷，归妹。君子以永终知敝。"

雷震泽上，则泽气自下升上，乃阴感于阳而从之，归妹之象也。兑为少女，谓之姊，今从长男，故谓永终知敝之戒。大凡少女配少男，长男配长女，年德相若，与之偕老，势所必至，当不待言。今以少女归求长男，如其终而无敝，实人情之所难也。处之以大义，闲之以礼法，则其敝可免，而其终可保矣。少女之敝不一，而有家者懵然不知大计利害，无他，昏于欲而溺于情也，天宝之乱是也。

兑宫三世卦，属七月，纳甲是丁巳、丁卯、丁丑、庚午、庚申、庚戌。如生于七月及二、三、四、五、六、七、八月为及时，必功名富贵人也。

邵曰："长男震于上，兑女顺于下，女子从夫之象。征凶者以兑而动之，是以位不当也。得之者，媚悦取容，失其安静之道，而其立性浅虑多偏，抑且遭逢阴贵，主夜生必达。"

初九：归妹以娣，跛能履，征吉。

《象》曰："归妹以娣，以恒也。跛能履，吉，相承也。"

初九卑下，虽以为娣，非恒久不可也，不然则易于上僭，故严以恒之戒，要如跛者能履，而行之审详，则相承者也。

元数、他卦叶吉，素有才德，能度时而行道，不躁不妄，可以恒久相承，而为名贤矣。

数、卦不叶，才德不称，多习卑下，守恒不定，或为足疾，或起立艰辛。

岁运逢之，有官职者审时而进，修读者渐有清誉，未大施设，常庶谋望不可遽动，守静则吉。

邵曰：“初九居下而无正应，然阳刚在女子，为贤正之德，但为娣之贱，仅承助其君而已。又为跛能履之象，则征吉也。得之者，立身享业，因人成事，妻室宜由偏而正，得内助之妾，腿足之疾不可免也，女人得之多是婢妾。”

九二：眇能视，利幽人之贞。

《象》曰：“利幽人之贞，未变常也。”

九二应六五则隔于九四，六五下应九二则隔于六三，各当执中而自守于静可也。要知眇者之能视，视之最审，又如幽人之贞，未变其恒，则为利也。

元数、他卦叶吉，有大才重德，其富贵不淫，威武不屈，贫贱不移，此所谓幽人之常，用之则行，舍之则藏，始终不变为恒也。

元数、他卦不叶，或知书无利名，或有道处山林，或衣帛丰足，始终如一，不骄不傲，或为目疾，或好淡静。

岁运逢之，名职皆如旧，选人未改秩，士子未成名，在俗防疾厄，宜谨审则吉。数凶者，以泽中阴掩，为幽人说动不贞，丧毁失身也。

邵曰：“九二阳刚，得中女之贤，上有正应，而反阴柔不正，女贤而配不良，不能大成内助之功，故为眇能视之象，而其占则利幽人之贞也。得之者，是非倒置，目疾宜防，处事过于义气，琴瑟间有始终，如人之妇强夫弱，能为谦逊以就妇道，而其贞洁之德可想见矣。”

六三：归妹以须，反归以娣。

《象》曰：“归妹以须，未当也。”

六三阴爻为下卦之主，欲归而须待，反以娣归之，岂人伦之正也哉！盖处位未当故也。

元数、他卦叶吉，虽有才能，可迟施设，退己进人，不欺不贪，待时行道，非躁进者也。

数、卦不叶，不能安常，进退无定。

岁运逢之，有职位者当宜退，退则有进，未入仕者犹宜待时，凡谋望皆当如此，则无祸矣，人事反复之兆。

邵曰：“六三阴柔而不中正，又为说之主，女之不正，人莫之取者也，故为未得所适，而反归为娣之象焉。得之者，求望难成，只宜退守，不可躁进，婚姻须起自婢妾，而后得琴瑟之谐，贵子之庆也。”

九四：归妹愆期，迟归有时。

《象》曰：“愆期之志，有待而行也。”

九四有正德而无正应，未得其归，故愆期也。迟者待其时也，待佳配而后行可也。

元数、他卦叶吉，正大之才，固守其道，待时而行，不轻举妄动，足以为良臣也。

数、卦不叶，亦有大志，多逢难阻，可拟有差，若能知分顺时，必有逢遇，婚嫁宜迟，迟则免伤。

岁运逢之，在外仕者，必是归朝。其待字为待制，士人进取为待试，国学待补，求仕待阙，商贾在外未归，婚嫁亦未就也。

邵曰：“九四以阳居上体，而无正应，贤女不轻从人，而愆期以待所归之象也。得之者，怀才而行，抱义而处，时不苟求，财无苟取，非特婚配愆期，子息亦须晚得。”

六五：帝乙归妹，其君之袂不如其娣之袂良，月几望，吉。

《象》曰：“帝乙归妹，不如其娣之袂良也，其位在中，以贵行也。”

王姬下嫁自帝乙，正婚姻之礼，故取归妹之义。谦降从理，不事容饰以悦于人，故其君之衣袂不如其娣之衣袂为良美也。夫月盛则敌日，妇盛则亢夫，如月几近于望而未盈，则妇之未盛者也故吉，以尊贵而行中道者也。

元数、他卦叶吉，才德全美，守古人之道，宇量容物，和气待人，曰富曰贵，不骄不傲。

数、卦不叶，近贵虽贱，公直善良，不贪高，能谦下。

岁运逢之，其近月宫姮娥，为士人登科之兆。其位在中，则是太中、中奉、给事中、中书省，为朝臣之荣除也。在常俗亦近尊贵，或婚姻得财利，诸事有中之名。

邵曰：“六五柔中居尊，下应九二，尚德而不贵饰，故为帝女下嫁，而服不盛之象。然女德之盛，无以加此，故又为月几望之象，而占者如之则吉也。得之者，无骄矜之失，有进人之喜，谦和悦怿，无妒忌之心，招贤妻，纳美妾，而百喜之必集也。”

上六：女承筐，无实；士刲羊，无血，无攸利。

《象》曰：“上六无实，承虚筐也。”

阴居于上之极位，下又无应，是女之承筐篚而无其实，如士之刲羊牲而无其血，故无以奉祀矣，无所利也。

元数、他卦叶吉，则宜改祖外立，先虚后实，或离亲眷，或处清净，庶得久远。

数、卦不叶，孤苦劳神，多谋愈拙。

岁运逢之，名利两虚，只宜固守。数凶则见祭祀之事矣。

邵曰：“上六以阴柔居归妹之终，而无应，约婚而不终者也，为所不利矣。灾害破财，主家下小口不安，有虚名，无实效，益且难于琴瑟之好，凡事退守为佳。”

丰 ䷶

丰：亨，王假之，勿忧，宜日中。

《象》曰：“雷电皆至，丰。君子以折狱致刑。”

雷电皆至，明威并行，磅礴震耀，有丰大盛满之象。君子体之，明足以烛奸，威足以行法，故折狱致刑。此先电后雷，以明而动也，则与噬嗑先动后明不同。或问噬嗑去梗之卦，明罚饬法宜矣。其折狱致刑，何与丰乎？曰丰大盛满之时，人情所易玩也，圣人如此而用刑狱，岂得已哉！

坎宫五世卦，属九月，纳甲是己卯、己丑、己亥、庚午、庚申、庚戌，如生于九月及纳甲本命者，功名富贵人也，又二月生至八月为及时，为富贵福力重，余月福力浅。

邵曰：“上震下离，明以动亨。六五为丰之主，富有四海，勿忧其广大难治，惟日中普照，无不可治之理，所以君子以之折狱致刑，以其盛明而有照察之善也。得之者，度量大，处事明，可以掌权用事，常人亦可至富贵。当此丰盛之时，守其中道而无过，禀性好高，春夏中平，秋冬畜积，更加好爻必贵。”

初九：遇其配主，虽旬无咎；往有尚。

《象》曰：“虽旬无咎，过旬灾也。”

初九刚与四应，亦刚配主也，虽均同无咎。旬者均也。虽均为阳爻，似乎不相下，然雷电相应，虽两刚亦无咎。如此进道，往有可尚者矣。若求胜而过旬则灾矣。

元数、他卦叶吉，有刚正之才，当明盛之世，遇同德之近臣为我之主，我往从之，其功业成就，必有卓然可尚者也。

数、卦不叶，恃己之才能，与彼之志敌，难见称心，易招灾危。数凶之甚者，必有刑伤面目之祸。或是时运之吉，因祸而发名发家业者也。

岁运逢之，小官遇大臣，大臣合明王，但宜谨慎，知足常乐，若贪位大过，则有丧身之祸，常人遇贵，士子成名，或见好处结果，若过为灾咎必生。

邵曰：“初与四相应，而为配主，同德相求，有不期而会。得之者，上贵提举，皆出意外，妻妾朋友之助，事宜向前，不可太过，太过则事无成矣。”

六二：丰其蔀，日中见斗。往得疑疾，有孚发若，吉。

《象》曰：“有孚发若，信以发志也。”

六二为离明之主爻，中而正，居大臣之位，以此事君，岂不盛欤！然有上六小人在上，以掩君之明，致使二往而见疑见疾也。虽然君子之道，不以君之明暗而二其心，当一于志诚孚信，以发君志而已，若君之不疾不疑，固吉也，疾焉疑焉，亦吉也。

元数、他卦叶吉，其文明中正之盛德，足以为大臣者也，竭诚尽忠，用之则不乐，舍之则不忧。

数、卦不叶，无庇荫，孤亲眷，招疑惹谤，但要固守本分，以诚实为本则吉，营谋少成。

岁运逢之，为正臣，惹疑生疾，必有论责，不辩自明，不药自愈，或防长上悲忧，士子必业举，常人亦发财也。蔀，覆其室之草也。

邵曰：“居中得正，为明之主，而上应六五之柔暗，故为丰蔀见斗之象。大其障蔽，故日中而昏，往而从之，则昏暗之主，必反见疑，唯在积其诚意，以诚待之则吉也。得之者，乃贤臣不能遇君之象，性禀正直，招惹是非，诚实待人，反遭疑忌，是以自疾小人之蔽，忧暗难明之事，宜预防之则可矣。”

九三：丰其沛，日中见沬。折其右肱，无咎。

《象》曰：“丰其沛，不可大事也。折其右肱，终不可用也。”

草生于水曰沛，星之最小者曰沬。九三刚明，上应上六之阴暗，则为沛之蔽也，有如日中见沬之小星而不明。九三不可大事矣，且折其右肱，终不可用。

元数、他卦叶吉，有明之德足以致君泽民，为股肱之大臣，然有同列之梗，使大事不成，如折肱而不得用矣。

数、卦不叶，伤亲破祖，秀而不实，或手足有疾，只宜小小谋运，纵有才能，难用于世。

岁运逢之，大臣当退，或见灾生于手足，右选尤不利，若常俗只可为小事，不可为大事。

邵曰：“三处明极而应上六，虽不可用，而非咎也。是以当丰见沛，当昼见沬，终不可用矣。得之者，心虽明敏，圣主难逢，作事晦滞，得力寡助，又多小人之障，口舌之灾，四体疴痼，谨慎为佳耳。”

九四：丰其蔀，日中见斗。遇其夷主，吉。

《象》曰：“丰其蔀，位不当也。日中见斗，幽不明也。遇其夷主，吉行也。”

九四居大臣之位，而君柔暗，此丰其蔀也。主暗而已明，如日中见斗，惟下遇正应初九夷主相辅则吉。均是阳爻，故称等夷也。

元数、他卦叶吉，君子之刚而有为者也。其如上六小人掩其暗主，是道之难行矣。幸有初九之贤主，庶几可行也。

数、卦不叶，改祖外立，先暗后明，遭遇他外之人，或立活计也。

岁运逢之，弃内从外，必有遭遇，在仕不更变，则君见疑，明中反暗，惟常人改动则利也，先在幽暗中，或得吉人解释。

邵曰：“象与六二同，四惟不中正，而无吉之理，但初九夷主，均为阳刚，所以下往从初，而得明动相须之义，故吉。得之者，主有幽暗之事，有志莫伸，虽不上遇明主，犹可下赖同志，却无害也。”

六五：来章，有庆誉，吉。

《象》曰：“六五之吉，有庆也。”

六五本柔暗，能虚心谦德，下应六二正中贤明之臣，臣之有孚而来章矣，六五则有庆誉而吉也。

元数、他卦叶吉，先暗后明，虚心谦德。舍己之柔，就人之刚，即己之刚；舍己之暗，用人之明，即己之明。此可以为大贵人也。

数、卦不叶，亦有声誉出世，文章过人，虽不出仕，亦受清福。

岁运逢之，士子成名，朝官迁职，老幼受恩，常人凡有谋望，俱有称遂。

邵曰：“质虽柔暗，能来致天下之明，则有庆誉而吉矣。得之者，卑以自牧，不以贤知，先人每怀任贤使能之心，常存遏恶扬善之德，是以人心向慕，众力扶持，声价自此而倍矣。”

上六：丰其屋，蔀其家，窥其户，阒其无人，三岁不觌，凶。

《象》曰："丰其屋，天际翔也。窥其户，阒其无人，自藏也。"

上六阴柔，居动之极，以处屋高大蔀家者，居不明也。高亢自绝于人，人谁与之？故窥户而阒无人矣，至三岁之久，而不觌人，凶也。

元数、他卦叶吉，或受见成祖宗之福，仍不堪任事。

数、卦不叶，有才有德，自尊自大，绝离亲朋，拘执不变，终为一空，除非僧道高隐山林，尚可久长？

岁运逢之，仕路高者不利，或丁家艰，或离骨肉，或门户损失，如士人进取，却有天际独飞之兆。

邵曰："以阴柔居丰极，处动终明极而反暗者也，故为丰大其屋，而反以自蔽之象。无人不觌，亦言障蔽之深，其凶甚矣。得之者，贪高妄想，肆欲无厌，当丰盛之时而不知止，又不为明哲保身之计，破产荡家，只可为僧道孤立之人耳。"

旅 ䷷

旅：小亨，旅贞吉。

《象》曰："山上有火，旅。君子以明慎用刑而不留狱。"

山上有火，行而不处，其象为旅，然燎原之势最易延蔓，明慎用刑而不留狱，虽取不止之象，亦贵在速决以去延蔓之根，此非"明慎"两字则不可也。刑不明则冤，故欲明，过明则察，故欲谨，过谨则滞，故不留，体艮之止，为谨慎，体火之行，为不留。

离宫一世卦，属五月，纳甲是丙辰、丙午、丙申、己酉、己未、己巳，如生于五月及纳甲本命者，功名富贵人也。

邵曰："旅，托寓而不变其居之谓也。山林有火炎炎之势，至于燎原，玉石俱焚，君子体之，辨析其理，不留不畜，哀矜其情，不枉不易，速以决之，折狱之道至矣。得之者，离别故乡，方可立业，或为商贾，或为仕宦，主生涯于四方，踪迹不能一定，孤破后发，物散后归，凡名利之事，如人之在旅也，夏生多吉，秋冬不利，亦多劳心而少安静。"

初六：旅琐琐，斯其所取，灾。

《象》曰："旅琐琐，志穷灾也。"

夫旅非顺境，人所难堪，有道者处之，何灾乎？琐琐者，琐屑不知大体也。初六阴柔，不中不正，而在卑下，无道义以养其志，得志则骄溢，失志则困穷，故琐琐致灾也。

元数、他卦叶吉，动有离明之文才，虽处微下，不以为辱，虽处逆境，不以为忧，或自立生计，起于卑微，事多艰苦重迭，终不能大用于世。

数、卦不叶，习下流鄙，事稍济遇，则得志骄溢，才见艰辛，则失志困迫，为灾为祸，皆自取之也。

岁运逢之，事多繁杂，只宜顺守，未可施设，若志勇心高，则惹祸招谤，有失无得，士农工商医卜僧道皆宜随分。

邵曰："阴柔处下，如旅困于琐细者也，此其所以有自取之祸矣。得之者，立意不高，经营苟且，鄙猥琐细，较计微末于仆御之间，岂有相与而为之腹心者哉？更有出外之行，意外之变，此真羁旅之愚人。"

六二：旅即次，怀其资，得童仆贞。

《象》曰："得童仆贞，终无尤也。"

夫旅而无资，则途穷，无童仆，则无以协助，二者为旅次中所须最急。六二中正，艮体安详，静顺之君子也，如就次舍而不危，怀资用而不穷，得童仆而不离，虽日为旅，而无悔吝矣。

元数、他卦叶吉，文可华国，才可济时，又能柔顺以下人，中正以立己，此有德之贵人也。

数、卦不叶，虽不入仕，亦有资业丰盈，堂厦华丽，童仆之多，婢妾之众，可谓厚福人也，或是自立规模，或外郡经营。

岁运逢之，仕路显者，师旅也，次舍也，资正也，左右仆射也，神童也，资财也，厦屋也，仆臣也，童行也，商旅也，大概多吉，士子成名，或常俗是修造皆利。

邵曰："柔顺中正，为旅而得安居之次舍，能畜藏，得童仆各尽其道，所以终无尤也。得之者，必有财喜，宜内外求谋，而得在下之助。”

九三：旅焚其次，丧其童仆，贞厉。

《象》曰：“旅焚其次，亦以伤矣。以旅与下，其义丧也。”

九三如为客旅依人，而以刚处刚，又在下卦之上，有上人之心，宜其大则焚其次舍，而无所归，小则丧其童仆，而莫之助也。又有一说，然旅者，主人之旅，非童仆之旅也，主人自羁愁无聊，岂可亦以羁愁待童仆？失其心义必然也，以旅与下备著九三之所为如此。

元数、他卦变而为晋，卦辞曰：“允众，悔亡”，则明出地上，必为文章之士，多是伤亲改祖，如居富贵，御下宜宽，使之恩情顺适，在旅如家，而后可保其不我携贰也。

数、卦不叶，为人不知处旅之道，当以顺上谦下为先，惟恃刚则上下相迫，无所容处矣。江湖旅人，或抛离骨肉，或卓立外郡，或晚得男女之力。

岁运逢之，预宜改变弃一就一，不然有离任出朝之事，或丧男女，或失奴婢，或为伤厄，或失牛马六畜之类。

邵曰：“刚而不中，迫近离火，所以焚其旅居，丧其童仆，故当守正而常以危厉自持也。得之者，居家出外，谨防火盗破伤，家业仆御，疾病是非之忧，不能免也。”

九四：旅于处，得其资斧，我心不快。

《象》曰：“旅于处，未得位也。得其资斧，心未快也。”

九四乃公侯之大臣，而在旅之时，有刚明之才，而能居柔以下人，是旅于内地而有处，非至外地之次舍也。得其资，犹能富贵人，得其斧，犹能威罚人，然心未快者，四多惧而非中正也。

元数、他卦叶吉，必有如是之才德，但常不安宁。

数、卦不叶，或为武职，或在外方，多动少静，静凶动吉，难中见易。

岁运逢之，仕者制阃，将出战功，显者枢相大资政，或为心病，或是商贾获利，或常人在外者有所成也。

邵曰：“以阳居阴，处上之下，用柔能下，故其象如此。然非其正位，上无刚阳之与，下唯阴柔之应，故其心有所不快也。得之者，旅寓得安，财帛丰厚，利心未副，营谋不息，所以常不快也。”

六五：射雉，一矢亡；终以誉命。

《象》曰：“终以誉命，上逮也。”

六五为离卦文明之主，有坤五爻之文德之盛，有文明之德，居至尊之位，而养以谦柔，如射文明之羽而不再发，言发无不中也，此所以下得人之誉，而上得天之命，自旅寓复归安稳之家国也。

元数、他卦叶吉，一举成名，或为大臣深结主知。

数、卦不叶，才德高人，或幼年清誉，晚岁食禄，或商有业，或名誉出世，为清闲高士之流。

岁运逢之，为荐举，为清誉，盖箭即荐也。常人发财近尊上，老人推恩，妇人封诰。数凶者，亡字终命字，不可言吉也。

邵曰：“六五柔顺文明，又得中道，为离之主，故有射雉之象，虽不无亡矢之费，然所丧不多，终有誉命也。得之者，功名成，事业立，声誉一念之萌，举手可得，一谋之运，不劳余力。”

上九：鸟焚其巢，旅人先笑后号咷；丧牛于易，凶。

《象》曰：“以旅在上，其义焚也。丧牛于易，终莫之闻也。”

上九位一卦之上，恃其高亢，肆其刚强，失高位而为逆旅，由轻易以自取之也。

元数、他卦叶吉，惟宜保身家，或改祖独立，出外成家，得而又失。

元数、他卦不叶，毁家如鸟之焚巢辱身，如先笑后哭，又失其大事，如丧牛之易，或流于羁旅，或奔走道途，孤孑一身，荡游一世，终难受福也。

岁运逢之，好中有破，悲喜相半，或移居修造，可免损伤，或耳病，或火灾，求利者有损，士人难举，盖失其牛矣，仕宦丁艰，或见交逐，大抵先见荣处，乃祸之根萌也。

邵曰：“旅道既穷，离火极盛，如鸟之自焚其巢也。然羁旅之人，始宅于危，则以为安而先笑，终焉失其所处，则号咷矣。且离为牛，处上之极，而骄亢自是，失其柔顺之德，其凶可知。得之者，防阴人疾患，丧失火盗之危，慎之！”

巽 ䷸

巽：小亨，利有攸往，利见大人。

《象》曰：“随风，巽。君子以申命行事。”

两风相宜谓之巽。巽为命令，一风先之，上卦也，君出命之象；一风随之，下卦也，为臣民之象。二风相重而不息，申命行事之象也。命乃人君所以鼓舞万民，而莫之违者也。风乃昊天鼓舞万象者也。风之鼓舞万物，动于无形，顺而入之，莫此为妙。君子之鼓舞万民，非令命无以告人，然阴在下，未易开晓，必先命之，又申命之，使之明白洞达，然后可以有为矣。如盘庚迁殷，谆切诰诏周之多士多方之类，皆是此意，此顺而入之道也。后世务为一切威驱势迫，如之何其入人心哉？此理惟君子能之。

八纯六世卦，属四月，纳甲是辛丑、辛亥、辛酉、辛未、辛巳、辛卯，如生于四月及纳甲本命者，功名富贵人也，在春夏长养发生福力为重，秋冬肃杀击搏福力轻。

邵曰：“一阴伏于二阳之下，其性能巽以入，其象为风，亦取入义。阴为主，故其占为小亨。以阴从阳，故又利有攸往。然必知所从乃得其正，故曰“利见大人”也。得之者，谦卑逊顺，和易温柔，识高望远，财禄俱全，更有家事薰心，多方纷扰，且得富妻，适生贵子，欲求琴瑟之好，其亦难矣，然而生子宜春夏为佳。”

初六：进退，利武人之贞。

《象》曰：“进退，志疑也。利武人之贞，志治也。”

初六卑下，恐惧不安，或进或退，所利用武人之刚贞，则无过卑之失。盖处巽之下，巽之甚，其志疑，或欲进而踌躇，若勇修已之德则利，故志治也。

元数、他卦叶吉，才德以足为贵人，宜弃内从外，或文中成名，武中立功，又能勇决用意，则有成就。

数、卦不叶，自处卑下，进退无常，小小营谋尚可，若谋大事则有灾厄，不问农商工技亦弃本业，常得高人之力。盖巽之卦辞曰“小亨，利见大人”故也。

岁运逢之，不宜左选，只宜右选，有差除，未免进退不一，二事兼权，难中有易，只宜勇于向前。数凶兼卦不吉，多招疑忌，是非不足，先疑后释。

邵曰：“以阴居下，为巽之主，卑巽之过，故为进退不果之象。若以武人之贞处之，有以济其不及，而得所宜矣。得之者，进退不决，怀疑蓄虑，莫之能为，更防不测之忧，宜谨半途之戒，所以然者，皆柔顺所致耳。”

九二：巽在床下，用史巫纷若吉，无咎。

《象》曰：“纷若之吉，得中也。”

易道贵中，床者人之所安，在床上得其中矣。今在床下，过于巽也，失中也，其不至于取羞辱贴笑侮者几希。巽过诚亦过，乃始称情为得中，是故通诚于人，如史巫纷若之多，而后为吉无咎也。

数、卦叶吉，大才大德，谦己接人，是为贵人。其史字有御史、刺史、史馆之兆，中者太中、中奉、给事中、中书省之兆。

数、卦不叶，小小规模，或僧道巫医，心绪多端，卓立不一。

岁运逢之，仕宦宜勇决进步，或居言路，或在史馆，或为中书，士人成名，常庶获利。数凶兼卦不吉者，为巫祝之祭也。

邵曰：“刚居柔位，过于巽也，自屈于柔，必用巫祝通达其诚，则可以获谦恭之德，而无耻辱之咎矣。得之者，仕宦进遂，更防人口有灾迍，谋为有聚散，得众力相与扶持，反得其美。”

九三：频巽，吝。

《象》曰：“频巽之吝，志穷也。”

九三以阳处刚，初非能巽，勉强为之，频失频巽，是可吝矣。吝者非其本心，是其志穷也。

元数、他卦叶吉，可为正人，或是或非，乍得乍失，勉强为事，心志不一，见名见利，事多迟难。

数、卦不叶，内不巽于身，外不巽于人，恃刚欺众，巽面不巽心，所谓穷而无恒，不可以作巫医是也，故吝穷也。

岁运逢之，所谋进退，作事频复，或兼用，或再干，求名望利，难中求易，君子得之，尚可施设，小人得之，则为穷困。

邵曰：“以刚居阳位，勉强为巽，非其性也。频复于巽，足以致誉，巽之为志，至此穷矣。得之者，得失无常，事功作辍，求望难成，生财不遂，是皆弄巧成拙之谓也。”

六四：悔亡，田获三品。

《象》曰：“田获三品，有功也。”

巽自遁卦来，巽入也，昔之所遁者，今入为大臣矣。三品为六四与九二、九五、上九之君子同类也。又云六四居九三、九五之间，而与九五同功，所以获三品之誉也。

元数、他卦叶吉，清才美誉，柔顺谦恭，足以为王公大人矣。

数、卦不叶，先难后易，虽非仕宦，亦足粟帛。

岁运逢之，在朝大用，士子高中，常人获福，武将立功。

邵曰：“以阴处阴，为柔以顺，所以亨通，其悔亡矣。惟其有顺义之功，故获充庖、祭祀、宾客三品。得之者，主有无心之机会，意外之财物，名利亨嘉，富贵之命也。”

九五：贞吉，悔亡，无不利，无初有终。先庚三日，后庚三日，吉。

《象》曰：“九五之吉，位正中也。”

巽以先之故无初，庚以成之故有终，震纳庚，巽震之配先后三日皆变震，是以取于庚字。庚断义，甲断仁。甲者创事之始，庚者制变之义，权斯行矣。巽道内强其志，外揆其变，而措之于大治，不然沦溺入于蛊矣。九五爻内，有两吉字，先者以理言，后者以事言。巽为命令，大凡出命，必有其故，然后思所以变更。且如古之盘庚，不有水灾，何以出迁都之命？成王不有殷叛，何以出东征之命？此无初之义也。无初而图为有终，岂苟然哉？事事将更，先三日谋之，不轻出也。命之已出，终三日而虑之，不遽忘也。夫如是，始可以有济，故吉。

元数、他卦叶吉，文武之才，中正之德，思虑之深，施为之审，又能急流勇退，明哲保身之人也。

数、卦不叶，先难后易，改祖外立，事见重迭，干而又干，非富非贵，清誉结果。

岁运逢之，在仕者有动有迁，先阻后顺，三二职事兼权皆吉。又中正二字，皆是官职之吉兆，其余命中皆有称遂。

邵曰：“刚健中正，而居巽体，故有悔。以有贞而吉也，有悔是无初也，亡之是有终也。先庚三日，丁也，后庚三日，癸也。丁所以叮咛于其变之前，癸所以揆度于其变之后。有所变更，而得此占者，则吉矣。得之者，毅然守正，不拘群邪，是以可掌权柄，而求望可成也。”

上九：巽在床下，丧其资斧，贞凶。

《象》曰：“巽在床下，上穷也。丧其资斧，正乎凶也。”

上九以刚处高，穷极于上，而人不与我也。无德以服天下之心，而乃过为卑屈以求容焉，此天子下堂见诸侯之时也。太阿倒持，大器虚拥，而天下之事去矣，何资斧之我有哉？失巽道之正，故曰“正乎凶也”。

元数、他卦叶吉，好大喜功，气不下人，虽有名利，常宜固守，则免躁进之阻。

数、卦不叶，恃刚逞强，不纳忠言，弄巧成拙，悔而难及。

岁运逢之，急事缓干，高处退步，或退职，或伤身，或悲忧，或损失，凡事宜待时，则无凶祸。

邵曰：“巽道之极，退处床下，居刚而不能断，故丧其资与斧钺，虽能贞固，不免于凶。得之者，早见伤克，孤隔太重，故破财伤亲，丧失门户，多事纷纷。若并数凶，定主丧身，如或不死，是为更生者矣。”

兑 ䷹

兑：亨，利贞。

《象》曰：“丽泽，兑。君子以朋友讲习。”

兑，正秋也，秋即西方之卦也。兑为泽，两相丽，则水泉相溢而不涸。二友相讲，则义理相益而不穷。

八纯卦，世在六爻，属十月，纳甲是丁巳、丁卯、丁丑、丁亥、丁酉、丁未，如生于十月及纳甲本命者，功名富贵人也。又兑属金，生于秋则及时，福力重。

邵曰：“一阴处乎上，二阳居乎下，圣人谓之外柔而内刚，不失己，不绝人，所以无往不通，以其顺乎天而应乎人也。得之者，天性昭融，识见宏远，待人接物无不谦下，学问有成，功名适就，若与卦不合，禀性忧戚，跳躅不宁，孤亲破祖，常遭迍邅，女命得之，伶俐晓达，无往不通，惟善言语，故招是非。”

初九：和兑，吉。

《象》曰：“和兑之吉，行未疑也。”

兑在初为正，初爻虽不中，乃得正也。今居于初，能和顺卑下，以为兑者，故吉也。人能谨终如始，无以致人之疑议，则焉往而不相和哉！

元数、他卦叶吉，方大志刚，不忧不喜，视天下之难事以为易，见世间之乐事以为忧，执此正道行之，何疑之有？为富贵任其得失，可谓贤哉之君子。

数、卦不叶，宜和光同尘，安常处顺，虽非富贵之荣，亦是山林之乐。

岁运逢之，为官必得同僚相助，为士必得朋友相亲，在家必得夫妇相守，静则受福，行则不疑，应有营运，上下相孚，而内外顺也。

邵曰：“阳刚居兑之初，上无系应，是能和顺而悦邻，所以有自然之庆也。得之者，存心立志，诚实谦和，有孚信而无邪谄，故易龃龉而为和顺，变忧危而为和悦，名利成就，何喜如之？”

九二：孚兑，吉。悔亡。

《象》曰：“孚兑之吉，信志也。”

九二刚中之德，大臣君子当兑说之时世，则与他人说富贵之心不同也。九二者，见其诚正之可说者说之，其佞伪妄说者绝之，则天下诚正者来，佞伪者去矣，此所以为孚兑悔亡之吉，而信志也。

元数、他卦叶吉，果有才德如是之贵人也。

数、卦不叶，中直之吉人，结友有信，不谄不媚之志，则与人不同也。

岁运逢之，在仕则见上下相孚，昔有暗昧事者，今已光明分晓矣，工商农牧所作所为，皆俱得其利。

邵曰：“刚中为孚，居阴为悔，以孚而说，则吉而信志矣。得之者，立心诚实，志意相孚，在己无所见疑，在人何所不服，虽有小口是非，终不为害。”

六三：来兑，凶。

《象》曰：“来兑之凶，位不当也。”

六三阴柔而不中不正，说不以道，来就下爻之阳以求说者也，故凶。

元数、他卦叶吉，尚能安分，以道自守，远邪就正，则有成立。

数、卦不叶，以阴邪反说媚于正人，动则有祸，多无所立。

岁运逢之，为君子者，绝邪佞之来，则无累身之祸，纵有便宜处，亦可退也。数卦凶者死，失道身亡也。

邵曰：“阴柔不中不正，以说为道，下从二阳，以求媚甚矣。得之者，主阴人惹祸，小口不宁，无以柔媚枉己取悦于人，则可变凶为吉也。”

九四：商兑未宁，介疾有喜。

《象》曰："九四之喜，有庆也。"

上近五正，下近三邪，自介于邪正之间，疾去其邪者也。四有刚德，居大臣之位，乃商度之而去邪辅正，君子之泽，朝暮及于天下，岂特一己之喜，天下之庆也。

元数、他卦叶吉，有正大之才，有正直之德，特立于君子小人之间，而有定见，果断不疑，足以为大贤佐君治国者也。

数、卦不叶，下近六三柔媚之徒，易于濡染，有如人家子弟，上有贤父兄不能奉承，共扶正大之门户，而乃违叛，却与小人之党以相媚说，丧无日矣。或进或退，茫无定守，君子相会，疑而不从，小人作为，媚而随之，何足道哉？

岁运逢之，仕入要津，去斥邪佞之正臣也。士子成名，农商获利，常人有进益人口之喜。数凶者进退不宁，终为灾害。

邵曰："上承九五之中正，下比六三之柔邪，故不能决，而商度所说，未能有定。然质本阳刚，故能介然守正，疾恶远邪而喜也。得之者，处事多疑，进退不定，每为邪佞所惑，若能遇事敢为，介然守正，而疾恶远邪不能为害也，虽有疾病，不久自安。"

九五：孚于剥，有厉。

《象》曰："孚于剥，位正当也。"

剥者指上六柔变刚之小人也。厉危也。九五中正之德，居一卦之尊位，尊近上六，乃小人在上之危也。小人之入千歧万径，不可不虑，一得其便，乘间而入之，岂可以一时之孚，而遂信之乎？知其有厉，进德不懈，无以启其相信之意，剥中孚于我，而无危矣。

元数、他卦叶吉，中正才德，人君泽民以天下，不以天下为乐，亲正人，绝邪佞，为后世贤人之标榜矣。

数、卦不叶，立志无私，或正或邪，与其东则从其东，与其西则从其西，虽有受用，亦非一定之正人矣。

岁运逢之，在仕显者，当杜绝其伪佞，不可信小人之言，必为自己之累也。惟宜守正安分，自然无祸及身矣。病者，身危毁折之象也。

邵曰："中正居刚，近于上六之媚悦，虽有剥害，其奈中正何？所以不受媚说之惑也。得之者，君子轻信，多为小人阿谀，又为声色所役，货利所扰，致其疾难，所当慎也。"

上六：引兑。

《象》曰："上六引兑，未光也。"

夫大贤在上，引其类，小人亦然，盖物各从其类也。上六兑说之小人，必引六三来兑之小人，然举而无成，发而不中者，上有九五之刚明，以剥为惧，下有三阳之众正，以隔其来，又以上六在一卦之外，无位以倡其党，此小人之道所以不至于引兑而乱天下也。然又有一说，上六位居极地，所以无光亨者至矣，若能引君于当道，则其为说岂不大哉，岂不甚光明也哉！惟正而不中，引之不以道，而引之以说，故世谓有为大臣，而但说媚以求容，纤毫无补于君德，引兑之谓也。道心光明，无非正大者如是乎？故象曰"未光也"。

元数、他卦叶吉，则为正人引君于正道。

数、卦不叶，则为不正之人引君于不正之道也。

岁运逢之，为汲引，为文引，为牵引，为引导，当看轻重言之。又有人得此，害目者未光也，又有人得此，入狱未出，宜消息之，不宜狱讼，宜防忧疑。

邵曰："以阴居悦之极，引下二阳，相与为说，而不能必其从也，故曰"引兑"。得之者，远君子而近小人，多为阴邪所引，谀悦所牵，是以利名未得，虽获贵人汲引，亦未光显。女命得之，性柔心慈，邪人易为引诱。"

涣 ䷺

涣：亨，王假有庙，利涉大川，利贞。

《象》曰："风行水上，涣。先王以享于帝立庙。"

帝，上帝也，宗祀文王于明堂，以配上帝也，则固有庙矣。人心归仰，翕然大同，莫如立庙，请观一州一县一乡，各有一神为主，人之正心奉祀者，弥久弥敬，其有不可解者，况享上帝乎？享帝立庙，非因散而后立庙以收之，盖祭祀之根出于人心，此可以系人心也。先王之系人心，其道甚周，其法甚备，亦岂特此敬而彼不敬哉？享帝立庙，谓其尤重大矣。

离宫五世卦，属三月，纳甲是戊寅、戊辰、戊午、辛未、辛巳、辛卯，若生于三月及纳甲本命者，功名富贵人也。

邵曰：“当人情离散之际，可使合聚而亨通，王者于是以礼假庙，收拾涣散之情。又木在水上，有舟楫之象，故利涉大川，然亦利在贞固而已。得之者，立志刚毅，奋发有为，有济艰之大才，立业之伟望，忧患可散，涉险无虞，赋性坦荡，不受拘束，更喜阳和日生也。”

初六：用拯马壮，吉。

《象》曰：“初六之吉，顺也。”

初六逢险难之世，屈卑下之位，而挟拯难之志，今欲从圣明之君子在下，而莫我达也。当择其贤而有力者，可以达矣。然则有力者九二是也。其贤如骥之德，其壮如骥之力，初从之，所以吉而顺也。

元数、他卦叶吉，有德有才，力于行道，多逢知己，遇合重臣，顺而无逆，因祸成福。

数、卦不叶，容易起家，甚不劳力，出乘轿马，宜走道途，或是自立，因人成事。

岁运逢之，利见尊上，宜求知己，在仕显者，不问左迁右迁，广为太守之荣，常人营谋，高人提挈。

邵曰：“居涣之初，其散未极，即用拯救，如行壮健之马以致远，而必有济，所以吉也。得之者，有济难之才，方获平和之庆，是以涉险致远，所往皆通。”

九二：涣奔其机，悔亡。

《象》曰：“涣奔其机，得愿也。”

九二之奔，本是否卦九四奔来居于二也，乃先不中不正，今得其中，故为得机而称愿也。

元数、他卦叶吉，先步艰难，后逢平易，而有刚正之才德，能胜朝廷之重任。

数、卦不叶，改祖奔逐，自营独立，勤苦进修，终不负志，晚见福禄。

岁运逢之，遇时多艰，出当重权，其机字为兆，如韩信而登将坛，良平而为帷幄之事也，士人成名，商贾获利，僧道遇恩，常俗成家。

邵曰：“九而居二，宜有悔也，然当涣之时，来而不穷，能亡其悔者也。得之者，附贵立身，求望有托，纵有忧危，终自散释。”

六三：涣其躬，无悔。

《象》曰：“涣其躬，志在外也。”

夫涣散之义有二，人心散则为难，己私散则善，三之躬，四之群，上之血是也。人之所以胶执蔽固，终不能自脱于险者，有我而已。六三虽不中正，而高出坎险之上，于是释然消散其有我之私，一无疾恶，而志在于外焉，则自然无悔矣。

元数、他卦叶吉，所修之广，所见之高，志在一世之外，举世不能浊其洁，志在万物之春，一物不能伤其生，此非小器小识之人也。

数、卦不叶，违亲向疏，一身外立，或僧或道，无荣无辱，亦是近上之吉人也。

岁运逢之，为朝仕必由他郡，久静者必动于外，先有危厄者散矣，士人进取不利方州，若图外试则逐，在国学者得出，常人在外获利。

邵曰：“涣止于躬，未能及物，但可涣其身之恶，虽亦无悔吝，而志在外也。得之者，志虽慕外，当洁己自持，杜门安分，知过必改，不敢妄作，虽未能济人及物，却可以自免忧患。”

六四：涣其群，元吉。涣有丘，匪夷所思。

《象》曰：“涣其群，元吉，光大也。”

六四本是否卦六二来，则不与群阴为类，故曰“散其群也”。今为大善之吉人矣，其志非初六、六三之等夷所思及之也。丘者，聚也，是散群阴而为君子聚也。

元数、他卦叶吉，大明公道，无一毫朋党之私，足以为近君之大臣也，泰九二之光大，正同此光大也。

数、卦不叶，才德出众，有名有利，惟恐或散或聚，或公或私，心有二思，志无定守，则不见光大矣。

岁运逢之，为百官之长，为一州一县之主，或出群类为科名魁首，先有凶事而散，先谋吉事而合，但宜从正，不可从邪。数凶者涣有丘，非平常之事，必有忧危也。

邵曰：“以柔慎近刚中之君，当济涣之任，故能散其叛逆之群，使之同心戴主，而获元吉。然叛逆之群，今而散之，非平常之见所能思及也。得之者，机谋宏远，常怀救难拯溺之心，智虑过人，每存扶持颠危之念，是散财发粟，名利日生，恢复青毡，营谋旧业。”

九五：涣汗其大号。涣王居，无咎。

《象》曰：“王居无咎，正位也。”

九五有光明中正之德，谦抑卑巽之度，为卦之主，非用群臣之贤，将何以大慰天下之望，尽散天下之难乎！不有大号令，大建设，大更张，未见其可。盖天下有大险难，如一身有大疾病也。除大疾大病者，非一汗则不可解，排大险难者，非大号则不可散。何谓大号？发号施令必大为先，小者碎者虽多无补也。商民所大病者，其政贪，散财发粟之令一出，而四海服，秦民所大病者，其政酷，约法三章之令一下，而万民咸悦，大者举矣，何必多乎哉！然除疾有二，疾而不汗者死，汗而复反者亦死。散难有二，无大号者，民弗悦，有大号而复反者，民亦不悦。令之以薄敛，而行之以劳役，是反也，令之以省刑，而行之以峻法，是反也，令出而民悦之，令反而民去之，天下之难何时而散乎？故曰涣王居无咎，居之为言，执之以金石之坚，行之以四时之信，固守而不迁之谓也，如是斯可以正位凝命，而永无灾咎矣。

数、卦叶吉，必有如是之德，足以立大功业，辅佐王者之大臣也。

数、卦不叶，志大心高，爱胜出众，虽非富贵，亦有声誉。

岁运逢之，在仕则迁除高位，未仕则进取有成，有厄者必散，求利者必遂。其大正字则有大魁、大拜、大夫、王公、大人，居起舍人，正奏、正言，正字随高位言也。

邵曰：“居阳刚中正之位，出而济涣，必有大号令，是以济涣若汗出然，则君得以安居于尊位，而无殃咎矣。得之者，谦恭逊顺，众所敬服，虽有口舌，不能为害。”

上九：涣其血去，逖出，无咎。

《象》曰：“涣其血，远害也。”

散大难者，必去其源，除大疾者，必绝其根，譬若疽之为疾也，能杀人，而不若疗疽者，亦能杀人，何也？知疗疽而不知消其根也。血之毒非气之正，疽之根也，爱其血而不能去者，存疽之根，二者之祸，其一医之罪也，其一岂医之罪哉？上九居涣之极，能为九五涣其血矣，必去之尽而出之远，则天下之难日远，其害日止矣。能涣者在上九，听与否不在上九，而在九五，非九五刚明中正之君，孰能一听上九之所为哉？可不慎乎！元数他卦叶吉，至大至刚之才，其忠肝义胆，能济天下之大难，立生民之大本，为当代之功臣者也。

数、卦叶吉，度量而进，知几而退，或遨游远方，或卓立外郡，一旦之祸，难及其身。

岁运逢之，先有艰阻者，不辨自明，朝仕必出外郡，商贾远出获利，常人宜动，更宜远小人，亲君子，则无祸矣。数凶者血气生疾。

邵曰：“阳刚居外，能涣散其阴阳相伤之血，逖而出之，故无咎也。得之者，优游逸豫，安乐自如，功名成就之时，安静和平之日也，虽有脓血之疾，自能消释获安，出外营谋，亦多遂意。”

节 ䷻

节：亨。苦节不可贞。

《象》曰：“泽上有水，节。君子以制数度，议德行。”

泽已有水，而上复有坎水盈溢过量，亦可以节之，其卦为节。君子观此象，以之制立多寡之数，大小之度，又议度人在内之德，在外之行，使之皆有节而无过于中，此节之义也。

坎宫一世卦，属十一月，纳甲是丁巳、丁卯、丁丑、戊申、戊戌、戊子，如生于十一月及纳甲本命者，功名富贵人也。

邵曰：“节者约也，使其无过，行得中正之道也。立节太苦，又非人情所宜堪，故又以为不可贞，其道穷矣。得之者，务俭约以去奢侈，事不妄发，安所止而得慎，节之义也。为人赋性刚健，不受人触，为事反复立身，得失相半，喜生秋冬，春夏未利。”

初九：不出户庭，无咎。

《象》曰：“不出户庭，知通塞也。”

君子将有以节天下，必始于节一家，节一家必始于节一身。请以颜子喻之，所节非求外也，节性而已。不迁怒，喜怒节矣。不贰过，过愆节矣。一箪食，一瓢饮，奉养节矣。不出户庭之间，制数度，议德行，不伤财，不害民，节之道具矣，何咎之有？塞则行之户庭而准，通则行之四海有准，何况为邦乎！初九虽正，然穷而在下，故有不出户庭之象。

元数、他卦叶吉，集古之学，行古之道，此乃不出户庭，而知天下古今者也。道通则兼善天下，道塞则独善一身，大则门下、平章、食邑、几户，或户部是也，小则户曹、司门、阁门亦是也，或为知府、通判、佐贰。

数、卦不叶，以道自守，不争不竞，或守祖业，多动少静。

岁运逢之，士人进取未遂，国学未出，秋闱黜落，常人宜守旧，已入朝者不出，闲居者未迁。数凶者变坎窞之兆，在仕入朝，数吉故也。

邵曰：“居下位未能及人，其所节不出户庭之外，然此者以其有阳刚之明，能知通塞者也。得之者，谨身节用，安分以待亨通，知通变，识危机，坚持不出，何咎之有？”

九二：不出门庭，凶。

《象》曰：“不出门庭，凶，失时极也。”

不出户庭，不出门庭，一也，以初无凶，以二凶，何也？初庶士也，二大臣也。身为大臣，上逢九五中正之君，当佐其君制度数，以节天下之欲，议德行，以节其君之欲，此其时不可失也。今乃下同初九处士之节，私沉门庭之内而已，何不广也，故凶而失时也。

元数、他卦叶吉，有才学而拙于施设，遇机会而懒于趋进，乍进乍退，惹谤惹辱，心怀郁郁，怨恨常生。

数、卦不叶，鄙吝之心见识不广，拗执之性无友无援，终为拙人俗子也。

岁运逢之，在朝者宜求出，在家者宜出行，有谋急干，不干反凶，大抵宜动，不宜静。数凶者主淹留失节，阴私失陷惊忧。

邵曰：“居中正之位，正行道之时，又有可为之才，而不出户庭，则失其机会矣。二变为震，足有可行之理，而失时之极，故凶。得之者，有好谋为，便可乘机而进，不可自懒，失其奇逢也。”

六三：不节若，则嗟若，无咎。

《象》曰：“不节之嗟，又谁咎也？”

以兑居阴柔之极，而在人上，恃其充盈之势，而不知节，至于人恶其盈，鬼瞰其室，天收其声，然后戚嗟慨叹，亦何及矣？自取之耳，又何咎哉！

元数、他卦叶吉，小小贵人当自节于义，则自无祸，而不能节者，则必至嗟叹可伤矣，自致其咎，非他人为咎也。

数、卦不叶，专行说媚，不知分位，躐等僭言，终遭困辱，衣食无余，常自嗟叹，空怨他人。

岁运逢之，在仕不宜轻言，共事多遭责辱，若能安常处旧，则免祸患，常人宜防惹辱，勿惹外事及身。数凶者有悲戚也。

邵曰：“六三阴柔而处阳位，下乘九二之刚，上坎二阴陷乎一阳，此当节之时不知节，则灾祸自生，将谁咎耶！得之者，只可安分，不宜求谋用事，见破财，人口啾唧，而有愁叹之声也，切慎！切慎！”

六四：安节，亨。

《象》曰：“安节之亨，承上道也。”

夫六三之不节，不及于节也。上六之节，过于节也。无过无不及，节而中者也。中而安者，其惟六四乎？六四坎之下，水之上，安然自节，断然不溢者也。方九五之君，以甘节先天下，乃得六四之大臣，安然以承其上之道，此天下所以一家，不伤财，不害民之福也，故亨。非惟六四之亨，天下之亨也。

数、卦叶吉，才德如是之美，安然享福，仕路亨通，为有道事君之大臣也。

数、卦不叶，亦是大福无忧之人也，妇人能慎承公姑，平生安稳。

岁运逢之，其安节承道四字，皆为吉兆，是安抚、安人、建节、节制、承节、承直、承奉、承务，或是州县之地名也。然数凶不好则为安置，或为安稳，若处卑下者，宜趋承尊上，则见获福。

邵曰：“以柔顺近君之臣，上承九五阳刚中正之君，安行其节，无可矫揉，以致亨通者也。得之者，能约则鲜有失事，俭则不伤于财用，怡然自通，用度得中，岂不得享安静和平之福，为悠久深长之计耶？”

九五：甘节，吉，往有尚。

《象》曰：“甘节之吉，居位中也。”

九五以刚德为节之主，宜其过于节也。然甘而不苦者，以其位乎中也。中则不过，不过则甘美而易从也。古之圣人，大禹是也，宫室卑矣，衣服恶矣，饮食菲矣，何其节也，尽力沟洫，黻冕，致孝鬼神，夫何华也。此其所以无往而不可尚，天下皆受其吉康欤！

数、卦叶吉，为贤才执中道，以致君泽民，作后世标准者也。

数、卦不叶，不争不竞，不奢不华，乐道甘贫，谨身节用。

岁运逢之，在仕则迁擢甚荣。其节字居字中字是节制、建节、中郎、大中、起居郎，皆是应兆也。未仕者得成名，其余农商工技求望俱遂。

邵曰：“阳刚中正，为节之主，甘美有节，其吉可知，以此而行，其功大矣，所以往则有嘉尚也。得之者，甘分守恬，谨身节用，举措得宜，故心逸日休而无愁苦之事，安居乐业必有大庆之来。”

上六：苦节，贞凶，悔亡。

《象》曰：“苦节，贞凶，其道穷也。”

上六节之悔亡，与他卦之悔亡，辞同而义异。盖苦节则不近人情，其所为之事，固守则凶。惟知其非中而自悔。悔者损改之也，损改之则凶乃亡矣，其道非中大穷极也。

元数、他卦叶吉，灯窗勤苦，固执则难见成名，惟当弃本从末，或弃文就武，或改经改名，则有济遇，为小小富贵矣。

数、卦不叶，为鄙吝酸苦之态，纵受前人产业，终久穷苦，不能通变也。

岁运逢之，大宜更改旧事，别立规模，则免困苦。若守旧，静而不变，难以成名成利矣。数凶者寿险也。

邵曰：“阴柔居节之极，是节太过，辛苦难行者也，若然固守，必在于困穷。得之者，人事乖灾。”

中孚 ䷼

中孚：豚鱼，吉。利涉大川，利贞。

《象》曰：“泽上有风，中孚。君子以议狱缓死。”

泽者何谓？停蓄深沉不动，虽风过其上，波涛勃兴，清明澄彻渊渊如，故所以象中孚，与议狱者，方听讼而议，所以处之，两辞纷至，各伸其说，何啻如风触水，摧激而震撼也。中无孚信，未能如泽之渊，其不为波荡者几希矣，故君子议狱，取泽上有风之象焉，宁缓其死，不遽杀之，详其议以尽其情，信于中而不动于外也。

艮宫四世卦，属八月，纳甲是丁巳、丁卯、丁丑、辛未、辛巳、辛卯，如生于八月及纳甲本命者，功名富贵人也。济川舟楫，乘木虚舟之兆。

邵曰：“孚信也，豚性刚躁，鱼性顽蒙，皆难感动之物，惟至诚乃能感之，所以吉也。得之者，天性和缓，心地坦夷，交游处事，专务诚实，故忠信可以行变，利涉大川，信义可比天地之性，春生秋成，冬夏未利。”

初九：虞，吉。有它不燕。

《象》曰："初九虞吉，志未变也。"

闲有家，志未变，见于家人之初九，此闲家之法也。虞志未变，见于中孚之初九，此防心之法也。虞者防也。儆无虞，戒不虞是也。在于志未变而防之，则预矣。俟其亡而追，炎而扑，曲而揉，决而堤，则噬脐矣。一贞之外无非妄，一诚之外无非伪，妄与伪皆有他者也。如御寇贼，如避风雨，察吾心一毫无他，而惕然不安，则防之周矣。不忠不信，当如曾子之所省者三，勿视勿听，勿言勿动，当如颜子之所克者四矣，其庶几乎？不燕，不安也。

元数、他卦叶吉，贤人达士，心诚不倦，兢兢业业，常虞其失，足以标准当时者矣。

元、数他卦不叶，进学不倦，难遂功名，或动或静，心志不一，惟守常安分，不可轻举妄为，则免灾危也。

岁运逢之，事宜执一，不可二三，士人进取，专干自己，勿涉他人，凡士宦庶俗皆要谨审防祸，审轻重而勿妄为，庶几无忧虑。

邵曰："阳刚当孚信之初，必在先虞度其可否，则获信从之吉，若又有他志，则诚信不足，而不能燕安矣。得之者，宜主一无适，庶其事之可行则行，可止则止，当存思患预防之心，必无急躁妄动之事，轻信他人，致危惹祸。"

九二：鸣鹤在阴，其子和之；我有好爵，吾与尔靡之。

《象》曰："其子和之，中心愿也。"

九二之鸣鹤，是指九五言也，其子却是言九二也。我吾亦是九五自言，请仔细玩之，其义自明矣。是二与五感应相与，诚一之至也。

元数、他卦叶吉，进德行道，致君泽民之大臣也。

数、卦不叶，清洁高人，不骄不傲，其视富贵如浮云，弃功名如敝屣，其德行可尊，其文章可法。

岁运逢之，为荐鹗，为生子，为寿命，不问士庶皆吉，惟老者病者不利。

邵曰："鹤乃善鸣之物，阴乃六三六四是也。今鹤处乘阴之下，鸣于九皋，声闻于天，初九在下，不以类其比，有子之象，所以鹤鸣，其子和之。九五有爵禄之好，不私于己而与群贤共之，此又九二中心之愿也。得之者，刚而不谀，正而不忌，诚实不欺，声名远播，或见生子，或见父子，登荣受禄也。”

六三：得敌，或鼓或罢，或泣或歌。

《象》曰：“或鼓或罢，位不当也。”

六三不中不正，上九亦不中不正，皆躁妄无信实之人也。上下相应，可谓得其对矣。世间善恶，莫不各有其对，善与善对，则以善而相感，恶与恶对，则以恶而相从，是故六三狂妄而无常心者也。或鼓而起，或罢而休，或泣而悲，或歌而乐，茫无定守，悉随上九而为之变态焉，此德不当位，心不孚实之验也，其凶咎不暇言矣。

元数、他卦叶吉，亦是才能之子，技艺之辈，未免成败进退，鳏寡孤独。

数、卦不叶，必为如是之人，躁进妄为，心无执守，与人无信，变诈多端也。

岁运逢之，仕位必有同僚不合，先或加职，后或退位，或进喜，而有悲忧，其余士商工农皆当度思而进，有得有失，守静无祸。

邵曰：“物我相遇曰敌。上巽下兑，有长少二女之象。三四皆同室闲居，志不相同，故其相信之心不当，或鼓动而往，或罢困而息，或悲泣以自表，或歌唱以自乐。得之者，主意不定，闺门之争，同舟之敌，此心之内常风波，或成或败，有所不免。”

六四：月几望，马匹亡，无咎。

《象》曰：“马匹亡，绝类上也。”

卦有两阴，三与四是也。三不中正，非信实之人，四以阴居阴，以顺居上体之下，处正而不盈，上承九五，孤进而不党。不党者，不与六三为同类也。如马之亡其匹耦也，故无咎，而绝类上也。夫心无二适，事不两全，私其类者为下，绝其类者为上，不绝类而能中正者未之有也，一绝字斩万世不正之病根，圣人岂虚言哉？

元数、他卦叶吉，中心之诚，人信之，君信之，天信之，又何咎矣。不盈如月之近于望，不党如马之亡其匹，此大臣有才有德，不自满盈，而又绝小人，而得君子也。

数、卦不叶，多有机谋，难得遂志，才好便破，婚嫁有伤，或离亲眷，先卑后高，而有成立。

岁运逢之，仕宦或太守通判而上，或静而难动，或丧匹耦，农商工技皆当弃小从大，弃卑从高，可以获利，士人成名，但月已望，马匹亡之兆，有伤悲忧之事。数凶者不免。

邵曰：“以柔顺而辅刚中之君，如月之近于十五之望，未与日为敌。马阴物，马匹亡而往绝阴类，却无后累。得之者，财得聚复散，事将成而拙，复如月之将圆而有亏缺，不如意事十常八九，妻妾闺门必有变故，阴人小口损失，是非破耗，皆有所不免。”

九五：有孚挛如，无咎。

《象》曰：“有孚挛如，位正当也。”

九五虽刚，而为巽顺之主，大信洽于天下。凡日月所照，霜露所坠，莫不尊亲，若有结固而不可解者，其所挛系广大矣，当尊高之正位，此中孚之至也。

元数、他卦叶吉，可谓道盛德至矣。在邦则民斯从，感物则物斯信，涉险则险斯济，应天则天斯动，其立大功名，享大富贵，特余事耳。

数、卦不叶，有福不俗，上者敬信，下者钦服，凡所作为，无偏无私。

岁运逢之，内外相信，仕路迁高，宜结亲姻，宜于朋友，不问士俗，皆有称心变通之嘉兆也。

邵曰：“阳刚中正而居尊位，信及天下之人，如拘挛固结而不散，何咎之有？得之者，推诚信以结人，众心附丽，事无不成，家无不立。”

上九：翰音登于天，贞凶。

《象》曰：“翰音登于天，何可长也？”

夫中孚为鸡相，小过为翼象，今中孚上九，位极将变矣，卵变为翼矣，故曰翰音，当飞而鸣者也。诸家皆指为鸡，鸡飞鸣而不远，非本象也，盖疑小象何可长之辞，殊不思屯否二卦，上爻小象一同是谓不长，如此屯否也。今中孚守其诚之极将变矣，七通八达，何啻如飞于云天之上，无阻碍也。变者不变则凶，故曰何可长也。

元数、他卦叶吉，德大可以胜大任，才大可以处高位，如一举千里之鸿鹄，如翔于千仞之凤凰，如飞九万里之大鹏，岂小智者可以比之乎？

数、卦不叶，亦可谓清高福人，或名誉达天庭，或居洞天福地。

岁运逢之，士人当力于进取，名登天府之验，如在仕者迁朝廷职也，守旧则不宜。大抵人事皆欲变，变则吉，不变则凶。数凶者，应兆于何可长，非久也。

邵曰：“阳刚居巽之极，巽风飞扬，而居卦之极，如飞而羽翰之声登于天，不知所止，虽曰贞固，亦必有凶。得之者，固是声名播扬，然上进而不知止，则有所愆，凡事有虚名而无实惠，贪高妄想，终是不成。”

小过 ䷽

小过：亨，利贞。可小事，不可大事。飞鸟遗之音，不宜上，宜下，大吉。

《象》曰：“山上有雷，小过。君子以行过乎恭，丧过乎哀，用过乎俭。”

四阴为小，二阳为大，今阴小过于阳大，故曰“小过”。其象山上有雷，艮乃丑寅之分，季冬孟春之间而雷已发声，是不及时为灾也，亦为过矣。然近于发生之时，故为小过。凡过与不及皆德之累也。小过过矣，君子用之则过于善，故为过恭，为过哀，为过俭，是三德病不太过耳，过何病哉？然是三过者，岂君子独能之乎，小人亦能之，否则反为过傲、过慢、过奢。

兑宫四世卦，属二月，纳甲是丙辰、丙午、丙申、庚午、庚申、庚戌，若生于二月及纳甲本命者，功名富贵人也，又三四五六七八月为及时，得福力深重。

邵曰：“四阴居乎内外，二阳居其中，阳大阴小，故曰小过。本末虽云不弱，然而不可大有所为。小过之道，譬若飞鸟之遗音，以下为顺，则其小过而获吉，逆则其过大。得之者，志量大而力不及，功名利禄皆如此，有名无实，却得戒谨自守，庶无殃咎，不然禀性偏浅，踪迹不定，好攀上。春夏日生为得地时，秋冬未稳。”

初六：飞鸟以凶。

《象》曰：“飞鸟以凶，不可如何也。”

小过为飞象，飞鸟不宜上而宜下，今初六在下，宜吉而曰凶，何也？盖初六上六，居鸟翼之锐者也。翼之锐者，不量力，微一飞，则有高翔远举，一举千里之意。

元数、他卦叶吉，犹可为才禄之命，多见遭遇，外人成家，盖变为丰之初爻，遇配主故也。

数、卦不叶，虽有才能，常有躐进高位之心，如鸟之飞高，必速远坠，圣人戒之曰不可。若使其一过则进居二，二为大臣，岂不凶于其国哉？凶于一身不足道也。

岁运逢之，惟宜士人进取，有一飞惊人之兆，其在仕路者或求望者，皆不可骤进，只可退下于人，免灾厄也。

邵曰：“阴柔在下，不能谨审度量，而轻躁高飞，其必为力乏弃坠之凶矣。得之者，不安分，不量力，扳高望远，躁进妄为，非但名利之无，必致颠沛之有。”

六二：过其祖，遇其妣；不及其君，遇其臣，无咎。

《象》曰：“不及其君，臣不可过也。”

六二爻以初为祖，二身同体相比，故曰妣。又以下卦九三之主爻为君，居三之下为臣为妣者，居内履中而正者也。过初而履二位，故曰过其祖，遇其妣也。过而不至于僭，故曰不及其君，遇其臣也。

元数、他卦叶吉，则有过人之文章，过人之机略，亦为过于祖宗有继世之誉，但常要斟酌时宜，急流勇退，盖防过乎君，则有犯上之嫌也。

数、卦不叶，则不得于君，但遇大臣提携之力，成名成利，改换祖宗，才利亦丰，惟利安分处常，不可轻举妄为。

岁运逢之，谋远有得近，在仕不遇君，而遇知己信任，亦不可骤进，常人或遇阴贵得利之喜。数凶伤亲，不吉之兆，盖祖妣字非生者也。

邵曰：“三居二之上，故为父。四居三之上，故为祖。必须过其祖，方遇乎妣。祖妣六五阴柔是也。六二所以不得遇六五之君，而遇初六之良臣也，可以显祖宗，荣父母，诚有起家之基业也。得之者，求大得小，当有阴贵际遇之喜。”

九三：弗过，防之；从或戕之，凶。

《象》曰：“从或戕之，凶如何也。”

九三阳爻，艮体居下卦之上，当止遏下之二阴，勿使其过也，若不防之，而或听从之，则君子受其戕贼之祸矣。

元数、他卦叶吉，才大志刚，当代之正臣也。防御小人慢上，必立艰难之任，非安静无事之时，常怀谨畏之心，则无数卦不叶，则心无定守，或邪或正，有损家，有伤其身，若安分处常，不欺不妄，庶几免祸。

岁运逢之，在仕者当居要路，斥绝小人，则宜严谨，以静制动，若是信从下言，则祸患及身，不可救矣。

邵曰：“三以阳刚而居下卦之上，上六阴柔而为之正应，所以不可过用于刚，而能防备阴柔之害则可。若从阴柔之过，则有贼害之凶。得之者，安分固守，不可过为，却得思患虑危之善，免致小人残害之凶。”

九四：无咎，弗过，遇之；往厉，必戒。勿用永贞。

《象》曰：“弗过遇之，位不当也。往厉必戒，终不可长也。”

九四与九三两君子分处于内外，以遇群小来往之中，岂可以失位而不勉乎？既戒九三以过防小人而勿从之矣，则又戒九四曰尔虽失位不当，尔虽恬退而弗过于进也，尔既遇群小，欲越而上僭，尔往从之则必危矣，勿用往也，必可戒也，利守尔之贞正可也，如是则无咎矣。彼阴邪之小人，终不可使之道长也。

元数、他卦叶吉，必为大才大德之君子，去邪辅正，虽遇时之多难，而下民仰之为父母也。

数、卦不叶，多忧多虑，不遑宁处，欲进又退，动辄见惊危之事，常宜戒惧，不可与小人为伍，惟宜固守本分，则有成立。

岁运逢之，有官君子宜择正朋友，不可与无德之人共事，自然无祸，自然无危，守旧职未有变迁则吉，谋望合当谨守，防小人侵弄，又不可轻动，士人求名尚未得志。

邵曰：“以阳居阴，无过刚之咎，然其遇阴柔之君过于用刚，而往进则危厉矣，故戒之曰不用其刚，此永贞固之道也。得之者，常怀恐惧，谨戒自持，不为妄进，亦无过危之咎。”

六五：密云不雨，自我西郊。公弋，取彼在穴。

《象》曰：“密云不雨，已上也。”

《易》以阳为大，阴为小，小过者阴过之时，五虽君位，而阴居之，故别取义，与小畜同辞。小畜以臣畜君，而小过之五则人臣有君道而过常者，所以皆为密云不雨之象也。或问：自古王公人心已归，疑无难矣，然而不取，何也？曰：其德虽盛，其分则臣也，人之所归，其势已上，而可过乎？譬之言弋禽在穴中，我之所有，但取于穴，非敢过分而取之也。如文王三分有二，犹服事殷，同是心耳，且曹孟德、司马仲达，欺孤儿寡妇，狐媚以取天下，真诡遇获禽而不知耻者，岂足与言在穴之旨哉？

元数、他卦叶吉，有才有德，设施多艰，顺理知足，不妄取其荣。

数、卦不叶，多谋多学，虚而不实，惟宜退处幽闲，身居岩穴，隐遁山林，则有誉望。若修读不倦，终老岩谷，难就功名也。

岁运逢之，在仕显者必居闲，久闲官者即得入朝，或王公大人求之而进，则有荣遇也。士子成名，若是国学中尚未得出，常人运谋未见称心，惟宜守旧，老者病不宜，盖西郊在穴应兆故也。

邵曰：“居尊过于阴，正密云不雨之时，又自我西郊，西方阴过于极盛，故必弋射在穴之妖孽狐鼠，以去其阴类。得之者，所为塞滞，不宜进求。”

上六：弗遇，过之。飞鸟离之，凶，是谓灾眚。

《象》曰：“弗遇过之，已亢也。”

上六以阴柔之资，挟震动之才，过其上，极其高，如飞鸟焉，亢满如此，岂不罹灾眚之凶乎？

元数、他卦叶吉，惟宜小小施为，可保生计之资。

数、卦不叶，则奋勇而狂谋妄进，终有失也。

岁运逢之，好中生祸，退则吉，进则凶，前事有差，后事不足，惟宜静处避祸，不利躁进求荣。数凶者，变旅有服。

邵曰：“上六以阴居动体之上，处过之极，过之已高而甚远者也。得之者，惟宜小小营谋而保生计，若强为躁进而不知己力之不足，必致灾眚之至。”

既济 ䷾

既济：亨，小利贞，初吉，终乱。

《象》曰：“水在火上，既济。君子以思患而豫防之。”

夫泰天地之相交也，既济水火之相交，亦天地至大之交也。自泰卦之外，孰有如既济之吉亨者乎？火之炎上也，降而居下，水之润下也，腾而居上，此水火之相交也。初、三、五皆乾分而下于三阴，二、四、上皆坤分而上于三阳，此天地至大之交也。天地通泰，水火既济，此其为既济欤！当是之时，固众人所喜，而君子所惧也。见其吉，思其乱，先其备，预其防，可以保初吉而终无乱，如古之尧舜儆戒无虞是也。

坎宫三世卦，属正月，纳甲是己卯、己丑、己亥、戊申、戊戌、戊子，如生于正月及纳甲本命者，功名富贵人也。

邵曰：“既济已成之事功也，谓水在火上，有救拔成就之义。其所以亨通者，亨小贞固而不矜骄，则有获遂意之喜，若恃已成而妄为，以致紊乱，其道必穷。得之者，以其成功立家皆辛苦中来，险难中得，每事却因祸患之生，而能预防之，皆禀性不足，处事温和，生于秋冬成就万物之时也，春夏不佳。”

初九：曳其轮，濡其尾，无咎。

《象》曰：“曳其轮，义无咎也。”

初九曳轮倒曳之也。轮者车之所以行，濡沾湿也。人之常情惟务速济，谁肯驱车渡水，将登于岸而反迟迟不进乎？殊不知济之迟者，济之福也。倒曳车轮如兽已涉河，濡其尾而不速于求济，识见过人远矣。

元数、他卦叶吉，才德之大，见识之高，足以济天下之难，为一代之明臣也。

数、卦不叶，心明智巧，进退无成，机会多逢，利名无实。

岁运逢之，有职未受，有任未登，则可无咎，亦多迟迟谋用，切切谨审，欲动未动，先易后难，不问仕宦庶人，皆当待时而进则吉。

邵曰：“轮在下，尾在后，曳轮则车不前，濡尾则狐不济，劳苦沾濡之义也。得之者，图名立业，始有涉险难之劳，方得事功之成就，又能怀居安思危居富思贫之念，庶得以免处事之愆也。”

六二：妇丧其茀，勿逐，七日得。

《象》曰：“七日得，以中道也。”

中女之阴爻，取妇为义，其七日得者，世道方既济也。先儒皆作既济以后之事，其意未安也。方欲求济之时，妇如车丧失其茀，未可以行，必待从容，而后丧者得焉，比初之曳濡又缓矣。六二以中道而行也，若非中道必过于速，安能从容以济其事乎？

元数、他卦叶吉，有文明中正之德，而过刚阳中正之君当险难既济之后而开太平之盛时也。

数、卦不叶，有才有德，道叹难行，不可躁而竞，只宜静而俟，或夫妇孤克，先难后易，失多得少，有谋则差，不谋则遂。

岁运逢之，仕路艰险，或丁家艰，急事缓干，自有遭遇，士人成名，更变名字则可望也，农商工技之谋不可骤进。

邵曰：“九五为六二正应，有妇之象。茀，屏蔽妇容者也。妇人欲有所行，而失其茀矣。如九五居既济之时，不能下贤以行其道也。然中正之道不可终废，时过则行矣，故有勿逐而自得之戒。得之者，根基伤破，人财损失，历尽艰阻，然后可行，遂其功名，也更防闺门之故，丧服之忧，失脱之事。”

九三：高宗伐鬼方，三年克之，小人勿用。

《象》曰：“三年克之，惫也。”

喻如高宗贤王而有远方之未顺，伐之而克，方始既济。夫以天下之全力伐远方之小夷，必迟三年之久，困惫而不辞，比之勿逐七日得愈缓矣，济之不可求速如此哉！其言小人勿用，盖小人贪土地，非以救民为心也。

元数、他卦叶吉，挟重刚之资，而居炎上之极，有过于求济之心，此好大喜功者，虽轻用军师以征伐，必久而后胜，既胜而中国之民亦惫且困矣，然不害为正人也。

他卦不叶，恃刚躁之心，行不正之道，动辄欺公罔上，不用则怨，若用之则不能负荷，真小人之态度。

岁运逢之，仕宦者宜谨切防患，宜择朋友结交，不可信小人用事，免为己害，或力倦气弱之灾，或小人猜忌之祸，士人进取未定，常人宜防患，利静不利动。数凶兼卦凶者，入鬼录矣，盖火势进而遇水故也。

邵曰：“商之高宗用强出师以伐鬼方，三年而后能胜，若小人勿用，足以见其困惫也。得之者，取功名，成事业，皆自辛苦中来，须见劳其筋骨，历涉艰苦，方得成全，而有亨荣之日矣。谋用向前，不宜迟缓，远行亦有所得。”

六四：繻有衣袽，终日戒。

《象》曰：“终日戒，有所疑也。”

六四多惧之位，当思患预防之时，终日戒谨，常有所疑也，无疑则无戒可也。如未寒先备夹衣，夹衣中又衲絮，则备之尤切矣。有之为言，不至于求而无之之谓矣，及寒而后索之，不亦晚乎？

数、卦叶吉，非庸常之贵人，明微识远，超乎群情之外，而有夙夜祗惧，不敢荒怠者也。

他卦不叶，无余无欠，衣禄自然，惟是多疑多虑，则无多过失。

岁运逢之，有国有家者，防患不可不严也，进取功名，事未可必，谋望生计，亦未为稳，常人亦当预防是非之扰。

邵曰："柔顺而近君，每恐舟之隙漏，而有衣袽以塞之，故惟朝夕恐惧而已。得之者，虑患之早，戒谨之严，惴惴然若身处漏舟之上，不能以自安也，进退疑惑，始难终济，然有虚惊，不能为害。"

九五：东邻杀牛，不如西邻之禴祭，实受其福。

《象》曰："东邻杀牛，不如西邻之时也。实受其福，吉大来也。"

九五阳刚中正之主，处既济无难之运，思患预防，此将何先？其惟清心寡欲，恭俭无逸乎！祀，国之大事也。过于丰则伤财，厚于神则过制，然犹以为用大牲，不如薄祭之受福，备物不如及时之动，而况于秉之已诚乎！

数、卦叶吉，才之刚明，德之中正，不骄奢过用，而以恭俭质实，化乱世而为治世也。

数、卦不叶，纵有利名，不能思患预防，专务浮华，终有过失。若知几退守，以幽静山林之身，则有福长久矣。

岁运逢之，远谋不如近谋，谋大不如谋小，远者大者必虚，近者小者必实，又求望不宜东行而宜西行，仕宦居祭祀宗庙之职，常人得之营运财利，士人进取则从西路有成。

邵曰："刚中居尊，当既济之事，东为纣，西为文王，故曰东方杀牛，不如西方物薄，而诚敬有余，禴祀宗庙，而能受其福佑之实也。得之者，不事华侈，惟恃朴实，每以诚敬待人，招众人之欢心，得人君之崇重。"

上六：濡其首，厉。

《象》曰："濡其首，厉，何可久也？"

初六既济之初，方脱于险而未竟也，是身已涉而尾犹在水也，故濡尾。上六既济之终，则夷者将复险，治者将复乱，如行平坦之路，而复入于水也，故濡首。首既濡矣，将没而溺，亡无日矣，岂不危乎？何可久存乎？虽然止于中故乱耳，既济之后，不忘忧勤，有终日乾乾之虑，本无终也，本无止也，道本无穷也，安得而濡其首乎？圣人于六四已疑已戒，此知几明微，不止不穷之要道，阴柔居上，终而止无及矣，吁戒之哉！曷不思患而预防之哉！

数、卦叶吉，学古之勤，行道之力，旦夕不懈，尚可为正人扶持，家国不致于危乱也。

数、卦不叶，则恃才智，不知戒惧，招危惹祸之人也。

岁运逢之，防小人濡染，不问贵贱，皆有危患，老幼尤甚矣。更数凶者，溺没之事也。

邵曰：“阴柔居既济之终，而在坎险之上，不能思患预防，以致濡没其首，则危厉可知矣。然终极生乱，何可长久？得之者，凡事恃其已成，以致脱失，忘其远虑，不知祸患将来，登舟涉险却有不测之变，慎之！慎之！”

未济 ䷿

未济：亨，小狐汔济，濡其尾，无攸利。

《象》曰：“火在水上，未济。君子以慎辨物居方。”

三阴三阳之卦，爻位皆不得其正，故伊川有云：未济，三阳失位。闻知成都隐者曰：夫水在火上，则成烹饪之功，故为既济，火在水上反此，故为未济，正由水火居失其方也。居失其方者，物失其方也。如君子居内，小人居外，是其方也，若或易位则不济矣，邪正之辨，可不谨乎？诸夏居内，四夷居外，是其方也，如或倒置，则不济矣，夷夏之辨，可不谨乎？近而一家，男居于外，女居于内，而东庙西寝之不可乱，犹是也。又近而身，昼居于外，夜居于内，而冠首足履之不可反，犹是也。非特此也，下至蚕桑果谷花木禽兽之数，宜阴宜阳，宜浅宜深，宜污宜洁，宜寒宜温，莫不各有所居之方，在人辨之者如何尔。即此而论，则凡大政之所出，大难之所济，可不谨其辨哉！是故以之车马，以之守闾，天下之所以乱亡相继而不悟者，可不谨其辨哉！

离宫三世卦，属七月，纳甲是戊寅、戊辰、戊午、己酉、己未、己巳，如生于七月及纳甲本命者，功名富贵人也。

邵曰：“未济，未能济其事也。盖水火不相为用，初然未济，终必济，故得亨通。狐乃心口生离火也，狐因水火，故二卦全体为狐。讫，几也。狐近于登崖者，而濡其尾，是不能济，故无所往而利也。得之者，为人多疑，作事犹豫，未尝一日无防患之心，事业功名不利于初，而贵乎晚就。然火在水上，凡事必详审迟干，未能快吾速成之志，喜生秋冬，春夏不利。”

初六：濡其尾，吝。

《象》曰：“濡其尾，亦不知极也。”

既济之初九曰：“濡其尾，无咎。”未济之初六曰：“濡其尾，吝。”何也？初九之才强者也，虽已济而濡其尾，则是喜其已济而后濡也，故无咎。初六之才弱者也，难几济而濡尾，则是忧其未济而先濡，不可济也，故吝者力不足也。亦不知极，谓才小而且弱，其极终无成而不自知也。

数、卦叶吉，负不世之才，有济世之志，位忧在下，道叹不行，纵有遭遇，难大施设，倘能知分而止，当怀不足之忧。

数、卦不叶，身微志弱，妄动轻举，遭险见失，或多学少成，或有头无尾，或不知足而遭耻辱也。

岁运逢之，仕路艰阻，欲进而力不及，未仕者宜守分待时，或强谋而得少，终见有失也，如进取功名多在榜末，凡险处宜退步，不利涉江登高，有损无益，求谋营运，先易后难，是非牵系，不能分晓。

邵曰：“阴柔卑下而处险，为狐濡尾之象，力不能济，濡湿其尾，岂不吝哉？得之者，为人才弱力柔，不能成事，破耗微咎，终须见之。”

九二：曳其轮，贞吉。

《象》曰："九二贞吉，中以行正也。"

九二爻时方未济而阳刚外进，故戒以当如车行而倒曳其轮，使不躁进而尽大臣之贞，则吉也。贞吉者，不过刚而中以行之，乃是正道也。

数、卦叶吉，有奇才，执中道，行正大之事，历艰危之任，立远大功业者也。

数、卦不叶，有官而难立，进任而又退，为性中直，作事不偏，财利丰足。

岁运逢之，在仕路未可便进，只利显仕者，或为建中，或正奏、正拜、正字、正言，盖"中正"二字为吉兆也。如闲官得起，盖是蒲轮下诏之意，不次之除，常人在外者宜归，在内者宜出，盖有动即静，不可执一而拘也，大概皆是吉事，无甚忧祸。

邵曰："刚中在下而任重，故曳其轮而进，贞固若力，则有能济之吉。得之者，能揣己自度，不敢妄为，身事家事，虽劳力后得济。"

六三：未济，征凶，利涉大川。

《象》曰："未济，征凶，位不当也。"

六三独提卦名"未济"二字，圣人之意深矣，诸家多疑而说不分晓，盖六三乃否卦"包羞"之小人也。今居于坎体之上，其险已极，其位已高，有济险之才，无中正之德，不可用之居高位，故曰"位不当也"。征者升进也，升进于高位，则凶矣，但宜用之济险，故曰"利涉大川"，韩信之辈是也。

数、卦叶吉，但可受虚名，不可见真禄，平生有遇，必要经历险难中来。

数、卦不叶，强图妄为，志骄性傲，无善结果，可以共患难，不可以同富贵。

岁运逢之，不宜近山遵陆，只宜临江近海，登舟涉险则吉，不可信用小人为事，凡求名望利，皆当斟酌宜行也。

邵曰："阴柔不中不正，又当坎陷之极，强勉冒进以行，其凶可知。得之者，多不量力，不审己，冒险诈伪，奋不顾身，徒见用力劳心，而为事多拙，未能副其有为之志，慎之则吉。"

九四：贞吉，悔亡。震用伐鬼方，三年有赏于大国。

《象》曰：“贞吉，悔亡，志行也。”

九四近君离体，乃刚明有为之才，可以济天下之难者。然居阳非正，未免有悔，秉正尽忠而悔亡，使可任阃外之寄，其志得行也。离为甲胄干戈。未济之四，离之下也。既济之三，离之上也。三爻正当济难之地，故用之以时伐鬼方，三年有赏，即是三年克之，曰三年不求速济也。

数、卦叶吉，必有如是之功名，受天命治大国，则非小小之贵人也。

数、卦不叶，亦是富足之人，广田地有声名，当看轻重。元数不叶，反为失时愚蒙之人，盖变为困蒙吝。

岁运逢之，在仕路文武皆得志，士人成名，常俗获利，未免争战征讼之扰，看轻重言之。

邵曰：“阳刚居坎水之上，为可济之道，能固守贞正，获吉而悔亡。是震其威德以伐鬼方之夷狄，必经三年之久而成功，然后赏于大国也。得之者，才高望重，力量过人，当军旅之责，操征伐之权，成国家之功臣，历涉艰险，功成名就，亦须缓图为佳。”

六五：贞吉，无悔，君子之光，有孚，吉。

《象》曰：“君子之光，其辉吉也。”

凡当险难，未有不正而能济者。此卦六爻俱不当位，故不如意。六五正居君位，又为未济之主也。六五之爻正而无邪，以其居正，故能济险，是以得吉，无悔可言。如天地之明显，皆君子之光，光而不息，故曰“孚吉”。

数、卦叶吉，为大贵人，济天下之险难。

数、卦不叶，为才士福人。岁运逢之，在仕者迁，士子成名，常人获利大吉。

邵曰：“文明虚中，而居尊位，又得阳刚之助，不必自任其劳，而有济险之吉，故得无悔。然君子居此位，则光辉远著，自可孚信于人而获吉。得之者，才德过人，光辉日著，常怀济人利物之心，未得副其有为之志。”

上九：有孚，于饮酒，无咎。濡其首，有孚，失是。

《象》曰：“饮酒濡首，亦不知节也。”

五爻吉者以其中正，上九不中不正，一无所为，专信饮酒而已。然耽肆水之溺也。盖酒之溺人甚于水之溺人，可不谨乎？

数、卦叶吉，为富贵之人。

数、卦不叶，为耽酒无藉之人。

岁运逢之，宜乐善好义，安乎天命，而保养天和可也，不宜沉湎嗜酒，

邵曰：“刚明之极，居远无位，不能济险，其所孚信者，不过饮食自乐而已，亦无险危之咎。然耽乐不知节，至于濡湿其首，则其所谓为孚者，乃失其真实之理矣。得之者，嗜酒耽乐，不知节止，适足以致失于事情，剉其机会，事业利名，须先见零落，方有成就之理，却宜戒谨。”

（陈邵二先生河洛真数易卦释义下经下卷终，□□□□□□□字）

陈图南先生河洛真数诗断秘诀卷之上

颍川后学默庵　李学诗　校正

乾卦 ䷀

五阳

进谋宜用且潜藏，逆理狂图必见伤；
直待龙蛇兴变日，从前名利始亨昌。

五阴

望桂蟾宫远，求珠海水深；到头名利足，只恐不坚心。

初九

紫府门阑一半开，乘龙方得到瑶台；
更逢天上人开口，从此升腾必到来。
阳气方生昧未明，潜龙勿用破幽荣；
离明一点四方太，禄位高拔便出群。
词曰：玉隐石，珠藏渊，一旦上青天，须知有异缘。

九二

走作须从山小月，佳人带鹿上高楼；
合欢不比阳台梦，欢笑相从又彻头。
万汇知生意，当春欲发荣；士人逢此际，凡事尽雍容。

九三

虚名虚誉久淹沉，禄马当来未见真；
一片彩云秋后散，四时风景却重新。
步履无行阻，先忧后必昌；飞龙形不见，西北是其乡。

九四

重门深锁闭，外挠必提防；小患不知戒，因循成大殃。
天布彤云满，花繁落影多；霏霏斜日照，帆便泛洪波。

九五

斗魁曾见一翱翔，来受皇家玉印章；
直待桂林重选到，绿衣轻拂御炉香。
隐姓埋名久待时，飞龙天上大人辉；
正当大位动无咎，终保声名四海知。
词曰：日边音信至，佳会在风云，青紫人相引，时知到处春。

上九

似玉多瑕玷，如金炼未精；须逢良匠琢，异日器方成。
安静宜无咎，恩来便有灾；前途飞走处，忧事便防来。
词曰：心戚戚，口啾啾，三番思虑一番忧，直欲休时便好休。

坤卦 ䷁

今朝明朝，今日明日；到老欢欣，不成忧戚。

五阳

施为须谨，不宜轻前；路艰难，莫妄行。
若向东南求利益，须防西北事难成。

五阴

水面鱼生唇，杨花满路傍；遇人收美玉，得地见辉光。

初六

八月安田不用疑，水边一簇稻粱肥；
临流正得东风便，更有香花衬马蹄。
阴气方凝始履霜，待时亨动变阳刚；
云中一力扶持起，水畔行人在北方。

六二

雨过云收月再圆，从前事业一番新；
奋身不待文章荐，自有文衡作主人。
万丈波涛无点乱，一天风月更幽闲；
客行已在经纶内，名利何劳自作难。

六三

风云未际莫蹉跎，遇兔逢羊是福基；
得利凤凰台阁上，紫微风动正当时。
待命含章终必吉，强谋前进自亨昌；
龙含力到黄金上，万里鹏飞羽翼忙。

六四

几经险阻自艰难，心意闲来未得闲；
水傍持钩人借力，旧家风物却重还。
守慎亦无咎，包藏似括囊；雷震轰发后，利涉晚安康。

六五

四十功名变态时，因人接引更无疑；
水边自有奇山景，此是鹏搏万里时。

世道垂衣治，安身文史中；不须操武略，名利在西东。

上六

寂寞凭栏望，花开不喜观；强歌还强笑，莫作等闲看。
刚柔两战伤，其血须玄黄；龙马生悔吝，极中还悔亡。

屯卦 ䷂

逢此好展经纶手，遇吉方知政治通；
进步悔亡多不足，居前守后有春风。

五阳

施设不须多，提携脱网罗；一登平稳地，从此少风波。

五阴

过尽波涛多少险，如今舟稳便无风；
江边自有人接引，恁意经营处处通。

初九

黄鸡白犬正奔驰，一个阴人却未归；
可惜水边无限事，酒壶倾尽却成非。
不当进步且盘桓，一得民心舍此寒；
驻马问人溪上事，水边只有一人观。
静守安居吉，盘桓且待时；不宜轻进用，妄动惹灾危。

六二

过了危桥有半年，小舟风浪恁飘然；
马前若遇绯衣客，富贵荣华胜目前。
屯难由来几十年，一朝返本便更迁；
婚姻不利谋斯卜，有个佳人在水边。

迍邅方不利，欲进阻行程；凡事宜求缓，婚姻久乃成。

六三

百尺竿头路已穷，秋花虽艳不多红；
只知钓上鲈鱼美，不觉翻身入浪中。

无虞而即鹿，妄动必无功；君子能先见，毋令往吝穷。
逐禄还失禄，求名未得名；林中有佳信，去往尚营营。

六四

刀悬牛角不成迍，雷雨轩轰破密云；
从此有名兼有利，何须持钓守江滨。

婚媾宜从吉，求名亦显荣；得人相济助，何事不光亨！
乘马班如进，求婚媾吉贞；随时皆大利，月缺又重圆。

九五

即鹿无虞是可伤，临机生变可无殃；
只此兀兀前途去，虎尾蛇头大不祥。

西向宜求望，秋冬渐出屯；不须更犹豫，尽自可经纶。
门前小事吉，心下有大谋；一片山前立，防生反覆蒙。

上六

顷时迍难少安宁，切谨行藏动莫轻；
要识前途危与险，还同风里一枝灯。

居迍难进用，忧惧不安宁；要识前程路，如同风里灯。
持刀井畔立，井畔舞佳人；乘马四足病，防生泣血声。

蒙卦 ䷃

有疑须要决，一决勿重为；鸡唱天明后，回头喜又施。

五阳

隔江惊扰不成危，木烬烟消总作灰；
阳气复来先报喜，雪尽欢笑赏江梅。

五阴

云雷初作事先迍，待得阳和气到门；
丹桂再圆千里月，玉楼重折一枝春。

初六

贵人拍手向门前，门户相迎喜事全；
利禄从兹成富贵，自然亨快少忧煎。
惊忧成损总堪悲，匹马东西未见归；
虎啸有风宜坐守，不妨冬去不防危。

九二

花谢枝头果实多，好音来矣莫蹉跎；
含容纳妇宜家吉，不比初谋悔吝过。
晚景似春光，花红酒更香；蟠桃立结子，一子最荣昌。

六三

孤踪无定处，雁序不成行；好弃荣华地，存心礼法王。
取女无攸利，花开又值秋；严霜将降至，退步不堪求。

六四

画楼高峻鼎新成，斧琢工夫只见斤；
一贯青蚨非宝贝，岁寒坚久敌松椿。
久困尤嫌未济来，江边水阔有河开；
文书有口不当说，当得从心果不谐。

六五

进退喜沉吟，心疑事不成；要兴名与利，且待一阳生。

五阴

君象吉童蒙，身安应在东；大川涉无咎，悔济得风流。

上九

巨舟随水至，财物喜丰盈；李树一枝折，两枝秋后荣，
率师征万里，威武冠群英；借问成功日，须还四八寻。

需卦 ䷄

五阳

胡僧指路未相逢，始见芳姿便应龙；
闻说垂杨苍萃下，骑龙驭马到仙宫。

五阴

得志方通棹急流，前途先塞后途收；
报人执箭扬鞭立，此去亨途得意秋。

初九

庆事天锡不可知，功名成就又同时；
醉醒愁解浑无碍，一月生光万里辉。
见险需当退，逢休且喜安；离明丽地角，天外见飞鸾。
过尽前滩与后滩，前滩后险不为艰；
一朝若得清风便，相送扁舟过远山。

九二

有禄非真禄，无官自有官；彩云秋后散，须用陇头安。
欲进必防危，安居要虑之；桃开方际会，花发不违时。

九三

有阻反有吉，先凶后见昌；水边难举步，退步不相伤。

六四

君子终为小人阻，堤防征战主离苦；
前途应有吉人迎，信在白羊成一楚。
枯木遇阳春，新枝带子荣；平生屯蹇事，一旦便亨通。

九五

时节当亨奋，前程被涣恩；腾身出沧海，奋迅透龙门。
久历风波艇，乘风已到瀛；太平身职起，目下喜加声。

上六

期会三人至，诚当自敬之；得全名利日，恩泽四方施。
财物须由命，因人事乃成；未逢十八子，何得一身荣？

讼卦 ䷅

举步往荆棘，见凶要预防；若逢天上口，荣顺不须伤。

五阳

黄犬嗷嗷几度危，金猪初换是亨期；
若逢牛鼠前途去，一向安宁事事宜。

五阴

谨防口舌易相攻，不谨终须两失中；
赖有高人偏喜合，是非分别不为凶。

初六

嘹唳征鸿独出群，高飞羽翼未离分；
正宜奋翅行前进，好个声音处处闻。
作事宜谋始，须知事不成；耳畔多挠括，口舌恐难宁。

九二

挠括终难免，先须见损财；纵然凶祸退，阴小却成灾。
不进须当退，方无否蹇忧；贵人相佑下，毕竟是迟留。

六三

贵客相随便可期，庭前枯木凤来栖；
好将短事求长事，休听旁人说是非。
逐利非常喜，求名未见亨；公私两途路，自是不兼行。
守旧事方兴，居贞笑语频；好音从此降，遇女在河滨。

九四

因危成大贵，遇险致官高；得到安宁地，难危有几般。
多惧亲君位，安贞吉有余；得人相助处，择地好施为。

九五

涉水履虎几重危，历遍忧疑见福基；
千里故人传好信，旧家门户再光辉。
元吉无迍事适宜，君尊临下有功归；
策鞭可取木鞭子，便见平生不负亏。

上九

江头春草绿依依，贵客相招不用疑；
好把旧时名利事，再须整理作镃基。
或锡不须欢，时当隐退安；困来宜知避，枯木耐岁寒。

师卦 ䷆

手中持大节，擘划丈夫心；众力扶邦立，耗绅即有升。

五阳

众力推排定，无心遂有权；虽有繁与冗，利禄胜当年。

五阴

燕雀噪檐楹，惊回梦不成；幽囱无事处，也有是非心。

初六

心郁事匆匆，荣而未有功。危桥立尽休回首，此去青云路未通。
桃李成荫后，松筠操不群；蛇龙蟠好地，一举在青云。
出律方无咎，当期破敌功；一轮明月食，自觉不臧凶。

九二

两重天上喜，春后一时来；寂寞延留客，乘龙上钓台。
锡命从天降，承恩宠泽深；能全中正德，威信服群阴。

六三

事从持久就，功在百人前；别有非常喜，乘龙上钓台。
进退皆无信，舆尸出众凶；为奔坤地远，天道又施东。

六四

上下相违背，功名未快亨；且图安乐计，莫以禄为荣。
择地须居左，师嫌左次卑；利行西北地，触目有光辉。
词曰：进行退，退行进，进退好随机，眼前人不信。

六五

禽践田禾叛入邦，皆当缚系执刑伤；
一朝天锡佳音至，功业阶勋冠万邦。
天泽随春至，逢寅喜又来；他年遇羊马，须见一枝开。
词曰：恩成怨，怨成恩，和合两三番，灾咎恐外生。

上六

天喜无私赏罚行，功勋殊不厌重重；
卯金推毂台前立，此去升腾迥不同。
君子当思吉，爻辞励小人；邦安民可保，万国自阳春。

比卦 ䷇

建国安邦比牧侯，和民蓄众乐忘忧；
群鸿列阵飞霄汉，彩凤移时万里游。

五阳

林木春将近，芳菲景物新；花开鸟归宿，一箭中红心。
本是瀛洲客，仙源久缀名；运逢寅卯地，须到第三层。

五阴

舒眉展眼黄金路，举意江头显旧庐；
钓在水中鱼未获，丝纶头已获明珠。

初六

望得鱼兼至，张弓月未圆；一朝身配印，名誉四方传。
有利居先比，安贞在草头；科名两翅展，他吉在来秋。

六二

莫笑佳人醉，门中更有悲；车行轮折处，蛇虎恐伤财。
遇险方成福，逢凶就可升；佳珎良匠琢，得宝后逡巡。
词曰：老蚌产珠，石中怀玉，浪稳波平，云中人鹿。

六三

无端风雨送春去，落尽枝头桃李花；
枕畔有人歌自笑，叫君心绪乱如麻。
蹇难先谋避，行舟风雨多；片航惊逆浪，去计苦蹉跎。

六四

昨晚沙泥事少迍，好寻故步向吴门；
水边带口人相引，旧事从新别有因。
东风催促便登舟，歌笑徘徊古渡头；
云外佳音终有望，锦鳞钓得上金钩。
羊猴衔吉至，观国利宾亨，外比真无咎，移根本自荣。

九五

凭栏望信久徘徊，天际云开雁到迟；
待得夕阳芳草地，承恩带禄又同时。
一得其中一失期，当时何用苦伤悲；
地中雷震物生遂，询问白羊归未归。

词曰：早年虽艰苦，晚年方可亨。舍一头，就一头，明月上层楼，光辉万里秋。

上六

有始无终决可嗟，田头丰足未堪夸；
鹿群走失马放陷，云外行人更失讹。
宅墓事牵连，阴功好向前；交加文字上，花发火中莲。
词曰：喜未稳，愁已遭，骤雨狂风号古木，人人尽道不坚牢。

小畜卦 ☴

亢旱云生满太虚，禾苗枯槁实堪悲；
大人有意懿文德，细雨霏霏自有时。

五阳

云散暮天晴，寒溪一泒清；音书终有望，水畔见其贞。

五阴

欲过云山去，家乡事颇危；横舟对明月，凄惨有谁知？

初九

十仞高台好福基，重重积累几多时；
休嗟目下多迍难，指日荣华自有期。
一舟离去复回来，浪起掀天去不谐；
堤畔草头人着力，园中花木尽华开。
词曰：驾新舟，离去岸，喜得来，愁消散。

九二

见险方成益，因亏事必成；西南如有望，腊后好经营。
小道居贞吉，千山路远惊；云端佳信至，有约在彭城。
词曰：金鳞入手，得还防走；若论周旋，闭舌缄口。

九三

反目相看事颇重，不知到老却和谐；
故人高执团圆镜，憔悴何须久恼怀。
人事睽离最可伤，夫妻反目不相当；
断桥马过悔还厉，尤恐前途吝莫量。
忧虑重重见，惊疑里面生；病人愁未起，无事也防争。

六四

有势安和禄马新，水中有木足移根；
小舟千里方回岸，重口官人助禄名。
怀忠居位辅明主，天边远信鹿来；
离明马走西南去，枯木逢春再得荣。
马首与羊头，平生志愿酬；草头人借力，此事始方周。

九五

拟欲迁而未可迁，宜防喜处惹勾连；
前途若遇阴人引，变化鱼龙出大渊。
有名终未显，是鹿亦虚传；得到龙蛇日，相逢自始迁。
词曰：石韫玉，铁成金，祥凤隐隐入云程，不须疑忌独劳心。

上九

阴盛阳衰永可伤，堪嗟立业一朝亡；
江边女子号咷泣，需得荣归坠路傍。
旧事终难理，优游且渡春；有花秋后实，雪里见新人。

履卦 ䷉

五阳

见立未安身，文书用破心；几回惊险过，方得遇知音。

五阴

逢山须陟险，遇水亦防忧；得到乡关日，方知二尾牛。

初九

努力求谋事已通，天边守旧亦难冲；
孤飞征雁湘江远，遇见佳人寄一封。
平地蓬莱客，忧牛忽遇愁；桂枝秋后发，得意遇羊猴。
词曰：不远不近，似难似易，等闲入手，云中笑指。

九二

几番风雨送行舟，空惹离人一断愁；
便转掀天擎地手，不同虾蟹逐波流。
道泰犹多蹇，身安常有危；鼎身亏一足，秋后始光辉。
月圆事未圆，物见人不见；好借一番风，奇哉逢快便。

六三

未遇猪猴贵，云霄喜不程；春光无限好，重日又双旌。
有足不能行，有目惟眇视；虎尾一惊防，危处且自避。
桃李谢春光，西飞又复东；家中无意绪，船在浪涛中。

九四

顽石藏珍宝，须凭巧匠求；到头成大器，须是遇王侯。
孚信心方惧，鹿行当近君；马飞更改吉，愬愬道居贞。
词曰：前忧后，后忧前，彼此意留连，人圆月也圆。

九五

跨登莫放马蹄关，路阻烟波更有山；
直待一声鸡报晓，自然龙带珍珠还。
位尊施德薄，刚决虑防刑；仰窥双飞雁，衔芦过远行。
狂风吹起黑云险，月底天心遮不得；
时间多事暂相关，到老依然无刑克。

上九

诬罔相交事颇多，虎争龙战几奔波；
宁心善守当年马，自向前程出网罗。
万里周旋事不安，上宫有庆履严寒；
四方喜有安家处，好向深波下钓竿。
古镜重磨拂旧尘，梅花先报陇头春；
天边贵客齐相接，推出长霄碧玉轮。

泰卦 ䷊

阴阳交泰太平时，立国安邦靖四夷；
久欲飞翔双凤阙，麒麟除祉立丹墀。
否泰循环天道通，春和生育得时；，
困基保利前程吉，千里张帆得便风。

五阳

来时盛暑去时春，历尽经年险与迍；
此去亨衢终不远，推轮终待陇西人。

五阴

龙剑久埋光射斗，大鸿初展翼冲天；
此时一举终无碍，始觉从今不滞淹。

初九

利剑不难飞虎兕，皇天宁久困蛟螭；
月中仙桂秋方茂，此去须攀第一枝。
躬安臣位禄初叨，升进良朋好结交；
功业成就终有期，春回方觉捉英豪。
词曰：东边事，西边成，风扫月华明，高楼弄笛声。

九二

拟泛渔舟出翠微，花边钓处白鱼肥；
就中无限烟波景，钓罢金鳞满载归。
逢牛方出滕，见虎却防身；豹变归云岳，安身向晚荣。
中道无悔吝，安静有防危；随钓江头鲤，山前起两扉。

九三

一朵花枝艳正芳，可怜未得到中堂；
因风吹绽终成果，好向樽前醉几场。
进退忽生疑，居安有福基；月圆云散后，万里见光辉。

六四

凤阁鸾台去有涯，亨途留滞莫咨嗟；
桃溪终有青云路，不见东君未放花。
失失实谩高飞，宾鸿去未归；山前一羊至，只此好施为。
词曰：心不足，事不足，一面之东又向西，透彻重关亦有时。

六五

累年积得连城价，一日鹏搏万里程；
好是鹡鸰原上客，两枝仙桂一枝荣。
取女有福庇，居尊大吉亨；其人今未至，十八子春荣。
词曰：添一人，得一宝，事周全，门外讨。

上六

城复于隍事可伤，鸳鸯伴去不成双；
更逢玉兔并金鼠，寂寞春深锁洞房。
乱世命不行，终来数复否；行师人可忧，畜众内防毁。
词曰：喜似悲，悲似喜，蹙破远山眉，门前事绪疑。

否卦 ䷋

居禄不为禄，谋高位未高；自酬君子志，难进挺英豪。

五阳

去路迢遥千里远，冲天难得一回飞；
彩云秋色真堪羡，酌酒高楼对晚晖。

五阴

天时未至且韬光，逐利求名事可伤；
但得良辰花再发，此时着力又何防？

初六

得失兴衰各有时，不须欢喜不须悲；
凤凰飞上梧桐井，始信春光在后期。
守静居贞进济时，否极方知泰来期；
鹿行前进终无咎，鼠带文书须可知。
相引更相牵，阴阳喜自然；施为先利禄，愁事转团圆。

六二

否塞临时利小人，大人处己也无迍；
孤鸿飞出云霄外，顿觉前程不乱群。

六三

平生志气未成功，过尽艰难事始通；
三级皇坛重见复，后园桃杏却成丛。
否居尊位自包羞，阴气相隆理可求；
宜待马行千里远，临期正应在三秋。
无踪亦无迹，远近终难觅；平地起风云，怨怒还成泣。

九四

阴小须防谨，门庭亦未宁；象中成挠括，口舌暗中临。
握命持权日，凡事大亨通；用宾无咎吉，君子幸时逢。
词曰：疑无危，虑无咎，望事成，事成就。

九五

位势居尊利大人，小舟还岸稳无惊；
晋明守固保无咎，狼子蛇行非可轻。
迟滞终须有，惊疑必竟虚；雁传西北至，应是故人音。

上九

禄向险中得，官从难里迁；一遇水边人，百事吉成大。
浊波无处有清流，新喜应知解旧愁；
从此自然归大造，更无一事挂心头。

同人卦 ䷌

五阳

先否后须济，当于灾后安；大川无不利，进步上青天。
弓发弦开一箭来，此时方得到瑶台；
更逢牛马相牵引，安稳归家自少灾。

赤兔衔尼借力时，此时平步上云梯；
不惭虚誉流芳久，方得成名不失期。

五阴

离家女子带戈予，利禄须知向此求；
得到岭头须快乐，更防欢喜却成忧。

初九

千里同人会遇时，断金仁义孰能为；
乘时彩凤九霄去，月畔人来喜笑嘻。

中心无系吝，内外自和同；怨咎皆消释，门庭喜气生。

词曰：事和同，心和同，门外好施功，交加事有终。

六二

喜鹊门前噪，还有喜事成；马前无阻滞，万里见前程。

宗系同人吝，山前有高峰；青松四时秀，红日自东升。

词曰：爱一人，恶一人，憎爱处，曰同心。

九三

岁春三别后，成恩自有家；桃杏虽结实，柳谢又生花。

伏兵林内久，三岁不能行；守静方为吉，妄行不免惊。

词曰：意谆谆，心戚戚，要平安，防出入。

九四

有意成财利，无心慕禄名；春来方见喜，遂得绿衣荣。

克攻多见败，退隐始无凶；家有祥光照，终当百事通。

乘势攻人短，将来必致凶；何如谦退守，吉庆自相逢。

浅水起波澜，平地生荆棘；言语颇参商，尤恐无端的。

九五

几年露隐藏深雾，一日鹏搏万里程；
不藉持衡人借力，自然荣贵少年行。

阴阳相隔绝，后笑克师征；二五吉相遇，离宫有贵迎。

词曰：悲一番，笑一番，相战又相戕，其中事却欢。执直行中道，他人未顺从；必须资众力，相遇乃成功。

上九

云蔽明蟾暗，花开两半翻；算来难自奋，作福可求安。
求名难于合，成名未足夸；堪嗟欲行志，悲后有荣华。
一水绕一水，一山旋一山；水穷山尽处，名利不为难。

大有卦 ䷍

日照天上事向明，居家活计有增荣；
在官升进名利显，谋望营求总有成。

善扬天降福，恶遏庆有余；火照乾天上，秋深获一珠。

五阳

乘驴即鹿在当年，一箭来时不妄传；
好景花村春水绿，扁舟拟作武陵仙。

五阴

本是天衢客，成行却不行；何人咨尖嘴，从此大光荣。

初九

持竿江上钓，欲钓遇波洋；不入惊人浪，如何得锦鳞！
逊退方无咎，进谋忌有忧；巽风吹浪起，千里泛归舟。
富贵易骄盛，当存敬畏心；艰难常在念，灾害永无侵。

心忧谩愁烦，休言用处难；难中方得了，了处得周旋。

九二

欲进又徘徊，心危事不危；水边人指引，名利得荣归。
小用必防险，正亨大事宜；午归加禄位，岭里鹿衔枝。
宽厚事成多，高明意自过；往亨佳女吉，进步不蹉跎。
词曰：一重水，一重山，壶中别有天，风波道坦然。

九三

晓雨初晴映锦帏，重重喜气照朱扉；
蟠龙一种犬虽得，何况东风绽绿枝。
偏宜君子道，求利与求名；贵人相提携，前程自显荣。
昆山有片石，石中藏真玉；莫问是和非，得者非常福。

九四

梁栋峥嵘大厉新，海边安度遇阳春；
平生前得吹嘘力，晚岁中年少滞迍。
彭城常谦退，狂升计莫通；猴边全信到，阻棹得帆风。
日过中必昃，物既盛防衰；明智能先见，谦谦致福来。
遇险不为忧，风波不足惧；若遇草头人，指出青云路。

六五

莫怪生来历险难，功成得在扰攘间；
若逢贵客二开口，旧事成新不等闲。
整肃威如吉，交变内外同；只因良辅弼，随处喜声多。
上下相交际，中心在信孚；柔当刚以济，不怒亦如威。
一雁白云边，孤舟野水天；佳音来目下，金玉等闲增。

上九

志气凌云奋翼时，自天佑之吉无疑；

山前有个人相引，喜报音来庆弗拘。
命蹇多时滞，天和必定迟；沉疴不得瘥，终久遇良医。
词曰：奇奇奇，地利合天时，灯花传信后，动静总相宜。

谦卦 ䷎

山之高大在地中，谦退何曾不吉昌！
先后喜得居尊上，利禄涉川出他乡。

五阳

众里事牵连，忧疑在目前；若逢明镜照，挠括任虚传。

五阴

鹿马相催不等闲，也应无计恋东山；
看看丹诏从天降，直上青云步不难。

初六

怀珍待价已多时，市易天河也怕迟；
直待小梅开雪后，自然名利总如期。
有禄不居尊，乘车听马奔；积金盈库藏，进退得无迍。
常吉真君子，谦恭自处卑；大川虽至险，利涉亦无危。
进取名利归，前程进退追；水边山下鹤，触目有光辉。

六二

数载为家在水边，一轮明月正当天；
此时射钓名利客，富贵荣华胜目前。
久滞名利未得升，鸣谦于外又驰声；
俣边贞吉皆亨利，好去求名莫问音。
词曰：事可托，喜信传，寂寞莫忧煎，人与事俱圆。

九三

万民悦服禄尤高，男子英雄志气豪；
好把九牛垂大饵，实时可获巨川鳌。
心忧方见喜，财破却须成；危难重重脱，前途好进程。
有功而不伐，君子保成功；以此行谦道，何人不听从！
劳心复劳心，劳心终有成；清风能借力，欢笑见前程。

六四

运蹇时乖莫强谋，得安身处且优游；
若逢天上人开口，便有生涯着意求。
谦无不济，苦薄得良朋；雷在山中发，扁舟从水行。
举动皆谦巽，承尊安顺卑；施为无不利，凡事合其宜。
平地风雷会，其间事易成；目前虽未稳，久后自敷荣。

六五

云开月自明天衢，叙旧谋新自有余；
目下灾迍兼外境，也须防避莫踌躇。
霖雨藏身久待时，位高禄重利谋随；
前程有信通南北，可取升腾万里期。

上六

圆月云中翳还缺，山前风顺朦胧彻；
鸣谦征国利行师，半夜青天光皎洁。
风云际会出云津，一望天高宇宙春；
万里片帆应不远，幽人从此出埃尘。

豫卦 ䷏

蛰藏宇宙待阳和，一奋春雷变动多；
花果园林皆茂盛，建侯逢震膂边过。

五阳

处豫心休息，身安豫见机；门前防暴客，早备不须疑。

五阴

一卷文书事不全，番来复去致淹延；
木边贵客如开眼，方得从前事再圆。

初六

准拟春来二月间，争知三月更艰难；
欲知事遂荣归日，只待鸡鸣八月间。
轰雷震远地，鸣豫招相凶；穷至生惨悽，忧藏在乐中。

六二

欲向瑶台路，山峰阻要津；江南花发处，直待洞中宾。
守正坚如石，西方遇友人；言生天上口，明月及西升。
词曰：凿石得玉，淘沙得金，眼前目下，须用小心。

六三

一重山后一重山，禄马相催不等闲；
过了危桥深雪后，从前名利始重还。
大事不须视，守贞尚悔亡；金风吹木叶，走马在东城。
谋望无所遂，须当亟改图；莫怀犹豫志，无悔亦嗟吁。
词曰：闻不闻，见不见，只因好事也多怨，也防暗中人放箭。

九四

名利今朝事两全，皆因二口正当权；
贵人后到天台地，不用丹梯直上天。
际遇良朋是盍簪，不防重整旧冠缨；
回头大有佳音转，万里鹏抟奋远程。
名利成就罢忧煎，万里春风道坦然；
得意便垂三尺钓，长竿获得锦鳞鲜。

六五

寂寞遇残春，厌厌独倚门；无情落花后，有直鼓盆迍。
居位主贞疾，人臣职反刚；大权任倚仗，惟恐动中伤。
独钓碧潭间，中途兴已阑；水寒鱼不食，小艇竟空还。

上六

济会多端是武平，镇绥何待数金城；
春来斧钺门前列，始信功名晚景荣。
动悔悔而静，奔驰始见安；嗷嗷居此地，悲起反成欢。
日月蔽朦胧，光辉不可通；几多江海客，进退未收功。

随卦 ䷐

阳春阴居德，随时利顺贞；傲霜松柏秀，耐久岁寒心。

五阳

时节当亨奋，迟延未遇缘；姚黄三月发，不在杏花天。

五阴

反目相看事意乖，名场利路两难谐；
东堂女子须防谤，一见羊蛇定恼怀。

初九

分定随缘处处安，狂谋望进必招愆；
春兰秋菊随时发，相顺循常是福田。
勿信妻良内不私，出门功业有光辉；
进身即获岩边鹿，芳草亨衢何可知。
欲渡江心阔，波深未息流；前程风浪静，始可钓鳌头。

六二

恐惧福须临，骄淫祸必侵；闭门能守志，自可贵人寻。
阴盛阳潜遁，提防失丈夫；四方鸡唱晓，忧气释然无。
一事已成空，作事还宜退；若遇口边人，心下堪凭委。

六三

晏息优游向晦时，求名求利两成非；
真心造化皆无事，自有嘉宾惠锦衣。
易小终成大，随求革故新；马羊奔走处，利涉大宜行。
词曰：舍一人，就一人，谋望有喜，贵客相亲。

九四

千里长途转舆，有光未得见舒眉；信成更遇水边贵，晦滞重明得一车。
基木旺朱门，刑中不见屯；贵人多喜合，名利在前春。
词曰：鱼上钩，丝纶弱。收拾难，力再着。

九五

爵禄飞来吉有孚，震惊百里笑声呼；
日边自有人推毂，喜气临门不可拘。
险阻立重重，临危事始通；主人不相负，岁晚奏奇功。
收拾丝纶罢钓竿，青山绿水更幽闲；
河清得意归来晚，舟满金鳞指顾间。

上六

君子防危后必兴，小人勿用怨多迍；
随时月落防忧讼，若进终凶日又昏。
词曰：一事吉，两头牵，恍惚有忧煎，心坚事未坚。

蛊卦 ䷑

弃旧从新别创高，先忧后得振民胞；
始施恩惠掌权柄，绯紫增崇志自豪。

五阳

锡带事虽美，须防三褫灾；宠荣难可恃，且忌辱重来。

五阴

宝月有亏盈，黄河浊又清；虽然逢大事，端的不须惊。
弊坏宜修饰，前人事可知；干谋当甲日，犹豫却成非。

初六

彩云初散再难留，寂寞黄昏事可忧；
凭有阴功暗相助，也从憔悴入穷秋。
欲成好事必先危，成败多生进退疑；
蛇走猪来当喜遂，好求方便上云梯。

九二

宿疾连年未见痊，更防幽暗事淹延；
要知摆脱沈疴日，直待中秋月再圆。
克家能干蛊，旧业又重新；用誉成先志，为能善继述。
毋道不可贞，阳性难全正；随顺事宜成，得道密且谨。
暗去不明来，忧心事未谐；终须成一笑，眼下莫疑猜。

九三

起家一子最非常，门户荣华万事昌；
从此有名还有利，目下蛊坏总荣光。
父羞母干往东西，腊肉餐餐不可期；
困卧高堂忧小处，直须遇酉出灾危。
玉石生蒙昧，那堪小悔多；终来无大咎，先忌笑声过。
奔走人事垂，甚苦竟难谐；不事王侯贵，何如隐去来。

六四

天禄当年在早图，踌躇不进却成虚；
秉钓执竿专颛俟，不用区区荐鹗书。
有路步难去，中途鄙吝忧；蛇行并马走，莲绽值深秋。
路远多艰阻，居安得自宜；休将万事足，从此也随时。

六五

雁信不虚传，无虞事坦然；两头十一口，春后自团圆。
有德临尊位，阳和德在春；猴边骑白鹿，名誉到天津。
一月出层云，长江彻底清。湛然无点翳，谋望等闲成。

上九

弃职休官便可归，王侯不事且无为；
蛊忧进取深防咎，泊浪扁舟去不回。
宝月有亏盈，长浊又长清；纵然逢小事，端坐莫须听。
深渊鱼可钓，幽林禽可获；只用长久心，不用生疑惑。

临卦 ䷒

阴御阳微普地凶，临民保事正无穷；
断桥一马须防失，利事纷纷扰我衷。

君子临官正治平，常人遇此事皆成；
切须谨慎防身己，恐有是非事不成。

五阳

平生欲奏五弦琴，流水高山未遇音；
一日乘槎到蓬岛，始知金阙几重深。

五阴

舳舻衔尾上，青琐擢华途；记取临流处，花开稳使车。

初九

天驱临风喜气生，因何借力到王庭；
纶恩出纳当清要，此去鹏搏万里程。
自逢临辅扶持起，有个佳音在兑乡；
询问老来谁伴侣，一枝梅蕊雪霜傍。
积以功成路渐通，好将舟楫顺西风；
腰间宝剑凌牛斗，射利勾名有始终。

九二

香绕御炉烟，行来九陛前；此时恩眷厚，仙鹤势冲天。
利顺合临命，居中反伤多；一阳生长后，帆便任风波。
词曰：和合事，笑谈成，喜信在半程，平步踏青云。

六三

千里遇知音，非缘契分深；自然胶漆合，其义利黄金。
夜雨纷纷实有伤，既伤众理接非常；
改收其道居贞正，远汉云间见太阳。
词曰：龙争一珠，有得有失。所望在亨通，何须空劳力。

六四

喜气盈门外，金乌带日辉；阴财终见助，须待彩鸾归。
正位居臣职，门中二女逢；急承云雨鹿，水洞应三冬。
词曰：事团圆，物周全，一来一往，平步升天。

六五

历险临危莫叹劳，成功须待卯金刀；
更逢一箭弯弓上，万里腾空上九霄。
知大能临下，柔高可胜刚；太阳光彩处，神气照东方。
词曰：月重圆，花舟发，谋望成，信音达。

上六

朦胧秋月照朱扃，意外谁知喜易生；
自有贵人相接引，不须口语自流莺。
妄行罹陷阱，轻举入天罗；节顺能知谨，身安保太和。
临危孰无咎，春风桃李多；一枝花在手，去棹急如梭。

观卦 ䷓

上观民教服民心，乐以忘忧物外人；
西北有音来报禄，青天明月又重圆。

五阳

按辔利巡行，观风察俗情；秋来闻挠括，见虎不成惊。

五阴

弓满正穿杨，登楼醉一场；醉中还失足，于我又何伤？

初六

荣贵真无比，还依日月光；一身腾玉阙，双手换金床。
君子当时举，重山更悔多；见欢悲已怯，愁起奈如何！

寻思张弓射主人，暗中一箭胆魂惊；
忽然红日浮沧海，照破虚空事不成。

六二

妇女攀花喜得春，佳人执箭在侯门；
云梯欲上未能上，危险方知眼底分。

五马门前立，湖山景可观；河中有沙处，舟到自然安。
词曰：明中暗，暗中人，明暗两关心，花残子欲成。

六三

白虎岩中伏，威权达远邦；芦苇天物色，名远四方传。
亲友来相庆，金珠复倍常；歌声遍阡陌，风快有归航。
双燕含书舞，指日一齐来；寂寞淹留客，从兹下钓台。

六四

久藏霖雨卷丝纶，几度花开不遇春；
云内文书成国器，欲观变化在逡巡。

白鹿坡头峻，机权达远邦；秋天风景好，江夏号无双。
词曰：正事可纪，正心可灼，眼底心中，无差无错。

九五

靠木佳人捧宝瓶，平生际会得安荣；
从前蹇滞艰难事，自此亨通百事成。

君位刚居吉，成名利亦通；眼前无远水，山外有青峰。
词曰：云叆叇，月朦胧，一雁在云中，花残谢晚风。

上九

进退能详审，行藏必悔尤；前程遇佳客，官禄不须求。

高眼垂青处，幽居必见贞；一封书锦字，千里去帆轻。

词曰：去就迟疑，进退不定，到了亦然，许多争竞。

噬嗑卦 ䷔

用狱明法意，谋为好进程；老椿生茂叶，蛇走一边荣。

五阳

自是姮娥宫里人，桂花分得一枝春；

化工不负辛勤业，蓝绶归来喜气新。

刑狱事难明，先防群小争；若无明镜照，安可得公平？

五阴

已到西坦地，槐庭尚未开；两重天上喜，须向雪中来。

初九

纷纷众里事难明，得遇公侯始息宁；

幸有封书文字至，重新彻旧始公平。

举步多艰阻，功名路未通；玉逢良匠琢，花发待春风。

词曰：人倚楼，喜多忧，淡然退步，事始坚牢。

六二

雨过佳人手摘桃，花残冷落大劬劳；

目前别有三春景，望断行人渐渐高。

进亦难兮退亦难，登车上马两盘桓；他时若得风云便，稳泛扁舟任往还。

倚木人相合，绸缪万事成；凤凰台阁上，从此必先登。

六三

峻岭车行去甚难，崎岖千里谩空还；
先防小吝忧心悔，后有迍邅顷刻间。
未遇公侯贵，须防女子灾；阴功如有助，祸去福重来。

九四

自是嫦娥宫里人，桂花初得一枝春；
化工不负心勤业，蓝绶归来喜气新。
弓开矢方射，一箭中孤鸿；触目云边手，鸡鸣福自隆。
词曰：始艰难，终容易，入云中，无不利。

六五

遇恶善须防，阴消道始光；更防春色好，酹酒卧斜阳。
区区夜逐阳元走，遂克先难后易身；
今已获来生德泽，回头满地掷珠珍。
词曰：珠在掌，空劳攘，人事和同，自然稳当。

上九

天际云开雁字斜，两重喜信到天涯；
不愁名利淹留事，从此财多更彩华。
遇凶凶不灾，逢愁愁却笑；巨浪轻舟，前途可到。
词曰：枕边忧，门里闹，意绪勾连，心神颠倒。

贲卦 ䷕

文字生光日象照，薰风吹动海门潮；
好将巨浪通天贲，咫尺如梭达九霄。

五阳

车行无险阻，舟泛可通津；雨露从天降，求谋事渐新。

五阴

一条云路两重开，先到西园未遇春；
向晚紫微花欲发，此时方得遇东君。

初九

乘车勿用愿徒行，千里驱驰道未平；
林内虎狼惊复笑，几回忧事更纷争。
有分攀龙角，升天自有梯；月中一仙女，捧桂待多时。
可求未可求，可信未可信；波影见在然，退步不成进。

六二

汨没尘埃几度秋，平生意志未能酬；
春来方得施张处，试整衣冠再出头。
暗室有光辉，阳明时气微；云雷方散后，万里一心飞。
好借东风力，轻航稳到家；大人来接引，明月守芦花。

九三

五百仙中始缀名，天恩君宠一时荣；
归来正好花开后，胜赏何妨踵玉�。
坎濡宜大吉，难地不堪行；江畔文书至，天边秋月升。
词曰：一物可守，一事带口，水落月圆，自然长久。

六四

莫怪淹留久，逢春快利多；求名兼有利。遇喜见清和。
翰马多清洁，孤鸿难远留；衔花江上去，东土岸边游。
曲中还有直，心里烦成戚；云散月重明，千里航风急。

六五

禄从天上降，喜至不须求；昔日忧愁事，逢羊见始周。

内抱笺笺帛，丘园志士心；吉中无咎克，东南有赏音。

旧日淹留事，而今已变通；草头人笑后，宜始不宜终。

上九

官贤早已到朝阶，金紫荣身必是谐；

一日沾恩孙与子，始知余庆不沉埋。

素质内无彩，天星照远空；一朝乘骑起，遥汉片时中。

词曰：明月团圆，颜色忻然，风云相送，和合万年。

剥卦 ䷖

厚下且安宅，先防不足灾；动中主悔吝，眉蹙忧戚总难开。

五阳

剥至事须伤，阴人恐在床；朝云无定处，得雨始无妨。

五阴

久立羁穷事，年来好息肩；挂冠真得计，洗耳适林泉。

初六

过尽忧惊与远山，归来憔悴鬓毛班；

荣家一子当亨奋，方解征鞍陇上闲。

凶象灭床足，其中又有忧；断桥人难过，其中犬吠同。

上接下不稳，上安下不同；相缠更相绕，平地起风波。

六二

三雁高飞一在天，一双飞去又留连；

稻粮富足江南好，相引翱翔颐瀑泉。

床剥转侵残，谋安未见安；脱红桃李绽，惊值雪霜寒。

词曰：事相干，人相牵，去住两悠然，一关复一关。

六三

孤雁云中递远书，一声消息喜全无；

忧惊镃味终须在，事到春来始见虚。

兀兀未能全，淹留进莫先；西南交一友，问棹过蓬川。

六四

泽及儿孙与祖宗，身为朝列喜遭逢；

平生得手无亏损，又见妻儿被正封。

困忧何用解，重看即可来；山摧困附地，移竹就园栽。

枕畔不堪闻，茫渺如闲日；风雨急然来，移然别处立。

六五

天风临门不用图，贵人暗里荐长书；

赤袍走上金龙背，可看花开近水隅。

贯串群鱼在水边，佳人相遇汲清泉；

尘埃沾久不能奋，便称行人赴楚园。

词曰：圆又缺，缺又圆，低低密密要周旋，向前求时始有缘。

上九

君德覆群阴，爻辞君子贞；一朝天诏至，期待一时迎。

口舌西南起，逢惊事必伤；若逢寅卯地，方得脱重光。

词曰：意迟迟，心怀疑，交如尤豫，贵客相持。

复卦 ䷗

五马西行进难阻，更期守旧亲相辅；
万里鹏搏化杳冥，五个商人江上舞。

五阳

去尽群阴复一阳，危难历尽始亨昌；
前途寅卯增荣显，贵客提携入庙堂。

五阴

一生名利总成虚，利锁名缰见有图；
门外鼎新真可爱，不堪回首梦魂孤。

初九

才调丰优一地仙，升迁瑕宝在斯年；
未知调鼎他年事，先把佳名播幅圆。

阳长修身吉，重山危且长；马行东北去，遇鼠计荣昌。
垂钓向沧浪，金鳞有入手；行客过重山，月下当回首。

六二

荏苒当时事，携持渐有期；吴山如得路，半畔月如眉。
仁者善亲邻，前江一鲤存；获来临四水，变化在逡巡。
悲后笑嬉嬉，中行道最宜；所求终有望，且莫皱双眉。

六三

朱门无滞碍，红日照双旌；好是江东景，轺车久不停。
局从未开时，云中一鸟飞；他谋皆悔吝，守旧乃为宜。
一关复一关，进退两头难；虑望难久远，心事不曾安。

六四

故人不见久惊疑，腊尽春来信有期；
若见小桃花烂熳，此时和气到朱扉。
囊贯好谋归，归来喜又随；莫蹉中道废，笑后不成悲。
放钓又归来，分明绝点埃；巨鳌随手得，何用苦疑猜？

六五

列阵飞鸿排九霄，乘骑千里不辞劳；
移根接得天边木，故到成家在楚桥。
有文终不显，换武却成功；历尽危亡地，方成禄位崇。
五湖波浪静，孤月照扁舟；稳把钓头饵，鲸鳌钓几头。

上六

迢迢去路也成迷，一去行行不见归；
到得江边多惨悽，好看桂子在天池。
进退徘徊无处足，欲慕春风柳絮吹；
半途行客总成忧，枕畔佳人无意绪。
眼下多濡滞，亨通自有时；秋江风月好，得意好荣归。

无妄卦 ䷘

惊雷一震好乘时，威令施张茂盛宜；
匪正悔生宜改正，有人相引上云梯。

五阳

一箭初从天上来，始知无妄不为灾；
鹿衔制锦须知喜，得到沧州获外财。

五阴

入仕本是科甲起，奋身不在荫禹门；
筑台钓渭非常士，须信英雄立伟功。

初九

效职区区省禁郎，逢猪见鼠始翱翔；
青云有路因人到，不见鸡猴未见昌。
坐中千里至，渐进使前行；虎兔林中走，长途山渐青。
词曰：事相扶，在迷途，反覆终可图，风波一点无。

六二

不耕不获有吉利，不菑不畬往无灾；
鸡鸣获菑方应候，一堪财帛方外来。
身动恐生疑，行藏无阻迟；若逢十八子，方始见媾梯。
词曰：休望想，且诚心，事防平地起榛荆，万里青山万里程。

六三

镃基须见亚公卿，整作中郎省禁人；
待得风池人借力，挺身廊庙是通津。
一得有一失，逢明物自光；系牛生不足，进步有迁升。
旧语惹新愁，两两事争竞；也虑暗中人，风波尤未定。

九四

柳绿花红百里春，刀悬牛角一番新；
江东若遇人双口，变化方知是主人。
德广位有嫌，亲君尽臣道；静守至无虞，即有佳音报。
琢玉成完器未完，上天未定志尤坚；
虽然不是中秋月，亦有神光射九天。

九五

年落天涯远，思家未得还；渡头闻过雁，正好问乡关。
疾过勿用药，喜来事不忧；一更西北转，帆风送归舟。

上九

妄动提防不足随，求谋守旧始为宜；
水边一朵月中桂，花正开时雪又霏。
灾至不由人，临门又及身；等闲成小疾，早治莫因循。

大畜 ䷙

飘然一棹去如梭，万里风波得意过；
十倍钓鳌终有得，蓬瀛此去路无多。

五阳

大明初照处，万里见光辉；兀兀尘中客，麻衣换绿衣

五阴

初年多偃蹇，晚岁始亨通；霜雪凋零后，青青独古松。

初九

一入磨笼不自由，也成疾病也成忧；
春来腊后直修福，过尽惊危可觉头。
厉病实生处，空中雁侣孤；天边斜日坠，帆便浪平湖。
蜗角刀头力，关心事不同；暗云风卷尽，明月又当空。

九二

门户光辉自有因，提携须是草头人；
乘牛跨鼠镃基便，一旦升腾在卯寅。

推车登远路，半道舆脱輹；天上一星飞，佳人水边哭。
镜面当中破，行人过断桥；事须重谨慎，深恐不坚牢。

九三

文价平生久振英，名逢方始遇知音；
紫微红叶风光好，连袂颁时宠至新。
乘骑求谋利守贞，傲霜松柏四时青；
云端迎见人相赠，龙虎成名禄再荣。
千里过了九重关，只有一关何虑难；
等待金风飘散叶，江波随处下长竿。

六四

大寿不须图，当忧疾病中；但将阴德助，造化有深功。
跨牛行远地，迟滞见伤神；江畔逢人处，前程去有因。
鹊噪高枝上，人行古渡头；半途不可到，日暮转生愁。

六五

十年愁绪困多才，吉兆依稀入梦来；
好向钱塘玩风月，潮头起处海门开。
浪静波平好下钓，何须疑虑两三头；
事如天上一轮月，云散月明天正秋。
德重功勋大，当居辅佐臣；柔中居正位，何用动师征！

上九

天衢一道正亨通，深浅根基谩费工；
个个奴人携絻体，龙牙虎爪伏其中。
仁威千里远，宠禄一时新；荣望皆如意，休祥治命频。
词曰：事有喜，物有光，始终好商量，壶中日月长。

颐卦 ䷚

丹桂飘香日，功名事延迟；人行千里外，触景正芳菲。

五阳

莫愁奔驰行路难，艰辛历尽始清闲；
前途若遇朱紫客，不久腾踏上九天。
双燕渡泥沙，安寻旧主家；报名兼报利，门户喜光华。

五阴

分定随缘未可移，狂图躁进召灾危；
能行防谨无留恋，可变灾殃作福基。
厚福遇平生，官资应上卿；晚年终始好，坐看子孙荣。

初九

一封文字两回求，不遇知音事不周；
金鼎有时调象口，功名成就又逢秋。
舍东欲就西，重山可立基；遇人超事处，十六遇寒啼。
红紫无颜色，飘零一叶风；邻鸡惊晓梦，心事转成空。

六二

鹏鹗当秋势转雄，乘风奋翼到蟾宫；
荣华若论当年事，先见声名达九重。
龙走卷泉去，羊行带水归；一堆金不见，双果坠飞枝。
秉烛正当风，漏舟行险水；纵使达平津，尤恐波澜起。

六三（又同五阳）

莫叹奔驰行路难，艰辛历尽始清闲；
前途若遇金紫客，不久腾骧入从班。

动极拂颐凶，十年宜勿用；化翅九霄飞，雷震威权重。
词曰：事且休，理多错，日坠云中，恐承多错。

六四

虎视耽耽吉可舒，山前获鹿在须臾；
云程自有太来日，急水惊涛及自知。
绿树正阴浓，偏宜待好风；只防身遇虎，井口事相逢。
一事防颠坠，无非仍有是；求望自然成，先难而后易。

六五

守旧多灾蹇，更张事必荣；几多财与利，尽向兔前生。
动禁事生忧，强谋事不周；大川坠难涉，篇户待名求。
词曰：退则安，进不可，上下相从，明珠一颗。

上九

久持忠节不成功，一旦逢君塞路通；
巨舟浪静垂钓至，六鳌拥出大波中。
冗俗区区莫惮劳，尘埃初脱见天高；
长江秋色鱼虾足，最好垂纶钓巨鳌。
道临泉水水临山，路出西南涉险难；
若得东风相荐力，几多名利得非难。

大过卦 ䷛

独立高枝险又危，有期不利两成非；
园中别种仙桃果，但遇艮离振羽衣。
词曰：心有余，力不足，春风若来，一歌一扑。

五阳

大器成时自不群，轩昂头角出埃尘；

鹍鹏岂是寻常物，先趁风雷过禹门。

五阴

绿衣初着十分荣，千里颙颙望使旌；
只恐貂车难久驻，又随春色到王庭。

初六

财禄旺朱门，艰难事少迍；贵人偏喜合，从此转通津。
先微当后发，首破尾完全；西北歌声动，成功在此边。

九二

得妻户内利何多，日照高堂景正过；
猪走犬来应变革，小舟经历几风波。
目下事烦冗，春来财益多；从此定变易，守旧恐蹉跎。
满目好风光，红花又更香；蟠桃三结子，一子熟非常。

九三

时蹇何须苦欲迍，经纶才业俟雷霆；
若逢江上风云会，攀得龙头一角春。
有妇如无有，逢难宜急走；哭后笑相随，忌饮四方酒。
荆棘生平地，风波起四方；幽窗人懊恼，无语对斜阳。

九四

好雨霏霏花正开，喜从天上逐春来；
名利不比寻常辈，跨鹿乘驴更有财。
峻岭崎岖马阻行，如今平地好安亨；
几多利禄人同此，西北亨衢坦坦平。
心事有迟连，逢龙始亨光；月明当户立，便有好商量。

九五

枯树生花未可夸，得逢可愧事堪嗟；
却宜静守平生节，且息思为莫向前。
喜至未必喜，须防暗里伤；曾攀丹桂月，方见脱灾殃。
词曰：一事两意，一人两心，新花枯树，须待阳春。

上六

贵人执箭在云霄，千里相逢不侍招；
锦水流边飞彩凤，桃花浪里钓金鳌。
当虑水边忧，西南活计优；平安休往反，得志在来秋。
羊背披衣裳，文书匣内藏；不须多望想，春雨溅斜阳。
词曰：水边忧，山下愁，要平安，休往返。

坎卦 ䷜

坎险元当便习通，保邦保国自相容；
半天列阵寒鸦鹊，一雁凌霄彻上空。

五阳

坎难重重有，逢午渐脱危；更逢寅卯地，别立旧镃基。

五阴

因祸番成福，逢危却见亨；木边人得力，安稳过平生。

初六

畏途自古人相戒，虎尾经由且慎防；
赖有福星常照卫，临成惊恐不为殃。
海底珠难觅，堪防坎陷凶；失中扶木起，独立待春风。
不慎将来恨，贪观落叶红；栽培无限力，春尽一场空。

九二

休将远信作虚传，必见灾危在目前；

急早预防并预备，却知惊险保安全。

进退有多难，重重险未平；依人图接己，为事竟难成。

盈满还不溢，满溢咎当无；千里片帆速，何妨泛巨舻。

喜鹊噪檐楹，惊回梦不成；虽然无事至，也虑是非行。

六三

险难当前在早图，直须更变莫踌躇；

西南前利防东北，总有忧愁事总虚。

舟行防水厄，车破不堪行；且守坎中陷，逢危勿用惊。

词曰：不可近，不可亲，雨中花易落，浪里月难明。

六四

陷阱难逃利远征，前程宜谨莫轻行；

水边带口人相遇，持出江波始见亨。

瓦缶樽醪实自忧，无终安得遇君侯；

相亲臣下来交睦，孚处何须分外求。

莫谓事延留，休言不到头；长竿长入手，一钓上金钩。

九五

险难复无援，求安得小亨；水边平两立，悔吝陆于亨。

仙籍题名久，天梯有路登；运逢牛与鼠，平步向前程。

几回梦里说江山，水浅波深下钓难；

云外利名终有望，主人目下未开颜。

上六

三辰不得实堪忧，果实将成正值秋；

直待独行东北去，方得欢笑展眉头。

疑虑几番哭，哭罢复生悲；落花满地无人扫，独立西风蹙黛眉。

莫恨成名晚，荣华自有时；刘郎前去路，相引折蟾枝。

离卦 ☲

明两作离照四方，求名求利必荣昌；

有官定获近君喜，虽有灾迍却不妨。

久厌高林雨，方施一旦明；太阳当下照，万国总升平。

五阳

一生烦冗事多端，历尽艰难始得安；

纵有主人相荐引，也从危处始迁官。

五阴

险阻艰难总备尝，幸然危里保安康；

忽逢带口人推借，得际风云在玉堂。

初九

久滞莫嗟吁，持迍昧壮图；水边人执箭，逐鹿向三衢。

勤谨终无咎，逢错必敬之；天书鸾递至，触景有光辉。

风动水生波，关心事若何；错然敬无咎，依旧笑呵呵。

六二

雪前多蹇滞，春后始优游；跷鹿高山志，长山月正秋。

中道明元吉，辉光四野同；水中人送宝，羽翅好飞冲。

词曰：事已定，复何忧，明月上层楼，云中客点头。

九三

经涉波涛一叶舟，如今方得到滩头；

几多财物方成喜，未遇薰风尚且留。

日中须有昃，或满亦防亏；大耄嗟凶吝，风波小艇危。

词曰：月沉山，人断魂，悲欢未定，易缺难成。

九四

仙种逢春始放花，十年方得出尘沙；

声名已到九重上，更有台星共齿牙。

一人无足立，有足却无头；千里追风急，方生五七体。

词曰：遇不遇，逢不逢，日沉海底，人在梦中。

六五

席上珍虽贵，还须待价沽；运来亨且利，财禄不须图。

浇尽江边水，还惊一水来；依人着一力，回首万花开。

兀兀虽周尚未安，一头牵往一头牵；

前思贵客来相举，又见新颜破旧颜。

上九

诛戮邪佞利出征，一番获丑在边廷；

风衔一信归杨畔，得个佳音四海荣。

焰发烟先起，重灾是禄基；江头草垂地，此是奋飞时。

自有青云路，须当着意求；佳人宜起早，行客泛孤舟。

（陈图南先生河洛真数诗断秘诀卷之上终，□□□□□□□□□□字）

陈图南先生河洛真数诗断秘诀卷之下

颍川后学默庵　李学诗　校正

咸卦 ䷞

一得西南女，门庭日渐荣；园林桃李发，门外二山青。

五阳

未遇东君变化时，潜身须且待云霓；
山梅开后雷声发，此际荣华亦未迟。

五阴

一日声名冠甲科，十年身世遇风波；
前程若遇持衡客，不待文章荐力多。

初六

进用不须疑，何劳苦自迷；小贞终大吉，咸感好音随。
意在关山事有涯，故人暗地自徘徊；
天边雁足传书至，一点眉端喜色开。

六二

喜事重重有，皆从春后来；云中一贵客，携手上天升。
船在危滩上，人行道已穷；日低潮也落，骤雨更狂风。

九三

相感本无心，须知夙契深；此时宜娶女，遇喜见珠金。

所感随时宜，南方人自遇；坚持守我贞，应有笑相助。

休道事无讹，其中进退多；桂轮圆又缺，光彩更楷磨。

九四

两心相感贵和平，求望亨通一日成；

纵有青蛇相挠括，到头不害利和名。

千里车行远，忧疑已悔迟；鹤衔天信至，户牖总光辉。

词曰：一动一静，一出一入，秋月春花，事须费力。

九五

凤衔丹诏下瑶天，后见岩郎擢上贤；

霖雨未成天下望，紫微花发在斯年。

满目花开未见开，舍边一女遇方佳；

利名有贞逢麋鹿，一去亨衢照落沙。

事了物未了，人圆物未圆；要知端的信，月影上阑干。

上六

一重文字事分明，须待公卿掌鉴衡；

柱石贵人头带口，旧恩新禄两重成。

咸舌须生悔，居安又欲迁；丝纶冰上断，缺月又重圆。

词曰：有似无，无似有，每劳心，闲费口。

恒卦 ䷟

君子居安不必迁，前途无滞后周全；

日边一鹿持书至，遐迩清名四海传。

五阳

贵人相接引，不久到金门；险难从兹脱，荣华出苛伦。

五阴

凤引雏飞上九霄，岂辞万里去途遥；
翱翔已得东风便，自此升腾总不劳。

初六

浙江奔走困泥坑，未遇风云尚屈蟠；
双口鼠儿还旧业，始登仙路亚仙官。
居浅欲求深，身卑妄依尊；狂图还不利，危处却迎深。
平地隔云山，危桥休往还；倚阑惆怅望，咫尺隔重关。

九二

未济休嗟叹，升迁自有缘；好随鹏鹗去，亨奋在秋天。
悔吝消亡日，北行音信来；急须求巽顺，顷刻笑颜开。
金玉积囊中，舟车路已通；望谋无不遂，顺水一帆风。

九三

斟酌樽中酒，徘徊槛内花；一场欢笑地，不觉夕阳斜。
不存恒久德，贞吝复何为；霜重花枝瘦，成荣急更迟。
词曰：不长久，错商量，交加缠，休要忙。

九四

藏器待时时未通，徒劳功业谩嗟吁；
守旧宜当别整理，夕阳西坠气方舒。
时节虽堪动，方隅利向南；险危丛里过，节谨不须防。
井底探明月，风前拂羽毛；工夫何大拙，只恐未坚牢。

六五

岁寒松柏挺坚标，雪霜严凝也不凋；
才得东皇共着力，龙须头角上冲霄。
谩传十一口，得处更宜贞；试问前程事，阴消始遇亨。
岸阔水悠悠，孤舟下渡头；往来人急渡，残日照山头。

上六

门前旧有沙堤路，此岁前随清禁游；
莫谓数年成蹇阻，一朝得志便封侯。
机动多不稳，更改振多凶；缺月明西北，孤鸿奋羽冲。
词曰：生意不和同，骤雨更狂风；吹落残花满地中。

遁卦 ䷠

五阳

莫叹常迍蹇，从今事渐通；欲知成就处，只在马牛中。

五阴

危厄不须防，灾除福渐昌；所为迟则遂，阴小却须防。

初六

淹留岁月未曾归，事欲成时却见迟；
眼下虽忧终见喜，马牛见处问归期。
目前危厄不须惊，此去灾除福渐生；
求利求名无阻滞，却防阴小不安宁。
避遁林中吉，须当自待通；求谋忌吝咎，守静喜冲冲。
凡事宜当守，居安要虑危；守真勿妄动，修德保无虞。
路险更途穷，飞腾入水中；退藏宜自守，进用殆无功。

六二

自遁乡关千里远，迟迟难遇小人灾；
急中守旧终无咎，龙奋天边好梦回。
近贵好栖身，前程事必新；须逢鸡与犬，此事始终成。

九三

道中虽为阻，平安信必通；若逢牛兔走，方见喜重重。

九四

舍小高谋未可筹，临危不惧总无忧；
离明骑马传音至，渐进前程爵禄优。
桃李方成实，家门四向新；镃基从此立，渐渐奋声名。
词曰：一得一虑，欲后欲先，路通大道，心自安然。

九五

造化东君不肯私，功名振起遇良知；
休疑日月迁延久，才到鸡鸣事未迟。
时止与时行，嘉祥日日臻；谋身得良策，前路坦然平。
正直宜嘉遁，迢迢去路长；石中金出见，贞吉庆无伤。
灯破几残花，池莲吐玉葩；一门和气洽，喜信到天涯。

上九

闹里抽身出，从今渐渐安；如寻安乐地，灯火养余闲。
肥遁无不利，初无反覆心；悔言终感动，回首一山青。
一番桃李一番春，欲识阳和气象新；
林下水边多活计，有人奔走报佳音。

大壮卦 ䷡

守志休谋望有灾，当逢天水好和谐；
立身正大无虚险，自守林中一果开。

五阳

堂上持权酌重轻，因人借力事方成；
虎前龙后宜观望，忽然头角变峥嵘。

五阴

天然理虽顺，关防众口喧；主人深着力，因在牛马前。

初九

财利须防失，欢欣恐见忧；贵人终信喜，忧后见绸缪。
江阔渡无船，惊涛恐拍天；月斜云影淡，音信复谁传。

九二

蹇滞连绵事未成，得逢猴犬始为荣；
暗中若得高人助，前事从今只再登。
谦谦居正信，贞吉自无凶；木女东阳笑，千山耸翠峰。
词曰：梨花开，正是春，若言心下事，宜待一番新。

九三

迢迢五马驾轻车，水殿龙宫有暗扶；
须向牛前忌生气，前程此去奋亨衢。
一遇网罗人不利，角羸仍忌吝生忧；
始逢阴极峰峦秀，立进良田万顷畴。
词曰：平地里，起风烟，时来未能守，高处觅姻缘。

九四

欲去未行多阻滞，更防阴小暗相伤；
明香一柱宜禳谢，历遍忧危始福昌。
一封书上雁鹏程，千里东西不用惊；
灾散吉来无阻隔，洪涛万顷任君行。

六五

见鼠恐伤财，逢羊亦虑灾；重重灾厄脱，方见吉祥来。
一牛二尾，一月西坠；长道崎岖，风波鼎沸。
词曰：正宜守旧，妄动生灾，名达通利，柳发花开。

上六

忧散惊亡鸟自飞，木边有庆不须疑；
枝头双果逢春绽，曾与仙人拥月辉。
腊尽到新春，成名自有因；水边人借力，方得脱红尘。
到底享眉寿，时下事交加；云浓不碍月，雨骤不妨花。

晋卦 ䷢

建侯安万国，锡命日三来；利禄荣千日，佳音远地来。

五阳

云散月当空，牛前鼠后逢；张弓方捝处，一箭定成功。

五阴

二姓合新欢，资财满目前；从今家道泰，两处保团圆。

初六

进身许国名当重，退步宜防悔吝无；

泗水有鱼孚自信，寒江花影任相随。

汩没困尘埃，逢羊事渐新；要求真果缺，木畔是恩人。

词曰：须着力，莫蹉跎，长竿持向蟾蜍窟，直向云中钓巨鳌。

六二

身边一石实堪疑，灾厄重重必见危；

祸出福来终有日，欢声直在犬羊时。

日从云外复光辉，枯木生花正茂开；

莫笑旧时淹恨事，须知从此脱尘埃。

一悲复一喜，介福远临延；受介于王母，春风桃李妍。

六三

独步春云孰敢前，朱衣摇手指相传；

经时虽未加□幅，文价终须取十全。

庶民众久心，内外悔俱亡；皎月再明时，多成遂其志。

两两意和同，轻帆遇顺风；道途人得意，歌笑急流中。

九四

貔貅宝马正骈阗，惊起湖山白昼眠；

十里女行无阻碍，碧波芳草正连天。

念望多忧失，谋营又害身；持孤一女子，鼠叫厉方贞。

见财未得财，见喜不得喜；去住在他人，自身不由己。

六五

天霁云开昼日长，拔茅连茹总亨光；

禄侯借力扶摇上，蛇化龙成在此乡。

一失还一得，吉无不利之；柔能居五位，门户转光辉。

词曰：万里涉风波，尽日间已通。

上九

财宝一时荣，须凭众力成；蟠桃春后熟，见子愈亨通。
禄位须临险，名高自振然；师贞千里外，巨浪送归船。
词曰：成未成，合未合，云遮月暗，风吹叶落。

明夷卦 ䷣

因事艰难无可成，时宜莅众晦中明；
无伤尤有迍邅志，进步登衢指日升。

五阳

火入地中伏，明夷事必伤；阴人虽保护，疾病恐难康。

五阴

惊危损失两重灾，谨慎提防暗里来；
虎尾蛇头如度得，身安犹自恐伤财。

初九

射雉终须获，珠珍且待时；轻求并妄进，牵动有忧危。
垂翼遥飞去，皆因避远行；一途涯际室，又是满青春。
一足踏两船，一镜照两边；团圆终费力，费力又团圆。

六二

守旧方为吉，更张必致凶；隐居能避难，莫羡禄高崇。
左股忌夷伤，浓云翳太阳；乘骑千里去，忧事亦分张。
若问行藏事，隐藏事可求；暗云风卷尽，明月照层楼。

九三

逐利争名事总非，潜藏避祸力轻微；

壮心务出囊中颖，空使佳人望远归。
虚名虚誉久沉沉，禄马当未必见贞；
一片彩云秋后至，旧时风物一时新。
一奔南狩地，多少事悲伤；得遇汝南客，成名遇北塘。

六四

恐自伤心事不宜，月明西畔暗云飞；
门前一女怀悲怨，成器荣身车紫微。
干禄时非利，营私亦有殃；纵然得亨快，美处且须防。
箭射檐前鹊，巢深子不伤；一件恶烦恼，番成大吉祥。

六五

百花开尽果方成，须信前程晚后亨；
且说暮年光景好，蟠桃先报一枝春。
遇时方暗昧，当且晦其明；自守当贞正，方得保吉亨。
期登尊禄位，不可望凌高；恐有夷伤失，重整饵钓鳌。
重关深锁闭，谨要小提防；若不知谨戒，因循成大殃。

上六

几年迍滞不堪行，一旦因人事始亨；
渭水飞熊还入梦，管教重日照前程。
远诏自天来，争知事反覆；入地不明晦，佳人水边哭。
莫道事难为，美中事不宜；东风轻借力，吹之尤芳菲。

家人卦 ䷤

未乱先须谨，逢凶不见灾；立看东方兔，好事又将来。

五阳

良金美玉内含英，切琢须凭巧匠成；

大器年来方见用，渭川贤士秉台衡。

五阴

家道年来盛，阴功在祖宗；泽沛恩一子，二子又乘龙。

初九

千里路何夷，前程已有期；欲知乘驷马，应在兔龙时。
桃李照门庭，溪山绕屋青；天香凝不断，风送逐时荣。

六二

两处同心事必成，天恩未到必先临；
从来蕴蓄曾中意，今日鸣琴遇赏音。
食禄皆从池上逢，飘香月桂逐西风；
牛行别有生成路，远汉云开月又中。

词曰：一镜破，照两边，内中言，合同心。

九三

图事凭人为主张，两头牵惹凭彷徨；
他时终得风云便，目下心忙未得忙。
残花落地何曾悔，烛影摇红再可图；
家治不防生悔吝，猴鸣犬吠悔应无。

词曰：家人怨，妇子嘻，凡事吉，少留连。

六四

文字还须两处求，佳人借力事方周；
若逢天上人开口，一札天恩不阻留。
有禄方荣富，成名却见稽；贵人相引处，水畔立金鸡。
珠玉走盘中，日用足阜丰；休言谋未遂，此去一时通。

九五

暗事生阴室，佳人锁洞房；连枝人不见，独自恐悲伤。
位尊家有喜，勿恤总成昌；忙走东西地，抬头见太阳。
词曰：相爱相助，和气盈前，名成利就，不用忧煎。

上九

利破方成立，先忧喜后来；朱门可冲繫，冗处却成财。
名重威权重，先危后吉昌；万山松柏茂，走马履坚霜。
心下事悠然，周全事未全；逢龙终有庆，人月又团圆。

睽卦 ䷥

睽背生离事可伤，孤鸿空外谩翱翔；
一因酒肉生荆棘，扶上危桥切恐伤。

五阳

斤在斧何伤，睽离事切防；若逢牛鼠出，方见晚重殃。

五阴

同类须防反目时，从来好事变乖睽；
堂前贯朽空存日，江上萋萋草正齐。

初九

遇雨终成喜，弧张矢必乖；众中能谨守，方却得和谐。
丧马西南地，还防东北忧；先凶后无咎，顺水一扁舟。
词曰：两尾牛，一口鼠，相挠相遇，得彼失此。

九二

刘郎别后路迢迢，鸿雁来时信息牢；

欲问故园当日事，春风依旧上新条。

陷处逢人救，舟孤又用修；此回宜自悔，莫待又归秋。

词曰：舍一处，就一处，事要委曲无不成，眼底时间两分明。

六三

金鼎立时防不足，灾祸过而方见福；

不须沧海觅明珠，好向昆山求片玉。

曳车峻岭多艰阻，一树桃花遇夜雨；

再把睽离成萃聚，也忧芳蕊当春暮。

鼎沸起狂波，孤舟奈若何；巧中成拙事，人事转奔波。

九四

啾唧须防子午年，切须守旧莫更迁；

溪边深处堪逃避，十口相逢恕不全。

长途一遇时，家信云中到；好问水边人，音信重新到。

词曰：心不足，意不足，为云为雨何番覆，一去一来方是福。

六五

可惜成名未见名，山前有鹿遇艰辛；

睽亡或见有成败，此往方成无祸侵。

到处成家乐，登途慎险危；一朝平稳地，前事始知非。

船棹中急流，花开事事迟；事宁心不定，惹起许多疑。

上九

风波初息处，舟稳水东流；已快行藏事，何须更倚楼。

遇雨发旱苗，张弓射矢强；当初疑是寇，后有好音传。

恐惧正忧惊，虚空霹雳声；须臾风雨过，圆月又层云。

蹇卦 ䷦

蹇利西南吉，须防东北屯；德修名自显，云内一佳人。

五阳

一对鸳鸯水上飞，美荷风暖日方西；
山前山后故人会，始见从此路不迷。

五阴

蹇地有离悲，逢羊始得时；螨头方见喜，终到凤凰池。

初六

云横山际水茫茫，千里长途望远乡；
蹇后遇时方快活，不须惆怅立斜阳。
往蹇来重庆，微忧不用忧；利名两遂志，花卉又经秋。
岸畔水深船易落，径荒山险路难行；
蛇头自有通津路，目下幽窗月未明。

六二

走作须从山小月，佳人带鹿上高楼；
合欢不比阳台梦，欢笑相从又彻头。
躬匪多蹇蹇，鸿雁渐飞迁；乘马西南去，先忧后喜欢。
未动且安心，心安事坦平；静中一闲地，喜色见眉稜。

九三

五鼓门喧不可闲，一条云路两重关；
明珠已见沧波上，此去骊龙不必攀。
舟漏须难进，颠危去莫前；往来多险难，猴遇禄方全。
词曰：事虑淹留，人不彻头，往来闭塞，要见无由。

六四

鱼戏绿波深，高楼燕语春；相逢不相识，提引上青云。

海溟轻艇去，风急且回头；万里方能进，守常名自优。

欲上青云路未通，几番思虑转成空；

水边音信重回首，财利声名有始终。

九五

未遇风云会，先沾雨露恩；时来无蹇滞，成就借人言。

普世同来敬，西南更有期；命章双至日，好植出师旗。

道路足欢欣，风波一点无；时间心绪乱，全仗贵人扶。

上六

东风初九到衢开，和气还从日下来；从此有名还有利，海阳新向上楼台。

一见东方日自昏，西边始有月光明；蟾宫丹桂远难折，别缀仙桃到禁庭。

江阔水茫茫，执钩鱼未收；休言难捉摸，终久见因由。

解卦 ䷧

一往西南别是家，秋风吹散满园花；

丝纶又钓长江畔，若获佳鱼庆有赊。

五阳

本是龙门客，年来始跨鲸；瀛洲留不住，金殿缀公卿。

五阴

谢家台馆久荒残，一日东皇信又还；

携手几人同赏处，笙歌鼎拂不教闲。

一往西南事莫嗟，秋风吹谢满园花；

丝纶可钓长江畔，若得嘉鱼庆有赊。

初六

牛角初悬处，百里路何遥；此去青云路，乘云到九霄。
万木迎春发，一书遥远来；旧愁将进送，新喜始方回。
黑云笼月桂，欲扳扳不得；终夜见团圆，时下定嗟恻。

九二

日长天水碧，舟顺卷丝纶；两府门前闹，依然享寿椿。
获狐兼得矢，真吉乐优游；一箭空射远，佳人在水头。
万水波涛静，一天风月闲；利名无阻障，行客出重关。

六三

田获三狐可决疑，好具功业向当时；
从前藏器方堪用，举动皆宜吉自随。
喜极悲还至，虽忧不足忧；三三逢九数，水畔有人求。
词曰：指实无实，两三劳役，到了还休，全无端的。

九四

万里洪波泛小船，相将远岸赴蓬天。
有人云里亲携手，触目光华处处鲜。
泛海一孤舟，飘然何处游；若逢龙与虎，名利一齐休。

六五

恩沛自敷天，高岩起济川；自然山岳秀，终见栋梁全。
一信自西至，随音有禄来；解终中则吉，进用勿疑猜。

上六

射隼高墉必利公，功勋从此见重重；
鼠偷虫蠹为时害，尽入当年指掘中。
解怀终成事，狐疑亦寡功；春来消息好，别有主人翁。

藏器于身久，高墉获一禽；七七逢五数，荣利总成名。
一箭青云路，营久指望成；许多闲口嘴，番作笑嘻声。

损卦 ䷨

早沼鱼逢雨，云龙际会中；有孚元吉在，明月五更钟。

五阳

东南有客恩成怨，西北阴人不测灾；
自有奇功相济路，黄金千里一重来。

五阴

角上牛刀终得转，黄牛刀口事须成；
今因此日新分定，才得秋来始有名。

初九

本是荣华事，成欢便好休；别人恼烦事，翻作自家忧。
损己速益上，终逢一吉来；凤凰飞两处，到了得和谐。
喜喜防不美，夺得骊龙颔；上珠忽然失，却还入水间。

九二

切防欢喜处，变作两勾连；黑白未分局，须知鬼贼前。
悔吝不宜前，洪涛送巨船；中秋今夜月，遇蚀尚能圆。
一关复一关，长道往难还；看尽白云影，心闲事未安。

六三

望断浮云事转虚，相逢陌上却成疏；
当年只许平生计，及到终时不似初。
三雁南飞一雁伤，重山骑马得朋良；
佳人舞水踪还恐，平井横刀此必张。

六四（同五阴）

目下欢娱事，翻成梦一场；暗云初散处，日暮始亨昌。
柔疾已成忧，遇阳终匪咎；天上一人逢，或在天风姤。
心事喜团圆，分明岂偶然；借他良匠手，凿出宝光鲜。
词曰：心未平，事未圆，疑虑久，始亨通。

六五

前程自有丰隆兆，目下虚忧事转休；
自有故人亲眼顾，从此忧怨两三头。
先损后当益，良朋遇元吉；询问雪中花，相将逢暖日。
词曰：凿石见玉，拨土见珠，眼前目下，何用踌躇！

上九

盗贼临门户，他人事我当；门中宜谨戒，更可细思量。
二岭一堆玉，双飞四朵花；好书天外至，别立外人家。
有月不沾云，何愁暗与明；若逢龙与兔，欢喜见前程。

益卦 ䷩

损益之三爻，见善则迁改；林麓自春来，成荣多感慨。

五阳

用时无限喜，到底一场忧；父子须当谨，忧心却始休。

五阴

一枝花欲发，却值雨和风；云散青天出，还从寒难空。

初九

莫道无防碍，愁心事更多；贵人深着力，方得脱天罗。

大事必可成，有益为无害；云内执鞭人，报在三秋后。
风激上云霄，鹏搏六翮秋；尺书天外至，名姓上鳌头。

六二

轻舟随浪去如飞，两处营图贵及时；
更与贵人同道路，有财有禄不须疑。
得朋须有益，获宝好荣归；千里片帆远，其中三雁飞。
词曰：欲动还稳，可美可奇，水边活计，名利得宜。

六三（同五阳）

平地起雷声，云开日渐明；小人空有恨，终久不成刑。
薰心忧事亦防先，有喜传来不必言；
一片石头逢巧匠，玉龙佳报木傍边。
词曰：动还静，静还动，意非真，如春梦。

六四（同五阴）

□□不顺度，行藏且待时；莫爱花开早，须知结子迟。
桂子十分香，琼瑶映玉堂；一朝逢快鞭，攀折看翱翔。

九五

持竿江上钓鳌鱼，获得鳌头一颗珠；
青云一箭宜推毂，名利双全禄自殊。
进退复生疑，临危不见危；前程方遇鹿，临喜应方迟。
子结花成蕊，花开枯木枝；屋头春意闹，欢喜笑嘻嘻。

上九

一阳渐动防凶险，莫待鸡鸣八月中；
得到虎龙方坦腹，从然括挠不成凶。
遇益终无益，问津何处觅；旱海莫行船，何劳多心力。

夬卦 ䷪

主讼多丰足，施恩及不宜；大人利相见，有厉不成危。

五阳（又同九五）

一事分为二，须知忧喜来；先逢闲事挠，忧处却成财。

五阴

前程有路达青天，沙里堆金得数年；
淘尽寒沙金始化，两重名利一时迁。
一条好路强猜疑，进恐无成退恐非；
门外贵人高着眼，虎头蛇尾好开眉。

初九

一子手执钩，鱼竿向水投；年来空费力，否极始无忧。

词曰：欲决未决，欲行未行，危吝尚多，忧事临门。暗中明，明中暗，去就无功，莫饵鱼线。

九二

营利图进防非礼，狂妄求谋事未通；
若有志诚常谨慎，碧天甘露满庭中。
浪内船无定，山前木又凋；穿窬生悔忌，无翼可冲霄。
勿信暗中忧，到老展眉头；孤舟烟火静，底事向中流。

九三

因凶获吉始安宁，洞里飞禽已得生。
财利亨通官禄位，更将谨慎向前程。
虎伏前途去莫狂，平生一足滞东方。
独行遇雨斯无咎，满目花开在道傍。

词曰：人在舟，幸入海，到底无言，一时惊骇。

九四

举头不见路人行，独坐幽窗月未明。

山下水深舟未发，两头名利晚方成。

牵羊反次且，好待云生汉。悔吝暂相亲，四九无咎患。

词曰：意踌躇，心恍惚，一朝云起卷还舒，俱是风清并月白。

九五（同五阳）

绿杨堤畔贵人来，半是忧疑半是财；

好把旧谋重变化，莫教天马只空回。

大君为立德，决夬在中行；无咎禄须至，天然庆乃臻。

词曰：难难难，忽然平地起波澜；易易易，谈笑成功终有遂。

上六（同五阴）

一条好路谨猜疑，进恐无成退恐非；

门外贵人高着眼，虎头蛇尾好开眉。

女泣江边水，独行终有凶；一逢西北去，弃鹿却成功。

千里共徘徊，休倾别后杯；莫忧人影散，明月照松梅。

姤卦 ䷫

取女方多不足忧，巨涛惊出一孤舟；

马行自此宜无咎，后命将施恕未周。

五阳

缺月又重圆，枯枝色更鲜；桃溪归去后，一旦遇神仙。

五阴

朦胧新月照人明，意好随知喜事生；

别有贵人相接引，不须巧语似流莺。

初六

传得真如意，方为出世尘；狂心如火急，不见渡船人。
谄言羸壮豕，居卑却象尊；逢凶宜莫进，佳音获临门。
动静本无心，无心路莫登；道途危且险，来往绝行人。

九二

紫燕双双舞落花，重阴不解再生芽。
江南滩畔千山秀，但把愁心伴月斜。
莫信近阴阳，宜知不利宾；正身无夺犯，喜气在江滨。

九三

花逢春老难留艳，水向东流怎返波；
若把利名前路去，且防闲事暗疑多。

九四

岭上花发文书动，人事将成运始亨；
旧事不成新事喜，好将名利向前行。
民远君臣俱失居，庖厨何必用舟鱼；
一朝风起防舵坏，遗却当年计得书。
居上当亲下，人心易散离；事机从此失，万事尽皆隳。
词曰：物失八体，虑在两头，云烟两阻，心事淹留。

九五

过尽忧愁喜再来，心头进退岂为灾；
因人借得黄金带，方见天门一径开。
中正居尊命有施，地基生杞自当时；
果然守正相逢遇，猴兔牛蛇再有辉。
词曰：鸡成凤，鱼化龙，大器须成就，功名路必通。

上九

子午年来事可亨，芝兰须向早春荣；
不须怅恨思前事，自有高人引路行。
志谋进非过，情谋岂空悲；有期何姤角，时利夺微极。
词曰：见不见，也须防背面；遇不遇，到底无凭据。

萃卦 ䷬

大人一见喜匆匆，万里云程好奋冲；
缺月又圆云正散，自然门户得春风。

五阳

急寻水救墙头火，浪起鱼惊事不虚；
天雨霖霖三五候，到头火灭不伤鱼。

五阴

阴会阳来事未期，造舟经济水边危；
落花结尽庭前实，西北将来尚有疑。

初六

包荒渐用冬三次，得凤衔书来未迟；
小往大来终得吉，白花开后见芳姿。
离明当道达，生涯尚未通；牛行防水厉，迷此自无踪。
一心成两心，一事成两事；成就也艰难，抚气宜换志。

六二

一伏三年未遇缘，忽逢金鼎便通行；
恁教牛马争长短，自有高人引路行。
萃大光辉耀里闾，利名进步笑声嘻；

信乎千里威声重，上下同心庆有余。

笑颜生不足，内外有悲哭；云散月光辉，转祸番成福。

六三

有山有水莫迟留，莫待风波不渡牛；

非是鬼神相祸患，自因满处不能休。

得际有道日，惟宜涉大川；佳音天上至，户外喜声传。

上下皆相会，斯为大吉亨；必当由正道，方可保无屯。

红雨满桃腮，离情莫浪猜；东风虽着意，花落又重升。

九四

暗光藏晦已多年，秋月当空未见圆；

待得鸡鸣天日晓，一封名利四方传。

年来身似梦，人事不完全；误入桃源路，缘何不遇仙。

词曰：参商言语，风波鼎沸，事久无伤，时间不利。

九五

满地长罗网，须防暗有仇；虽然无克害，终是被淹留。

恍如春梦觉，无咎又生灾；星下牛居处，鸡鸣吉已来。

词曰：事已圆，花再发，事悠悠，无割杀。

上六

笑里多交滞，所为先有忌。路险风波事更疑，要得如心须借势。

动用先防挠，忧中喜渐成；非灾方出户，莫与小人争。

笑处起悲声，园中遇却惊；涕泪无大咎，天外一飞鸣。

升卦 ䷭

积大先须小，求声好在低；园中双李绽，明月满天辉。

五阳

自下升高必有基，因人借力便何疑；
鼠牛若到蓬瀛地，独掌丝纶亦不迟。

五阴

攸往利南征，青天正大明；命亨灾自散，名达利还成。

初六

升沉相继卒难休，得路行时莫妄求；
若遇持纶人接引，自然得志岳阳楼。
好问前程路，求谋大吉昌；佳人候秋至，六合喜声扬。
词曰：明月为钩，清风作线，举网江波，锦鳞易见。

九二

头角峥嵘半出尘，爪牙未就尚艰辛；
忽然再遇风雷化，便作青云路上人。
乘马升无咎，骑牛进有忧；深潭鱼自跃，变化在三秋。
东风吹着柳梢莺，幽谷高深出上林；
晴霁闲云风卷尽，秋江一月十分明。

九三

独上高楼赏旧游，月明如昼水东流；
当年所约应无失，此去相逢笑不休。
舟离古渡月离云，人出重关问路程；
好向目前求去处，何须疑虑两三重。
守北多屯蹇，征南实大当；云端人着力，乘马如升昌。

六四

鸣琴不鼓久无音，再整朱弦必有声；

林中有人先洗耳，从今音韵彻天青。
建国当门大事亨，全无忧患不须惊；
将来别有安家计，定在雷轰信始兴。

词曰：曲须直，顺不逆，改旧从新，鹊传消息。

六五

往事凭谁说，天寒重值雪；拂拭再清光，镜圆终不缺。
尊位行柔顺，中刚尽得钦；一荣前进日，两次后园春。
佳人入门间，欢欣见笑颜；一鸟飞腾去，披云上九天。

上六

诬枉若相加，昆山玉有瑕；贵人应剥琢，书上再生芽。
宜升有何利，须迁不息家；佳音来报日，又见坠流霞。

词曰：阴云不起，皎月重辉，心中疑虑，事久无危。

困卦 ䷮

一得防一失，一悲复一喜；惟困在水泽，其中果不宜。

五阳

因嗟涸辙困金鳞，不见西郊破密云；
得遇江湖升斗水，直须寅地见功勋。

五阴

天刑终不解，金木恐营缠；鼠蠹虽无害，灾危在目前。

初六

欲进还劳又不难，几回欢笑惹愁烦；
重途忧抱思云海，伛蹇无劳羡远山。
困暗前行由未便，退密还休事更迁；

此意此心君未见，云间孤雁信难传。

词曰：困于木，入幽谷，守三岁，防啼哭。

九二

身危名辱两堪伤，云锁幽房事不祥；
直到更阑方梦断，此时忧患稍安康。
一杯酒上带愁来，祀享何须若用猜；
大抵凶中才得利，洪波万里一帆开。

六三

处困多自困，柔居刚岂宜；夫妻难会见，名辱更身危。
患难能不移，穷通暗里推；困中还遂志，都为使天时。

九四

天书来日下，未可指为祥；得马须知吉，前程宜审详。

词曰：处位不当，安能济物？果决而行，救焚拯溺。

九五

宅舍久颓毁，宁心莫欲嗔；一朝新甲第，秋喜鹊声频。

上六

物穷须变变须迟，久困知争却有通；
投笔遇时须命快，不教尘土老英雄。

井卦 ䷯

井居无善地，孤岭秀松多；林内生金粟，其中一缀荷。

五阳

运逢四十喜通津，名利源源事转新；

更改旧时沉滞处，好寻江上见高人。

五阴

暗中防陷阱，江上谨风波；汲引如逢贵，亨通出网罗。

初六

嘉谷逐时收，年年早有秋；须知天力助，且把福田修。
井泉浮混浊，山峰叠翠多；一成防一败，轻艇立风波。
词曰：月在云间，昏蒙道路，云蔽月暗，且宜退步。

九二

银瓶欲繫费工夫，咫尺长川未有图；
借得玉绳牵引上，闲人何用梦江湖。
安静虽平稳，空中雁影秋；花开逢骤雨，水畔女颜愁。

九三（同五阳）

九仞成功后，千山步不劳；要逢欢喜笑，先必有号咷。
春色到枝头，芬芳映玉楼；行藏俱可待，红紫笑谈收。

六四

遇贵在寅时，逢官必兔年；他年遇羊马，安乐大荣迁。
开掘重修整，看看巧匠逢；青松四时秀，不畏霜雪风。
词曰：人留物，物留人，人留事挂心，分付水边人。

九五

一面仰首一低昂，楚水淮山恨正长；
天布密云还不雨，都缘起意该行方。
寒泉洌可食，晓月又升东；一派东流去，山前耸翠峰。
词曰：始有终，终有始，美中甘，甘中美。

上六

羊犬相逢日，天神降吉来；频繁终有托，茆屋还资财。

屋边事何急，山前峰又青；烟横屯已解，井静水华清。

词曰：可储可蓄，尺玉寸珠，停停稳稳，前去莫图。

革卦 ䷰

久乱须当振，谋安一阜生；治历除晦暗，满目自鲜明。

五阳

豹变虽甚泰，争如虎变荣；白身成富贵，平地上青天。

五阴

从革还新运，施为利改更；东南为稳地，西北不须行。

初九

一旗初举起，忧喜两相当。进速初防退，秋云近斜阳。

乘牛一向前途去，跨马何妨问后津；

逢着木边人着力，此时名利一番新。

意速事未速，心宽路不宽；欲知端的事，尤隔两重关。

六二

革故逢新事已成，看来他处待蛇行；

于内马行防阻当，孤鸿飞去自无惊。

词曰：柳色鲜望中，家信事难传。舟行或迟应非晚，从此欣欣四海传。

九三

春夏宜兴进，秋冬好退藏；一身重变泰，须在卯寅乡。

一成防再废，一静忌仍迁；万事征途远，吉事恐不全。

词曰：黑白滔光，往来不通，云掩未分明，云开方见月。

九四

革故谋新好立权，施为从此始超然；

嘉时遇贵亨途快，何虑前程事不全。

改变无危险，安家有吉康；云端逢皓月，凡事自宁昌。

革故始知期，更新事更宜；东风传信息，春色上花枝。

九五

鱼龙变化莫蹉跎，顷刻之间奋志过；

传与时人休怨己，天生资质异风波。

玉女乘驾日，相逢喜有缘；蟠桃开得晚，先得一枝莲。

豹变南山别有期，主人目下尚狐疑；

雁音嘹亮花落尽，方识光辉变俊仪。

词曰：积善变吉，为恶变凶。

上六

莫将弓矢乱施张，射中高明反见伤；

即鹿无虞成卜器，争如林下且潜藏。

革改须豹变，墙内一更高；群雁东西失，孤鸿自笑翱。

词曰：只可后，不可前，楼上月，缺又圆。

鼎卦 ䷱

调羹须用鼎，三足峙时安；一举鹏程翅，何妨彻广寒。

五阳

取新革故鼎初成，主器须知长子荣；

三足若全终大用，他年调鼎一时亨。

五阴

折足事须当，先须戒慎行；若求身外事，秋后保安康。

初六

初遇重湖涉远山，几多危险始开颜；
本图安稳如金鼎，争奈还无半日闲。
纳宠方成贵，颠趾恐未平；所为皆阻隔，退步得安宁。
少女出门庭，青史去问经；莫愁颠倒处，花谢子还成。

九二

久困待时时未起，鼎中有实二三止；
缺月明时晓夜催，吉处到头停未已。
少年名誉著，晚岁宠恩新；独坐高楼上，徘徊赞化钧。
去往徘徊未称心，须防喜处返成嗔；
于仇于疾非真实，顷刻逢花莫称情。

九三

出否从来贵，须忧不测凶；阴功如有助，针石必先攻。
有物不能食，有马不能骑；悔吝重防有，其中月色掩。
风雨隔长途，行人防间阻；客归还未归，事许还未许。

九四

节贪知足动皆安，慎密行藏度岁寒；
循理待时无妄作，自然非横不相干。
去故自更新，反如拆足病；防渥形匪凶，四八遭瘴症。
词曰：鼎拆足，舆脱辐，有续人，重整续。

六五

李木三根旺一枝，花开时节倚蔷薇；

东君特地施膏雨，不许傍人乱折归。

所守利中行，堪谋望利名；从今积福庆，远汉太阳升。

和气霭门庭，乘风万物荣；化工施好手，花柳一时新。

上九

楚金百炼方除矿，荆璞三献始见珍；

吹鼓搏风伸羽翼，鲲鹏从此起天津。

堪求堪望不须疑，桂子飘香楚地归；

一举网罗人得利，追蛇逐鹿见光辉。

贵客自相亲，功名指日成；扶摇搏九万，稳步上青云。

震卦 ☳

月桂飘香七里闻，云中人至欲高攀；

半空羽灭未为翼，更有清幽渐渐闲。

五阳

紫府门阑特地开，恩波初逐一阳来；

乘猪跨鼠当年日，从此亨光缀上台。

雷震虩虩悚多时，恐惧几微福自贻；

虎尾脱时方见喜，钓名射利两相宜。

五阴

先时招悔后时凶，震动乘春喜得中；

莺燕来时花烂熳，后前相约自相逢。

初九

独走山林多险阻，雁字成行恐被伤；

西路有凶防大恶，到头断处亦须防。

霹雳暗中闻，知音不见形；交加尤未信，口口称人情。

六二

震惊百里恐虚名，兢业随时事始亨；
预备不须防未至，何必烦恼向林中。
沧海波涛涌，轻舟未便行；神人相助佑，久久显芳名。
无迹又无踪，似笑还成泣；猛省中难觅，平地起风波。

六三

雨泽虽沾被，风云尚阻期；未逢霹雳震，终不脱尘泥。
行人不久住，住人不久行；红轮西没月东出，好看云山有改更。

九四

一龙吐水正当春，百草沾濡尽发荣；
带口老儿如借力，此时庆遇始为春。
白玉隐尘泥，黄金埋粪土；久久自光辉，也要人相举。

六五

机会不可失，装束宜向前；利名咸遂志，先必见荣昌。
处处惊危至，心中若畏刀；佳人报喜事，有约在坤爻。

上六

风卷波涛若撞钟，孤舟提网浪波中；
私情切望安宁处，须待高人借好风。
烟雨日濛濛，江边路未通；道途人未达，凭仗借东风。

艮卦 ☶

宜牧山中鹿，休推水上车；行也终获吉，镇位庆时佳。

五阳

抱玉怀珍久琢磨，近来名利尚蹉跎；
不须怅恨成功晚，必待阳和借力多。

五阴

征行趋北又趋东，干禄求财事事通；
从此朝天今有路，不惟成始又成终。

初六

莫叹转轮劳，风云在一朝；朝中冠豸鹿，双获踏金鳌。
非礼勿宜履，安居不用迁；守常无妄动，佳信自来传。
词曰：一往攸攸，两志未周，有终有始，只恐迟留。

六二

退恨居危灾已失，宜居中道终成吉；
良心不放少年人，别觅生涯到头出。
有玉无暇玷，何劳巧匠镌；多言千里外，荣耀四方传。
词曰：人进退，事交加，浑如春梦，恰似梅花。

九三

时至终须吉，时行道未光；途逢东北利，得路始亨昌。
事乱心薰灼，逢危不见人；守忧心恳至，禄位自来迎。
词曰：深潭月，明镜影，一场空，报于君。

六四

重危须在守雪天，两岸兼葭事不全；
值待阳春回暖律，一轮明月再重圆。
身居大臣位，正静自无咎；在外获佳祥，名利喜成就。

六五

凭心付信是良图，半是真诚半是虚；
有望不成无望遂，还如缘木与求鱼。

上九

家中惹起事勾连，切恐因缘理未然；
到底是非俱不错，贵人明镜已高悬。

渐卦 ䷴

渐而不骤真君子，敬德亲贤大丈夫；
是故好人先积德，如今受福胜如初。

五阳

莫向江边苦羡鱼，徒心劳力谩踌躇；
争如结网为求木，谋望看看总可图。

五阴

进退莫防步徐徐，日进升迁赴坦途；
非横不侵灾害息，平安稳步更无虞。

初六

进用戒轻器，安行道自饶；霜台已虚席，不久带金貂。
词曰： 危事不危，险人不险，云散月重圆，水落船泊岸。

六二

羽翼鸣飞后，操修自总宜；不惟成爵禄，终见小灾危。
盘桓不进客，一进彻青云；自有天书诏，何忧不禄身。
阆苑一时春，庭前花柳新；鹊声传妙语，草木亦欣欣。

九三

已达平生愿，前途好进程；绿杨芳草地，风快马蹄轻。
征鸿中二箭，旅雁不曾归；水畔人悲泣，山前一子微。
经结雨泥中，催残照夜风；幽窗兴叹息，又在梦魂中。

六四

几向江头拆钓竿，游鱼未获屡空还；
潇湘一片澄清景，事在慇懃意莫闲。
柔顺惟君到处安，重山好处又团圆；
桃李枝头重缀蕊，利名成就菊花鲜。
欲从身上免，须掩桃李梯；高高人接引，双喜照双眉。

九五

勉强登山不自由，重重险处变优悠；
括苍福地通云汉，此地鹏飞最上头。
九五最高位，丘陵也见卑；但须离畎亩，顺水一帆风。
蟠桃一果才方熟，乃是神仙多眷属；
刚健东风柳絮枝，人人笑里奴眉蹙。

上九

独自上高梯，闲云四面飞；岂知身外事，犹得折高枝。
鸿渐云逵远，蟠桃品结成；流芳当奋举，仪吉女归贞。
事足心不足，事安心不安；一场欢喜会，不出九重关。

归妹卦 ䷵

归妹成终始，香浮水岸中；桃花开一朵，只可待春风。

五阳

春花秋月两相思，好展眉头折故枝；
幸得一重恩信及，须知车马庆回归。

五阴

喜合闺门庆吉祥，因欢成挠也须防；
北堂女子须防谨，水厄消时又火殃。

初九

暗里相加理未申，自然进退不安宁；
欲知诬罔重重□，不见大君亦未明。
蛇行不生足，开门未见人；待其羊走急，花圃又逢春。
天意两和同，浑如月里宫；有时云不藏，日久路难通。

九二

女子须忧跛足归，迟迟有待为愆期；
宁心且待猪羊月，眇目相看事转非。
触目重山翠，孤舟去莫疑；雪霜凝冷日，梅蕊缀南枝。
有望门中外事多，惆怅阴人相遇合；
世间空有泪珠流，终久怅快人酬合。

六三

取女须逢吉，须忧事不忧；早图能预备，见喜免凶灾。
巽女全归复，安家福有余；白衣人送至，远寄一封书。
词曰：旧事迟，新事急，花开月圆，许多时候。

九四

园林花发遇春时，去棹愆期尚未归；
江上佳人来刮目，依然门户有支持。

心下已横秋，时逢二尾牛；若无阴小滞，外服也堪忧。
缺月又重圆，枯枝色更新；一条夷坦路，翘首望青天。

六五

明月缺方圆，逢人在太原；荣华光有待，久后遇青天。

上六

满目花开未是时，重山劈破乃男儿；
丈夫元有冲霄志，羡实克筐始可期。
词曰：渴穿井，饥画饼，谩劳心，利推秉。

丰卦 ䷶

利禄手中足，园花绽异葩；方开一枝秀，落日有红霞。

五阳

天日当中照四方，发幽起滞总生光；
从前蔀屋难明事，尽得幽怀举发扬。
进退意沉吟，心疑事未成；若逢龙虎至，百事渐安宁。

五阴

时届光明发隐微，好将事业试秋闱；
龙蛇变态无多少，只待阳和一点飞。
有约还如梦，无缘似阻程；若求亨太处，须用见寅辰。

初九

过尽风波三五日，波息浪静又无风；
从兹已达青云路，用舍行藏不费功。
两意相投处，天时始变通；时来万事合，目下莫冲冲。
明动互相资，攸行无阻滞；群鸿度远空，云路宜高峰。

六二

整棹赴东温，当逢海上迍；洞庭柑橘熟，人事喜欣欣。

蔀荫须久明，往进得疑疾；佳音千里逢，牛象纵成吉。

词曰：明暗未分，曲直未定，笑里藏刀，信而未信。

九三

壁藏丘园将来贵，竿奏齐庭渐见明；

好向鼠牛具事业，乘龙跨鼠是前程。

日中而见斗，先晦后还明；遇主西南地，门庭喜气新。

九四

日中见斗事非常，门外须知鬼贼伤；

若也进途登选用，几番灾眚变成祥。

足折路途行不远，当时人事俱非宜；

万里飞腾去莫迟，能行天下方无咎。

六五

诏自云中出，贤人下钓台；一天秋雾散，万里庆云开。

门外好音来，飞章俱有信；名利一更迁，鸿飞终出阵。

又云：云外一出天，门多长者逢；肴添兰室味，纵步入蟾宫。

上六

玉府名初著，金阙□已通；他时文字好，锦绣自亨通。

暗室常迁退，成荣不可奢；三年多未足，悔吝忌前遮。

花落未伤枝，欲来却似悲；夕阳催晚景，斜月上朱扉。

旅卦 ䷷

客旅迢迢远，乘车万里过；用刑不留狱，复取喜声多。

五阳

旅巢倾覆更遭焚，慎事当无狱难迍；
若见出行千里吉，频闻哭泣在私门。

五阴

羁人失所已多时，未遇羊猴未见归；
柱石贵人头带斗，方为斗柄复光辉。

初六

丧斧存斤在，家门虑火殃；资财多散失，童仆亦离心。
离地不堪行，灾生切迫身；光辉秋月夜，回望出阴尘。
伤哉多事多磨难，终日无聊坐涂炭；
其中人有穿窬心，忽然波平又到岸。

六二

羁穷然后见亨通，往事真如一梦中；
不见陇头人力胜，空劳心意竟无功。
旅寄一迁鼎，已获僮仆贞；马行平坦地，触目好青山。
词曰：愁怀散，笑颜开，秋月挂高台，人从千里来。

九三

无端风雨催春去，落尽枝头桃李花；
枕畔有人歌且叹，那堪心事乱如麻。
厌直承明乞守符，两蟠五马播当途；
高才不待三年后，飞诏依然入帝都。
行旅逢次舍，丧其僮仆凶；孤鸿天边唳，中箭亦难冲。

九四

有约还如梦，无缘事阻程；故人终不遇，千里月空明。

可止只可止，当行不可行；从须得金斧，尤自晦中藏。
落花正逢春，人行在半程；事成还不就，索绊两三心。

六五

初寻山路发云程，历遍艰难数十层；
莫怪病龙头角懒，一声雷震会掀腾。
射雉开弓一矢亡，终然誉命受金章；
福禄天降应千里，到处安身道自昌。
改旧革新两事图，须知浑不废工夫；
云霄有荐来相应，平步扶摇上太虚。

上九

先笑后号咷，离人在远郊；公门防丧斧，空处却焚巢。
屋下牛多丧，空林鸟失巢；笑悲双至日，小过不须咷。
憔悴无休歇，闲中听杜鹃；一轮山上月，千古暗消魂。

巽卦 ䷸

忧极乐还来，春阳一旦回；满园桃李实，丹桂一枝开。

五阳

山前顾我无情眼，水伴相亲是有依；
物小在终须大获，到头遇主得荣归。

五阴

秘策莫轻传，经成众里权；一朝风雨顺，功业见掀天。

初六

三品官崇佐子年，更逢庚日事方全；
借力必因人带口，自然得遇九重天。

进退忽生疑，由来到武威；身荣宜小畜，车到二山歧。
进退莫疑猜，疑猜事莫谐；影端形未直，一举绝尘埃。

九二

双双旌节照朱扉，可惜起群近晚晖；
只忌功名在高处，好归时节未能归。
嘹喨宾鸿一只飞，东家移过竹堤西；
个中总有禄身望，随带重明滚地辉。
一着占先机，其中路不迷；日前无合意，争竟是和非。

九三

进退狐疑终不决，舍文就武事成更；
众里若图三品获，有功须要在先庚。
先防险在前，顺巽刚中吝；万里纵扁舟，东北声名震。
词曰：足趑趄，口蹑嚅，无限意，总成虚。

六四

未展经纶手，先为耳目官；若逢龙与虎，方得脱泥蟠。
遇知水中喜，田获三品功；一阴始升后，鸿雁各西东。
江海两悠悠，烟波下钓钩；六鳌连得获，歌笑向中流。

九五

年来无奈几凋零，欲拟前程未有程；
莫讶蛰龙先困睡，一声雷响跃青云。
常人安贞吉，危疑尽悔亡；两庚申命合，权柄自然昌。
鹊声如报信，燕语似传情；百舌无人解，虽吉自然贞。

上九

几年辛苦谩徒劳，转觉瑶台去路高；
来岁花时应有日，好抛一钓在连鳌。

井浊不可食，丧斧亦贞凶；园内花千卉，愁惊午夜风。

兑卦 ☱

得用在西方，讲习自悦怿；桃李遇春风，化龙千里疾。

五阳

悦怿事当前，行人暂息肩；渐觉无括挠，争得事迍邅。

五阴

鸾凤羽毛栖枳棘，蛇龙头角出尘泥；
从前险难皆消散，亨奋须知必有时。

友朋同讲习，所贵在相孚；诚实无私意，应当悔吝无。

初九

大贵因人有，乘时百事新；来年二三月，应赏凤凰池。

词曰：和兑之吉，名利奔波，一遇水君，遂意琢磨。两两和同，一举成功，休疑休虑，风虎云龙。

九二

利泽秋天盛，恩沾在此时；成名兼利就，口舌不须疑。

中道理宜履，随时处顺哉；兔行赶上鹿，亡悔事俱谐。

玉出昆山上，舟离古渡头；行藏俱有望，用舍不须忧。

六三

阴阳道合自相同，须信风云在虎龙；
趁取卯寅堪进步，此时平步到蟾宫。

一决城崩倒，来修未见成；钩纶涉危岭，山兑有重层。

思虑许多般，心难事亦难；路危舟不稳，休往亦休还。

九四

介疾亦当避，吝来时未宁；吹嘘千里信，感动四方心。

词曰：易非易，难非难，只恐来年少歌笑，笑歌须哭两三番。

九五

十五年愁困多才，吉兆依稀入梦来；
好向前塘玩秋月，潮头起处海门开。
一堆草里鸣蛙鼓，三犬巢边夜吠家；
剥历有时终见散，一轮明月照丹霞。

莺语燕呢喃，花开满院间；北窗春梦觉，无语敛愁颜。

上六

黄叶一天秋，忧虞在晚秋；且莫西北避，身外莫营求。

秋月与春花，光辉景物佳；只因时来到，心事乱如麻。

词曰：乐之极矣，防有悲来，往返自适，不久春回。

涣卦 ䷺

双凤翔翱入九霄，长江泛艇渡危桥；
重防得处亦随失，山外青山事阻遥。

五阳

莫将小事只如闲，切恐因循事转难；
不戒履霜循致后，坚冰释散势尤艰。

五阴

梦入天台路，登山自有期；异乡春色别，重见旧花枝。

初六

抑郁都消尽，前途快利行；道中无阻滞，凡事尽宜兴。
有信报佳音，南征事想临；名利通达日，回首得黄金。
柔顺行其志，春风快马蹄；事机宜急拯，莫使致睽违。
望鹿隔重山，高深渐可扳；举头天上看，明月出人间。

九二

水行不利陆宜临，年少佳人执折寻；
龙走云飞风雨济，片帆归去恐伤心。
雪霁事须济，冰消难亦消；青春三月好，金殿赐蓝袍。
词曰：危获安，邪得正，不须忧，终遂志。

六三

藉名天上神仙侣，试得人间将相谋；
升擢必因调□手，脱危须用济川舟。
柔顺克成功，江波远还通；神人助其私，楚地却有终。
外安而内险，志在济其时；获吉应无悔，为能缊己私。
云静日当中，祥光到处通；道途逢快便，千里一帆风。

六四

鱼跃冰将释，忧疑两不全；莫贪春酒美，得路且前行。
词曰：大人利见，大川利涉，元吉前程，光大可决。

九五

龙剑久埋光射斗，大鹏展翼自冲天；
丈夫得志皆如此，何必林泉叹滞淹。
一变童蒙吉在前，王居无咎笑声喧；
好音送至云霄上，万里鹏飞上九天。
词曰：不归一，劳心力，贵人傍，宜借力。

上九

莫嫌攀得桂枝低，只到蟾宫喜独携；
他日蛟龙得春雨，方知不用上天梯。
血去斯无咎，居安大可忧；桃花方结实，归计怕经秋。
词曰：远之不伤，近之不祥，相反相连，笑颜如泣。

节卦 ䷻

一鸿天下孤飞翼，心有明香月有斜；
满园桃李无结实，一枝惊缀入秋葩。

五阳

前途险阻不堪行，顺处安时道又亨；
守节操心无过虑，须知乐处却交争。

五阴

盘乐时多祸，骄淫罔克终；节贪并谨事，守静却无凶。

初九

户庭不出姓名香，久滞林中未见伤；
待得四方重照日，直持旌节往西方。
有分享天禄，谨初宜守约；微恙即时安，到头成勿药。
词曰：真假莫辩，曲直莫分，动则且止，静则莫奔。

九二

百花深处驻双旌，衣锦归时宝马荣；
不出门庭无外事，门前却有鼓喧声。
门庭不出祸尤生，夜雨淋漓草木寒；
走兔泥堆近远逐，水边女子倚阑干。

词曰：休眷恋，奔前程，终闹乱，出门庭。

六三

节谨能知止，逢危不见危；循环终有喜，越次恐非宜。

笑里要提防，歌声不久长；机谋须是谨，方可免灾殃。

词曰：先嗟后笑，败屋重修，有个木君，相扶在秋。

六四

天力相成百事扶，发心耆意是良图；

时逢恩诏非常喜，纵有纷纷也不虞。

守节应君求，前程遇鹿通；安贞承上道，秋后应佳期。

词曰：用则行，舍则藏，一鹿出重关，佳音咫尺间。

九五

西江水阔鱼偏乐，寒谷春回黍自生；

得地得时宜进用，好将名利向前行。

安居尊位尤奇特，东海相逢月中缺；

前途若遇大威权，夜雨消疏落红叶。

喜鹊噪高枝，何愁是与非；灯花传信后，稳步上云梯。

上六

过了金鸡白犬乡，几多危难变祯祥；

金猪得到江南路，拨散阴云睹太阳。

乐极须悲，贞凶可忌；一旦悔亡，鼠行牛地。

词曰：事不美，休准拟，人在车上，船行水底。

中孚卦 ䷼

信及豚鱼吉，羊奔报喜音；猴来乘龙喜，平步踏青云。

五阳

鹤鸣子和本诚心，千里相传自一音；
所望有成图必遂，两重喜事候秋深。

五阴

预备到头能谨备，慎终于始保无虞；
一心当作存亡计，富贵安荣事不诬。

初九

万卉芳菲未是丰，雷声一播四方同；
利名咫尺堪求进，回首青山叠叠峰。
大雨有如霖，江河得泽新；振枯苏困地，一夕便通津。
一点著阳春，枯枝朵朵荣；志专方事合，切忌两三心。

九二

心同兼道合，千载庆明良；尔汝相忘处，却来会一堂。
孚道内外和，安居何处有；羊走欲不顾，猴才不贞守。
皎皎上层楼，团圆月挂钩；银蟾千里外，光彩满清秋。

六三

居安当虑危，得宠还思辱；谨守度三秋，终身无失禄。
积小可成大，逢危事不危；云中人举手，平步上云梯。

六四

日□迍邅久，经由险难多；若无书与信，争□□□□。
居静未宜动，逢时事即通；功名成大晚，花怕五更风。
翠减红妆醉倚栏，惆望人归求异缘；
好向目前探消息，只见莺啼不见人。

九五

口舌向门来，终身有谨灾；家中防暗箭，次第恐伤财。
重山青耸翠，丹凤独栖梧；候得飞腾日，江风送巨舻。
词曰：倾一杯，展双眉，地利合天时，从此快施为。

上九

五彩丝纶急，初迎诏命来；要知荣显处，执镜上高台。
宜进不宜退，旧事一改迁；长江千里棹，好下钓鱼竿。
落叶又重新，庭前几度春；若成再九转，莫作白头人。

小过卦 ䷽

小船千里顺，帆挂一江风；巨艇水深涉，飞高不可同。

五阳

轻进将成妄，强图恐见灾；宁心待天运，福禄自然来。

五阴

子午年中喜，逢猪先立根；鹿从天上降，气象满柴门。

初六

飞鸟高飞畏网罗，鱼留旱沼苦何多；
女居江上休嗟叹，桃缀枝头风雨过。
雷震正当天，蟠溪起滞淹；至逢龙作雨，谁肯卧林泉。
词曰：物不牢，人断桥，重整理，慢心高。

六二

小过终难免，因人事却新；去瑕无玷累，此去可通津。
去就意淹留，几成又罢休；只愁无一艇，江海两悠悠。

九三

倾危逢处众皆惊，水面操舟不可行；
凶象或成难躲避，云边带箭雁哀鸿。

小事好相宜，居官利在卑；若图高与大，防咎亦防危。
深户要牢扃，提防暗里人；行行须远虑，只望不坚明。

九四

几年沧海费工夫，历尽惊波与畏途；
今日却逢龙正穴，更于何处觅明珠。

遇之勿不贞，刚柔自过临；往欲防危厉，伤却少年心。

词曰：参商事，用力气，要周全，须借势。

六五

汲引因人禄始亨，台星初见掌钧衡；
鸾栖枳棘曾无滞，鹏翥烟霄自有程。
密云不雨总堪悲，寂寞梧桐凤少栖；
异种蟠桃千里志，落花不候日沉西。

上六

遇损终成益，门户防疏失；蛇虎不为凶，一家方得吉。
方寸乱如麻，行人未到家；尊友哀人切，空雨洒飞花。

既济卦 ䷾

治安方自乱，通泰忌生屯；小利贞西北，花新日又明。

五阳

仙船已过绿杨堤，经险从今已脱危；
祸去福来终不错，不堪回首顾前时。

五阴

莫恃禄高崇，须思祸与凶；预防宜早备，方可保初终。

初九

燕语莺啼三月天，和风景快少迍邅；
锦鳞戏水临深渚，好执丝纶上钓船。

鹿逐云中出，人从日下归；新欢生脸上，不用皱双眉。

词曰：推车濡尾，无咎可忧，千里人行，既济孤舟。

六二

获福在初春，先逢陇右人；富翁如一顾，相引作西邻。

虚雷无雨过，有雨不沾衣；到头成一笑，目下未开眉。

月出云遮晦，双飞失伴嗟；七辰头上得，门户自生光。

九三

已过危桥百世安，何须忧蹙说艰难；
蛟龙得雾逢云雨，直上青云更不还。

有禄自天来，伐鬼三年灾；追斗在此地，一进一退财。

词曰：入而易，出而难，淹淹利再三，交加意不堪。

六四

沧海逢舟楫，荒田被雨霖；归时应得路，触事慰欢心。

有功无禄位，有禄无印权；好戒退一步，休待去分权。

落花满地乱交加，一点心中事如麻；
若得高人相引后，春风桃李始开花。

九五

积德施功有子孙，杀牛祭祀及西邻；
利名两字成就后，回首山前万物新。

时势返天隅，征人利壮图；鬼方无足虑，一战可消除。

拟欲求东却往西，精神用尽事迟迟；
到底可求并可望，秋风黄菊绽东篱。

上六

枯涸久淹延，营营望一涓；西山如得路，活计又欣然。
小舟防滞患，秋木忌凋残；踏进千人市，兵戈一顷间。
心欲望团圆，心坚事未全；一枝枯木上，花落又还鲜。

未济卦 ䷿

蛰虫泥内得春回，谁谓春深不见雷；
或得轰雷惊百里，化龙飞起一都魁。

五阳

一牛二鼠是天然，财禄须防两不全；
过了破田方有气，直逢寅卯是根源。

五阴

曳轮防有失，濡尾久淹留；若得高人力，可解戚与忧。

初六

未济终须济，虽忧不用忧；渡江如得岸，必待济川舟。
孤渡汹汹起，濡尾真可凶；前途休进步，坐上待春风。
桑榆催晚景，缺月恐难圆；若遇刀锥客，方知有善缘。

九二

御寇时方利，侵征自有功；折冲并息衅，尽在岁寒中。
碾轮千里去，平坦俱无阻；一见水边人，勿击午后鼓。

六三

风泛波涛弄小舟，几多险恶不堪愁；
幸逢天上人开口，始得安流到岸头。
挂帆风快便，不觉舟顺速；陆走遇灾凶，后笑防先哭。
千里片帆轻，波平浪不惊；舟行无阻滞，远处即通津。

九四

器业忠良奋股肱，埋光晦彩待时升；
莫嗟鸾凤犹栖枳，直待龙蛇始奋亨。
亲君掌大权，伐鬼三年克；有赏于大国，别种仙桃核。
目下事悠然，周全尚未全；久长还不望，人谋月团圆。

六五

灾殃如烛向风头，疾病相仍疗弗瘳；
若得阴功能助佑，扶持方得度春秋。
未济终须济，先危后见丰；佳音来自吉，立尽五更风。

上九

诛戮班中利出征，一番获丑在王庭；
风衔一信归羊畔，得个佳音四海荣。
久滞方亨泰，佳祥协梦中；镃基须见虎，禹浪化为龙。
勿愿初时酒，濡其首可防；有孚因失是，自我致灾咎。
自有青云路，须当著意求；佳人宜起早，行客泛孤舟。

（陈图南先生河洛真数诗断秘诀卷之下终，□□□□□□□□□□字）

新刊河洛真数后序

大凡士君子生天地间，得志则立功业于宇宙，垂勋名于不朽；不得志则隐居独善，或诗酒自娱，或著述立言，比比然也。曩昔文王拘羑里而演《易》，周公徂东山而系爻，仲尼生于春秋，历聘列国，道大莫容，乃删述《六经》，垂宪万世。

仰稽三圣，遐哉懋矣，诚莫与京。他如宋之图南陈希夷先生、康节邵尧夫先生，二公精通易理，阐明数学，隐居高尚，名显当时，声闻后世，诚所谓不朽者矣。

愚自髫岁，仰承庭训，游在山尚先生门下，习举子业，弱冠补庠彦，试南都五点额后遇异人，谓愚数奇不偶，值艮卦六二爻，且曰叠象，终为林下人。乃喟然叹曰："果如若言，命也，奈何！"遂浩然终养。弟禀性拙浊，耻同污流，离群索居，无可永日。闲观《河洛真数》与《皇极经世》《祝氏钤》诸书，聊以自娱。见其根源性命，义理渊深，安居乐玩，珍愈获璧。初则如水激石邈不相入，钻研既久，颇得大略。访求通者未获一遇，诚惧陈邵二公之学泯没失传，是以不揣鄙陋，检阅校正，屡易寒暑，缮写成帙，鸠工饬材，用寿诸梓，因书简末，以就正于四方之高明君子云。

时万历壬辰之秋金晶满鼎颍川野逸默庵李学诗顿首谨序

自古精《易》者，如焦延寿、京房，然皆不得其终，果数之不能逃耶？知进退存亡者，何至于是！可谓知《易》之数而不知《易》之理者矣。夫子曰："人皆曰予知，驱之罟、擭、陷、阱，而莫知辟。"其二公之言易欤？若康节之言，数乃超然，不可及矣。

附 录

故宫珍本丛刊版

增补详注六爻一撮金易数

中州 邵 雍 尧夫 著述
青田 刘 基 伯温 补注

序

邵康节先生一撮金易数，人珍秘枕，家奉蓍龟，奥义微言，随响而应，其源盖本于希夷先生《河洛理数》三百八十四章之词也。夫《河洛》一书，阐先圣不传之秘，发羲画精微之旨，洋洋浩浩，泄人生一世之先机，可谓广博而渊深矣。邵子以人未易窥测其妙，独取其爻意，参以己意，指人之迷，以资占卜。任取二字之画以数策，其内外之象卦既成，复求一字之画以策其爻辞而玩其占，令学者以至浅而测其至深之理，以至简而求其至验之详。

惜后人不明二字之外复求一字以占爻，遂只以二字成卦，仍以二字取爻。不知二字之数单则俱单，而双则俱双，卦成而爻随之，一定而不可移，故一卦只有三爻，奇则无偶，偶则无奇，而六爻不备矣。

后人又因其定数，遂弃其半，只用一百九十二爻以行世。殊不明《易》有六爻，而遗其半，非所以为《易》也。无怪乎有验、有不验者，乌得为全书哉？奎璧主人偶得刘诚意家藏先世秘本，备载三百八十四爻之辞，取之随事而占，其应如响。其法无难，但成卦之后，二字不用，再求一字以策之，则爻全象备而无不验矣。由此观之，则三先生之留心民事，指示稽疑，而预参休咎，使人知贞悔之正，趋避之宜，不外乎大易之全体，其淑世之功岂浅鲜哉？

时康熙壬戌春月望日琅琊王相[①]晋升甫识

校者注 ① 王相（1789-1852）：字其毅，号惜庵，清代著名藏书家、著名作家。祖上出自琅琊（今山东省临沂市）王氏名门望族，南迁至浙江钱塘后再迁秀水。其曾祖父王林曾在宿迁做过宿虹邳睢盐运同知，晚年去职，隐居宿迁，至王相时已入宿迁籍。他在56岁时，请当时的篆刻家徐泾（字子清）为他刻一方藏书印。印为方形、朱文，仿汉印文字，分布7行，刻49字。其文曰："为天地惜物，为朝廷惜贤，为祖父惜家声，为子孙惜阴骘，为家惜用，为自身惜福，为学业惜光阴，为年齿惜精神，为终生惜名节。"其著作有诗集《无止境斋初、续稿》8卷，《乡程日记》1卷，《井窥》2卷，《春明图说》1卷，《草堂随笔》24卷，《友声集》（正续集）等，均刻版印刷。

占例

凡占事者，随意先喝二字，计其笔画，以八除算。看卦，先一字为内卦，内卦者，下卦也。后一字为外卦，外卦者，上卦也。总看六十四卦中为何卦。

一乾天　　二兑泽　　三离火　　四震雷
五巽风　　六坎水　　七艮山　　八坤地

如字一画为乾天，二画为兑泽，八画为坤地。若九画复为乾天，十画复为兑泽，十六画复为坤地，十七画又为乾起。再喝一字，计其笔画，以六除算。看爻，如字一画为初爻，二画为二爻，六画为六爻。若七画复为初爻，十二画复为六爻，十三画又为初爻。

大率看卦以八除算，看爻以六除算，周而复始，自无差误。

卦　序

一	乾为天	天泽履	天火同人	天雷无妄
	天风姤	天水讼	天山遁	天地否
二	兑为泽	泽天夬	泽火革	泽雷随
	泽风大过	泽水困	泽山咸	泽地萃
三	离为火	火天大有	火泽睽	火雷噬嗑
	火风鼎	火水未济	火山旅	火地晋
四	震为雷	雷天大壮	雷泽归妹	雷火丰
	雷风恒	雷水解	雷山小过	雷地豫
五	巽为风	风天小畜	风泽中孚	风火家人
	风雷益	风水涣	风山渐	风地观
六	坎为水	水天需	水泽节	水火既济
	水雷屯	水风井	水山蹇	水地比
七	艮为山	山天大畜	山泽损	山火贲
	山雷颐	山风蛊	山水蒙	山地剥
八	坤为地	地天泰	地泽临	地火明夷
	地雷复	地风升	地水师	地山谦

目　录

☰ 乾为天

初爻：佳谋密用且潜藏，阳气方生运未强；
　　直待龙蛇兴变日，高攀仙桂始荣昌。
玉种蓝田，珠产深渊；潜龙一起，直上青天。

二爻：得意宜逢贵，前程去有缘；
　　利名终有望，三五月团圆。
仕途求谋，财喜重重；文书印绶，步广寒宫。

三爻：何须晓夜忧，转眼笑盈眸；
　　声名终遇合，目下暂淹留。
崎岖历尽，振动四方；风云际会，得遇明良。

四爻：欲行还止，徘徊不已；
　　藏玉怀珠，片帆千里。
财旺生官，必假陶镕；凡事心勤，福禄无穷。

五爻：变化升腾日，祥云绕足飞；
　　九天施雨露，万里尽光辉。
飞龙在天，利见大人；青云接足，振耳声名。

六爻：心戚戚，口啾啾；
　　一番思虑 一番忧，说了休时又不休。
犹豫不决，阴人持家；姻缘子息，虽好难夸。

☰☱ 天泽履

初爻：不远不近，似易似难；
　　等闲入手，云中笑看。
对面千里，间隔数重；不意而成，相生合荣。

二爻：月落事未完，物见人不见；
　　好借一帆风，奇哉真快便。
几番风雨，空惹人愁；浪静波平，顺水行舟。

三爻：桃李谢春风，西去又复东；
　　家中无意绪，船在浪涛中。
君虽守旧，改图而泰；迍邅反复，定损家财。

四爻：前忧后，后忧前；
　　彼此意留连，人圆月也圆。
进退维艰，忧疑反复；云散月明，且歌新曲。

五爻：狂风吹起黑云飞，月在天心遮不得；
　　时闲无事暂相关，到底依然无刻剥。
小人当道，君子端然；嫉妒行藏，仰赖神天。

六爻：古镜重磨扫旧尘，梅花先报陇头春；
　　天边贵客相携引，他日声名播九重。
处心中正，立志坚贞；蟾宫折桂，宴饮琼林。

䷌ 天火同人

初爻：久否终能济，时间离恨消；
　　　利名多得意，进步上青霄。
阳春一转，否极泰来；笙歌鼎沸，簇拥瑶台。

二爻：心和同，事和同；
　　　门外好施功，交加事有终。
三合六合，谋望亨通；庶人皆吉，喜就身荣。

三爻：伏兵林内久，三岁不能兴；
　　　静守无他恙，妄行不免惊。
乘势攻人，少吉多凶；但能谦守，吉庆相逢。

四爻：意孜孜，心戚戚；
　　　要平安，防出入。
思过忧生，内外难同；进退萦绊，交之必凶。

五爻：悲一番，笑一番；
　　　相战又相观，其中事却欢。
先忧后喜，先难后易；两两和同，必得奇遇。

六爻：一水绕一水，一山绕一山；
　　　水尽山穷处，名利不为难。
修真学道，只要心坚；如登万仞，希圣希贤。

䷘天雷无妄

初爻：事相扶，在半途；

　　翻覆终可免，风波一点无。

累岁奔波，今入道路；贵人指引，早贫暮富。

二爻：本无期望志，所得出无心；

　　攸往皆多利，相将遇好人。

心无妄念，自有盈余；得遇贵人，荐引吹嘘。

三爻：浅水起风波，平地生荆棘；

　　言语虚参商，犹恐无端的。

同席连戈，水底捞针；绣口狼心，随谬深沉。

四爻：德广位犹谦，且尽君亲道；

　　静听好消息，自有佳音报。

琢磨成器，志定心坚；中秋皓月，光射九天。

五爻：喜、喜、喜，春风生桃李；

　　不用强忧煎，明月人千里。

兰桂芬芳，浪暖三奇；红白天然，南北两地。

六爻：妄动谋为不必提，只宜守旧更操持；

　　恰如一朵月中桂，花开正值岁寒时。

只宜操守，不可妄为；欲求名利，且待春雷。

䷫天风姤

初爻：若言羸壮豕，居卑却上尊；
　　往凶宜莫进，退步是生门。
君子道消，小人道长；守静则吉，不利攸往。

二爻：欲济未济，欲求强求；
　　心无一定，一车两头。
意思欠诚，戒贪反得；双辔奚骑，牵挂有失。

三爻：前进足次且，提防小厉吁；
　　虽危无大咎，止步是安居。
欲行且止，擅动有灾；退身静守，喜笑言开。

四爻：居下当亲上，人心易散离；
　　事机终失一，万虑总成虚。
忠君孝亲，积善天锡；第方寸间，别生弗益。

五爻：中正居尊理合宜，以杞包瓜象所施；
　　若能守正相逢遇，猴兔牛蛇会有期。
以尊接下，附己招延；守其中正，乐以忘年。

六爻：见不见，需防人背面；
　　遇不遇，到底无凭据。
斟斟酌酌，暗矢难却；缄缄密密，全没下落。

䷅天水讼

初爻：嘹呖征鸿独出群，离飞羽翼更斜分；
　　云程正壮堪图进，好个名声处处闻。
官对万户，明伦序爵；赤心正直，常享安乐。

二爻：事不足，防反覆；
　　月落寒江，一荣一辱。
上下皆怨，时理未明；只宜退让，方免灾迍。

三爻：贵人相逢便可期，庭前枯木凤来仪；
　　好将短事求长事，休听旁人说是非。
福星照临，瑞产灵芝；近悦远来，谨慎便宜。

四爻：风吹云散月华明，枯木开花满户庭；
　　旧恨新愁俱撇下，须知从此复安荣。
好事重新，贞吉有余；优游自在，快乐安居。

五爻：檐前鹊噪正翩翩，忧虑全消喜自然；
　　一人进了一人退，下梢终有好姻缘。
好鸟飞鸣，笑傲优游；亲贤乐士，正是良谋。

六爻：有锡不须欢，时当隐遁安；
　　困来宜择避，枯木耐严寒。
得之莫夸，藏之为志；松柏青青，岁寒如是。

䷠ 天山遁

初爻：遁者宜恬退，阴阳迭盛衰；
　　晦藏能静守，方可免危灾。
路途艰险，难以提防；欲免灾迍，迹敛形藏。

二爻：兀兀尘埃久待时，幽窗静处有谁知；
　　若逢青紫人相引，财利功名自可期。
青灯黄卷，韬读书囊；雁塔标名，士庶沾香。

三爻：遁疾须防厉，非阴小事坚；
　　壮心谋大计，歧路要音传。
进退两难，都缘意悭；妒花风雨，月暗云间。

四爻：一得一虑，退后欲先；
　　路通大道，心自安然。
德本财末，知静能定；涉川涉野，如登坦平。

五爻：正值宜嘉遁，时和世吉昌；
　　宝中金玉出，瑞兆应祯祥。
三星应瑞，百福骈臻；时和岁稔，人寿年丰。

六爻：一番桃李一番新，谁识阳和气象新；
　　林下水边多活计，见山了了称人心。
花木森森，九曲源头；万物春回，旋乾洪钧。

䷋天地否

初爻：相引更相牵，殷勤喜自然；
　　施为无不利，愁事转团圆。
天神一指，竟入希夷；高厚任寰，四海相知。

二爻：独泛孤舟出翠微，花边钓处白鱼肥；
　　就中无限烟波景，钓罢金鳞满载归。
白萍红蓼，满目烟霞；卧游江海，醉倚浮槎。

三爻：无踪又无迹，远近终难觅；
　　平地起风云，似笑还成泣。
梦幻泡影，少得多失；不则灾殃，只身孤立。

四爻：失实谩高飞，宾鸿去未归；
　　山前一子立，信是好施为。
君子宜防，小人侵害；如若不成，其祸将大。

五爻：身不安，心不安；
　　动静两三番，终期事必欢。
三朝未全，条目自警；浩然越群，得遂生平。

六爻：泰极将成否，人心不顺从；
　　未宜有施用，虽正亦为凶。
否极泰来，泰极成否；天运循环，自然之理。

䷹ 兑为泽

初爻：去就无牵制，从容得意时；

　　　上交和且悦，吉庆更何疑。

两雨和同，一举成功；休疑休虑，风虎云龙。

二爻：玉出昆冈石，舟离古渡滩；

　　　行藏终有望，用舍不为难。

白璧非宝，更者两辞；红粉古剑，佳人烈士。

三爻：思虑多，心事难；

　　　驾危舟，过险滩。

心中扰攘，意乱神迷；道路艰险，慎保无虞。

四爻：难、难、难，忽然平地起波澜；

　　　易、易、易，谈笑平常终有忌。

纸尽墨干，书者更难；道义势利，舔舐则悍。

五爻：一堆草里蛙鸣鼓，三犬巢边夜吠家；

　　　剥厉有时终解散，一轮明月照丹霞。

来信小人，反疏君子；尤当警戒，以保终始。

六爻：乐之极矣悲将至，巽兑分明吉与凶；

　　　未能光大终幽暗，日落西山返照中。

喜怒哀乐，祸福明知；花间酒底，退步为奇。

䷪ 泽天夬

初爻：神黯黯，意悠悠；
收却线，莫下钩。
情惨意淡，不可勉强；衣禄改图，三竿日上。

二爻：浪内萍无定，山前木叶凋；
孤舟烟火静，惟见鹤冲霄。
心中恍惚，意乱神疲；潜身静守，飞鸟忘机。

三爻：虎伏在前途，行人莫乱呼；
路旁须仔细，灾祸自然无。
三人为患，休从不善；叮咛谨慎，损益须潜。

四爻：意踌躇，心恍惚；
云散月明，且歌新曲。
欲进不进，犹豫不决；侧耳潜听，阳春白雪。

五爻：所事纵云难，平地起波澜；
笑谈终有忌，事回心觉宽。
但为其作，知心而托；提防三寸，先忧后乐。

六爻：千里共徘徊，休倾别后杯；
暮天人影散，迟日照松梅。
进德修业，君子道长；以刚决柔，小人凶也。

䷰ 泽火革

初爻：意迷情不迷，事宽心不宽；
　　　要知端的事，犹隔两重山。
家人难和，姻缘在天；恋贪密匆，咫尺完然。

二爻：改革宜从缓，非宜遽变更；
　　　前程无阻滞，吉庆保元亨。
徐徐缓缓，革故鼎新；光前裕后，誉播声名。

三爻：道路迢遥，门庭闭塞；
　　　雾拥未分，云开见日。
门关户闭，半掩柴扉；风清月朗，物换星移。

四爻：改故始知新，更新事且宜；
　　　东风传信息，春色上花枝。
利害纷纷，施为变更；一阳动后，百事皆亨。

五爻：虎变高山别有期，贵人目下尚狐疑；
　　　雁来嘹呖黄花发，此际声名达帝畿。
革故鼎新，改换待时；专听秋声，名利皆宜。

六爻：君子更新日，他人亦面从；
　　　但宜居正吉，征治反为凶。
革终须变，君子端平；楼头雁过，只影孤鸣。

䷐ 泽雷随

初爻：欲渡江心阔，波清水自流；
　　前行风浪静，始可钓鳌头。

利涉大川，波平如掌；进步有功，帆轻潮长。

二爻：一事已成空，一事还成喜；
　　若遇口边人，心下堪凭委。

金珠落水，得宜其佳；相生相合，可托无差。

三爻：舍一人，就一人；
　　求谋有望，贵客相亲。

得失休嫌，有求必获；贵人指荐，黄金满屋。

四爻：鱼上钩，丝纶弱；
　　收拾难，力再著。

学贯天人，经纬未施；功加百倍，直上云梯。

五爻：爵禄加临吉有孚，震惊百里笑声呼；
　　月边自有人推毂，指日登坛手握符。

五居中正，上下孚诚；祯祥吉庆，福禄骈臻。

六爻：可蓄可储，片玉寸珠；
　　停停稳稳，前遇良图。

耒耜多粟，教子若珍；行程著实，凡事皆殷。

䷛ 泽风大过

初爻：心有余，力不足；
倚仗春风，一歌一曲。
足志多谋，奈何无云；东风借力，谈笑光荣。

二爻：满目好风光，红花又更香；
蟠桃三结子，一子熟非常。
花发根生，上下皆荣；婚姻子息，昼锦恩隆。

三爻：荆棘生平地，风波起四方；
倚阑惆怅望，无语对斜阳。
宿渭野蔓，舟陆有阻；以静待动，免得消疏。

四爻：凡事有迟速，逢龙是变乡；
月下相照户，自有好商量。
春花秋月，各有其时；盈虚消息，静里方知。

五爻：一人两事，一人两心；
新花枯树，须待交春。
恍恍惚惚，各逞精神；老蚌无珠，再理横琴。

六爻：水边忧，山下愁；
要平安，休往游。
不利干涉，恐有惊涛；安居静守，快乐逍遥。

䷮ 泽水困

初爻：困于株木，入于幽谷；
　　居暗之甚，三岁不觌。
心神不定，踌躇反复；云散月明，花藏深谷。

二爻：足不安，心不安；
　　两两事相得，忧来却又欢。
劳劳碌碌，安分无辱；重重得意，然后发福。

三爻：据困当谦下，乘刚更强为；
　　治家难保守，名辱且身危。
既困于石，据于蒺藜；妻犹不见，不祥可知。

四爻：目下志难舒，有客来徐徐；
　　金车难历险，吝必有终欤。
眼前守拙，长者频呼；满而不稳，坚固自余。

五爻：上劓而下刖，何当困益深；
　　若能恭祭祀，福庆自然臻。
用刚制柔，求益反损；同德相资，名扬财稳。

六爻：缺月恐难圆，残花不再鲜；
　　苦求名与利，到处遇迍邅。
凋零门户，谋望休图；直待阳春，祈福神助。

䷞ 泽山咸

初爻：意在关中信未来，故人千里自徘徊；
　　天边雁传书讯至，一点梅花喜色回。
切切思思，两地呻吟；陇头折枝，音信上林。

二爻：不宜轻易动，妄躁反为凶；
　　守静当安分，居然吉庆隆。
安居则吉，妄动则凶；闲中安分，有始有终。

三爻：休道事无成，其中进退多；
　　桂轮圆又缺，光景更揩磨。
休认作真，恐是虚言；满则必溢，须得从前。

四爻：慎始初爻日，感志在于勤；
　　贞正能坚固，忠诚久自明。
一动一静，一出一入；秋月春花，光彩焕馥。

五爻：事了物末了，人圆物未圆；
　　要知端的信，月影上阑干。
财动牵连，终朝淹延；若要安痊，白日青天。

六爻：有似无，无似有；
　　每劳心，闲费口。
多言招辱，图事难成；劳心劳力，久始安宁。

䷬ 泽地萃

初爻：细雨满桃腮，离情莫恨猜；
　　　东风须著意，花落又花开。
一人两心，-事两头；得人指点，信步登楼。

二爻：叹中生不足，内外见愁哭；
　　　云散月当空，转祸当成福。
半途之艰，啾唧之灾；玉兔生花，普照苜蓿。

三爻：上下皆相应，中心自叹嗟；
　　　攸往无小吝，无咎亦无差。
上下和同，来往匆匆；无灾无吝，百事从容。

四爻：言语参商，波涛鼎沸；
　　　事久无伤，时间不利。
卯东酉西，镬汤浪急；鬼崇临身，祈保脱体。

五爻：月已圆，花再发；
　　　事休休，无合杀。
缺月重圆，花开又鲜；事情未了，到底缠绵。

六爻：事中应有忌，路险风波易；
　　　欲往且迟迟，称心须得势。
迅雷暴电，飞砂走石；忡没福生，敢仗遮庇。

☲ 离为火

初爻：风动水生波，关心事若何；
错然履无咎，敬戒致天和。
旭日东升，焕彩光明；万方普照，共享升平。

二爻：谋已定，事何忧；
明月上重楼，云中客点头。
长久之计，贵乎良善；碧翁降祥，听乎数言。

三爻：日中须有昃，盛满必防亏；
大耋嗟凶吝，风波小艇危。
盛极必衰，否极泰来；小心谨慎，方免凶灾。

四爻：遇不遇，逢不逢；
月沉水底，人在梦中。
踏破芒鞋，未际明时；兔坠乌啼，觉来如是。

五爻：涕泣湘江水，还惊一水灾；
女人挥帽笠，回首又花开。
嗟叹不已，先忧后喜；满树花开，坐听绿倚。

六爻：诛戮中邦利出征，一朝获丑在王庭；
风衔丹诏归阳畔，得享佳名四海荣。
壮猷统兵，出新号令；讨殄匈奴，奏凯升平。

䷍火天大有

初爻：富贵易骄盈，当存敬畏心；

艰难常在念，灾祸永无侵。

自满招损，惟谦受益；忠正常存，神明助力。

二爻：一重水，一重山；

风波道坦然，壶中别有天。

北川东海，汉岭秦关；众星朝拱，日月循环。

三爻：偏宜君子道，进步与求名；

用享于天子，不利于小人。

求名逐利，君子相宜；前程远大，寿享期颐。

四爻：遇险不为忧，风波何足惧；

若遇草头人，咫尺天涯路。

平路若惧，涉江如步；学海文渊，风送皇都。

五爻：整肃威如吉，孚交内外和；

德因良辅弼，瑞兆福星多。

上下相济，中心符合；刚柔得体，国祚风和。

六爻：奇、奇、奇，地利与天时；

灯花传信后，动静总相宜。

三才之内，为人最贵；佳兆元神，助我而为。

䷥ 火泽睽

初爻：上下分，忧愁决；
　　千嶂云，一轮月。
君正臣忠，父爱子贤；一色澄清，万鬼鲜妍。

二爻：舍一处，就一处；
　　事要委曲自然成，时间目下两分明。
一得一失，中多委曲；反复周旋，方能成局。

三爻：鼎沸风波，孤舟渡河；
　　巧中藏拙，人事蹉跎。
滔滔白浪，稳坐渔船；半帆把舵，皆登彼岸。

四爻：独立虽无援，欣然遇故知；
　　云中佳信至，不必再狐疑。
独自徘徊，性情反复；一见佳音，心称意足。

五爻：船棹中流急，春花一去迟；
　　事宁心不静，不必再狐疑。
浮屠难抵，惜汝起早；徐疾徒然，空致烦恼。

六爻：恐惧正忧惊，虚空霹雳声；
　　须臾风雨过，皓月出层云。
旱苗遇雨，忧虑全消；风声鹤唳，静听松涛。

䷔ 火雷噬嗑

初爻：人倚楼，诒多愁；
坦然进步，事始无愁。
无语凭阑，遥观万里；行踏实地，百事可宜。

二爻：进亦难兮退亦难，登车上马且盘桓；
他时若得风云便，稳泛扁舟任往还。
举步多艰，利名未达；坐待春雷，飞腾奋发。

三爻：暗中防霹雳，猜忌浑无实；
转眼黑云收，拥出扶桑日。
幽有鬼神，阳有福德；亏心方去，先凶后吉。

四爻：始虽难，终容易；
箭入云中，吉无不利。
弓开矢发，射中孤鸿；等闲人平，百事兴隆。

五爻：堪叹枕边忧，更嗟门里闹；
意绪甚萦缠，心神亦颠倒。
家法难调，人伦失教；早须化解，紫荆重好。

六爻：灭耳何由致，多因听不聪；
不能依勤戒，更有灭贞凶。
枕畔忧愁，门中吵闹；意结勾连，心神颠倒。

䷱ 火风鼎

初爻：鼎颠利出否，因败已功得；
　　妾以其子成，从贵且恩荣。
片帆困阻，偶遇篷风；鹏程万里，步广寒宫。

二爻：小子出门庭，青衣久问程；
　　贵人稍助力，花谢子还成。
孩提逢篮，指引在前；重重喜至，定产英贤。

三爻：有物不能食，有马不能骑；
　　悔吝终须有，其中意不迷。
风风雨雨，凡事有阻；立志忠贞，免其劳苦。

四爻：鼎折足，车脱辐；
　　有贵人，重整续。
香火倾圮，弃如敝屣；吉人目盼，其家兴起。

五爻：鼎耳黄金铉，调羹实有功；
　　际遇文明世，贤良恰易逢。
门庭和霭，万物光荣；天然造化，不意而成。

六爻：贵客自相亲，功名垂手成；
　　获金领积德，仰望太阳升。
祖宗阴骘，帝星照临；紫府有缘，早荷恩荣。

䷿ 火水未济

初爻：桑榆催晚景，缺月恐难圆；
　　若遇刀锥客，方知有喜缘。
父母之年，光阴每催；苦参训子，成名心遂。

二爻：险难危疑际，经纶拯救时；
　　居中行正道，凶散吉相随。
野渡汹汹，濡尾有凶；前途休进，坐上春风。

三爻：万里片帆轻，波平浪不惊；
　　舟行无阻滞，远路便通津。
许子在游，名利两就；腰缠万贯，跨鹤扬州。

四爻：得志行其道，三年伐鬼方；
　　有赏于大国，恩威遍八荒。
得操其权，征伐必克；济困扶危，佩恩感德。

五爻：芰荷香里许恩材，桂魄圆时印绶来；
　　从此威名山岳重，光辉玉节位三台。
莲贯月辉，高升在秋；出将入相，职列王侯。

六爻：勿饮酒，恐濡首；
　　不知节，失是苟。
中心安义，自然保和；耽酒不节，失是奈何。

䷷ 火山旅

初爻：琐琐不堪云，灾生迫近身；
　　志穷徒费力，四望野云屯。
空言无益，复费精神；慎言谨守，方免灾迍。

二爻：愁脸放，笑颜开；
　　秋月挂高台，人从千里来。
人去天外，倚望未回；喜皓魄明，游子荣归。

三爻：逆旅焚其次，俄然灾咎侵；
　　资财多丧失，僮仆亦离心。
孤鸿嘹呖，哀鸣独宿；旅次逢灾，丧其僮仆。

四爻：花落正逢春，行人在半程；
　　事成还不就，萦绊二三旬。
两月之内，孕产跨灶；求利未济，主人即到。

五爻：雉走开弓用矢图，须知浑使费工夫；
　　云霄紫气来相照，万里鹏程接太虚。
开弓发矢，努力存神；好音天降，得意前程。

六爻：憔悴无人问，林间听杜鹃；
　　一声山笛月，千古暗销魂。
隐居求志，忍听啼血；疏水攀仓，观泉鬓雪。

䷢ 火地晋

初爻：须著力，莫遨游；
　　长竿钓向蟾蜍窟，直欲云中得巨鳌。
磨穿铁砚，敲针作钩；朱衣点额，独占奎首。

二爻：一悲复一喜，受兹介福矣；
　　受其于王母，春风妍桃李。
愁云敝户，如扫埃尘；赐尔多福，推诚奉亲。

三爻：两两意和同，轻帆遇便风；
　　道逢人得意，凯歌急流中。
友人一口，顺送岸舟；经营满载，得意良谋。

四爻：念念多忧失，营谋思虑深；
　　持孤一女子，鼠叫厉方贞。
忧念萦怀，愁眉不开；阴人独立，暗想胡猜。

五爻：万里涉江山，风波尽日闲；
　　已吞钩上饵，何必虑波澜。
百年注定，枉用心机；笼鸡野鹤，贤愚知时。

六爻：志未成，道未合；
　　云遮月暗，风吹叶落。
谋求未遂，百事维艰；风云遮闭，上有青天。

䷲ 震为雷

初爻：虩虩方震惧，周旋要谨防；
　　笑言还自适，灾祸变为祥。
霹雳震惊，不见其形；笑言未信，灾疾不侵。

二爻：无踪又无迹，远近终难觅；
　　旱海莫行舟，何劳空费力。
万虑俱空，所失休寻；陆地使帆，善守者津。

三爻：沧海波涛涌，扁舟又遇滩；
　　但存心里正，可保汝平安。
惊惶失志，进退无计；素位而行，清修日著。

四爻：白玉隐尘，黄金埋土；
　　久久光辉，也要人举。
有珠不吐，谁识是宝；床头万贯，交其有道。

五爻：心若千围甑，底事明如镜；
　　进退有猜疑，风波犹未定。
存心忠厚，立志高明；行坚德重，万里鹏程。

六爻：细雨濛濛湿，江边路不通；
　　道途人未达，凭仗借东风。
淹延阻滞，勿事勿宜；且待阳生，好音将至。

䷡雷天大壮

初爻：江阔渡无船，惊涛恐拍天；
　　月明云淡处，音信有人传。
早出则有，迟行不就；中秋露重，在此时候。

二爻：梨花开，正是春；
　　若言心下事，宜得一番新。
谦谦君子，贞吉无凶；利名双得，和霭春风。

三爻：平地起风烟，时下未能安，
　　但过三五月，高处觅姻缘。
久居其间，事起萧墙；须借明镜，方免灾殃。

四爻：久静宜思动，灾消福自随；
　　利名无阻滞，任意好施为。
谋为快便，转否成泰；进无所阻，前程远大。

五爻：正直宜守，妄动生灾；
　　名达利通，叶落花开。
端然卓立，不宜出游；早凋晚翠，定在三秋。

六爻：君子如行壮，深虞戒过刚；
　　触藩难进退，谁道可无伤。
凡事谨慎，不可躁为；妄行无益，免致伤悲。

䷵ 雷泽归妹

初爻：归妹成于始，香浮水岸中；
　　　桃李芬芳日，花开似锦丛。
两意和同，桂蕊蟾宫；香风袭袭，步月登龙。

二爻：门外事重叠，阴人多遇合；
　　　贤女虽助巧，渺渺终难洽。
美玉无瑕，黄金失色；两子之掩，互改其宅。

三爻：巽女今归后，安然福有余；
　　　白衣人送喜，喜得一封书。
旧事迟迟，新缘频聚；花开月圆，几多时候。

四爻：缺月再圆，枯枝又鲜；
　　　一条坦路，翘首青天。
危兮复安，否兮泰来；足蹑古道，悦而康哉。

五爻：心存柔顺德，中正以谦行；
　　　如月方几望，惟当戒满盈。
才全德备，运用无穷；功名利达，福泽丰隆。

六爻：美红颜，休挂怀；
　　　人在军中，舟行水里。
佳人绿鬓，建确之体；恍惚乱行，素手呻吟。

䷶雷火丰

初爻：风波多历过，浪静如平渡；
　　行藏不费心，直达青云路。
辛苦曾经，操持老成；公车此去，有分前程。

二爻：日中辰见斗，先暗后须明；
　　上下相交遇，祯祥吉庆临。
阴阳错置，先难后易；相遇相投，瑞嘉骈集。

三爻：纷纷复纷纷，欷嘘独掩门；
　　敛眉望灯火，伴我坐黄昏。
沾衣不湿，吹面不寒；邻家晚烟，偷光展卷。

四爻：日中见斗因邪蔽，
　　正大光明彻九霄。
怀玉藏珠，得展霓虹；天香惹袖，信步蟾宫。

五爻：门内佳音来，生涯应有庆；
　　名利有更迁，雁行终拆阵。
青鸾报喜，财遂名成；同胞别业，各习一经。

六爻：风雨催花急，歌来却似悲；
　　夕阳当晚景，斜月上朱扉。
明暗未分，曲直未定；笑里藏刀，仰而未信。

䷟ 雷风恒

初爻：深潭月，明镜影；
　　一场空，妄报信。
名利虚荣，自到莫闻；夜静钗损，空照一轮。

二爻：风引雏飞入九霄，岂辞云路出逍遥；
　　翱翔得遇西风便，从此声名四海标。
君子当亨，前程无滞；一鹿持书，青云得志。

三爻：桥已断，路不通；
　　登舟理楫，又遇狂风。
上行无桥，下渡无舟；且自安分，免受忧愁。

四爻：井底探明月，风前拂羽毛；
　　工夫何太拙，只恐不坚牢。
畋猎无获，求谋未通；劳心费力，虽久无功。

五爻：湖水悠悠，孤舟浪头；
　　来人未识，残月山楼。
隐隐峰峦，片帆风卷；野岸山居，休认从权。

六爻：名利不和同，骤雨更狂风；
　　东风何事不相惜，吹落残花满地红。
只宜静守，振作无功；躁动防变，恐致于凶。

䷧ 雷水解

初爻：攀月桂，步蟾宫；
名标金榜，宴饮琼林。
秋风得意，大展经纶；玉堂佳器，振武维文。

二爻：万水波涛静，一天风雨间；
利名无阻隔，行路出重关。
青山不改，绿水长流；功名富贵，两次求谋。

三爻：小人当负荷，乘马反为忧；
自我招戎寇，虽贞亦致羞。
指实无实，两三劳役；欲休未休，全无端的。

四爻：湖海意悠悠，烟波下钓钩；
若逢龙与兔，名利一时周。
将台老叟，持竿为由；卯辰联捷，归佩封侯。

五爻：邪党散去，正直明来；
诚信相应，有德无灾。
秉公持正，进贤用能；德业日新，福量洪深。

六爻：一箭青云路，营求指日成；
许多闲杂语，番作笑歌声。
易长易退，易反易复；直上长安，加官进禄。

䷽ 雷山小过

初爻：物不牢，人断桥；
　　　重整理，慢心高。
圮桥栈道，退顺进逆；度入量出，妄为无益。

二爻：恭让且贤良，忠贞自吉祥；
　　　立身行正道，灾祸不侵伤。
去留皆可，不用忧愁；光明正大，任意谋求。

三爻：深户要牢扃，须防暗里人；
　　　莫言无外侮，纵好受邅迍。
居地不安，勿虚门庭；更易改变，免堕陷阱。

四爻：位高而处卑，功高而居让；
　　　随时且变通，福星多兴旺。
小人道长，君子空防；随机应变，转祸为祥。

五爻：空、空、空，空里得成功；
　　　蟠桃千年熟，不怕五更风。
白手兴家，辛苦中来；丰衣足食，苗插桑栽。

六爻：以阴居过极，飞鸟致凶灾；
　　　若能守谦抑，祯祥福庆来。
心乱如麻，妒雨催花；狂风顿止，云散月华。

䷏ 雷地豫

初爻：梦中人，潭里月；

有影无形，圆中防缺。

轰雷震地，鸣豫初凶；心怀抑郁，忧闷忡忡。

二爻：凿石得玉，淘沙得珠；

眼前目下，何用踌躇。

千磨百炼，务本勤耕；不负寸阴，获璧遗金。

三爻：闻不闻，见不见；

只缘好事也多愁，更防暗中人放箭。

进退无定，心志不安；忧疑未决，何日心宽？

四爻：名遂勿忧煎，春风路坦然；

更垂三尺钓，如意获鳞鲜。

功成业就，乐道优游；有田可耕，有水垂钓。

五爻：日月蔽朦胧，光辉不可通；

几多江海客，进退未成功。

君居贞疾，人臣反刚；秉权倚势，惟恐中伤。

六爻：得钓寒潭，中途兴阑；

水寒鱼不饵，小艇月明还。

食风早去，宿水更阑；烟波名利，到头皆闲。

䷸ 巽为风

初爻：进退须防险，刚中利武贞；
　　　巨舟千里泛，东北振名声。

出入忧疑，少实多虚；惟宜振武，坐拥高车。

二爻：下着占先机，其中路不迷；
　　　目前无合意，怎免是和非。

世事如棋，见机而著；周急扶危，可保安乐。

三爻：因吝得疑猜，疑猜事莫谐；
　　　影端形自直，正己律人乖。

志穷力尽，猜疑则甚；遇巳逢辰，谋为可定。

四爻：江海悠悠，烟波下钩；
　　　六鳌连获，歌笑中流。

乾坤浩荡，四民百工；丝纶持定，万事从容。

五爻：图前当虑后，揆度复叮咛；
　　　举事虽先阻，终须获吉亨。

鹊声报喜，燕语传情；两庚命令，所以终贞。

六爻：一月缺，一镜跌；
　　　不团圆，无可说。

不叩自鸣，铜山西崩；子不离母，万物还元。

☴☰ 风天小畜

初爻：同心方合志，吉庆亦相成；
　　守正安常道，前程自显荣。

云散天青，轻舟宿汀；东方日出，乐亨天真。

二爻：金鳞入手，得还防走；
　　若论周旋，谨言缄口。

休言容易，守口如瓶；物收仔细，防意若城。

三爻：阴长阳消事可伤，夫妻反目废纲常；
　　断桥走马须当慎，脱辐辕车更忖量。

阴胜阳衰，以致内乖；存心守正，可免凶灾。

四爻：上下不和同，劳而未有功；
　　出门通大道，从此保初终。

思之为美，终无怨心；众口一心，概地黄金。

五爻：彼此相孚信，自能通有无；
　　他时逢患难，众力亦帮扶。

石中韫玉，顽铁成金；鹏程万里，不用劳心。

六爻：欲迁而不迁，喜处若勾连；
　　倘得阴人助，鱼龙出大渊。

出入未定，得幽中济；舍己从人，一跃千里。

䷼ 风泽中孚

初爻：一点著阳春，枯枝朵朵荣；
　　志专方遇合，切忌二三心。
寂寂寥寥，投分难交；但得东风，深培根苗。

二爻：鹤鸣和子本诚心，千里相传自有音；
　　谋望须成图心遂，两重喜事在秋深。
月映层楼，帘垂玉钩；银蟾千里，光满清秋。

三爻：欲行还止，徘徊未已；
　　动摇莫强，得止且止。
三心两意，不决怀疑；且自守己，枉用神机。

四爻：翠减红妆思异缘，倚栏惆怅闷恹恹；
　　多情不得同欢庆，辜负春三二月天。
多阻多忧，或悲或喜；瞬夕韶光，顷刻千里。

五爻：倾一杯，展愁眉；
　　天地合，好施为。
情绪关心，嗟叹呻吟；若问前程，孝顺双亲。

六爻：鸡岂登天翼，虽贞亦且凶；
　　花开逢骤雨，又怕五更风。
不宜妄进，恐有疏虞；谨身保守，方免差池。

䷤风火家人

初爻：治家元有道，所贵在提防；
　　　成法宜先定，当于未变详。
处中能正，家道自昌；庭前膝下，两两双双。

二爻：一镜破，照两人；
　　　心中结，合同心。
鸾凤钗梳，各怀一股；两次新人，和鸣旧普。

三爻：家人怨，妇女嘻；
　　　凡事少留迟，终多吝与厉。
桃李映门，溪山绕屋；外象有余，内中不足。

四爻：珠玉走盘中，田园定阜丰；
　　　休言心未遂，此去一时通。
田舍山人，贯朽粟陈；珍奇上献，奏名功成。

五爻：中正居尊位，交相爱六亲；
　　　怡然家道顺，百福自来臻。
相爱相助，和气盈前；名成利就，不用忧煎。

六爻：心下事悠然，周旋尚未全；
　　　逢龙终有庆，人月永团圆。
妻财子禄，常挂不足；三五良宵，金辰为福。

䷩ 风雷益

初爻：大事可成功，有益还无咎；
　　　云中执鞭人，报在三秋后。
功名富贵，吉神相佑；金菊芙蓉，桂芳时候。

二爻：得损还须益，获宝可荣归；
　　　片帆千里远，其中三雁飞。
欲动欲静，可羡可奇；水边活计，名利皆宜。

三爻：无踪无迹，远近难觅；
　　　旱海莫行舟，何劳空费力。
追风捕影，水底捞月；失物休寻，弄巧成拙。

四爻：得中行正道，益下以为功；
　　　到处无相碍，何人不听从？
桂蕊芬芳，花开玉堂；名登天府，袖惹衣香。

五爻：子结残花，花开枯树；
　　　屋头春意，喜笑嘻嘻。
少时不利，老来安逸；晚景岂条，儿孙得力。

六爻：求益不知止，人情恐恶盈；
　　　立心无恒定，外变忽然生。
当进逢凶，当退亡危；水边木上，花成月亏。

䷺ 风水涣

初爻：云静月当空，光辉到处通；
　　道途逢顺水，千里快如风。
玉兔独明，普照万方；名利得意，不用心忙。

二爻：时方当涣散，尚有所依承；
　　俯就知心事，危中亦可凭。
危中获安，理能御气；不用忧煎，终须遂志。

三爻：望处几重山，高深渐可攀；
　　举头天上看，明月出人间。
困守经年，盘藤而旋；步入贤关，五福俱全。

四爻：宾主两同心，同心事可成；
　　江风吹好梦，跨鹤上青云。
大人利见，大川利涉；元吉前程，光大可决。

五爻：不归一，劳心力；
　　贵人携，宜借力。
费尽波查，所作无益；必借东风，从此多积。

六爻：去血斯无咎，居当远害伤；
　　桃花方结实，纵好怕经霜。
远之不伤，近之不律；相反相违，笑颜如泣。

䷴ 风山渐

初爻：已达平安地，前途好进程；
　　　绿杨芳草地，风快马蹄轻。
养志林泉，笑傲优游；风清月朗，舟泊岸头。

二爻：阆苑一时春，庭前花柳新；
　　　鹊声传好信，草木尽欣欣。
蓬莱瑶岛，三山福地；茂林阴翳，桃源无比。

三爻：花结雨泥中，摧残任夜风；
　　　幽窗休叹息，犹在梦魂中。
征鸿在陆，夫征不复；凶利御寇，妇孕不育。

四爻：欲捉月中兔，须凭桃李梯；
　　　高山来接引，双喜照双眉。
丹桂高攀，姮娥宫里；子贵孙贤，联登高第。

五爻：久否未通泰，前途渐坦夷；
　　　终须偕素愿，折取最高枝。
百凡谋望，先难后易；顺水行舟，遂心如意。

六爻：迷不迷，宽不宽；
　　　一场双喜，徐出重关。
升楼去梯，恋五车书；利名有分，不负冠儒。

䷓ 风地观

初爻：野鬼暗张弧，射中主人惊；
　　红日沉江海，空中事不成。
心田可种，典谟可耕；正大光明，任尔闲争。

二爻：卦体俱柔顺，窥观利女贞；
　　达人当大显，窥视岂刚明。
乐处安身，观察民情；秋来豹变，见虎不惊。

三爻：双燕衔书舞，指日一齐来；
　　寂寞淹留客，从兹下钓台。
尘埋数载，且待时来；一日身荣，喜笑盈载。

四爻：得为霖雨润丝纶，正值花开锦绣春；
　　麟阁标名成国器，坐观变化应文明。
仕途显达，得志亨衢；门庭吉庆，福禄有余。

五爻：云霭霭，月朦朦；
　　一雁入林中，残花谢晓风。
碧空薄雾，孤鸿独唳；烟花败柳，一阳再辉。

六爻：君子能观省，修身克尽诚；
　　不观心自化，神志始安平。
高眼垂青，幽居必贞；一封锦字，千里帆轻。

䷜ 坎为水

初爻：海底珠难觅，须防坎陷凶；
　　　栽培无限力，春尽一场空。
似易似难，中有间关；风在浪大，舟浅沙滩。

二爻：梦里说江山，波深下钓难；
　　　利名终有望，目下未开颜。
文魔著尔，且待其时；天涯有路，徐徐而入。

三爻：舟行防水厄，车破不堪行；
　　　且守坎中险，防危勿用惊。
且不可近，亦不可亲；雨中花落，云散月明。

四爻：莫怪事迟留，休言不到头；
　　　长竿终入手，一钓上金钩。
少壮未遂，好合厮守；利名终济，莫用忧愁。

五爻：喜鹊噪前楹，惊回梦不成；
　　　虽然无个事，也虑是非行。
满而不溢，中平无咎；高而不危，终能俯就。

六爻：疑、疑、疑，一番笑后一番悲；
　　　落红满地无人扫，独对西风掩黛眉。
百岁人生，光阴有几；昔畏君扳，今谁扫矣。

䷄ 水天需

初爻：过尽山前后，艰阻往来难；
若得清风便，扁舟渡远山。
北去南来，几许杜鹃；利求西东，衣食丰隆。

二爻：险难将相及，刚中且待时；
浮言虽小害，终是吉无疑。
欲进防危，安居必虑；水边花下，欣然而遇。

三爻：君子升，小人阻，征战生离苦；
前有吉人逢，信在马牛人在楚。
事可忧，要营求。
胡笳一曲，别泪千行；君哉努力，金印还乡。

四爻：有阻亦有节，先忧后吉趋；
谨慎终无败，灾消祸亦消。
欲进不稳，且退便休；宜正宜顺，可望可求。

五爻：久历惊涛，东风便好；
太平身退，目下尚早。
踏遍红尘，雷鸣春雨；不用嗟吁，一丈而遇。

六爻：不速三人至，相逢敬待之；
得全实主意，恩泽四方施。
不期而会，皆缘前定；德沛恩荣，宜恭宜敬。

䷻ 水泽节

初爻：户庭不出姓名香，安乐林泉道自昌；
　　如待四方重照日，捧持君节出金方。
深居静处，笑乐优游；贵知通塞，却胜公侯。

二爻：休眷恋，奔前程；
　　终闹乱，出门庭。
恩爱休贪，图而无益；禄马匡扶，行而多力。

三爻：立身从俭约，财禄自丰盈；
　　安节常能守，施为尽坦平。
先嗟后笑，破屋重修；若问谋为，宜在三秋。

四爻：用则行，舍则藏；
　　一鹿出重关，佳音咫尺传。
旋弥六合，卷藏于密；君占前程，听鸣蟋蟀。

五爻：喜鹊噪高枝，何愁是与非；
　　灯花传信后，宴罢醉扶归。
居位中正，甘节之吉；志在四方，挺然而立。

六爻：渴穿井，饥画饼；
　　漫劳心，如捕影。
藏器待时，事预则立；勿至临期，济之何及？

䷾ 水火既济

初爻：鹿逐云中出，人从月下来；

　　新欣生脸上，不用皱双眉。

欢从天降，远觅衣禄；千里相逢，且歌新曲。

二爻：时方云既济，遽进却非宜；

　　思虑惟能谨，灾消福有余。

推车濡尾，无咎可忧；千里行人，既济扁舟。

三爻：入而易，出而难；

　　恹恹到再三，交加意不堪。

进退两间，前程分限；且交九九，可望山山。

四爻：落红满地乱交加，一点中心事若麻；

　　若得贵人相指引，春风桃李又开花。

志心诚意，中正自持；自然发福，何必待时！

五爻：施积将贻后，牲牢享近神；

　　功名成两字，回首一时新。

祖宗阴骘，祭祀血食；一线牵连，先空后得。

六爻：小舟防滞患，秋木忌调残；

　　纵有登临兴，中途兴已阑。

事多更变，慎防是非；月明云掩，久久光辉。

䷂ 水雷屯

初爻：不得进步且盘桓，大得民心众所欢；
驻马问人溪上路，一重山绕一重山。
守正不失，德业惟新；近谋远遂，贵客通津。

二爻：事迟志速，而且反复；
直待岁寒，花残果熟。
功名事业，自有时节；松柏梅花，能耐凛冽。

三爻：逐鹿还失鹿，求名未得名；
林中有佳信，去后尚荣荣。
迍邅不利，心多犹豫；凡事缓图，不可强取。

四爻：乘马班如，求婚贞吉；
随时谐议，缺月重明。
乾元亨利，禄马两全；小登科第，百世因缘。

五爻：凡占小事吉，欲卜大谋凶；
膏润无施展，虚名未有功。
舍屯宜守，妄动无功；虚名虚利，到底成空。

六爻：不足不足，难申心曲；
野塘雨过月如钩，梦断邯郸眉黛蹙。
巫山起雾，此心自悦；雨过南轩，上弦新月。

䷯ 水风井

初爻：月在云间，昏迷道路；
　　　云收月明，皆宜进步。
玉兔分明，人间虔祷；山斗垂光，营求方妙。

二爻：九仞居成后，千重不惮劳；
　　　要逢欣乐地，先必见号咷。
居贞无应，困辱何尤；清静为贵，当戒妄求。

三爻：安静事难疑，云中一雁飞；
　　　桃花逢骤雨，水畔女频啼。
栖止不定，听孤鸿声；蓝桥水涨，天台路疑。

四爻：开物重修治，欣然巧匠逢；
　　　青松四时秀，不畏雪霜风。
春色枝头，光映玉楼；佳音可待，谈笑功收。

五爻：美有甘，甘有美；
　　　始有终，终有始。
一路功名，始末奇才；调羹之臣，职列三台。

六爻：博施能济众，时可大施为；
　　　有孚休厌倦，元吉大亨通。
可储可蓄，尺土寸珠；停停稳稳，还大良图。

䷦ 水山蹇

初爻：岸园水深舟易落，路峰山险步难行；
　　从容自有通津处，目下幽窗日未明。
峻岭江城，戒尔登临；目前幽暗，他日光明。

二爻：蹇利西南吉，须防东北时；
　　鞠躬能尽力，终到凤凰池。
蹇而又蹇，谨慎从容；利名终遂，定步蟾宫。

三爻：事虑淹留，人不彻头；
　　往来闭塞，要见无由。
侯门海深，不得而入；早宜回首，乃为多益。

四爻：欲上青云路未通，几番思虑付东风；
　　水边音信重回首，财利声名两得从。
小艇遇风，急宜回避；浪静风收，方才得济。

五爻：道路任招呼，风波一点无；
　　时间心绪乱，全仗贵人扶。
吉人指教，方可同途；心神恍惚，守自有余。

六爻：二月东风满上林，西风爽朗月华明；
　　蟾官丹桂高攀折，倒缀仙桃向禁庭。
一对鸳鸯，日暖荷芳；山明水秀，环佩叮当。

䷇ 水地比

初爻：建国安邦比牧侯，和民蓄众乐忘忧；
　　　群鸿列阵飞霄汉，彩凤高腾万里游。
林木芳菲，景物鲜新；旗开得胜，箭中红心。

二爻：一人去，一人来；
　　　清风明月两相猜，获得金鳞下钓台。
山中宰相，江湖廊庙；循环林泉，笑傲逍遥。

三爻：口舌终须有，金樽恐有伤；
　　　污泥难出没，特拔在忠良。
逢凶化吉，遇难成祥；山前白石，尽化为羊。

四爻：无端风雨催春去，落尽枝头桃李花；
　　　枕畔有人歌且笑，教君心下乱如麻。
柳陌花街，娇妖裙钗；欢娱宿债，善脱奇哉。

五爻：比贵相亲辅，虽常助太阳；
　　　佳珍良匠琢，得宝在坤方。
老蚌产珠，石中怀玉；浪静波平，云中鹤鹿。

六爻：喜未稳，悲已遭；
　　　大雨狂风吹古木，人人尽道不坚牢。
乐且未周，忧而即有；虽云根深，还防樵手。

䷳艮为山

初爻：不分南北与西东，干禄求财事事通；
步入青云终有路，此回成始又成终。
陆行乘马，水路登舟；前途平稳，无虑无忧。

二爻：易非易，难非难；
欢须两三番，忽地起波澜。
能尽思退，能健思艰；安得如初，久令勃然。

三爻：忧在萧墙内，将来悲见伤；
预防于未见，可转祸为祥。
乱绪纷纷，作事屯屯；修身律己，可免灾侵。

四爻：止、止、止，有终有始；
似月如花，守成而已。
知足知止，一生少耻；物色天然，风恬雪霁。

五爻：言皆中正理，悔吝自然亡；
莫叹成功晚，春来事事昌。
中正立身，藏器待时；得逢大运，不在早迟。

六爻：宝镜无尘染，金貂已剪裁；
已逢天意合，终不惹尘埃。
清光明爽，兴造物游；良友契合，肥马轻裘。

䷙山天大畜

初爻：飘然一棹去如梭，万里风涛得意过；
　　直欲钓鳌终有得，蓬瀛此去路无多。
云散风收，好驾扁舟；名成利就，直在三秋。

二爻：蜗角蝇头利，而今已变通；
　　草头人笑后，宜始不宜终。
功名事业，谁不欢悦；过则伤廉，如日照雪。

三爻：乘骑求谋进利贞，傲霜松柏四时青；
　　云中相送仍相赠，龙虎成名禄位尊。
姻缘配偶，相合相宜；功名富贵，愈出愈奇。

四爻：鹊噪高枝上，人行古渡头；
　　半途事不了，落日转生愁。
鸟鸣非喜，中道而废；目前奇迹，久则不济。

五爻：浪隐波平好下钩，何须疑虑两三头；
　　蟾光皎洁云霞净，照彻乾坤百二州。
功高德重，辅佐良臣；调羹和鼎，永播声名。

六爻：事有喜，物有光；
　　终始好商量，壶中日月长。
交之以道，接之以礼；先后如初，可托万里。

䷨ 山泽损

初爻：喜喜喜，终防否；

获得骊龙项下珠，忽然失却还沉水。

金蛋鸥禽，沧江几深；两羽到手，珠落雄寻。

二爻：望断浮云事转虚，相逢陌上意踌躇；

当时许我平生事，及到终时不似初。

欢欣好恰，香成一梦；云散月明，桓苗三弄。

三爻：事未完，心未安；

疑虑久，得安然。

本末先后，周之则安；彷彷徨徨，思之则全。

四爻：银汉净无云，天中月正明；

若逢龙与虎，唾手得前程。

事事团圆，岂非偶然；得逢良匠，指点真传。

五爻：剖石得玉，掇玉得珠；

眼前目下，何用踌躇？

且勤淘沙，而得真金；虽用坚心，造化在人。

六爻：惠而无所费，酌损得其宜；

人乐来归己，安然福禄齐。

先损后益，自然贞吉；雪里梅花，欣逢暖日。

䷕ 山火贲

初爻：乘车不用却徒行，千里驰驱道未平；
　　林内虎声惊复啸，几回心绪更纷纷。
先劳后益，不用忧煎；遇牛逢马，使得安全。

二爻：月已圆，花再发；
　　事悠悠，无不合。
求谋远遂，一色鲜妍；情同鱼水，天意人缘。

三爻：门庭多喜庆，润色更增光；
　　直待龙逢虎，金兰自有香。
东风借力，好向天涯；大人荐引，明月芦花。

四爻：曲中应有直，心事还成寂；
　　云散月重圆，千里风帆急。
方能制圆，绳能制直；思行遇明，远行有益。

五爻：好事从天降，门阑喜气新；
　　去奢从俭约，终保大元亨。
一物可守，一事挂口；水落月圆，自然长久。

六爻：明月重圆，颜色欣然；
　　风云相送，和合万年。
好事在天，从人之善；龙虎际会，世系绵绵。

䷚ 山雷颐

初爻：红叶无颜色，凋零一夜风；
　　　邻鸡醒午梦，心事总成空。
才子佳人，新诗和应；午夜鸡声，觉来泡影。

二爻：舍东以就西，重山可立基；
　　　江边人过处，一女抱寒啼。
龙行往东，羊走向西；堆金积玉，双果花枝。

三爻：事宜休，理多错；
　　　日掩云中，空成蟾阁。
且停妄为，□逢巫事；□有阻隔，物作虚无。

四爻：虎视眈眈吉可舒，山前著力度须臾；
　　　功名自有泰来日，遇鼠逢牛使可图。
事防颠坠，交宜和气；谋望必成，先难后易。

五爻：进不安，退不可；
　　　上下相从，明珠一颗。
出入突兀，吞却针线；强勉周全，必动金钱。

六爻：迢迢临水复临山，路出西南涉大川；
　　　若得东风相助力，功名财利两全完。
忠节久持，逢君不迷；舟平浪静，任意施为。

䷑ 山风蛊

初爻：潎极宜修整，前人旧有规；
　　意承须改变，损益亦随时。
忠贞诚实，可委可托；谨慎周旋，无差无错。

二爻：暗去又明来，忧心事可谐；
　　终须成一笑，目下莫疑猜。
朝云暮雨，必然口变；情感肺腑，意惹思连。

三爻：久弊应难革，须防损失多；
　　见机知进退，终是保安和。
月有亏盈，河浊又清；纵逢歹事，端坐不惊。

四爻：可以委，可以托；
　　事迟迟，无差错。
用人得力，必没谄谬；从容进步，万事皆就。

五爻：一月出层云，江河彻底清；
　　湛然无点翳，谋望等闲成。
笑傲优游，不事王侯；浮云变态，乐隐田畴。

六爻：深渊可钓，幽林可罗；
　　只用恒心，不必狐疑。
求谋有望，最要心专；见兔放鹰，高矢低筌。

䷃山水蒙

初爻：门外起干戈，亲朋两不和；

朱衣临日月，始觉笑呵呵。

嫌贫妒富，五亲不睦；是非逸散，公处雀角。

二爻：花谢枝头果实多，好音来矣莫蹉跎；

含容纳妇宜家吉，不比初谋悔吝过。

片月渐明，花残又新；半途不了，此举欢欣。

三爻：取女无攸利，花开又及秋；

严霜将荐至，退步不存留。

姻戚不久，谋事缓求；叶落经秋，小子啾啾。

四爻：穷困方蒙昧，中心吝可忧；

须求诚实者，方可免贻羞。

宜戒花酒，莫恋外财；志诚谨守，百事方谐。

五爻：乘病马上，危坡防失，跌见蹉跎；

行舟走马，防覆慎仆；登高恐危，省免劳碌。

六爻：万里统征戎，威武冠群雄；

借问成功日，风虎会云龙。

彼方蒙昧，须用意攻；当宜谨密，多吉少凶。

䷖ 山地剥

初爻：上接不稳，下接不和；
　　相缠相扰，平地风波。
动则多损，安则有益；内外消索，全不得力。

二爻：床剥转侵残，谋安未见安；
　　晚江桃李绽，惊蛰雪霜寒。
休陷他人，须防自身；若能守正，方免灾迍。

三爻：玉石犹蒙昧，那堪小侮多；
　　终无咎，笑呵呵。
阴霾蔽日，霪雨浸花；碧天云敛，明朗方佳。

四爻：剥至事堪伤，阴人恐在床；
　　朝云无定处，暮雨又何方。
枕畔相思，犹如暗日；风雨催残，退身为吉。

五爻：圆又缺，缺还圆；
　　低低密密要周旋，时来始见缘。
月有弦晦，人有富贫；天地无心，滕阁吹吟。

六爻：至德覆群阴，爻辞君子贞；
　　一朝丹诏至，好待及时迎。
君子得舆，小人剥庐；贵在中正，福禄有余。

䷁ 坤为地

初爻：阴气方浓始履霜，待时旋转见阳刚；
云中一力搀扶起，水畔行人在北方。
今日明朝，明朝今日；只觅欢欣，何劳忧戚。

二爻：千里从征造化通，功名神助兔蛇逢；
波涛风月幽闲在，成就无烦心事中。
将一新令，四海澄清；风动雷鸣，鼓舞升平。

三爻：含章虽有喜，进退且需时；
丹诏从天下，风云际会时。
始觉先难，终知后易；相合相生，天时地利。

四爻：路不通，门闭塞；
谨慎提防，云藏明月。
出入古道，更改门闾；退身避位，阴障自除。

五爻：冠冕垂衣治，安身文史中；
不须操武略，跨凤又乘龙。
安居乐享，福禄绵绵；至善至美，喜庆双全。

六爻：月缺花残，镜破钗分；
休来休往，事始安宁。
鼓盆之歌，危弦继和；风息雪消，好事如何。

䷊ 地天泰

初爻：东边事，西边成；
　　风动月华明，高楼弄笛声。
事业可图，姻缘凑巧；登眺吟风，光辉歌妙。

二爻：拟泛孤舟出翠微，溪边垂钓白鱼肥；
　　就中无限烟波景，钓罢金鳞满载归。
刚能果断，荒秽包容；不偏不倚，正道中庸。

三爻：和不和，同不同；
　　进退须防终有功，翻云覆雨几成空。
出入乏人，吉时不到；待合而行，休生烦恼。

四爻：进步忽生疑，安居有福基；
　　月明云散后，万里见光辉。
小人作祟，君子宜防；施恩布德，免受其殃。

五爻：添一人，获一宝；
　　事团圆，门外讨。
贤女相夫，无价之珠；善人为邦，千钟有余。

六爻：泰极得成否，歌声曲已终；
　　若随心主定，不惜五更风。
乐之极矣，悲之将至；退步无忧，趋前失势。

䷒ 地泽临

初爻：生平乐奏五强琴，流水高山未遇音；
　　一日乘槎泛牛斗，始知金阙万重深。
妄行有失，谨守无虞；平生事业，缓缓徐徐。

二爻：和合事，笑谈成；
　　佳音在半程，平步上青云。
天意人缘，造化物就；中年名利，所求皆有。

三爻：积小成功路渐通，好将舟楫趁西风；
　　腰间剑气冲牛斗，求利求名有始终。
二龙争珠，一得一失；名利两全，不须费力。

四爻：事团圆，物周旋；
　　一往一来，平步青天。
内外得体，豪杰用之；纵横礼乐，爵禄正齐。

五爻：智大能临下，柔高可胜刚；
　　太阳光彩处，普照十千方。
雨过园林，花枝转新；求谋遂意，定有佳音。

六爻：朦胧秋月映朱扃，林处鸡声远处生；
　　自有贵人来接引，何须巧语似流莺。
午夜漏声，窗影乌鸣；鹤噪南枝，捷报尘飞。

䷣ 地火明夷

初爻：垂翼遥飞去，皆因避远行；
　　一途经济意，又是满园春。
身心发动，谋求经营；衣禄盈足，鬓似垂星。

二爻：若问行藏事，行藏事可求；
　　暗云风卷尽，明月满层楼。
身心恍惚，神驰不定；云散月明，漫歌小令。

三爻：虚名虚位久沉沉，禄马当求未得真；
　　一片彩云秋后至，去年风物一时新。
衣冠文物，九浮之任；祥光呈瑞，燕厦方般。

四爻：一登尊禄位，不可望凌高；
　　恐有夷伤日，垂钩阻钓鳌。
万事碌碌，美中不足；七纵七擒，一反一复。

五爻：事关琐，谨提防；
　　小节不和，徇成大殃。
心思乱绪，留神密固；忍辱自解，保其祸无。

六爻：一足踏两船，一镜照两边；
　　团圆专费力，费力又团圆。
一人两心，一车两头；清风明月，笑傲优游。

䷗ 地雷复

初爻：垂钓在沧浪，金鳞入手看；
　　　等闲长笑罢，风月满前川。
志在沧州，笑傲五侯；一歌一曲，欢乐自由。

二爻：悲后笑嘻嘻，中行道最宜；
　　　所求终有望，不必皱双眉。
先忧后乐，否极泰来；营求称意，欢欣心怀。

三爻：屡失又屡获，多败亦多成；
　　　择善宜坚守，何愁怨咎生。
一开一关，进退多般；浮云扫尽，始见青山。

四爻：临渊放钓，清绝点埃；
　　　巨鳌随得，不用疑猜。
登高有望，涉水有利；正行大道，是出尘世。

五爻：五湖波浪静，明月照扁舟；
　　　垂竿惟直钓，金鳌钓几头。
乱者复治，往者复还；凶者复吉，危者复安。

六爻：进步且徘徊，春风柳絮催；
　　　水边行客倦，枕畔有忧怀。
商量营求，薰香惹袖；力竭思还，培修无咎。

䷭ 地风升

初爻：明月为钩，清风作线；
　　举网烟收，锦鳞易见。
踏雪寻梅，对月酌酒；律吕为朋，诗书为友。

二爻：东风吹动树间莺，出谷高迁出上林；
　　晴霁闲云皆卷尽，秋江皓月十分明。
处事无虚，常存诚敬；正大光明，磨而不磷。

三爻：舟离古渡日离云，人出重关好问津；
　　且向前行求去往，何须疑虑两三旬！
坐守经秋，光阴累积；今日时至，垂手而得。

四爻：积大先须小，求升好在卑；
　　园中双李绽，明月正光辉。
聚少成多，志在谦和；光风霁日，明月清波。

五爻：佳信至，见笑颜；
　　飞腾一去，披云上天。
故人千里，动容周旋；前程有分，书报平安。

六爻：上六冥升利，须还不息贞；
　　鹊音来报喜，咫尺步青云。
迎云捧日，正丽中天；利名皆美，事事团圆。

䷆ 地水师

初爻：出师以律方无咎，征战提防克敌功；
　　一轮明月阴云敝，想应还须否臧凶。
心中郁郁，百事匆匆；瞻前顾后，慎始慎终。

二爻：秋月云开后，薰风雨过时；
　　若逢楚国旧知己，等闲一荐不须疑。
皓魄当空，普照万方；故人相会，喜沐清光。

三爻：进退皆无位，舆尸必主凶；
　　马奔坤地远，天道又疑东。
不中不正，吉也成凶；若能专一，终建奇功。

四爻：青毡终复旧，枝上果生风；
　　莫谓一时喜，还疑此象凶。
名利未济，果蒂未实；营求少遂，守之不失。

五爻：心事郁匆匆，荣而未有功。
　　危桥伫立休回首，盼望云间信可通。
劳心劳力，有损无益；直待龙吟，云开见日。

六爻：谋已定，事何忧？
　　金鳞已上钩，功名一网收。
劳心劳力，丰衣足食；筹而执闲，名利两得。

䷎ 地山谦

初爻：恐惧忧煎，皆在目前；
若逢明鉴，指破空传。
采薪之忧，萧墙之变；文书天降，一断天然。

二爻：运蹇时乖莫强求，得安身处且优游；
若逢天上人相问，好问生前鸾凤俦。
功名富贵，如马横奔；妻财子禄，秋色平分。

三爻：劳心劳心，劳心有成；
清风借力，欢笑前程。
刺股悬梁，负薪挂角；志在功名，先忧后乐。

四爻：伪谦无不济，手足得良朋；
雷在山下发，扁舟顺水行。
诚实君子，谦谦自卑；大川虽险，利涉无危。

五爻：燕语莺啼，花开满溪；
醒来春梦，无奈攒眉。
草木知春，鸟倦飞还；沧海桑田，绿水青山。

六爻：风云际会在云端，一望天高宇宙宽；
万里风帆应不远，幽人从此出尘寰。
有功不伐，所以成功；以谦自守，谁不听从！